2013

煤炭行业上市公司
发展研究报告

ANNUAL REPORT ON COAL INDUSTRY
PUBLIC COMPANIES (2013)

中国煤炭工业协会
煤炭科学研究总院 | 编著

中国经济出版社
CHINA ECONOMIC PUBLISHING HOUSE
北 京

图书在版编目（CIP）数据

2013煤炭行业上市公司发展研究报告/中国煤炭工业协会煤炭科学研究总院编著.
北京：中国经济出版社，2013.7
ISBN 978-7-5136-2664-4

Ⅰ.①2… Ⅱ.①中… Ⅲ.①煤炭工业—上市公司—经济发展—研究报告—中国—2013 Ⅳ.①F426.21

中国版本图书馆CIP数据核字（2013）第154188号

责任编辑 张 户
责任审读 贺 静
责任印制 张江虹
封面设计 华子图文

出版发行 中国经济出版社
印 刷 者 北京市昌平区新兴胶印厂
经 销 者 各地新华书店
开 本 710mm×1000mm 1/16
印 张 23.75
字 数 340千字
版 次 2013年9月第1版
印 次 2013年9月第1次
书 号 ISBN 978-7-5136-2664-4/F·9547
定 价 106.00元

中国经济出版社 **网址** www.economyph.com **社址** 北京市西城区百万庄北街3号 **邮编** 100037

编委会

2013 Preface 前言

自我国股票资本市场(A股)建立至2012年末,已有四十二家煤炭企业实现上市运营。这些企业的成功上市,有力地促进了我国煤炭产业的健康发展。

煤炭上市公司是我国煤炭企业的优质资产,同时也是我国证券市场的重点板块之一。跟踪研究煤炭上市公司的成长历程,系统探索我国煤炭上市企业的运营发展规律,对于推动我国煤炭上市企业进一步做优做强,为其他煤炭企业实现资本化经营提供借鉴,都具有重要的理论和实践意义,同时也为相关投资机构提供决策参考。

为此,中国煤炭工业协会和煤炭科学研究总院基于煤炭行业的视角,于2012年首次组织编写出版了《2012煤炭行业上市公司发展研究报告》,收到了良好的市场反响。《2013煤炭行业上市公司发展研究报告》在2012年版本的基础上,相应地增加了煤炭焦化和煤机制造企业,基本实现了煤炭行业上市公司的全面覆盖。

《2013煤炭行业上市公司发展研究报告》内容主要侧重于煤炭行业的基本面以及近年来煤炭上市公司财务年报的解读分析。通过客观地分析比较上市公司近年来的生产经营指标动态,从而为煤炭行业上市公司不断总结提升企业的经营管理水平提供参照借鉴,同时也为关心煤炭行业上市公司的机构或个人了解企业状况、制定相关决策提供参考依据。

《2013煤炭行业上市公司发展研究报告》编写组

2013 Contents

目录

第一章 2012年我国煤炭工业发展综述

第二章 2012年我国煤炭行业上市公司发展状况

第三章 煤炭行业上市公司综合分析与展望

第四章 煤炭采选上市公司个股分析

第五章 煤焦化工上市公司个股分析

第六章 煤机制造上市公司个股分析

2013

第一章
2012 年我国煤炭工业发展综述

2013煤炭行业上市公司发展研究报告

1.1　2012年我国煤炭工业基本运行情况

2012年,由于国际经济环境的变迁,世界煤炭需求下降,国际煤炭价格下跌,我国煤炭净进口大幅增加;同时国内经济增速放缓,用煤需求增幅下降,特别是近年来我国煤炭采选业固定资产投资持续增长,煤炭产能建设相对超前,2012年我国煤炭行业的经济增长速度同比有所回落。

1.1.1　煤炭生产

2012年,我国原煤产量完成36.5亿吨,同比增加1.3亿吨,增长3.7%,增速同比回落4.4个百分点。其中,大型煤炭企业原煤产量完成27.3亿吨,同比增加1.9亿吨,增长7.4%;大型煤炭企业洗精煤产量完成8.1亿吨,同比增加0.5亿吨,增长6.3%。

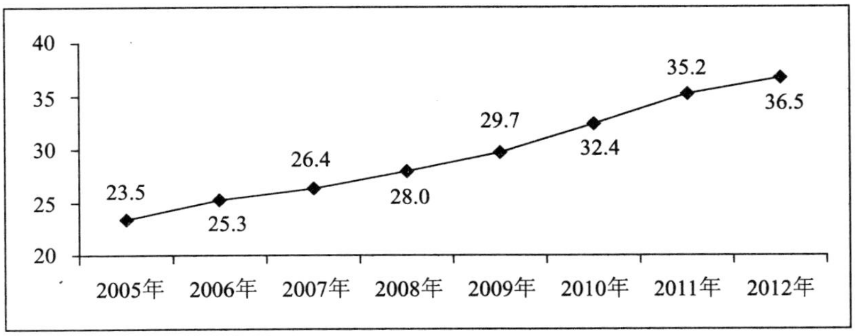

图1-1　2005—2012年全国煤炭产量(单位:亿吨)

在全国26个主要产煤省区中,产量上升的有13个,其中,内蒙古自治区产量增加0.8亿吨,同比增长8.4%;山西省增加0.4亿吨,同比增长4.7%;新疆维吾尔自治区增加0.17亿吨,同比增长14.3%;陕西省增加0.077亿吨,同比增长1.9%;云南省增加0.043亿吨,同比增长4.3%。

1.1.2 煤炭消费

据测算，2012 年我国煤炭消费总量为 36.3 亿吨，同比增长 2.5%，增速下降 6.4 个百分点。

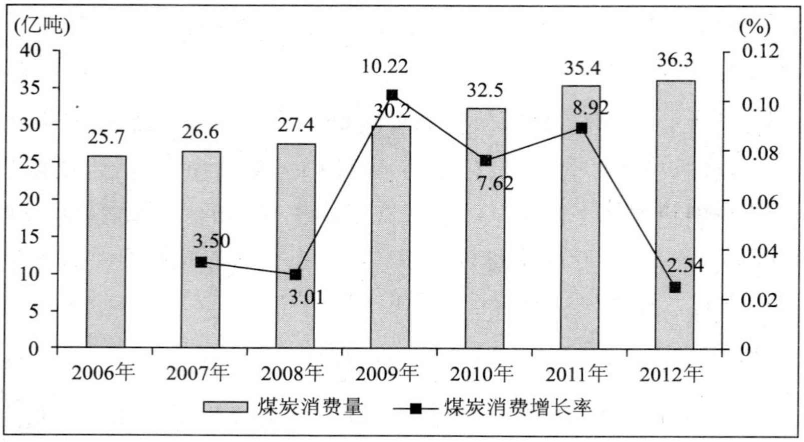

图 1－2 2006—2012 年煤炭消费量及增长率

2012 年 1—3 月煤炭消费总量呈上升趋势，3 月份后，煤炭消费量持续走低，10 月份消费量跌至全年最低点，进入 11 月份后，受低温天气等因素影响，煤炭消费量逐步回升，到 12 月升至全年最高点。与 2011 年各月相比，2012 年多数月份煤炭消费量均低于同期消费水平。

2012 年我国煤炭消费地主要集中在华东、华北、中南和西北四个区域，主要煤炭消费省份为山西、陕西、内蒙古、河北、安徽、浙江、江苏、贵州等省区。受资源分布差异和经济发展需求等因素影响，煤炭省际调运量较大，主要调入区域为华东和华北地区。

1.1.3 煤炭库存

2012 年，受我国宏观经济增速趋缓、煤炭需求持续低迷等多种因素影响，加之新建及改扩建矿井产能释放，我国重点煤矿、重点电厂煤炭库存均呈现波动上升的趋势。北方七港作为煤炭资源的中转环节，通过调节煤炭卸车及装船进度，港口煤炭库存波动幅度相对较小，全年最高库存为 7 月末的 2 936 万吨，最低为 4 月末的 1 950 万吨，全年平均库存为

2 461万吨。

2—7 月，全国重点煤矿煤炭库存持续上涨，由 1 月底的全年最低 2 703万吨增长到7 月末的4 555 万吨，增加1 852 万吨，增长了68.5 个百分点，达到全年最高峰，其后 8—12 月实现持续降低。全年平均库存 3 725万吨。

2 月份，重点发电企业存煤消化较快，月末煤炭库存降低到全年最低的7 317 万吨；3—5 月，重点发电企业煤炭库存持续增长，由 2 月末的 7 317万吨增长到5 月末的9 134万吨，增加 24.8%。6 月份，重点发电企业煤炭库存基本稳定。7—8 月，重点发电企业煤炭库存出现明显下降，由 6 月末的 9 125 万吨减少到 8 月末的 8 464 万吨，降低了 7.2 个百分点。9—10 月，重点发电企业加大煤炭采购力度，煤炭库存逐步回升，10 月末达到全年最高的 9 471 万吨，其后连续两月再次下滑。全年平均库存 8 505 万吨。

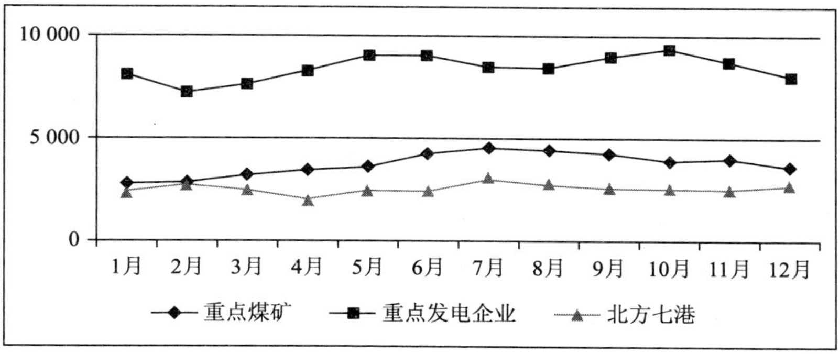

图 1－3　2012 年我国中转港口煤炭库存变化（单位：万吨）

1.1.4　煤炭价格

2012 年，中国煤炭市场发生重大变化，前 4 个月煤炭供需基本平衡，价格平稳；5—9 月煤炭市场供大于求态势明显，需求和价格大幅下降；进入 10 月份后，煤炭需求有所回升，价格保持低位稳定。

2012 年，我国煤炭价格整体呈下降趋势。1 月初煤炭价格指数为 198.3 点，为全年最高点；9 月末，煤炭价格达到全年最低点，价格指数为

167.6 点；12 月末煤炭价格指数为 170.7 点，与 1 月初相比下降 27.6 点，与 9 月末相比回升 3.1 点。

1—4 月，2012 年煤炭价格指数同比高于 2011 年煤炭价格指数，但随着煤炭价格下降，两者差距逐渐缩小。进入 5 月份后，煤炭价格大幅跳水，煤炭价格指数同比低于 2011 年，且两者差距逐步增大，到 10 月末差距达到最大值，为 33.4 点。10 月份后，随着煤炭价格企稳，煤炭价格指数与 2011 年同期相比差距逐步缩小，到 12 月末，差距缩小为 28.8 点。

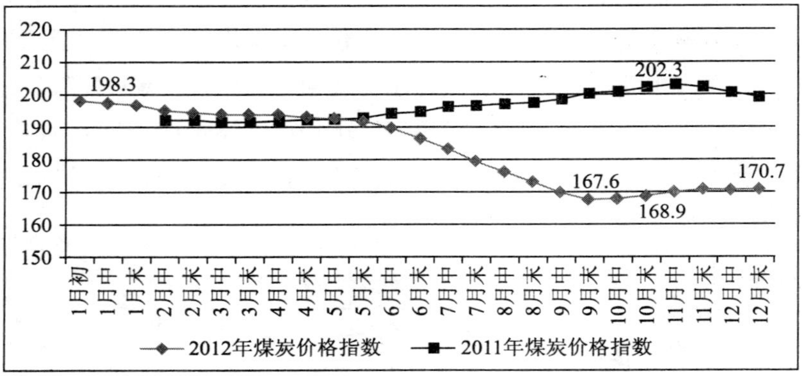

图 1-4　2011—2012 年中国煤炭价格指数

此外，煤炭市场景气指数未恢复到正常水平。2012 年煤炭市场景气指数持续处于负值，12 月份指数为 -5.5，比 11 月回升 19 个基点，但仍未恢复到正常水平。

1.1.5　煤炭进出口

2012 年，我国煤炭进出口情况延续 2011 年走势。煤炭出口量进一步减少，全年煤炭累计出口量为 926 万吨，首次下降至 1 000 万吨以下，同比下降 36.8%；累计出口均价由 2011 年的 185.4 美元/吨下降至 117.2 美元/吨；累计出口额由 2011 年的 27.2 亿美元下降至 15.9 亿美元，下降 41.5%。

2012 年，受欧美经济增幅缓慢，以及美国页岩气开发加速、煤炭使用被天然气大量替代等因素影响，全球煤炭需求不旺；与此同时，中国连续四年进口煤量大幅增加，大大刺激了印尼、澳大利亚和俄罗斯等国煤炭供应商提高产能的欲望，这些国家煤炭供应能力均有不同程度增加，煤炭出口也随之上升；此外，国际海运价格长期低位运行。国际煤炭价格持续低迷，国外煤炭与国内煤炭相比具有价格优势，我国煤炭进口量大幅增加。全年煤炭累计进口量为 28 851 万吨，增长 29.8%；进口均价由 2011 年的 114.65 美元/吨下降至 99.5 美元/吨；累计进口额由 2011 年的 209.1 亿美元增加至 287.1 亿美元，增加 37.3%。

2012 年，我国煤炭净进口量大幅增加。全年净进口 27 924 万吨，同比增加 7 190 万吨，增长 34.5%。

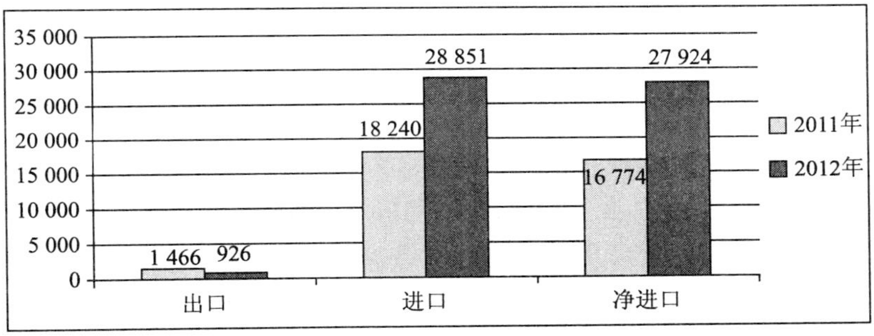

图 1-5　2011—2012 年我国煤炭进出口情况（单位：万吨）

1.2　煤炭市场化改革与结构调整情况

1.2.1　市场化改革

2012 年是深化煤炭市场化改革的重要一年。国家有关部门紧紧抓住电煤供需形势逐步趋缓、电煤价格基本稳定的有利时机，推动了电煤市场化改革进程。2012 年 12 月 20 日，国务院办公厅发布了《关于深化电煤市场化改革的指导意见》（国办发[2012]57 号），决定自 2013 年 1 月 1 日起，取消重点合同，实施电煤价格并轨。至此，煤炭订货和价格实现了完全市场化。

1.2.2 结构调整

2012 年,我国煤炭企业兼并重组取得新进展。全国规模以上煤炭企业数量 6 200 家,同比减少 1 500 家。山西煤矿企业减至 130 家,平均单井规模 100 万吨。

大型煤炭企业发展加快。神华、中煤、同煤、山东能源、冀中集团、陕西煤业化工、山西焦煤等 7 家企业原煤产量超过亿吨,总产量占全国的 33.6%。

淘汰落后取得新成效。全国关闭小煤矿 628 处,技改提升小煤矿 662 处,兼并重组小煤矿 388 处,淘汰落后产能 9 780 万吨。

行业集中度不断提高。前 4 家煤炭企业(神华、中煤、同煤、山能)产量占总产量的 24.4%,同比增加了 3.7 个百分点。

大型现代化煤矿建设步伐加快。全国建成年产 120 万吨以上的大型现代化煤矿 850 多处,产量占全国的 65% 左右;年产 30 万吨以下的小型煤矿产量降至 17% 以下。安全高效矿井(露天)406 处,产量占全国 1/3。

产业融合发展取得进展。煤炭企业参股、控股电厂权益装机容量占全国的 1/10 左右,占火电装机容量的 1/7 左右。发电企业办煤矿产能增加,五大发电集团煤矿产能 3.1 亿吨/年,产量 2.5 亿吨,占全国电力煤炭消费总量的 11.9% 左右。煤电企业互保能力提高。

安全生产形势持续好转。全国煤矿发生事故同比减少 422 起、589 人,分别下降 35.1% 和 29.9%。百万吨死亡率 0.374,同比下降 33.7%,首次降到 0.5 以内。

1.2.3 煤炭生产集中度

2012 年,我国亿吨级煤炭企业有神华集团、中煤集团、大同煤矿集团公司、山东能源集团、冀中能源集团、陕西煤业化工集团、山西焦煤集团共 7 家企业,煤炭产量 12.3 亿吨,同比增加 10.7 个百分点。2012 年,神华集团煤炭产量继续保持在 4 亿吨以上,同比增加 5 438 万吨,产量继续保持世界第一;大同煤矿集团公司、山东能源集团、冀中能源集团、中煤集团、陕西煤业化工集团煤炭产量增加量分别为 1 729.9 万吨、1 471.3 万吨、1 349 万吨、1 194.8 万吨和 1 182 万吨,分别增长了 15%、13.6%、

13.2%、7.3% 和 11.6%。山西焦煤集团 2012 年煤炭产量出现下降,减少 466.1 万吨,同比降低 4.2 个百分点。

2012 年,我国年产量 5 000 万 ~ 10 000 万吨的煤炭企业有开滦集团公司等 11 家企业,相比于 2011 年,增加了华能集团和中国电力投资集团,煤炭产量 7.46 亿吨,同比增加 1 956.4 万吨。其中,开滦集团、兖矿集团、华能集团公司、淮南矿业集团同比增长量分别为 1 295.1 万吨、538.3 万吨、452.7 万吨、355.3 万吨。

2012 年,我国年产量 3 000 万 ~ 5 000 万吨的煤炭企业有内蒙古伊东集团、中平能化集团、中国国电集团等 8 家,煤炭产量 3.06 亿吨,同比增加2 526.6万吨。其中,产量增幅超过 10% 的为华电煤业公司、吉林煤业集团和淮北矿业集团公司,同比增长量分别为 1 278 万吨、388 万吨和 360.5 万吨。

第二章
2012 年我国煤炭行业上市公司发展状况

2013煤炭行业上市公司发展研究报告

2.1　2012 年我国煤炭行业上市公司基本情况

2.1.1　2012 年我国证券市场发展状况

一、市值情况

根据中国上市公司市值管理研究中心发布的《2012 年中国 A 股市值年度报告》资料显示，2012 年 A 股市值主要表现出以下特点：

1. 估值水平创出 20 年新低

A 股指数 2012 年以来一路下挫，创出了 1 949 点新低。2012 年 A 股总市值和估值水平皆在 11 月末跌至全年最低水平，其中，市值规模跌破 20 万亿元大关，为 19.81 万亿元，估值水平创下 20 年新低，为平均市盈率 11.61 倍。12 月份，随着多项经济指标的逐步企稳，A 股市场迎来反弹行情。2012 年末，A 股总市值定格在 22.91 万亿元，较上年增长 1.55 万亿元，增幅为 7.25%。

2. 创业板市值扩容幅度居首

数据显示，2012 年共计有 74 家公司成功登陆创业板，带来增量市值 1 580.75 亿元，虽然与 2011 年的 2 884.95 亿元相比，新增公司市值规模下降了 45.21%，但与其他市场相比，依然领先，市值扩容幅度达 21.26%。此外，深圳中小板市场新增上市公司 55 家，共带来增量市值 1 867.94亿元，市值扩容幅度达 6.81%。上海主板市场新增上市公司 26 家，带来市值 2 494.91 亿元，市值扩容幅度为 1.69%，深市主板近五年未扩容。

3. 增量市值民企独占鳌头

2012 年，IPO 新增市值中，民营控股上市公司以 4 046.51 亿元独占鳌头，贡献之大超过了中央国企、地方国企和其他所有制上市公司的总和。具体看，民营企业实现增量市值 4 046.51 亿元，央企和地方国企各实现增量市值945.37亿元及853.95亿元。民营公司的领先归功于近两年创业板、中小板市场的高速发展，大批中小企业冲刺上市，致使2012年民营企业IPO新增市值遥遥领先。

面对2012年低估的企业价值，上市公司市值管理的主动性和优化治理的自觉性进一步升级。上市公司主要股东的增持行动压倒了减持冲动，股东增持数量创近年最高水平；并购重组再掀热潮，637家上市公司发布并购重组公告，涉及金额1 845.40亿元；信息披露合规性提高，自主性信息披露崭露头角；投资者关系管理与媒介关系管理的重要性愈加突出；上市公司将低估值市场环境作为理顺激励机制、激发创造活力的难得机会，股权激励开始走进越来越多的企业。

报告预测，2013年A股市值将呈趋稳回升之势，估值水平有望进一步回归合理区间。A股总市值将在以大盘蓝筹股为首的低估值群体推动下稳步回升，而部分成长性缺失的高估值中小公司市值将面临进一步回落。

二、业绩状况

根据A股2 469家上市公司2012年年报数据，A股上市公司在2012年合计实现净利润约为19 544.24亿元，略低于2011年调整后的19 544.25亿元，同比基本出现零增长，这也是继2008年负增长后的同比最低增速。分市场来看，以大盘股为主的沪市A股上市公司合计实现的净利润出现了约2%的同比增长，但中小企业板及创业板则分别出现了较大幅度的下降。其中，中小企业板公司在2012年合计实现的净利润同比下降约9%，而创业板公司降幅也达8%。但由于市值较小，中小企业板及创业板公司的净利润绝对金额仅分别下降了约100亿元及22亿元。

A股全部上市公司中，在2012年有340家出现亏损，而2011年的亏损家数为212家。尽管A股上市公司整体净利润未实现增长，但数据同时显示，2012年A股上市公司合计实现营业收入约达24.53万亿元，同比增长了8%。

2.1.2 2012年我国煤炭企业上市公司基本情况

截至2012年末，我国A股市场中，归属煤炭开采、煤炭焦化以及煤机制造在内的煤炭行业上市公司基本为 42 家企业（见表 2－1），2012 年终总市值合计 12 131 亿元，占年末 A 股市场总市值的 5.3%。

表 2－1　2012 年 A 股煤炭行业上市公司一览表

序号	公司名称	股票代码	主营业务	上市地点	总股本（亿股）	年终收盘（元/股）	年终市值（亿元）
1	中国神华	601088	采选	上海	199	25.35	5 044.65
2	兖州煤业	600188	采选	上海	18.23	49.2	896.92
3	中煤能源	601898	采选	上海	90.1	7.82	704.58
4	潞安环能	601699	采选	上海	23	21.89	503.47
5	西山煤电	000983	采选	深圳	31.5	13.91	438.17
6	阳泉煤业	600348	采选	上海	24.1	14.53	350.17
7	冀中能源	000937	采选	深圳	13.83	23.1	319.47
8	盘江股份	600395	采选	上海	16.6	17.02	282.53
9	云维股份	600725	焦化	上海	6.16	44.16	272.03
10	大有能源	600403	采选	上海	12	20.59	247.08
11	兰花科创	600123	采选	上海	20.29	11.4	231.31
12	山煤国际	600546	采选	上海	9.91	20.35	201.67
13	平煤股份	601666	采选	上海	23.6	8.54	201.54
14	露天煤业	002128	采选	深圳	13.3	13.42	178.49
15	国投新集	601918	采选	上海	18.5	9.57	177.05
16	郑煤机	601717	煤机	上海	16.2	10.32	167.18
17	永泰能源	600157	采选	上海	17.7	9.41	166.56
18	昊华能源	601101	采选	上海	12	13.32	159.84
19	大同煤业	601001	采选	上海	16.7	9.24	154.31
20	神火股份	000933	采选	深圳	7.53	19	143.07
21	天地科技	600582	煤机	上海	12.1	11.35	137.34
22	恒源煤电	600971	采选	上海	10	12.88	128.8
23	开滦股份	600997	采选	上海	12.3	10.22	125.71
24	上海能源	600508	采选	上海	7.23	16.09	116.33
25	平庄能源	000780	采选	深圳	10.1	9.58	96.76
26	郑州煤电	600121	采选	上海	7.67	9.46	72.56
27	贤成矿业	600381	采选	上海	16	4.23	67.68
28	煤气化	000968	采选	深圳	5.14	12.34	63.43
29	安源煤业	600397	采选	上海	4.95	12.81	63.41
30	山西焦化	600740	焦化	上海	5.66	8.5	48.11
31	云煤能源	600792	焦化	上海	4	10.73	42.92

续表

序号	公司名称	股票代码	主营业务	上市地点	总股本（亿股）	年终收盘（元/股）	年终市值（亿元）
32	宝泰隆	601011	焦化	上海	3.87	10.92	42.26
33	安泰集团	600408	焦化	上海	10.1	3.98	40.2
34	新大洲 A	000571	采选	深圳	4.78	7.36	35.18
35	靖远煤电	000552	采选	深圳	18.62	1.78	33.14
36	山东矿机	002526	煤机	深圳	5.34	5.86	31.29
37	金瑞矿业	600714	采选	上海	2.73	11.32	30.9
38	黑化股份	600179	焦化	上海	3.9	7.2	28.08
39	百花村	600721	采选	上海	2.69	9.96	26.79
40	爱使股份	600652	采选	上海	5.57	4.62	25.73
41	四川圣达	000835	焦化	深圳	3.05	6.59	20.1
42	美锦能源	000723	焦化	深圳	1.4	10.43	14.6

2.1.3 2012 年煤炭上市公司分类市值与资产情况

从煤炭上市公司的经营类别来看，目前煤炭板块上市公司基本有采选、煤化、煤机以及综合等几种类型。按照简单的采选、焦化以及煤机归类粗略划分，上述煤炭上市企业基本可归集为：采选类企业 31 家，焦化类企业 8 家和煤机类企业 3 家。根据 2012 年末市值和资产总额计算，42 家煤炭板块上市公司的分类情况如图 2－1、图 2－2 所示：

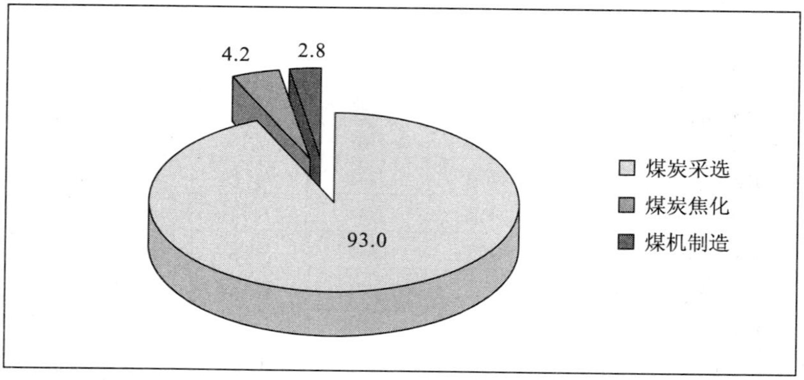

图 2－1　2012 年煤炭上市公司分类市值情况（%）

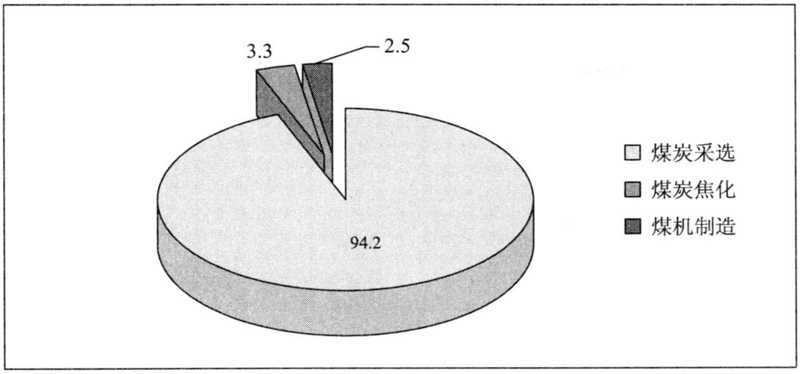

图 2－2　2012 年煤炭上市公司分类资产情况（%）

2.2　2012 年煤炭行业上市公司产业结构状况

2.2.1　2012 年煤炭上市公司产业结构

根据上市公司年报资料，2012 年煤炭行业上市公司的主营业务构成状况见表 2－2：

表 2－2　2012 年 A 股煤炭上市公司主营业务构成　%

序号	公司名称	煤炭业务	煤焦化工	煤机制造	其他业务	备注
1	永泰能源	99.48	—	—	0.52	—
2	露天煤业	99.01	—	—	0.99	—
3	昊华能源	98.76	—	—	1.24	—
4	盘江股份	97.76	—	—	2.24	—
5	金瑞矿业	97.28	—	—	2.72	—
6	靖远煤电	95.69	—	—	4.31	—
7	潞安环能	95.41	2.41	—	2.18	—
8	兖州煤业	95.02	1.87	—	3.11	—
9	爱使股份	94.67	—	—	5.33	—
10	国投新集	94.2	—	—	5.8	—
11	大有能源	93.2	—	—	6.8	—
12	恒源煤电	91.81	—	—	8.19	—
13	平煤股份	90.49	—	—	9.51	—

续表

序号	公司名称	煤炭业务	煤焦化工	煤机制造	其他业务	备注
14	山煤国际	85.29	—	—	14.71	矿产品
15	冀中能源	84.33	9.78	—	5.89	—
16	中煤能源	82.48	4.79	9.03	3.94	—
17	平庄能源	79.94	—	—	20.06	材料工程等
18	安源煤业	75.64	—	—	24.36	物流
19	大同煤业	75.2	—	—	24.8	建材等
20	新大洲A	72.54	—	—	27.46	物流
21	上海能源	71.73	—	—	28.27	铝业
22	煤气化	69.41	28.25	—	2.34	—
23	中国神华	66.33	—	—	33.67	电力
24	兰花科创	61.12	66.04	—	7.42	(内部抵消-35.19)
25	西山煤电	57.45	28.13	—	14.42	电力
26	阳泉煤业	40.51	—	—	52.95	供热电力等
27	郑州煤电	26.12	—	—	73.88	物流
28	开滦股份	25.11	87.4	—	2.2	(内部抵消-14.95)
29	神火股份	23.29	0.62	—	76.09	铝业
30	百花村	21.49	71.37	—	7.14	—
31	贤成矿业	15.03	—	—	84.97	水泥
32	四川圣达	1.62	96.42	—	1.95	—
33	美锦能源	—	100	—	—	—
34	山西焦化	—	98.83	—	1.17	—
35	云煤能源	—	98.2	—	1.8	—
36	云维股份	—	98.07	—	1.93	—
37	宝泰隆	—	96.26	—	3.74	—
38	黑化股份	—	94.06	—	5.94	—
39	安泰集团	—	25.39	—	74.61	生铁
40	天地科技	30.12	—	55.34	14.54	技服
41	山东矿机	—	—	98.75	1.25	—
42	郑煤机	—	—	92.93	7.07	—

2.2.2 2012年煤炭上市公司产业结构分析

根据上市公司主营业务分布情况，2012年煤炭行业上市公司的产业结构多数属于多元化混业经营的格局，涉煤业务主要有煤电、煤焦、煤化、煤机、煤运等几种产业结构。非煤业务主要涉及电解铝、物流、建材、机械、生铁、房地产业等相关行业(见图 2－3)。

在上述 42 家煤炭上市公司中,2012 年主营煤炭采选、焦化和煤机等涉煤业务比例在 50% 以上的企业有 38 家,其中煤炭业务比例超过 90% 的公司有 13 家,煤焦化业务比例超过 90% 的公司有 7 家,煤机生产业务比例超过 90% 的公司有 2 家。

按照主营业务中煤炭业务与非煤业务的比例来看,42 家煤炭上市公司中,非煤业务比例超过 50% 的企业有四家,分别是贤成矿业、安泰集团、郑州煤电和阳泉煤业。

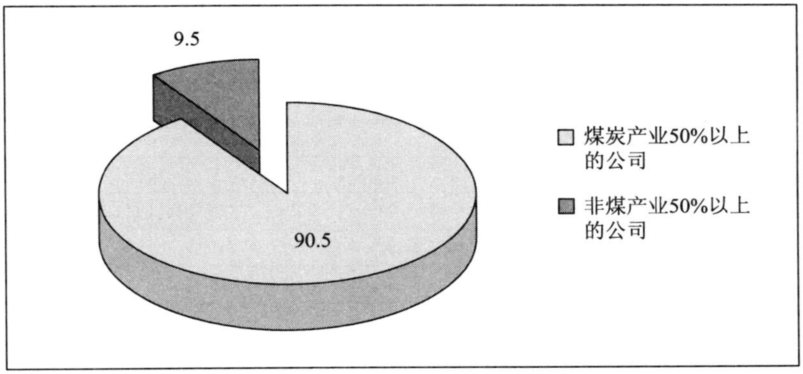

图 2－3　煤炭上市公司主营业务分类(%)

从 2012 年度煤炭、焦化、煤机和其他业务的营业收入比例来看,42 家煤炭上市公司的总体产业结构分布见图 2－4:

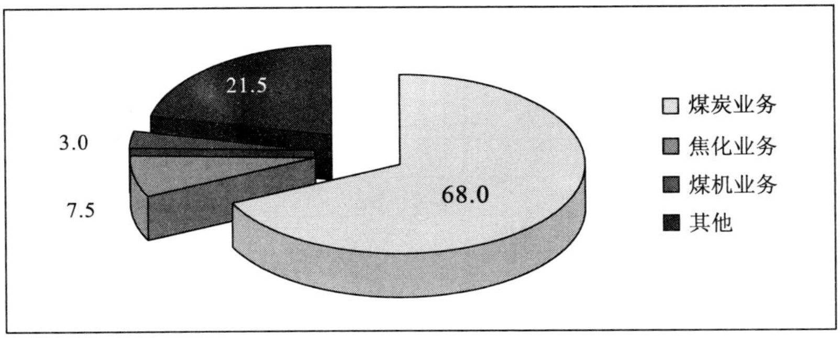

图 2－4　煤炭上市公司产业结构示意(%)

2.3 2012年煤炭行业上市公司总体财务状况

2.3.1 2012年煤炭行业上市公司资产规模

根据42家煤炭行业上市公司年度报告资料，2012年末煤炭行业上市公司的资产总额为13 605亿元，比上年同期增加1 894亿元，负债总额6 443亿元，比上年同期增加1 239亿元，平均资产负债率50.8%，比上年度提高0.9%。

表2-3 2011—2012年A股煤炭上市公司资产与负债规模 单位：亿元

序号	公司名称	资产总额		负债总额	
		2012年	2011年	2012年	2011年
1	中国神华	4 532.56	4 029.78	1 504.6	1 360.69
2	中煤能源	1 838.64	1 606.35	831.5	632.05
3	兖州煤业	1 213.02	980.89	733.12	546.39
4	山煤国际	453.38	395.14	345.42	235.95
5	西山煤电	451.26	386.43	275.23	221.1
6	冀中能源	425.69	380.53	218.82	217.84
7	潞安环能	401.08	345.72	230.43	188.53
8	神火股份	397.06	300.77	295.47	231.49
9	阳泉煤业	396.13	279.13	169.22	149.77
10	国投新集	315.01	222.24	163.18	143.85
11	大同煤业	250.89	203.75	74.44	49.2
12	平煤股份	215.21	198.36	91.77	87.25
13	开滦股份	210.47	194.25	123.83	112.07
14	大有能源	208.62	155.41	62.35	51.61
15	兰花科创	203.74	151.87	100.5	64.72
16	天地科技	174.98	139.66	85.24	66.87
17	永泰能源	165.46	146.49	254.57	109.5
18	云维股份	155.39	141.5	144.13	109.49
19	恒源煤电	139.64	125.23	64.85	62.47
20	盘江股份	134.53	122.24	57.28	47.46
21	郑煤机	129.95	103.21	36.41	41.72
22	郑州煤电	115.86	113.23	57.2	49
23	昊华能源	112.98	107.6	30.23	30.31

续表

序号	公司名称	资产总额		负债总额	
		2012 年	2011 年	2012 年	2011 年
24	上海能源	97.67	104.51	29.25	28.59
25	安源煤业	94.54	87.12	49.62	14.49
26	露天煤业	89.88	80.59	33.03	31.85
27	山西焦化	89.23	84.03	76.27	71.42
28	煤气化	86.53	76.2	59.69	35.94
29	安泰集团	73.21	73.04	41.2	41.3
30	平庄能源	55.72	54.58	9.09	8.68
31	云煤能源	55.37	55.2	33.07	32.52
32	宝泰隆	51.22	46.36	22.23	17.52
33	百花村	50.83	44.1	33.14	33.12
34	贤成矿业	44.18	39.36	19	16.18
35	爱使股份	40.52	34.43	13.75	15.65
36	新大洲 A	31.68	25.59	6.16	11.61
37	山东矿机	30.29	28.58	10.54	9.76
38	金瑞矿业	28.21	10.83	8.89	6.89
39	黑化股份	16.82	13.26	13.81	10.48
40	靖远煤电	13.2	7.34	29.17	2.33
41	美锦能源	7.84	9.3	3.06	4.04
42	四川圣达	6.5	6.73	2.25	2.21
合计		13 604.99	11 710.93	6 443.01	5 203.91

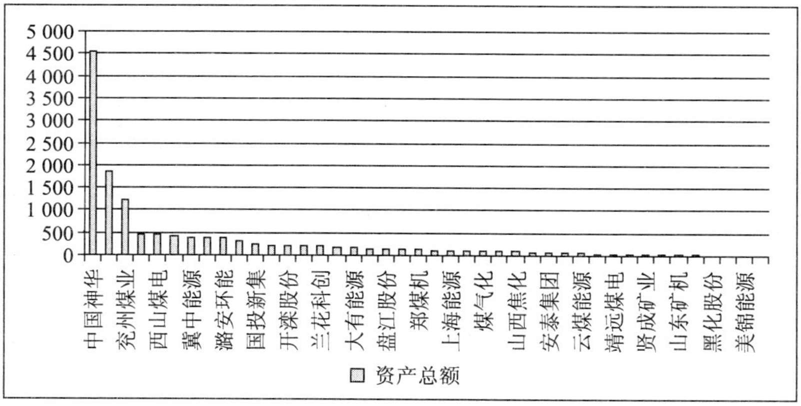

图 2-5 2012 年煤炭上市公司资产总额(单位:亿元)

2.3.2 2012年煤炭上市公司经营业绩

根据煤炭行业上市公司年度报告资料，2012年末煤炭行业上市公司的总体经营业绩情况见表2－4。

2012年，A股市场42家煤炭行业上市公司共计实现营业收入9 200亿元，与2011年同比增加944亿元，增长幅度11.4%；实现利润总额1 253亿元，与2011年同比减少172亿元，降幅12.1%；归属于母公司股东的净利润887亿元，与2011年同比减少102亿元，降幅10.3%。2012年，煤炭上市公司的经营绩效出现了近年来较大幅度的下降。

表2－4 2012年A股煤炭行业上市公司经营业绩 单位：亿元

序号	公司名称	营业收入		利润总额		归属于母公司股东的净利润	
		2012年	2011年	2012年	2011年	2012年	2011年
1	中国神华	2 502.60	2 092.25	672.48	654.82	476.61	449.91
2	山煤国际	954.08	697.61	22.59	23.87	7.67	11.16
3	中煤能源	872.92	908.65	134.12	138.51	92.81	96.67
4	阳泉煤业	715.17	507.2	31.5	37.63	22.88	28.11
5	兖州煤业	596.74	497.99	55.6	120.08	55.16	85.3
6	西山煤电	312.29	303.72	28.09	41.27	18.1	28.15
7	冀中能源	300.72	375.69	31.8	41.76	22.51	30.49
8	神火股份	279.85	306.99	3.67	14.19	2.02	11.51
9	平煤股份	221.69	251.79	14.42	22.78	11.21	18.43
10	郑州煤电	201.39	185.37	7.62	12.54	4.09	6.18
11	潞安环能	200.65	224.26	30.05	43.51	25.67	38.36
12	开滦股份	190.91	195.34	7.11	10.31	4.88	7.86
13	大同煤业	172.8	161.4	15.34	28.99	0.63	7.09
14	安源煤业	167.76	137.01	5.11	7.74	3.41	5.04
15	天地科技	145.35	120.09	21.96	20.2	11.35	9.12
16	大有能源	127.99	122.89	24.03	33.71	17.89	25.39
17	郑煤机	102.13	80.6	19.11	14.21	15.89	11.94
18	上海能源	97.23	100.81	12.53	18.87	9.22	14.18
19	恒源煤电	91.39	83.43	9.65	14.33	7.31	10.49
20	国投新集	88.52	77.67	18.39	18.3	13.39	13.4
21	盘江股份	78.82	74.65	18.03	20.42	15.04	17.05
22	永泰能源	77.18	20.62	17.03	5.27	9.88	3.22
23	兰花科创	76.01	76.08	23.06	21.12	18.63	16.63

续表

序号	公司名称	营业收入		利润总额		归属于母公司股东的净利润	
		2012 年	2011 年	2012 年	2011 年	2012 年	2011 年
24	云维股份	71.39	87.81	-13.71	1	-11.71	0.18
25	昊华能源	69.33	69.51	12.4	17.72	9.04	13.02
26	露天煤业	68.7	65.02	18.21	19.31	15.72	16
27	云煤能源	65.77	70.28	-0.61	1.96	-0.38	1.88
28	山西焦化	57.22	77.53	0.34	0.58	0.3	0.53
29	安泰集团	51.89	55.06	0.43	-4.58	0.31	-3.83
30	靖远煤电	40.56	10.3	5.62	0.9	4.47	0.71
31	平庄能源	35.9	40.06	4.92	10.41	4.11	8.87
32	煤气化	33.12	37.79	-2.15	4.56	-3.52	2.07
33	宝泰隆	22.59	28.22	1	2.68	0.73	2.13
34	爱使股份	21.3	21.15	2.41	1.16	1.98	0.23
35	黑化股份	16.4	15.58	0.16	-3.75	0.17	-3.74
36	山东矿机	16.14	16.61	0.57	1.76	0.45	1.42
37	美锦能源	11.93	15.31	-0.44	0.29	-0.3	0.19
38	四川圣达	11.28	13.64	-0.26	0.17	-0.35	0.03
39	百花村	11.19	12.1	0.74	1.73	0.2	0.76
40	新大洲 A	10.57	10.85	1.69	2.64	0.86	1.49
41	贤成矿业	5.14	2.39	-1.74	1.21	-1.33	0.93
42	金瑞矿业	5.13	4.22	0.27	0.5	0.12	0.31
合 计		9 199.74	8 255.54	1 253.14	1 424.68	887.12	988.86

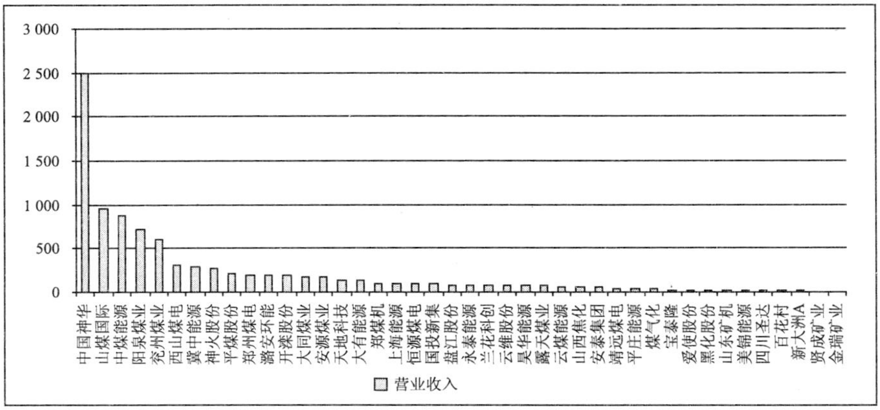

图 2-6　2012 年煤炭上市公司营业收入示意(单位:亿元)

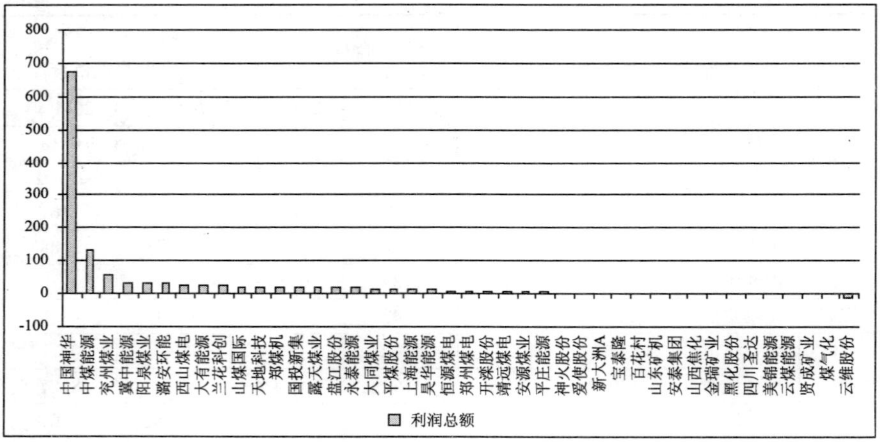

图 2-7　2012 年煤炭上市公司利润总额示意(单位:亿元)

2.3.3　2012 年煤炭上市公司利润分配情况

2012 年煤炭行业 42 家上市公司共计分配利润 314.94 亿元(资本公积金转增股本不计),比 2011 年减少 4.53 亿元。在行业整体利润同比下降 10% 以上的前提下,42 家煤炭上市公司的利润分配总额同比仅下降了 1.42%,2012 年煤炭上市公司的利润分配比例同比明显提高。

表 2-5　2011—2012 年 A 股煤炭上市公司利润分配情况

序号	公司名称	2012 年			2011 年		
		分配方式(含税)	分配利润(亿元)	资本公积转增(亿股)	分配方式(含税)	分配利润(亿元)	资本公积转增(亿股)
1	中国神华	每股 0.96 元	190.94	-	每股 0.9 元	179.01	-
2	中煤能源	每 10 股派现 2.1 元	27.85	-	每 10 股派现金 2.15 元	28.51	-
3	兖州煤业	每 10 股派现 3.6 元	17.71	-	每 10 股派现金 5.7 元	28.04	-
4	冀中能源	每 10 股派现 2.5 元	5.78	-	每 10 股派现金 2.50 元	5.78	-

续表

序号	公司名称	2012 年			2011 年		
		分配方式（含税）	分配利润（亿元）	资本公积转增（亿股）	分配方式（含税）	分配利润（亿元）	资本公积转增（亿股）
5	西山煤电	每 10 股派现 0.36 元	1.13	–	每 10 股派现金 2 元	6.3	–
6	平煤股份	每 10 股派现 1.43 元	3.38	–	每 10 股派现金 2 元	4.72	–
7	潞安环能	每 10 股派现 3.36 元	7.73	–	每 10 股派现金 5 元	11.51	–
8	神火股份	每 10 股派现 0.3 元	0.57	–	每 10 股派现金 0.8 元	1.34	–
9	国投新集	–	–	–	每 10 股派现金 2 元	3.7	–
10	大同煤业	每 10 股派现 0.12 元	0.2	–	每 10 股派现金 1.9 元	3.18	–
11	开滦股份	每 10 股派现 1.2 元	1.48	–	每 10 股派现金 1 元	1.23	–
12	阳泉煤业	每 10 股派现 2.86 元	6.88	–	每 10 股派现金 2 元	4.81	–
13	恒源煤电	每 10 股派现 2.6 元	2.6	–	–	–	–
14	兰花科创	每 10 股派现金 6 元	6.85	–	每 10 股送 6 股派现 5 元	3.43	5.71
15	上海能源	每 10 股派现金 4 元	2.89	–	每 10 股派现金 3 元	2.17	–
16	煤气化	–	–	–	每 10 股派现金 1 元	0.51	–
17	郑州煤电	每 10 股派现 1.3 元	1.23	–	每 10 股派现金 1 元	0.63	–
18	露天煤业	每 10 股派现金 2 元	2.65	–	每 10 股派现金 5 元	6.63	–
19	爱使股份	每 10 股派现 1.07 元	0.6	–	–	–	–
20	平庄能源	每 10 股派现 0.5 元	0.51	–	每 10 股派现金 1 元	1.01	–

续表

序号	公司名称	2012年			2011年		
		分配方式（含税）	分配利润（亿元）	资本公积转增（亿股）	分配方式（含税）	分配利润（亿元）	资本公积转增（亿股）
21	盘江股份	每10股派现4.5元	7.45	–	每10股派现金8.5元	9.38	5.52
22	安源煤业	每10股派现金5元	2.47	4.95	–	–	–
23	新大洲A	每10股派现0.6元	0.44	–	每10股派现金0.6元	0.44	–
24	永泰能源	每10股派现3元	5.3	–	每10股派现金1元	0.88	8.84
25	百花村	–	–	–	–	–	–
26	靖远煤电	每10股派现1.4元	0.5	1.78	每10股派现金0.3元	0.05	–
27	贤成矿业	–	–	–	–	–	6.6
28	山煤国际	每10股派现3元	2.97	9.91	每10股派现金3元	2.97	–
29	昊华能源	每10股派现2.2元	2.64	–	10股送2股派现3.5元	3.5	–
30	大有能源	每10股派现4.5元	5.38	8.34	每10股派现金7元	5.84	–
31	金瑞矿业	–	–	–	–	–	–
32	云维股份	–	–	–	每10股派现金0.5元	0.31	–
33	山西焦化	–	–	–	–	–	–
34	安泰集团	–	–	–	–	–	–
35	黑化股份	–	–	–	–	–	–
36	美锦能源	10送10派现2元	0.28	–	–	–	–
37	四川圣达	–	–	–	–	–	–
38	宝泰隆	–	–	–	每10股派现金3元	1.16	–
39	云煤能源	–	–	–	–	–	–
40	天地科技	每10股派现1.2元	1.46	–	10股送2股派现1.5元	1.52	–

续表

序号	公司名称	2012 年			2011 年		
		分配方式（含税）	分配利润（亿元）	资本公积转增（亿股）	分配方式（含税）	分配利润（亿元）	资本公积转增（亿股）
41	郑煤机	每 10 股派现 3 元	4. 86	–	10 股派现金 1. 2 元	0. 84	7
42	山东矿机	每 10 股派现 0. 4 元	0. 21	–	10 送 2 股派现 0. 25 元	0. 07	2. 14
合　计		314. 94			319. 47		

第三章
煤炭行业上市公司综合分析与展望

纵览2012年煤炭行业上市公司的经营情况，可将其特点总体概括为：总体保持了较好的成长性，平均负债水平处于正常可控状态。但是，盈利能力和质量都有所下滑，运营质量处于不稳定格局之中，盈利水平、偿债能力、资产与盈利质量总体上呈现小幅下降态势。

在煤炭市场低迷，煤炭处于供大于求且短期内无法改变的市场背景下，煤炭企业的总体运营情况不容乐观。煤炭企业要把强化财务管理放在更加突出的位置，根据企业自身的实际情况，研究改善财务状况的对策措施。尤其要高度关注资金管理问题，为企业正常生产经营提供资金支持，防范财务风险。

3.1　2012年煤炭上市公司综合分析

3.1.1　盈利能力分析

根据42家上市公司的公布数据，2012年煤炭上市公司的平均营业毛利率为23.08%，与上年同比下降4.54个百分点；平均总资产回报率7.61%，同比下降3.76个百分点；加权平均净资产收益率8.22%，同比下降5.29个百分点。由此可见，2012年煤炭上市公司的盈利能力水平同比出现了较大幅度的下降，中期来看更为明显。但2012年仍有5家公司的营业毛利率超过40%（兰花科创、潞安环能、盘江股份、永泰能源、新大洲A）；6家公司的加权平均净资产收益率超过20%（露天煤业、天地科技、郑煤机、盘江股份、靖远煤电、爱使股份）；1家公司的总资产回报率超过20%（露天煤业）。

表 3-1　2011—2012 年 A 股煤炭行业上市公司盈利能力指标　%

序号	公司名称	营业毛利率		总资产回报率		加权平均净资产收益率	
		2012 年	2011 年	2012 年	2011 年	2012 年	2011 年
1	中国神华	35.98	41.14	16.21	18.31	19.92	20.95
2	中煤能源	36.17	33.39	7.67	9.66	11.01	12.4
3	郑州煤电	10.75	13.76	9.02	16.14	10.91	17.77
4	郑煤机	26.87	24.69	15.54	26.25	23.54	21.66
5	云维股份	-0.25	13.1	-4.58	4.56	-60.03	0.71
6	云煤能源	4.67	7	0.21	4.26	-1.7	9.18
7	永泰能源	40.64	59.3	10.08	10.82	13.55	14.45
8	阳泉煤业	8.6	13.7	11.19	15.6	18.38	28.23
9	兖州煤业	24.09	40.12	5.3	14.59	12.56	21.66
10	新大洲 A	41.28	48.3	7.79	12.31	6.32	11.16
11	贤成矿业	4.53	54.02	-2.19	4.91	-7.15	27.02
12	西山煤电	28.35	30.26	8.44	13.51	15.5	21.18
13	天地科技	28.71	31.78	14.7	16.57	24.41	24.53
14	四川圣达	9.23	9.95	1.12	9.56	-8.01	0.78
15	神火股份	8.1	10.92	3.82	8.23	3.22	23.47
16	上海能源	24.37	29.28	11.84	19.72	12.15	21.42
17	山西焦化	9.48	8.26	3.21	4.46	2.35	4.43
18	山煤国际	5.84	7.38	7.32	9.6	7	18.27
19	山东矿机	20.3	21.85	2.92	6.77	2.32	7.42
20	平庄能源	31.3	40.73	8.41	18.87	9	21.76
21	平煤股份	19.3	20.71	7.38	12.11	10.47	18.62
22	盘江股份	41.62	44.7	14.76	20.51	20.91	26.03
23	美锦能源	6.42	8.49	-4.75	4.18	-6.62	4.14
24	煤气化	17.03	27.02	-1.86	7.09	-12.99	6.54
25	露天煤业	36.57	38.09	22.78	25.97	30.03	38.09
26	潞安环能	41.06	45.11	9.31	14.34	16.02	28.65
27	兰花科创	44.83	46.41	13.9	15.67	21.3	22.93
28	开滦股份	12.03	12.85	5.63	7.78	7.33	12.89
29	靖远煤电	30.37	24.07	13.79	13.16	22.97	15.17
30	金瑞矿业	29.91	36.2	4.19	6.54	2.83	8.08
31	冀中能源	28.03	24.91	9.85	15.22	15.27	22.96
32	恒源煤电	22.33	29.31	7.84	12.13	11.19	18.12
33	黑化股份	0.09	-15.63	3.14	-22.23	6.01	-81.62

续表

序号	公司名称	营业毛利率		总资产回报率		加权平均净资产收益率	
		2012 年	2011 年	2012 年	2011 年	2012 年	2011 年
34	昊华能源	35.83	43.61	11.56	18.71	13.45	21.94
35	国投新集	34.93	36.57	10.28	10.42	16.17	18.01
36	大有能源	32.73	42.65	14.93	25.18	19.24	33.71
37	大同煤业	27.99	37.01	7.67	15.76	0.67	6.34
38	宝泰隆	16.44	17.45	4.72	10.45	2.59	9.17
39	百花村	35.08	43.08	4.85	6.45	2.19	8.43
40	安源煤业	7.68	14.46	7.75	11.45	9.5	13.1
41	安泰集团	11.7	3.37	4.49	-2.98	1.28	-14.83
42	爱使股份	38.53	40.83	9.25	4.73	20.36	2.33
平　均		23.08	27.62	7.61	11.37	8.22	13.51

2008—2012 年五年煤炭行业上市公司的平均盈利能力指标动态走势如图 3-1 至图 3-3 所示：

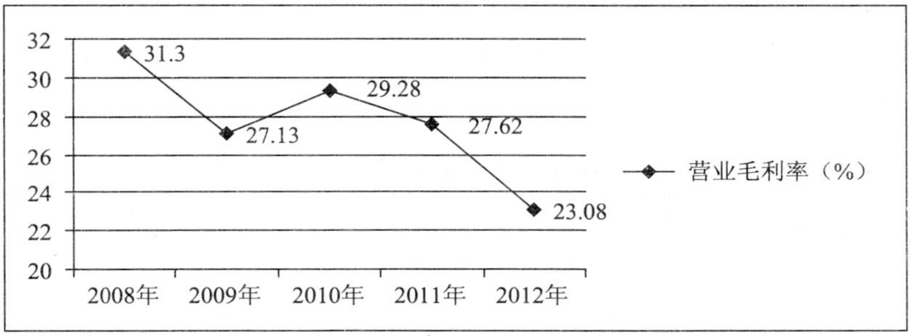

图 3-1　2008—2012 年煤炭上市公司平均营业毛利率

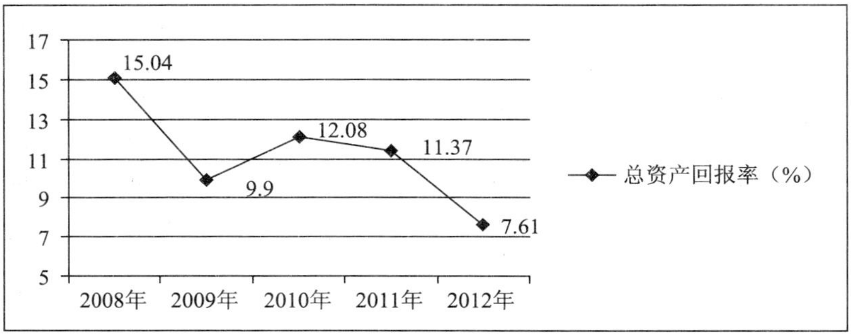

图 3-2　2008—2012 年煤炭上市公司平均总资产回报率

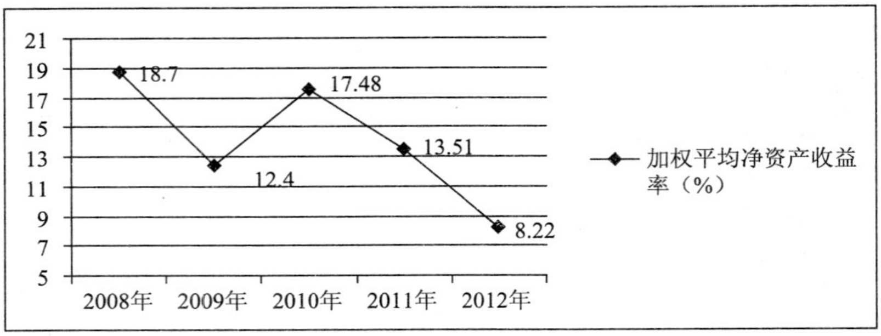

图 3-3　2008—2012 年煤炭上市公司平均加权净资产收益率

3.1.2　运营能力分析

2012 年,42 家煤炭上市公司的存货周转率为 18.48 次,同比上升 12.20%,应收账款周转率 37.64 次,同比下降 31.19%,平均总资产周转率为 0.84 次,同比下降 10.64%。中期来看,存货周转率连续两年上升,表明煤炭上市公司的存货管理总体水平有所提高,但是,由于宏观环境的影响,应收账款周转率出现了较大幅度的下降,应引起煤炭行业相关人员的充分重视。

表 3-2　2011—2012 年 A 股煤炭行业上市公司运营能力指标　单位:次

序号	公司名称	存货周转率		应收账款周转率		总资产周转率	
		2012 年	2011 年	2012 年	2011 年	2012 年	2011 年
1	中国神华	11.4	10.05	15.76	19.12	0.58	0.54
2	中煤能源	7.95	8.95	12.69	17.89	0.51	0.65
3	郑州煤电	15.03	8.43	162.85	250.45	1.91	2.17
4	郑煤机	4.81	4.25	4.28	4.92	0.88	0.83
5	云维股份	5.83	6.5	22.88	42.4	0.48	0.66
6	云煤能源	11.81	19.18	37.4	51.56	1.18	1.37
7	永泰能源	23.28	16.55	7	6.62	0.27	0.22
8	阳泉煤业	59.26	48.79	36.75	35.35	2.41	2.02
9	兖州煤业	30.6	19.61	68.53	76.44	0.54	0.58
10	新大洲 A	7.47	7.21	17.6	19.32	0.39	0.46
11	贤成矿业	3.55	1.95	6.96	7.66	0.13	0.09
12	西山煤电	9.7	12.5	16.09	41.56	0.75	0.9
13	天地科技	3.72	3.55	4.65	5.33	0.95	0.97

续表

序号	公司名称	存货周转率		应收账款周转率		总资产周转率	
		2012 年	2011 年	2012 年	2011 年	2012 年	2011 年
14	四川圣达	5.28	5.33	10.19	20.73	1.71	2.01
15	神火股份	11.24	12.91	161.02	290	0.8	1.12
16	上海能源	10.68	13.31	44.8	87.96	0.89	1.04
17	山西焦化	11.89	16.75	10.36	14.95	0.66	1
18	山煤国际	21.16	20.79	13.94	23.01	2.25	2.21
19	山东矿机	2.09	2.2	2.38	3.78	0.55	0.58
20	平庄能源	16.92	21.26	6.56	12.97	0.65	0.75
21	平煤股份	25.15	34.85	88.96	105.88	1.09	1.32
22	盘江股份	17.26	16.61	17.12	29.43	0.6	0.73
23	美锦能源	7.62	6.98	8.22	11.74	1.39	1.65
24	煤气化	8.64	6.99	9.24	11.25	0.39	0.53
25	露天煤业	14.45	7.17	5.96	9.02	0.81	0.84
26	潞安环能	16.29	17.17	44.79	60.39	0.54	0.7
27	兰花科创	5.02	4.89	437.69	597	0.43	0.53
28	开滦股份	9.85	11.27	18.15	30.48	0.94	1.1
29	靖远煤电	8.16	13.18	11.93	8.33	0.91	1.52
30	金瑞矿业	4.9	4.87	40.03	20.43	0.43	0.41
31	冀中能源	19.54	23.4	9.44	17.86	0.77	1.19
32	恒源煤电	24.97	18.8	51.67	71.61	0.7	0.69
33	黑化股份	12.27	12.56	8.47	12.92	1.09	1.01
34	昊华能源	10.35	10.93	27.98	27.76	0.62	0.71
35	国投新集	4.94	5.13	25.13	55.64	0.37	0.37
36	大有能源	24.19	27.5	18.55	36.73	0.8	0.9
37	大同煤业	27.54	29.81	7.84	15.69	0.82	0.86
38	宝泰隆	2.92	3.82	37.15	68.82	0.46	0.76
39	百花村	2.98	3.91	15.21	20.25	0.25	0.29
40	安源煤业	56.79	57.02	13.86	21.57	1.93	1.69
41	安泰集团	4.95	6.05	5.66	6.01	0.71	0.78
42	爱使股份	193.79	108.59	15.18	26.66	0.64	0.57
平均		18.48	16.47	37.64	54.7	0.84	0.94

2008—2012 年五年煤炭行业上市公司的平均运营能力指标动态走势如图 3 -4 至图 3 -6 所示：

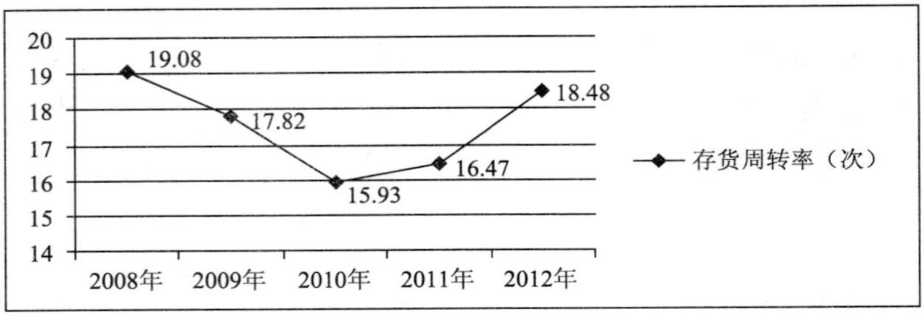

图3－4　2008—2012年煤炭上市公司平均存货周转率

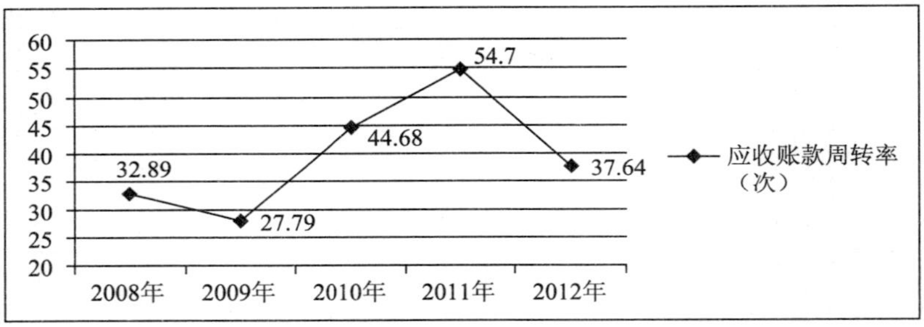

图3－5　2008—2012年煤炭上市公司平均应收账款周转率

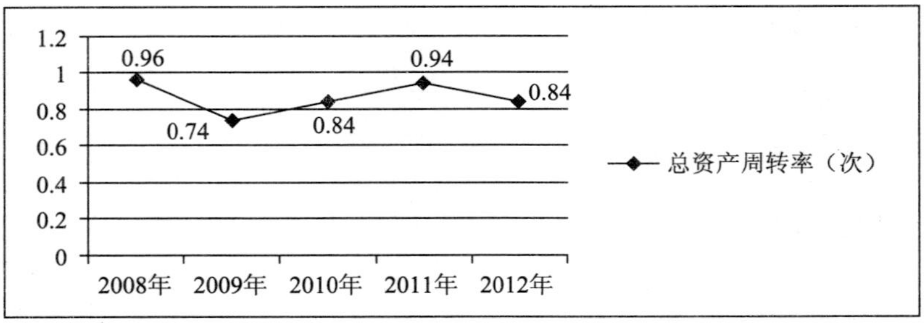

图3－6　2008—2012年煤炭上市公司平均总资产周转率

3.1.3　偿债能力分析

2012年,42家煤炭上市公司的平均资产负债率为50.79%,同比上升0.9个百分点,负债水平有所上升,但是仍然处于正常水平。平均流动比率为1.17,同比降低0.09;速动比率为0.99,同比降低0.07,煤炭上市公司的总体偿债能力同比有所降低。中期来看。2012 年的平均速动比率首次跌破 1 的水平，应引起相关煤炭企业的注意。42 家上市公司中，平庄能源、郑煤机等公司的流动比率和速动比率较高，短期偿债能力较强，但国投新集、百花村等公司的流动比率和速动比率较低，短期偿债能力较弱。

表 3-3　2011—2012 年 A 股煤炭行业上市公司偿债能力指标

序号	公司名称	流动比率		速动比率		资产负债率(%)	
		2012 年	2011 年	2012 年	2011 年	2012 年	2011 年
1	中国神华	1.05	1.24	0.91	1.06	33.2	34.17
2	中煤能源	1.45	1.92	1.25	1.67	45.22	40.14
3	郑州煤电	0.49	0.75	0.44	0.39	58.57	61.88
4	郑煤机	2.95	2.07	2.53	1.67	28.02	40.42
5	云维股份	0.49	0.68	0.36	0.47	88.68	77.43
6	云煤能源	0.68	0.71	0.47	0.57	59.73	58.92
7	永泰能源	1.08	1.27	1.06	1.25	59.8	74.75
8	阳泉煤业	1.18	1.2	1.08	1.14	53.72	50.22
9	兖州煤业	1.17	0.94	1.11	0.91	60.44	56.44
10	新大洲 A	1.23	0.57	1.1	0.57	21.84	45.36
11	贤成矿业	1.34	2.31	1.22	2.18	46.88	41.11
12	西山煤电	0.93	1.15	0.81	0.97	60.99	57.21
13	天地科技	1.7	1.67	1.29	1.25	48.71	53.93
14	四川圣达	2.09	2.12	1.29	1.18	34.62	32.88
15	神火股份	0.44	0.58	0.34	0.44	74.41	76.96
16	上海能源	1.11	1.66	0.76	1.28	25.89	27.35
17	山西焦化	0.58	0.66	0.51	0.58	66.61	81.45
18	山煤国际	0.91	1.23	0.76	1.04	76.19	64.4
19	山东矿机	1.98	2.21	1.4	1.51	34.79	32.15
20	平庄能源	3.82	3.53	3.65	3.38	16.32	17.44
21	平煤股份	0.67	0.83	0.57	0.76	43.99	44.4
22	盘江股份	1.22	1.83	1.16	1.7	41.02	38.82
23	美锦能源	1.79	1.64	1.53	1.11	39.07	43.44
24	煤气化	0.6	1.04	0.53	0.89	63.13	43.98
25	露天煤业	1.21	1.04	1.06	0.9	36.75	39.52
26	潞安环能	0.96	1.11	0.91	1.07	58.17	54.53
27	兰花科创	1.49	1.11	1.34	0.94	49.33	42.61

续表

序号	公司名称	流动比率		速动比率		资产负债率(%)	
		2012 年	2011 年	2012 年	2011 年	2012 年	2011 年
28	开滦股份	1. 28	0. 98	1. 06	0. 78	58. 84	55. 56
29	靖远煤电	0. 79	1. 86	0. 66	1. 56	57. 39	31. 76
30	金瑞矿业	0. 86	0. 48	0. 69	0. 35	67. 34	63. 57
31	冀中能源	1. 16	1. 16	1. 09	1. 08	54. 56	57. 24
32	恒源煤电	0. 82	0. 9	0. 71	0. 82	48. 2	49. 84
33	黑化股份	0. 56	0. 3	0. 46	0. 17	82. 1	79. 03
34	昊华能源	1. 37	1. 32	1. 23	1. 16	26. 09	28. 16
35	国投新集	0. 32	0. 33	0. 2	0. 2	65. 04	64. 73
36	大有能源	1. 55	1. 83	1. 47	1. 76	37. 68	40. 29
37	大同煤业	1. 46	2. 16	1. 37	2. 08	34. 59	26. 19
38	宝泰隆	1. 23	1. 05	0. 69	0. 63	43. 4	37. 78
39	百花村	0. 39	0. 47	0. 25	0. 37	75. 01	75. 11
40	安源煤业	1. 05	1. 1	0. 99	1. 03	57. 34	52. 03
41	安泰集团	1. 06	1. 23	0. 83	0. 92	56. 28	56. 54
42	爱使股份	0. 65	0. 8	0. 65	0. 79	43. 41	45. 46
平　均		1. 17	1. 26	0. 99	1. 06	50. 79	49. 89

2008—2012 年五年煤炭行业上市公司的平均偿债能力指标动态走势如图 3 –7 至图 3 –8 所示：

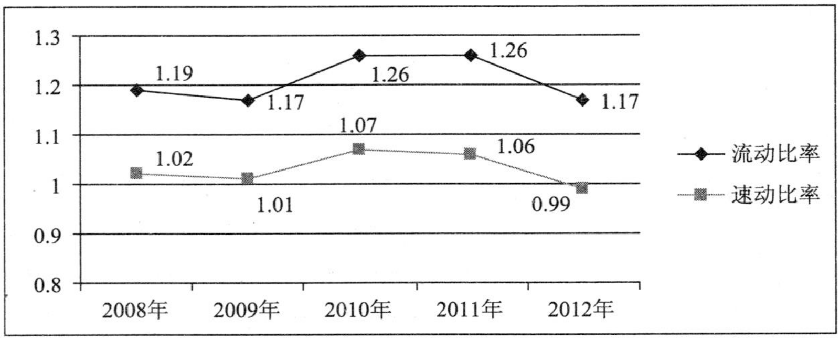

图 3 –7　2008—2012 年煤炭上市公司平均流动与速动比率

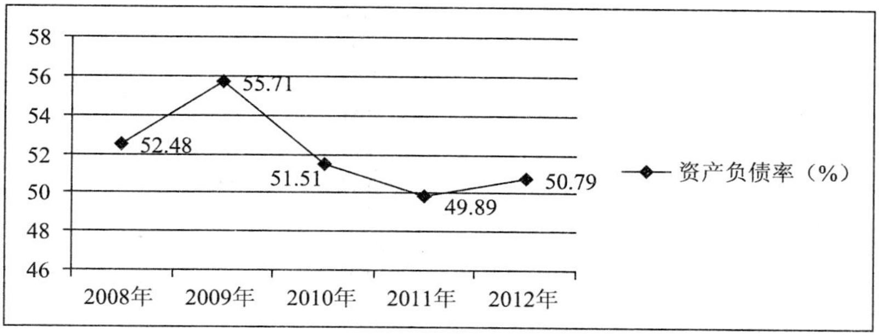

图 3-8 2008—2012 年煤炭上市公司平均资产负债率

3.1.4 成长性分析

成长性体现了公司的经营拓展能力和未来的发展潜力。以 2009 年为基数计算的 36 家上市公司 2010—2012 三年营业收入复合增长率平均为 34.18%，营业利润复合增长率平均为 5.65%，三年来煤炭上市公司总体保持了较好的成长性。其中有 7 家煤炭上市公司（安源煤业、山煤国际、阳泉煤业、永泰能源、靖远煤电、百花村、贤成矿业）的三年营业收入复合增长率超过 50%；有 5 家煤炭上市公司（永泰能源、百花村、安源煤业、靖远煤电、美锦能源）的三年营业利润复合增长率超过 100%，成长性较好的企业多数属于通过资产重组方式实现。值得引起注意的是，有 15 家公司的三年营业利润复合增长率呈现负增长。由此也可以看出，煤炭企业需要改变粗放的经济增长方式，实现增收节支和又快又好发展仍然任重道远。

表 3-4 A 股煤炭行业上市公司 2010—2012 年三年成长性指标 %

序号	公司名称	三年营业收入复合增长率	三年营业利润复合增长率
1	安源煤业	166.56	182.1
2	百花村	160.01	209.38
3	贤成矿业	113.25	68.36
4	靖远煤电	96.91	130.14
5	山煤国际	65.61	19.11
6	阳泉煤业	52.91	7.68
7	永泰能源	52.23	278.05
8	郑州煤电	48.22	63.62
9	兖州煤业	40.53	-8.08

续表

序号	公司名称	三年营业收入复合增长率	三年营业利润复合增长率
10	神火股份	37.51	-38.76
11	西山煤电	36.29	-2.5
12	天地科技	30.1	15.38
13	中国神华	27.3	14.93
14	山西焦化	25.47	-129.59
15	大同煤业	22.09	-16.94
16	国投新集	21.38	18.33
17	开滦股份	20.26	-15.56
18	盘江股份	20.14	15.64
19	恒源煤电	19.6	8.83
20	金瑞矿业	19.56	5.23
21	云维股份	17.8	-328.42
22	中煤能源	17.56	14.93
23	冀中能源	14.1	9.22
24	新大洲 A	13.25	-3.3
25	露天煤业	12.78	18.6
26	安泰集团	11.53	-66.61
27	美锦能源	11.15	109.13
28	兰花科创	10.62	11.62
29	平庄能源	10.13	-3.12
30	上海能源	9.87	-0.46
31	四川圣达	8.09	-206.29
32	平煤股份	5.55	-7.76
33	爱使股份	4.41	30.31
34	黑化股份	3.9	-26.15
35	潞安环能	3.19	0.94
36	煤气化	0.65	-174.66
平均		34.18	5.65

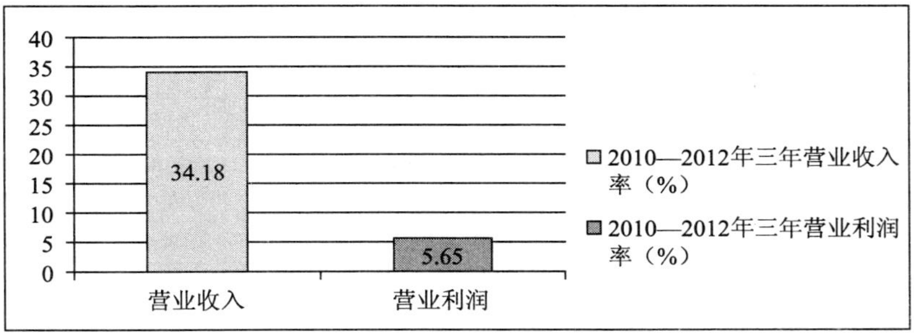

图 3－9 2010—2012 年三年煤炭上市公司营业收入、利润增长率

3.1.5 资产与盈利质量分析

2012 年 42 家煤炭上市公司的存货占总资产的比例虽同比下降 1.24 个百分点，但是，应收账款占总资产的比例上升了 1.84 个百分点，平均营业利润率同比上年下降6.05 个百分点，总体看来，2012 年煤炭上市公司的资产及盈利质量有所下滑。从中期动态来看，应收账款占总资产的比例连续三年上升，由此说明，煤炭企业在增产促销去库存的同时，稳定价格和加强应收账款管理工作，将是未来一段时期面临的一项非常紧迫的任务。

表 3－5 2011—2012 年 A 股煤炭行业上市公司资产与盈利质量指标 %

序号	公司名称	营业利润率		存货占总资产		应收账款占总资产	
		2012 年	2011 年	2012 年	2011 年	2012 年	2011 年
1	中国神华	26.8	31.62	3.35	3.76	4.22	3.14
2	中煤能源	15.7	14.64	3.64	4.55	4.45	3.48
3	郑州煤电	3.8	6.84	2.95	18.58	2.01	0.45
4	郑煤机	18.43	17.21	11.38	15.79	23.82	16.26
5	云维股份	－19.34	1.06	7.58	9.04	2.64	1.51
6	云煤能源	－11.75	26.4	11.71	7.3	3.64	2.66
7	永泰能源	21.9	21.88	0.72	0.58	3.84	3.88
8	阳泉煤业	4.39	7.41	4.45	2.88	7.18	5.85
9	兖州煤业	7.04	24.26	1.29	1.42	0.76	0.83
10	新大洲 A	16.34	24.8	2.92	3.28	2.23	2.24
11	贤成矿业	－35.66	26.99	4.14	2.76	2.54	1.14

续表

序号	公司名称	营业利润率		存货占总资产		应收账款占总资产	
		2012 年	2011 年	2012 年	2011 年	2012 年	2011 年
12	西山煤电	8.89	13.6	4.45	6.73	6.47	2.49
13	天地科技	14.16	15.85	17.18	18.37	20.72	18.82
14	四川圣达	-2.21	1.36	27.67	30.89	18.43	15.09
15	神火股份	1.28	4.69	5.9	7.42	0.52	0.47
16	上海能源	12.75	18.35	6.43	6.22	2.66	1.28
17	山西焦化	0.26	0.89	4.79	5.28	6.33	6.42
18	山煤国际	2.45	3.52	9.98	10.03	21.22	10.3
19	山东矿机	1.88	10.2	19.47	22.49	26.69	19.21
20	平庄能源	13.93	25.88	2.74	2.54	11.94	7.88
21	平煤股份	6.41	9.74	3.93	3.04	0.97	1.49
22	盘江股份	22.89	27.18	1.64	2.49	4.66	2.21
23	美锦能源	-3.57	1.9	10.07	23.05	21.36	13.23
24	煤气化	-7.07	11.73	2.77	4.91	3.32	5.29
25	露天煤业	26.5	29.61	3.62	3.45	14.54	12.38
26	潞安环能	15.17	19.76	1.89	2.03	1.09	1.34
27	兰花科创	30.86	29.68	3.55	6.24	0.1	0.1
28	开滦股份	3.73	5.19	7.65	9.26	5.33	5.05
29	靖远煤电	13.7	9.29	7.33	9.56	9.73	24.18
30	金瑞矿业	4.84	8.75	6.4	5.75	0.78	1.41
31	冀中能源	9.96	10.62	2.54	3.15	9.83	6.38
32	恒源煤电	10.23	17.05	1.79	2.61	1.73	0.97
33	黑化股份	-5.74	-23.06	8.12	9.85	17.9	6.48
34	昊华能源	17.72	25.51	3.33	4.4	1.93	2.53
35	国投新集	20.5	23.51	5.14	4.69	2.08	0.82
36	大有能源	18.74	27.6	2.42	2	5.96	2.53
37	大同煤业	8.94	17.87	2.38	1.92	14.52	6.28
38	宝泰隆	3.03	8.42	12.11	14.53	1.34	1.15
39	百花村	6.03	13.99	7.17	3.88	1.76	1.57
40	安源煤业	3.01	5.54	3.17	3.12	14.32	13.56
41	安泰集团	-0.29	-8.02	11.75	13.57	13.37	11.69
42	爱使股份	9.62	3.96	0.15	0.25	5.5	3.09
平均		7.53	13.65	6.23	7.47	7.72	5.88

2008—2012 五年煤炭行业上市公司的平均资产质量指标动态走势如图 3－10 至图 3－11 所示：

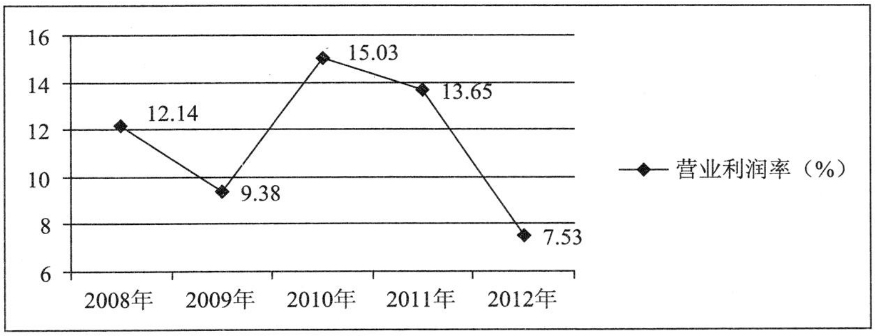

图 3－10　2008—2012 年煤炭上市公司平均营业利润率动态

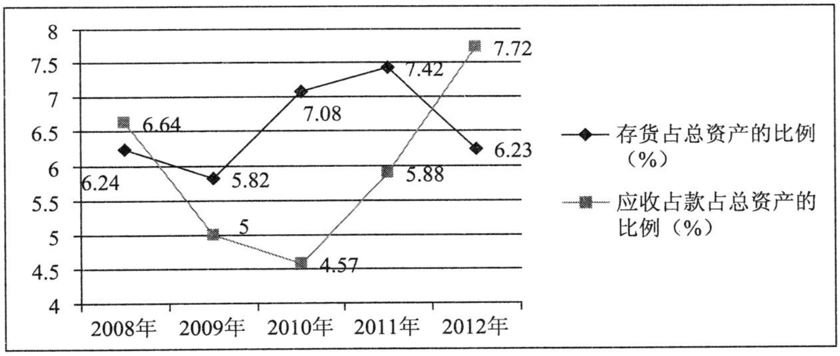

图 3－11　2008—2012 年煤炭上市公司存货、应收账款占总资产的比例变化

3.2　煤炭上市公司发展前景分析

3.2.1　煤炭行业中长期发展趋势

从中长期发展趋势看，我国煤炭总量仍将保持适度增加，煤炭产能不足将是主要矛盾。一是全球煤炭生产和消费总量有继续增加的趋势。迄今为止，煤炭仍然是人类发现的最易于获取并且最为廉价的能源资源。虽然目前煤炭消费比例低于石油，但在今后相当长的一段时间内，随着石油日渐枯竭及洁净煤技术发展，储量丰富的煤炭仍将是人类生产生活中的无法替代的重要的能源品种之一。煤炭在世界一次能源消费结构中的比重由2005年的31.9%增加到2011年的34.1%，增加了2.2个百分点。二是我国能源资源赋存特点决定了以煤为主的能源结构在今后相当长的一段时间内较难改变。从我国化石能源资源赋存情况看，全国已探明煤炭资源总量达到1.3万亿吨以上，煤炭在我国化石能源资源储量构成中占94.14%，石油占2.08%，天然气占1.78%。我国煤炭资源不仅总量丰富，且分布广泛、品种齐全，这些客观条件决定了，在今后较长时期内我国以煤炭为主要能源的格局很难改变。从煤炭在一次能源消费比重变化看，我国煤炭在一次能源消费结构中的比重基本上稳定在70%左右。按照能源"十二五"规划，到2015年，煤炭消费比重降至65%左右，下降近4个百分点。

（1）从主要耗煤行业用煤比重变化看，我国发电与供热用煤一直占50%以上，2011年电力行业耗煤占55.9%。按国家电力发展规划，到2015年全国火电装机容量由2010年的6.6亿千瓦增加到9.6亿千瓦，净增3亿千瓦，增加煤炭消费10亿吨左右，电力行业耗煤总量增加、比重增长。近年来，冶金行业耗煤小幅增加，我国钢铁产量已经超过世界总产量的50%。2012年，全国钢材产量9.52亿吨，从我国钢材年产量和累计总量分析，产量继续增长的空间不大，冶金行业耗煤比重将呈下降趋势。建材行业耗煤主要是水泥产业用煤。2012年，全国水泥产量达到21.8亿吨，产量超过全球总产量的60%，今后虽有增加，但增幅不大，水泥行业耗煤比重也将呈平稳下降趋势；随着我国煤化工产业技术示范成功，以及煤制油、煤质烯烃、煤制气等现代煤化工产业发展，化工行业耗煤比重将呈增长趋势。

（2）从我国经济社会发展趋势看，按照党的十八大报告提出，到2020年实现"两个翻一番"目标。以2012年煤炭消费量36.3亿吨计算，充分考虑节能减排和新能源与可再生能源发展，煤炭消费弹性系数由近年平均0.9左右，降至0.5左右，今后几年全国煤炭消费以3%～4%的增速保国内生产总值"翻一番"的目标。据初步测算，到2020年，全国煤炭消费总量将在 48 亿～53 亿吨左右，在 2012 年的基础上，再增加 12 亿～17 亿吨左右。有关部门初步提出到 2020 年，全国能源消费 55 亿吨标准煤，按非化石能源占一次能源消费比重达到 15% 左右测算，煤炭需求也将在 51 亿吨左右，考虑进口 3.0 亿吨，国内煤炭供应量还将增加到 48 亿吨左右。从资源储量、环境容量、煤矿安全等多因素分析，增加 10 多亿吨产量存在较大的难度。

(3)从保障我国能源供应安全考虑，煤炭仍将是支撑经济社会发展最基础的能源。据相关数据，2012 年我国石油表观消费量 4.8 亿吨。其中进口 2.72 亿吨，同比增长 7.1%，增速提高 0.3 个百分点，原油对外依存度达到了 56.9%，比 2011 年提高了 1.3 个百分点。全年天然气表观消费量1 500亿立方米。其中进口天然气 442 亿立方米(其中液化天然气 201 亿立方米、管道气 241 亿立方米)，同比增长 38%。天然气对外依存度约为 29.5%，比 2011 年提高了 5 个百分点。石油、天然气对外依存度大幅提高，从保障国家能源安全稳定供应考虑，煤炭依然是我国能源安全的基础。综合分析，我国煤炭供应短期宽松、长远不足仍是主要矛盾。

3.2.2　2013 年煤炭行业展望

2013 年是我国工业化、信息化、城镇化和农业现代化深入推进的重要战略发展阶段，煤炭市场需求的增长势在必然。但是，受国内外严峻复杂形势影响，经济运行中不稳定性、不确定性因素依然较多，对煤炭工业发展影响不可低估。初步判断 2013 年煤炭需求将继续保持低速增长，煤炭市场继续呈现供需相对宽松态势。

1. 煤炭供需持续低速增长

从煤炭供应看，自“十一五”以来，煤炭采选业固定资产投资达到 2.2 万亿元的规模，再加上技术改造等因素，致使产能大幅提高，总产能超前问题比较严重。从需求看，2013 年国内经济的企稳回升将有望拉动煤炭需求小幅增长，但是，由于世界经济环境的复杂多变，经济企稳回升的基础仍需巩固，预计 2013 年回升幅度不会太大，同时国家继续加大经济结构和能源结构的调整，加强节能减排，减少煤炭的消耗，2013 年煤炭需求不会大幅增加，将持续低速增长态势。

2. 煤炭市场价格有望企稳

2013年煤炭市场供过于求的形势不会改变。但是,随着以销定产措施的实施,行业整体上基本可进入适度供过于求、供求相对平稳的运行轨道。受生产成本上升的制约,预计年内煤炭价格有望止跌企稳,并在此基础上,维持相对平稳的运行状态。

从煤炭进口的情况看,受世界经济复苏缓慢,美欧日等发达经济体增速低迷影响,欧洲煤炭需求大幅萎缩。而美国大力开发页岩气替代燃煤发电,也导致国际煤炭市场低迷,价格下滑。2013年煤炭进口仍然保持高位,进口煤对国内煤炭市场冲击不断加大,国内煤炭行业科学调控产能的任务依然繁重。

3. 煤炭上市公司业绩增长乏善可陈

受煤炭生产成本费用上升,煤炭销售价格回落等方面的影响,与2012年同比,2013年煤炭上市公司的生产经营仍然面临较大的市场压力,经营业绩增速仍不容乐观。

第四章
煤炭采选上市公司个股分析

2013煤炭行业上市公司发展研究报告

本章主要根据新会计准则实施以来、2008 年后的企业年报资料数据，对于煤炭采选类上市公司个股的经营财务状况进行分析。

4.1 中国神华能源股份有限公司（601088）

中国神华能源股份有限公司由神华集团有限责任公司为主发起设立，A 股股票于 2007 年 10 月 9 日在上海证券交易所挂牌上市，截至 2012 年末神华集团持有中国神华 A 股 73.01% 的股份。公司集煤炭、发电、铁路、港口和航运业务为一体，拥有中国最大规模的优质煤炭储量。

一、公司生产经营状况

1. 2012 年主要产品生产销售情况

表 4－1 2012 年主要产品生产销售情况

产品	2012 年产量	较上年增减（%）	2012 年销量	较上年增减（%）
商品煤（百万吨）	304.00	7.80	64.60	19.90
电量（十亿千万时）	207.90	10.40	193.46	10.20

2. 2012 年主营业务分行业情况

表 4－2 2012 年主营业务分行业情况

分行业	营业收入（百万元）	较上年增减（%）	营业成本（百万元）	较上年增减（%）	毛利率（%）	较上年增减（百分点）
煤炭	206 815	19.91	152 331	29.77	26.34	－5.60
发电	72 263	16.32	54 460	14.62	24.64	1.10
铁路	25 006	9.07	10 039	11.74	59.85	－0.90
港口	3 042	7.87	1 613	－0.68	46.98	4.60
航运	4 320	－15.28	3 680	－15.65	14.81	0.40

3. 2013 年主要生产经营目标

2013 年计划商品煤产量 315 百万吨；煤炭销售量 464.6 百万吨；售电量 205 十亿千瓦时；营业收入实现 2 714 亿元；营业成本 1 769 亿元。

二、公司财务分析

1. 财务能力指标

(1)盈利能力:2008 年以来,营业毛利率五年分列采选类公司第 4、3、4、10、9 名;总资产回报率分列第 15、10、8、7、2 名,加权平均净资产收益率分列第 17、10、16、15、6 名,盈利能力指标排名总体逐年递增。自身来看,尽管营业毛利率近年来有所下滑,但总资产回报率和加权平均净资产收益率总体运行平稳。总体来看,公司盈利能力比较稳健(见图 4-1)。

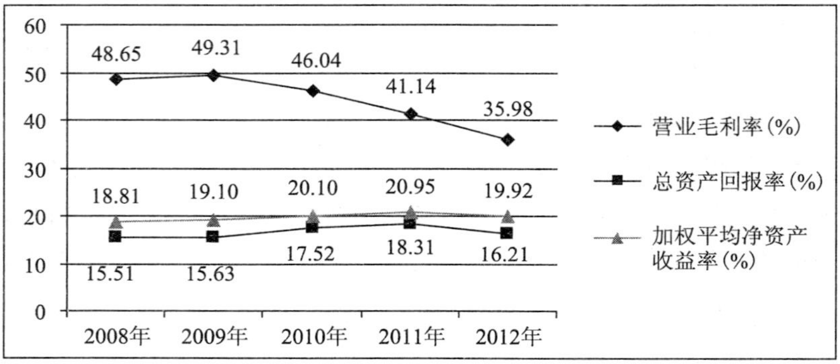

图 4-1　2008—2012 年各项盈利指标变化

(2)运营能力:2008 年以来,存货周转率在采选类公司中分列第 22、21、21、21、17 名;应收账款周转率分列第 18、19、20、22、18 名;总资产周转率排名第 23、24、25、23、20 名。总体来说,公司运营能力稳中有升(见图 4-2、图 4-3)。

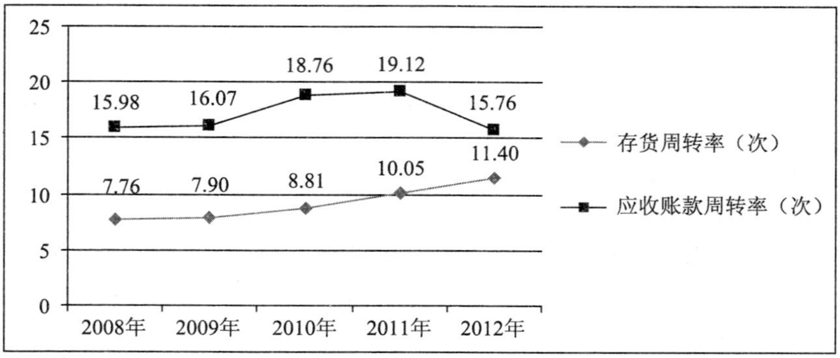

图 4-2　2008—2012 年存货周转率、应收账款周转率变化

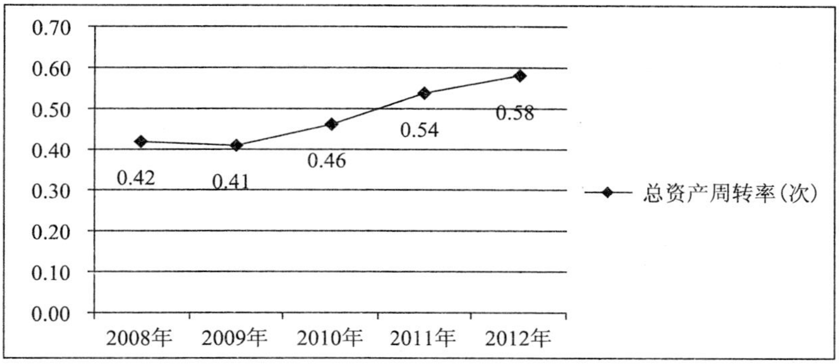

图 4-3 2008—2012 年总资产周转率变化

(3)偿债能力:2008 年以来,公司流动比率、速动比率呈现逐年下降趋势,2012 年尤为明显,短期内应引起一定的重视。资产负债率也呈下降态势,且负债水平较低,基本没有长期偿债风险。采选类公司范围内,流动比率五年位列第 4、7、9、11、18 名;速动比率位列第 5、7、9、11、18 名;资产负债率位列第 21、22、22、26、27 名(见图 4-4、图 4-5)。

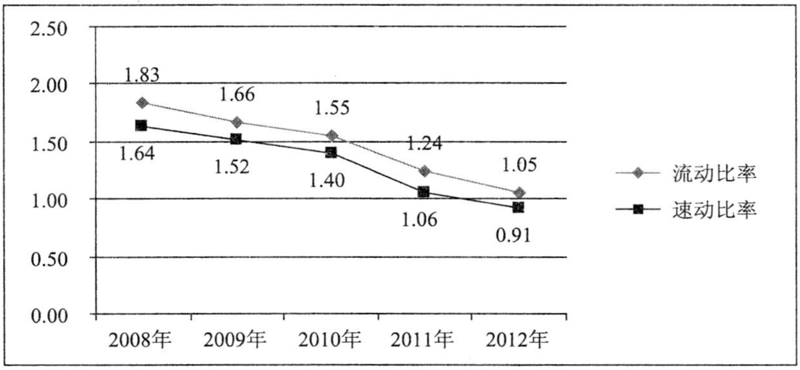

图 4-4 2008—2012 年流动、速动比率变化

(4)成长性:31 家采选类公司中,以 2009 年为基数计算的三年营业收入复合增长率和营业利润复合增长率位列第 12 名,处于业内中上位置,企业成长性良好(见图 4-6)。

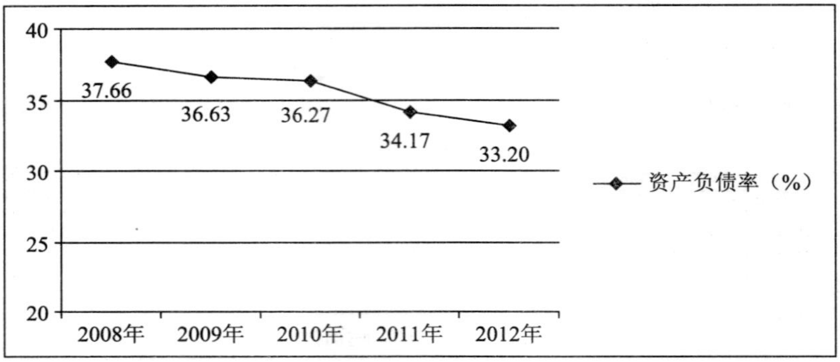

图 4－5　2008—2012 年资产负债率变化

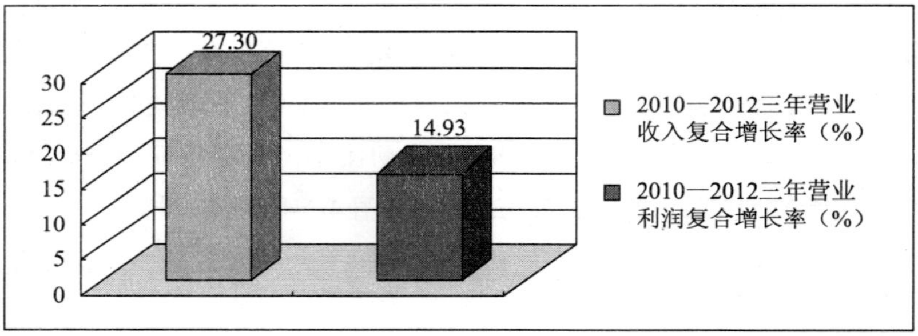

图 4－6　2010—2012 三年营业收入、利润复合增长率变化

2. 收益质量指标

（1）现金流质量：2012 年，由于固定资产投资和短期借款的增加，导致投资和筹资活动现金净流量变动幅度较大，经营活动现金流稳中有升（见表 4－3）。

表 4－3　2008—2012 年现金净流量情况　　单位：百万元

财务指标	2008 年	2009 年	2010 年	2011 年	2012 年
经营活动的现金净流量	44 226	55 927	60 912	73 219	71 847
投资活动的现金净流量	－36 020	－37 103	－29 884	－54 277	－61 180
筹资活动的现金净流量	－2 556	－11 985	－26 135	－34 581	－20 695
现金净流量	5 650	6 890	4 891	－15 650	－10 025

（2）资产质量：2008 年以来，存货占总资产的比例分列采选类公司第

17、19、16、15、16 名，应收账款占总资产比例分列第 18、17、14、13、15 名，总体看来基本平稳但略显上升态势，无形资产占总资产比例位列第 14、20、23、25、26 名（见表 4－4、图 4－7）。

表 4－4　2008—2012 年资产构成情况

财务指标（百万元）	2008 年	2009 年	2010 年	2011 年	2012 年
资产总额	275 182	310 514	339 268	402 978	453 256
流动资产	77 906	92 459	103 995	108 526	111 360
货币资金	59 491	73 467	75 366	69,275	61 681
应收账款	7 525	7 571	8 591	12 645	19 120
存　　货	7 842	7 727	11 167	12,939	15 171
非流动资产	197 276	218 055	235 273	294 452	341 896
固定资产	128 716	146 362	160 635	201 785	214 836
无形资产	23 806	25 642	28 097	31 470	32 698

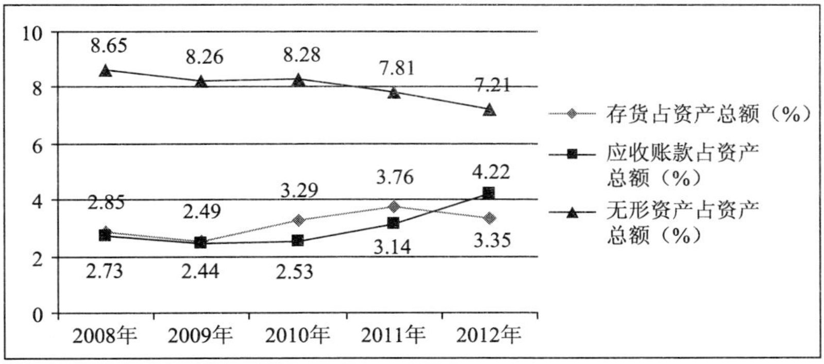

图 4－7　2008—2012 年存货、应收账款及无形资产占比变化

（3）盈利质量：2008 年以来，营业利润率总体呈逐年下降态势，五年中在采选公司中分位列第 1、1、2、1、2 名，仍处于行业领先地位；投资收益逐年减少且占营业利润的比例较低，企业盈利质量总体良好（见表 4－5、图 4－8、图 4－9）。

表 4－5　2008—2012 年主要财务指标　　单位：百万元

财务指标	2008 年	2009 年	2010 年	2011 年	2012 年
营业收入	107 133	121 312	157 662	209 225	250 260
营业利润	36 601	44 189	54 753	66 162	67 081

续表

财务指标	2008 年	2009 年	2010 年	2011 年	2012 年
投资收益	853	700	703	465	534
营业外收支	-630	-288	-317	-680	167
利润总额	35 971	43 901	54 436	65 482	67 248
股东净利润	25 959	30 276	37 853	44 991	47 661

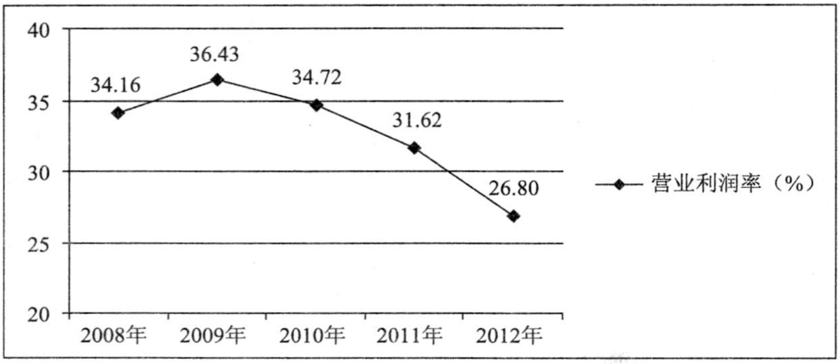

图 4 -8　2008—2012 年营业利润率变化

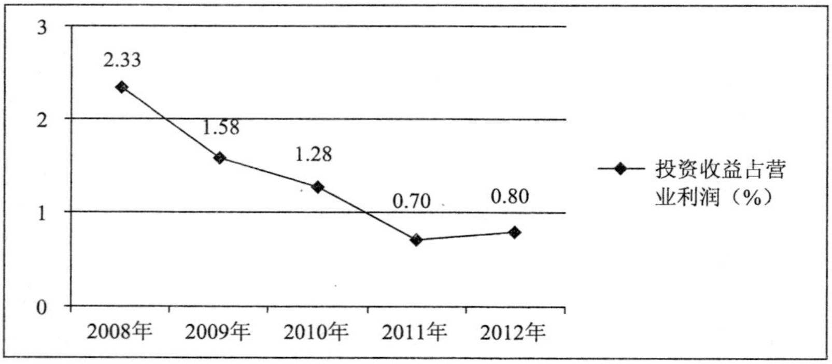

图 4 -9　2008—2012 年投资收益占营业利润比率变化

3. 综合分析

2012 年，在煤炭全行业面临较大不利局面的前提下，中国神华的盈利能力稳健，成长性良好，运营能力稳中有升，偿债能力尚处于可控范围，盈利能力及质量等相关指标仍表现出色，公司雄厚的规模实力、突出的主营业务以及相对完整的纵向关联延伸产业链发挥了重要的支撑作用。

4.2 中国中煤能源股份有限公司(601898)

中国中煤能源股份有限公司由中煤能源集团公司为主发起设立,A股股票于2008年2月1日在上海证券交易所挂牌上市,截至2012年末集团持股比56.86%。公司主要从事煤炭、焦炭、煤机装备的生产和销售业务。

一、公司生产运营状况

1. 2012年主要产品生产销售情况

表4-6 2012年主要产品生产销售情况

产品	2012年产量	较上年增减(%)	2012年销量	较上年增减(%)
原煤(万吨)	14 537.00	11.30	-	-
商品煤(万吨)	11 440.00	9.70	14 954.00	7.90
焦炭(万吨)	170.00	-17.50	229.00	-11.20
煤矿装备(亿元)	85.00	4.30	39.20	10.40

2. 2012年主营业务分行业情况

表4-7 2012年主营业务分行业情况

分行业	营业收入(百万元)	较上年增减(%)	营业成本(百万元)	较上年增减(%)	毛利率(%)	较上年增减(百分点)
煤炭业务	71 783	-3.00	42 802	-8.20	40.50	3.20
煤焦化业务	4 185	-21.10	3 972	-15.30	5.10	-6.40
煤矿装备业务	7 885	2.00	7 010	-0.30	21.40	1.40
其他业务	3 439	-9.30	3 597	-13.90	8.40	1.00

3. 2013年主要生产经营目标(年报未披露)

二、公司财务分析

1. 财务能力指标

(1) 盈利能力:2008年以来,营业毛利率分列采选类公司第13、12、17、18、8名,位居同业中上游位置;总资产回报率分列第21、21、24、23、22名;加权平均净资产收益率分列第20、24、26、25、18名,两项指标排名一直处于中下游水平。可喜的是,2012年的三项指标业内排名同比有所提升(见图4－10)。

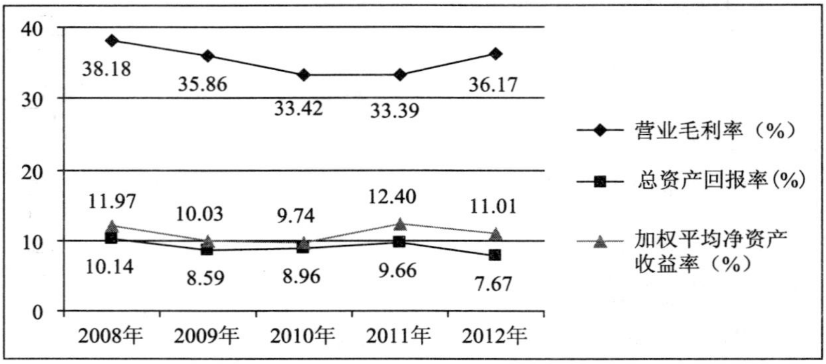

图4－10　2008—2012年各项盈利指标变化

(2)运营能力:2008年以来的存货周转率、应收账款周转率和总资产周转率总体有所下滑,与同业比较,存货周转率分列第19、22、22、22、25名;应收账款周转率分列第21、20、22、23、23名;总资产周转率分列第19、20、19、20、23名。三项指标均位居同业中下游位置(见图4－11、图4－12)。

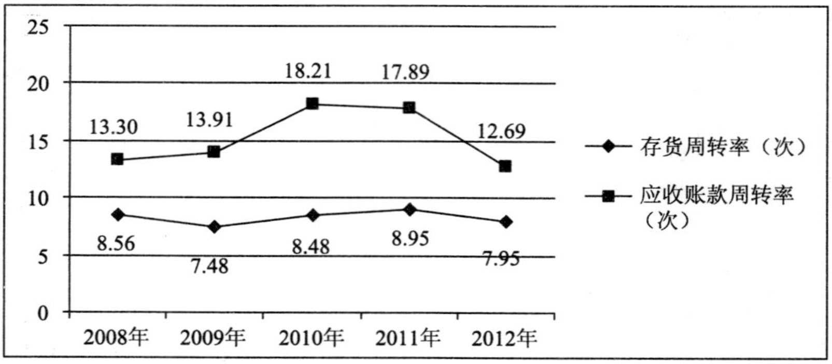

图4－11　2008—2012年存货周转率、应收账款周转率变化

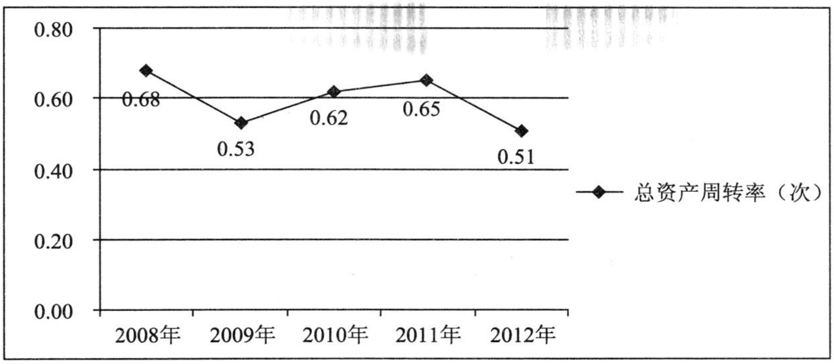

图 4－12　2008—2012 年总资产周转率变化

(3)偿债能力:2008 年以来的流动比率和速动比率呈明显的下滑态势。同业相比五年流动比率分列第 1、1、3、4、5 名,速动比率分列第 1、1、4、6、5 名。总体来说,短期偿债能力有所变弱,但处于正常指标范围,基本没有短期偿债风险。资产负债率稳中有升,但指标仍在较低水平,五年同业中分列第 24、27、26、23、20 名,长期偿债能力较好(见图 4－13、图 4－14)。

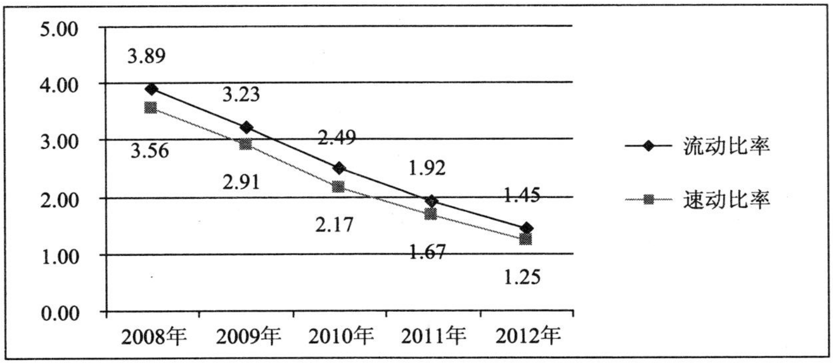

图 4－13　2008—2012 年流动、速动比率变化

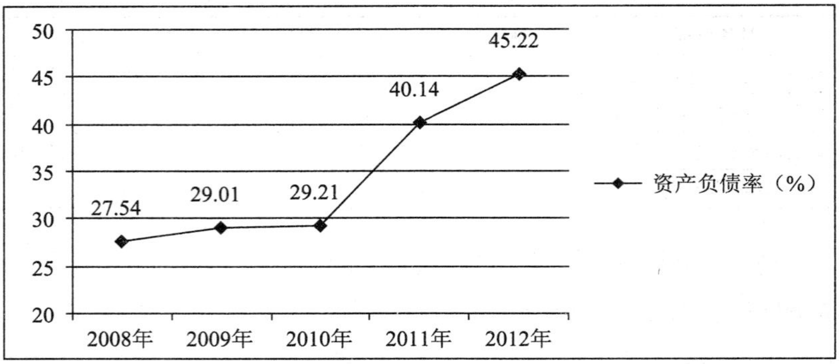

图 4-14　2008—2012 年资产负债率变化

（4）成长性：以 2009 年为基数计算的三年营业收入复合增长率位列 31 家同业公司第 19 名，三年营业利润复合增长率位列第 13 名，处于中游位置，企业成长性表现稳定（见图 4-15）。

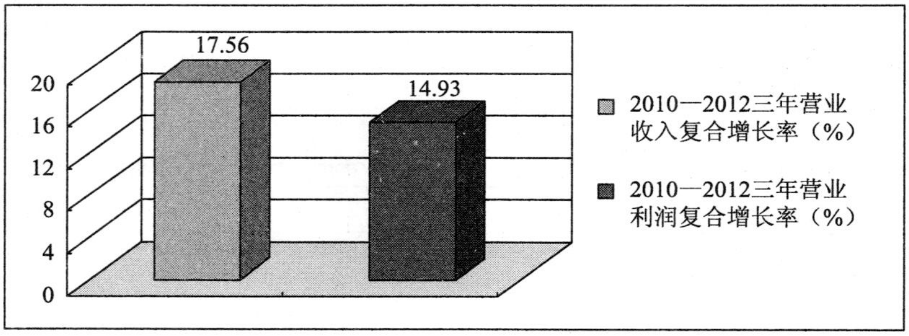

图 4-15　2010—2012 三年营业收入、利润复合增长率变化

2. 收益质量指标

（1）现金流质量：2008 年以来的经营活动的现金净流量较为稳定，2012 年同比下降了 17.4%，主要是经营性应收项目占用资金同比增加，以及经营性受限制的银行存款增加，存货减少抵减经营活动现金流出增幅所致（见表 4-8）。

表 4－8　2008—2012 年现金净流量情况　　单位：百万元

财务指标	2008 年	2009 年	2010 年	2011 年	2012 年
经营活动的现金净流量	10 030	10 574	10 736	15 110	12 475
投资活动的现金净流量	－30 980	－4 794	2 069	－35 130	－31 276
筹资活动的现金净流量	24 656	－1 038	－2 508	17 878	11 110
现金净流量	3 574	4 740	10 294	－2 150	－7 685

（2）资产质量：2012 年的应收账款为 2008 年以来的最高。与同业相比，应收账款占资产总额的比例五年分列第 10、12、9、12、14 名，存货占资产总额的比例分列第 11、10、9、12、13 名，指标运行基本平稳。但无形资产占总资产的比例近五年来有明显上升，与同业相比五年分列第 11、11、8、5、9 名（见表 4－9、图 4－16）。

表 4－9　2008—2012 年资产构成情况　　单位：百万元

财务指标	2008 年	2009 年	2010 年	2011 年	2012 年
资产总额	94 040	109 681	120 815	160 635	183 864
流动资产	51 152	50 873	48 700	572	49 382
货币资金	37 393	37 286	30 041	35 376	24 923
应收账款	4 473	3 255	4 574	5 585	8 175
存　　货	4 240	4 978	6 215	7 315	6 697
非流动资产	42 888	58 808	72 115	103 462	134 482
固定资产	21 094	26 577	28 321	29 649	40 544
无形资产	9 701	17 887	21 218	31 902	36 134

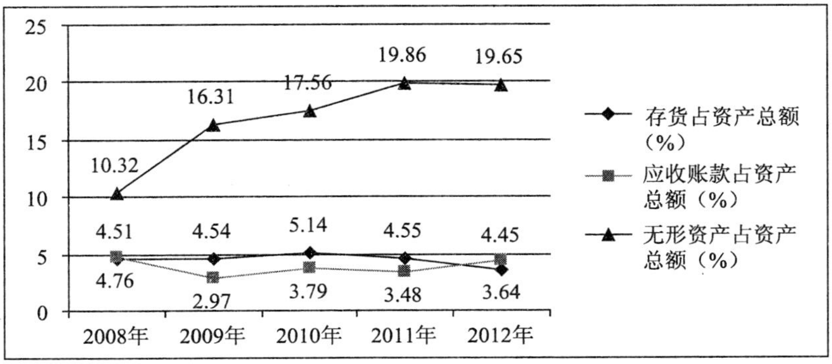

图 4－16　2008—2012 年存货、应收账款及无形资产占比变化

(3)盈利质量:面对煤炭价格大幅下行的不利局面,2012 年的营业收入、营业利润和股东净利润相比 2011 年均有所减少。但营业利润率在同业中分列第 18、13、17、17、10 名;投资收益占营业利润比例分列第 6、7、19、5、16 名。与同业比较而言,盈利质量同比有较大幅度的提高(见表 4－10、图 4－17、图 4－18)。

表 4－10　2008—2012 年主要财务指标　　单位:百万元

财务指标	2008 年	2009 年	2010 年	2011 年	2012 年
营业收入	52 283	53 729	71 268	90 865	87 292
营业利润	7 974	9 026	9 849	13 703	13 307
投资收益	160	393	－96	305	74
营业外收支	297	175	372	148	105
利润总额	8 271	9 201	10 221	13 851	13 412
股东净利润	5 606	6 622	6 909	9 667	9 281

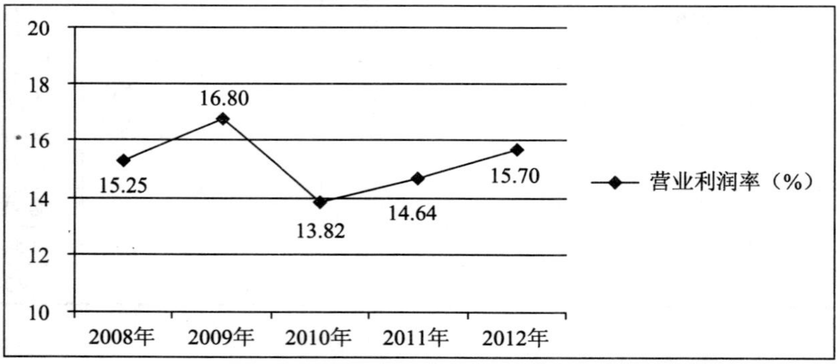

图 4－17　2008—2012 年营业利润率变化

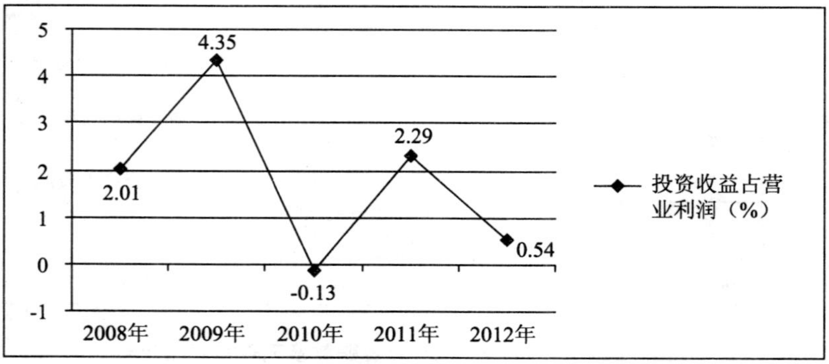

图 4－18　2008—2012 年投资收益占营业利润比率

3. 综合分析

中煤能源 2012 年的各项财务指标运行比较稳健并有望继续向好,但盈利能力有待进一步提高。

4.3 兖州煤业股份有限公司（600188）

兖州煤业股份有限公司由兖矿集团有限公司为主发起设立，A股股票于1998年7月1日上交所正式挂牌上市，截至2012年末集团持有52.86%的股份。公司主要经营煤炭采选、铁路运输、煤化产品、电力和热力等业务。

一、公司生产运营情况

1. 2012年主要产品生产销售情况

表4-11　2012年主要产品生产销售情况

产品	2012年产量	较上年增减(%)	2012年销量	较上年增减(%)
商品煤(万吨)	6 278.00	18.75	9 499.00	43.46
甲　醇(万吨)	57.00	7.52	57.00	8.51
电　力(万千瓦时)	115 519.00	-15.50	85 640.00	-8.18
热　力(万蒸吨)	144.00	12.50	23.00	35.29

2. 2012年主营业务分行业情况

表4-12　2012年主营业务分行业情况

分行业	营业收入(万元)	较上年增减(%)	营业成本(万元)	较上年增减(%)	毛利率(%)	较上年增减(百分点)
煤炭业务	5 669 931	22.22	4 252 263	60.74	25.00	-17.97
铁路运输业务	46 407	-2.68	35 193	4.90	24.16	-5.48
煤化工业务	111 795	5.53	90 761	-2.49	18.82	6.68
电力业务	32 365	-1.32	33 102	-9.12	-2.28	8.78
热力业务	3 992	95.04	2 513	82.41	37.05	4.36

3. 2013年主要生产经营目标

2013年计划销售煤炭8 985万吨。其中：公司3 480万吨，山西能化12万吨，菏泽能化260万吨，鄂尔多斯能化600万吨，兖煤澳洲1 496万吨，兖煤国际529万吨，贸易煤量2 500万吨。甲醇销售计划55万吨。

二、公司财务分析

1. 财务能力分析

(1)盈利能力:2008 年以来,企业的营业毛利率、总资产回报率和加权平均净资产收益率三项指标总体逐年下滑。与 31 家同业相比,营业毛利率五年分列第 3、4、6、13、21 名,总资产回报率五年分列第 3、16、7、13、26 名,加权平均净资产收益率分列第 11、20、4、12、15 名,营业毛利率和总资产回报率创五年来新低,企业盈利能力明显降低(见图 4－19)。

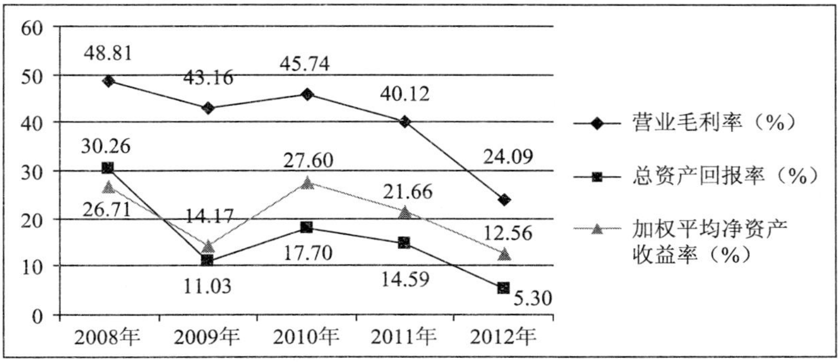

图 4－19　2008—2012 年各项盈利指标变化

(2)运营能力:存货周转率总体稳健增长,而应收账款周转率和总资产周转率同比有所回落。与同业相比,存货周转率自 2008 年起排名分列第 10、16、17、10、4 名,应收账款周转率五年排名分列第 3、5、7、6、5 名,总资产周转率五年排名分列第 13、23、22、21、21 名,企业的运营能力总体保持业内较好水平(见图 4－20、图 4－21)。

(3) 偿债能力:2012 年流动比率和速动比率同比回升,短期偿债风险明显降低。与同业相比,自 2008 年起流动比率分列第 3、3、1、22、13 名,速动比率分列第 3、4、2、19、9 名,企业明显加强了对短期偿债风险的监控力度。资产负债率逐年上升,业内五年分列第 27、15、17、10、8 名,但仍保持在合理水平。总体来看,企业有较强的偿债能力,并能够充分发挥财务杠杆的作用(见图 4－22、图 4－23)。

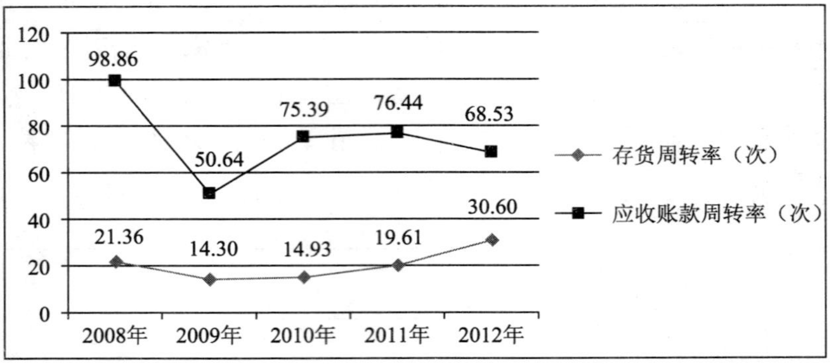

图 4-20　2008—2012 年存货周转率、应收账款周转率变化

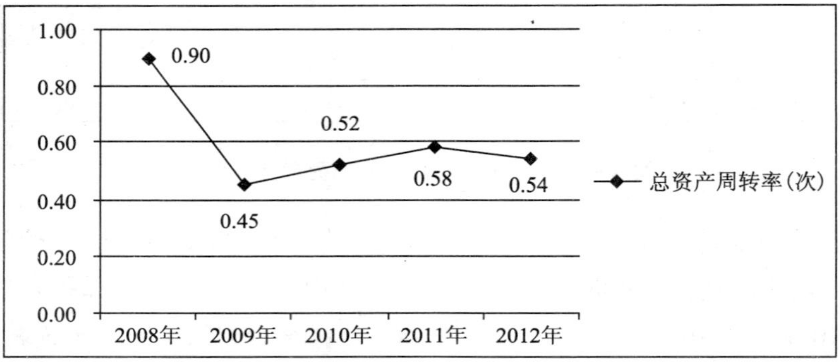

图 4-21　2008—2012 年总资产周转率变化

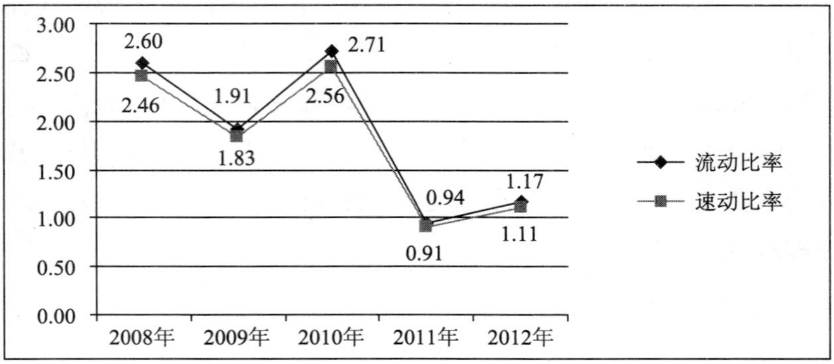

图 4-22　2008—2012 年流动、速动比率变化

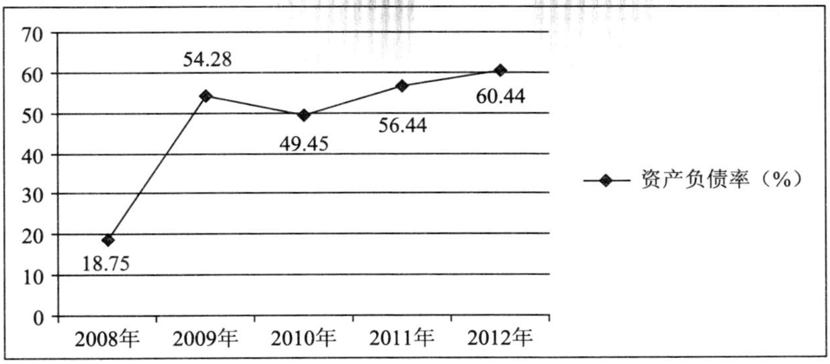

图 4－23　2008—2012 年资产负债率变化

（4）成长性：以 2009 年为基数计算的三年营业收入复合增长率增长迅速，同业中排名第 9 位，而三年营业利润复合增长率呈现负值，业内排列第 25 名，企业的成本费用管控能力急需加强（见图 4－24）。

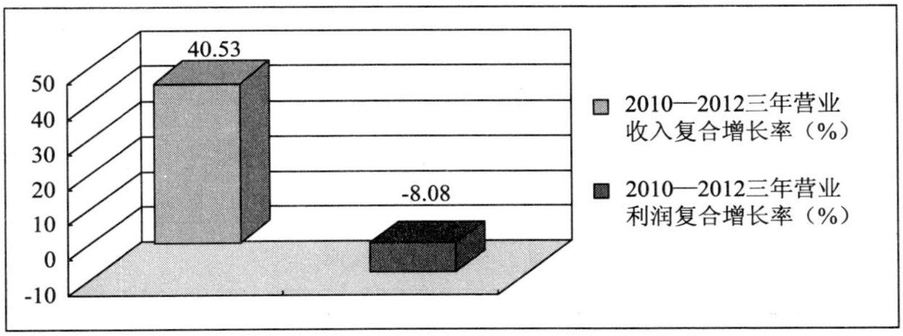

图 4－24　2010—2012 三年营业收入、利润复合增长率变化

2. 收益质量指标

（1）现金流质量：2012 年经营活动产生的现金净流量同比减少了 57.1%，主要是由于销售商品、提供劳务得到的现金的增幅低于与购买商品、接受劳务支付的现金。投资活动产生的现金净流量同比减少了 88%，主要是受限存款变化、收购资产和股权投资同比减少所致（见表 4－13）。

表4－13　2008—2012年现金流量情况　　单位：万元

财务指标	2008年	2009年	2010年	2011年	2012年
经营活动的现金净流量	741 863	617 177	628 758	1 892 974	811 664
投资活动的现金净流量	－350 097	－2 449 408	－637 399	－2 607 591	－311 833
筹资活动的现金净流量	－115 873	1 849 868	－175 867	895 530	－46 346
现金净流量	270 904	7 825	－175 109	137 583	464 553

（2）资产质量：2012年应收账款和存货同比增加。与同业相比，应收账款占资产总额的比例自2008年起分列第23、25、27、27、29名，存货占资产总额的比例五年分列第19、23、25、29、29名。两项指标皆处于同业较低水平（见表4－14、图4－25）。

表4－14　2008—2012年资产构成情况　　单位：万元

财务指标	2008年	2009年	2010年	2011年	2012年
资产总额	3 294 135	6 225 235	7 282 854	9 808 942	12 130 159
流动资产	1 538 909	2 088 508	2 947 474	3 423 683	3 304 627
货币资金	969 514	1 229 287	1 079 022	1 810 558	1 609 440
应收账款	41 261	43 655	48 777	81 516	92 640
存　货	82 321	88 636	164 612	139 468	156 553
非流动资产	1 755 226	4 136 727	4 335 380	6 385 259	8 825 531
固定资产	939 202	1 707 953	1 833 325	2 118 593	2 467 848
无形资产	154 815	1 933 582	2 011 901	2 465 710	3 103 600

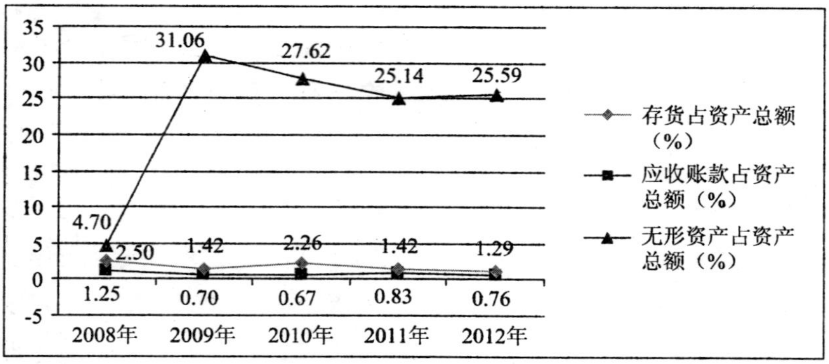

图4－25　2008—2012年存货、应收账款及无形资产占比变化

（3）盈利质量：营业利润率总体下降，且2012年度降幅较大，与同业相比，营业利润率自2008年起分列第2、6、1、10、20名；投资收益占营业利润的比例同比上升但比重仍较小。总体来看，企业主营业务的盈利质量不佳（见表4－15、图4－26、图4－27）。

表4－15　2008—2012年主要财务指标　单位：万元

财务指标	2008年	2009年	2010年	2011年	2012年
营业收入	2 635 329	2 150 035	3 484 439	4 979 914	5 967 355
营业利润	864 440	540 579	1 210 411	1 208 103	419 910
投资收益	7 465	11 207	13 100	6 990	4 022
营业外收支	1 516	539	973	－7 262	136 132
利润总额	865 956	541 118	1 211 384	1 200 841	556 043
股东净利润	632 398	388 033	900 862	853 016	551 585

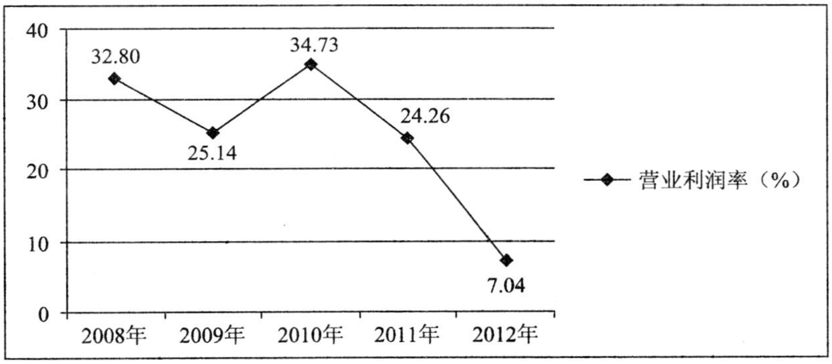

图4－26　2008—2012年营业利润率变化

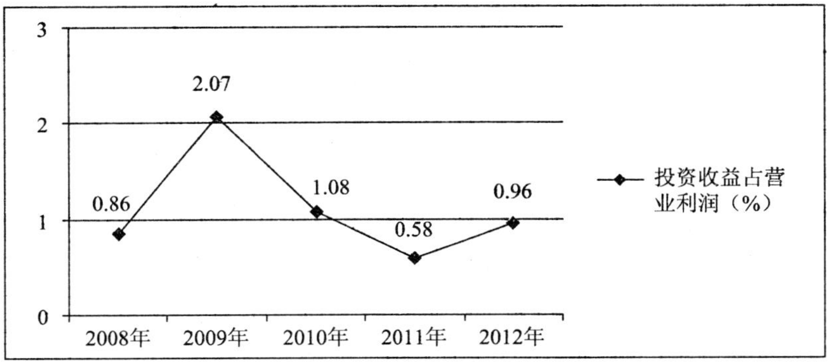

图4－27　2008—2012年投资收益占营业利润比率变化

3. 综合分析

兖州煤业2012年在运营能力等方面总体较好，但是企业经营活动创造现金流的能力、盈利能力与盈利质量下降的态势急需扭转，尤其要采取有效措施，强化成本费用管理。

4.4　山煤国际能源集团股份有限公司（600546）

山煤国际能源集团有限公司由山西煤炭进出口集团为主发起设立，于2009年12月25日在上海证券交易所挂牌上市，截至2012年末集团持股比例57.43%，公司主营煤炭的生产和销售业务。

一、公司生产运营状况

1. 2012年主要产品生产销售情况

表4-16　2012年主要产品生产销售情况

产品	2012年产量	较上年增减(%)	2012年销量	较上年增减(%)
煤炭(万吨)	1 141.32	53.91	13 100.00	18.56

2. 2012年主营业务分行业、分产品情况

表4-17　2012年主营业务分行业、分产品情况

	营业收入（万元）	较上年增减（%）	营业成本（万元）	较上年增减（%）	毛利率（%）	较上年增减（百分点）
分行业						
煤炭生产	685 671	27.41	298 237	35.85	56.50	-2.70
煤炭贸易	7 657 747	24.38	7 539 274	25.48	1.55	-0.86
其他	1 164 625	377.65	1 134 885	395.80	2.55	-3.57
分产品						
煤炭	8 137 556	21.55	7 634 839	22.59	6.18	-0.79
标砖	2 065	60.96	2 133	18.35	-3.27	37.19
钢材	174 098	285.21	173 719	285.78	0.22	-0.15
其他矿产品	923 562	518.40	913 487	520.31	1.09	-0.30
设备及配件	20 746	88.53	19 508	193.70	5.97	-1.66
运输	23 316	-34.00	30 997	24.46	-32.94	-62.44
其他	226 698	4 037.20	197 713	5 974.65	12.79	-27.82

3. 2013年主要生产经营目标(年报未披露)

二、公司财务分析

1. 财务能力指标

（1）盈利能力：营业毛利率、总资产回报率和加权平均净资产收益率近年持续下滑。与同业相比，营业毛利率自 2009 年起分列第 27、29、31、30 名，总资产回报率分列第 14、16、24、24 名，加权平均净资产收益率分列第 4、6、17、24 名。三项指标均处于同业下游水平（见图 4－28）。

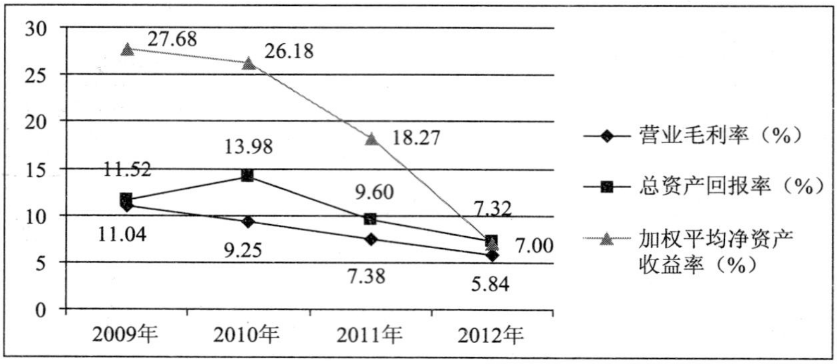

图 4－28　2009—2012 年各项盈利指标变化

（2）运营能力：自 2009 年上市以来，存货周转率基本平稳，与同业相比四年分列第 10、7、9、10 名；应收账款周转率 2012 年同比降幅明显，业内四年分列第 21、18、17、21 名；总资产周转率逐年上升，业内四年分列第 1、1、1、2 名。总体来看，企业运营能力位居同业中上游水平（见图 4－29、图 4－30）。

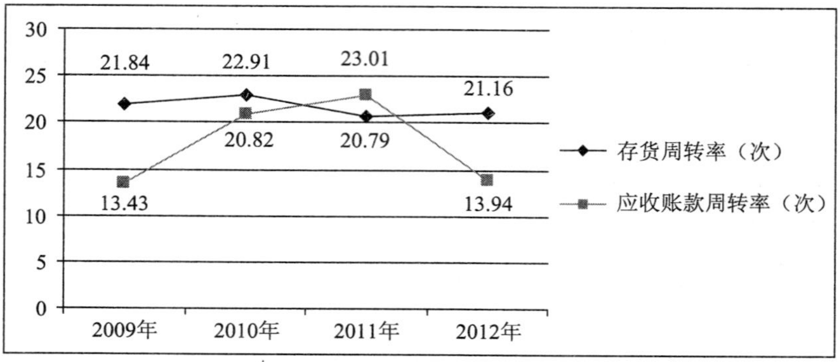

图 4－29　2009—2012 年存货周转率、应收账款周转率变化

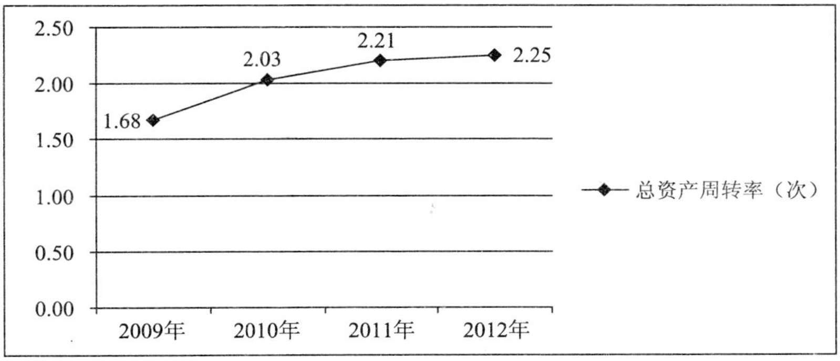

图4－30　2009—2012年总资产周转率变化

（3）偿债能力：2012年流动比率和速动比率同比降幅较大，且低于正常指标水平。业内相比四年流动比率分列第13、15、12、21名，速动比率分列第13、16、15、21名，企业短期偿债风险增加。同时，2012年资产负债率同比有较大幅度的上升，同业内四年分列第3、2、5、1名，长期偿债风险加大（见图4－31、图4－32）。

（4）成长性：以2009年为基数计算三年营业收入复合增长率和三年营业利润复合增长率呈正比增加，与同业相比分列第5、8名，企业成长性总体较好（见图4－33）。

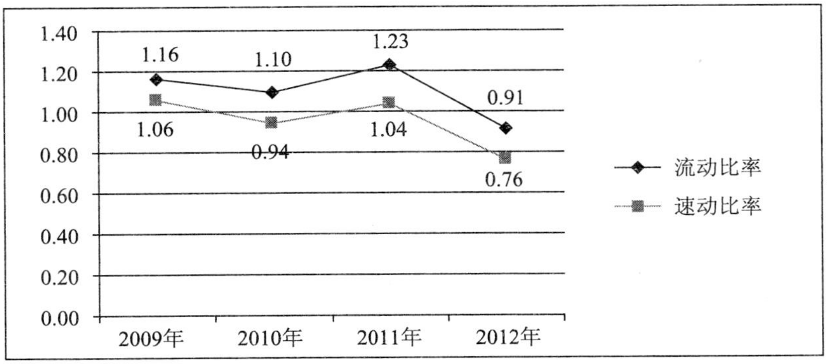

图4－31　2009—2012年流动、速动比率变化

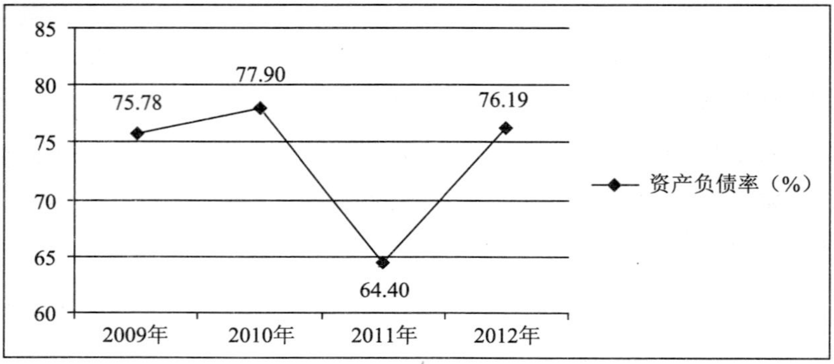

图4-32　2009—2012年资产负债率变化

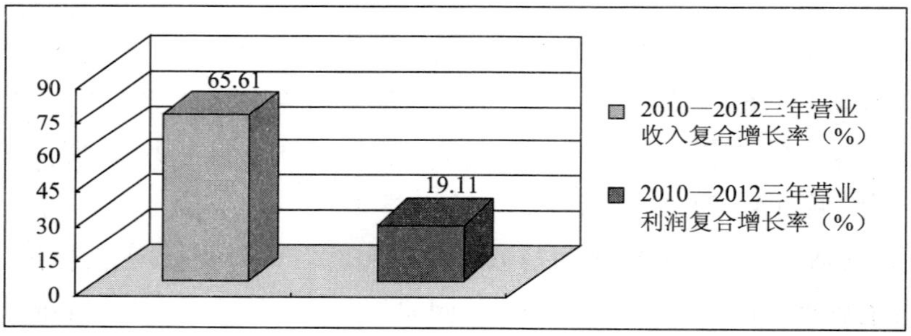

图4-33　2010—2012三年营业收入利润复合增长率变化

2. 收益质量指标

（1）现金流质量：2012年经营活动产生的现金净流量同比减少207.82%，主要是受经济形势影响，结算进度减慢所造成。投资活动产生的现金净流量同比增加了49.14%，主要由于公司收购整合矿的基建投入较大所致（见表4-18）。

表4-18　2009—2012年现金净流量情况　　单位：万元

财务指标	2009年	2010年	2011年	2012年
经营活动的现金净流量	-37 261	195 052	59 316	-63 958
投资活动的现金净流量	-120 668	-261 852	-514 639	-767 540
筹资活动的现金净流量	249 264	304 413	873 748	272 384
现金净流量	91 335	237 612	412 608	-559 347

（2）资产质量：2012年应收账款期末余额以及占资产总额的比例同比增长幅度较大，与同业相比四年分列第2、2、4、1名，位居同业前列，企业存在生产经营资金不足或发生坏账损失的风险。存货期末余额以及占资产总额的比例总体呈递增趋势，同业四年分列第6、2、2、1名，企业的存货管理能力需要加强。无形资产占资产总额的比例近三年来逐年上升，同业四年分列第10、17、10、12名，位居行业中游水平。总体来看，企业资产质量欠佳，应认真研究制定减少存货特别是应收账款的对策措施（见表4－19、图4－34）。

表4－19 2009—2012年资产构成情况 单位：万元

财务指标	2009年	2010年	2011年	2012年
资产总额	1 473 242	2 351 845	3 951 439	4 533 789
流动资产	915 467	1 522 030	2 533 366	2 719 655
货币资金	193 012	432 547	852 996	303 404
应收账款	173 690	199 324	406 967	962 149
存　货	82 583	225 056	396 458	452 493
非流动资产	557 774	829 815	1 418 073	1 814 133
固定资产	127 520	298 598	604 427	663 487
无形资产	248 214	270 079	546 986	685 671

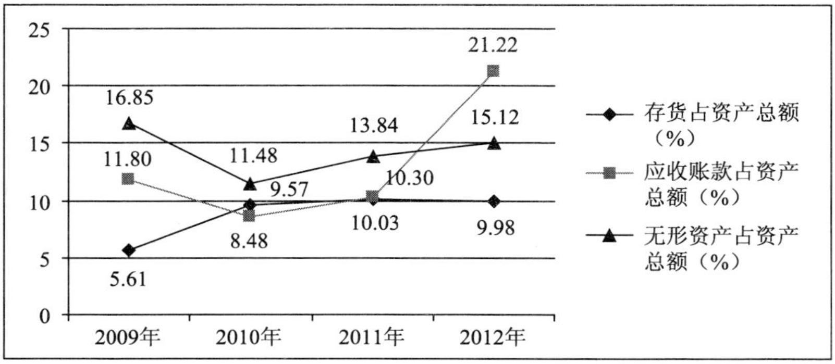

图4－34 2009—2012年存货、应收账款及无形资产占比变化

（3）盈利质量：自2009年以来营业利润率逐年下降，与同业相比四年分列第23、29、31、28位，业内位居下游水平；投资收益有所上升但占营业利润的比例较小，企业盈利质量总体较差（见表4－20、图4－35、图4－36）。

表4－20　2009—2012年主要财务指标　　单位：万元

财务指标	2009年	2010年	2011年	2012年
营业收入	2 100 628	3 883 769	6 976 057	9 540 759
营业利润	138 059	200 007	245 702	233 283
投资收益	542	539	1 039	1 155
营业外收支	－3 026	－3 753	－6 985	－7 364
利润总额	135 033	196 254	238 718	225 920
股东净利润	61 487	75 364	111 624	76 714

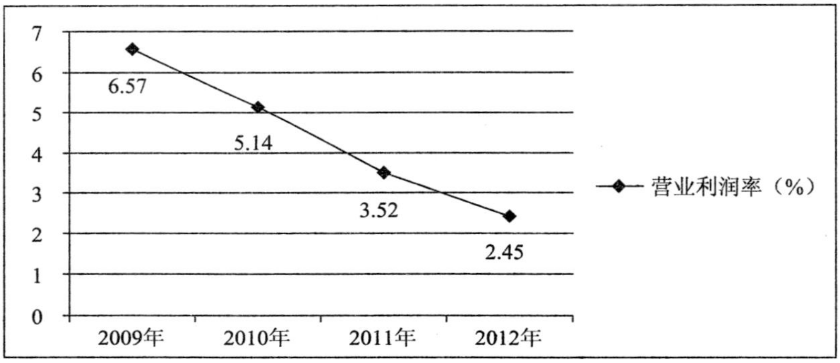

图4－35　2009—2012年营业利润率变化

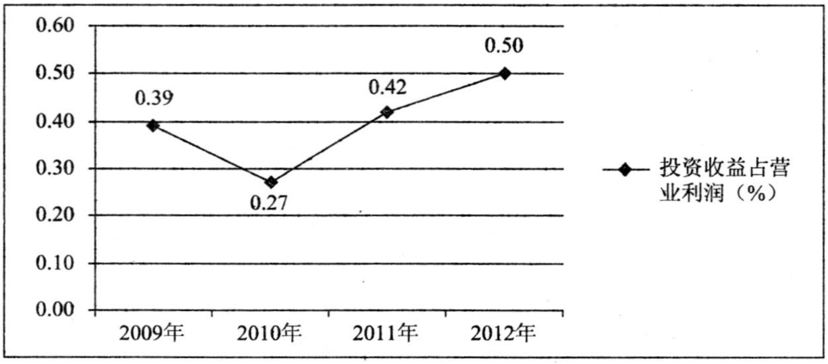

图4－36　2009—2012年投资收益占营业利润比率变化

3. 综合分析

2012 年,山煤国际的企业盈利能力及盈利质量等项财务指标均表现欠佳。应该努力改善经营管理,提高主营业务创造现金净流量的能力。同时,需要认真研究制定减少存货特别是应收账款的对策措施。尤其需要注意的是偿债风险明显增加,亟待采取相应措施,加强对偿债风险的监控力度。

4.5 山西西山煤电股份有限公司(000983)

山西西山煤电股份有限公司由原西山煤电集团为主发起设立,2000年7月26日在深交所挂牌上市,现由重组后的山西焦煤集团有限责任公司控股,截至2012年末,焦煤集团持股比例54.40%。公司主营煤炭、焦化产品和电力的生产和销售业务。

一、公司生产运营状况

1. 2012年主要产品生产销售情况

表4-21 2012年主要产品生产销售情况

产品	2012年产量	较上年增减(%)	2012年销量	较上年增减(%)
煤炭(万吨)	2 794.00	-5.06	2 544.00	19.32
电力(亿度)	124.00	29.98	111.00	35.37
焦炭(万吨)	417.00	-4.79	418.00	-4.35
焦油(万吨)	12.00	-7.69	12.00	-7.69
煤气(万立方米)	140 735.00	-2.04	140 735.00	-2.04
供热(万吉焦)	227.00	1.79	227.00	1.79

2. 2012年主营业务分行业、分产品情况

表4-22 2012年主营业务分行业、分产品情况

	营业收入(万元)	较上年增减(%)	营业成本(万元)	较上年增减(%)	毛利率(%)	较上年增减(百分点)
分行业						
工业	3 066 298	2.73	2 204 588	5.87	28.10	-2.13
分产品						
煤炭	1 794 068	3.98	986 802	16.65	45.00	-5.97
电力热力	377 410	48.56	342 136	38.85	9.35	6.34
煤气	857	18.33	1,016	-2.45	-18.52	25.25
焦炭	763 433	-12.08	755 998	-11.47	0.97	-0.68
焦油	26 338	-19.58	24 864	-30.11	5.59	14.22
硫胺	4 307	-1.43	4 285	18.30	0.51	-16.59
轻苯	23 082	31.91	19 727	21.03	14.54	7.68
焦炉煤气	55 765	-2.21	50 593	-9.04	9.27	6.81
干熄焦蒸汽	4 776	8.09	4 377	1.56	8.34	5.89
干熄焦发电	16 262	-2.88	14 788	-9.37	9.07	6.51
其他	0.28	-99.99	0.27	-99.99	2.96	-7.40

3. 2013 年主要生产经营目标

2013 年计划原煤产量 2 780 万吨,洗精煤产量 1 366 万吨,年发电量 156.35 亿度,焦炭 41 万吨。

二、公司财务分析

1. 财务能力指标

(1)盈利能力:近年来,营业毛利率、总资产回报率和加权平均净资产收益率呈明显下滑态势。与同业相比,营业毛利率五年分列第 6、5、11、19、17 名,总资产回报率分列第 4、9、11、15、16 名,加权平均净资产收益率分列第 3、6、12、14、11 名,企业盈利能力总体有所下降(见图4－37)。

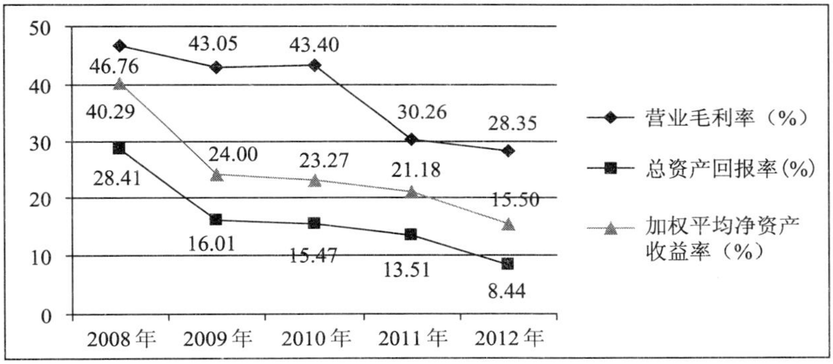

图 4－37　2008—2012 年各项盈利指标变化

(2) 运营能力:2012 年存货周转率、应收账款周转率和总资产周转率同比 2011 年有所下降低,应收账款周转率降幅尤为显著。与同业相比,自 2008 年起存货周转率分列第 12、12、13、18、22 名,应收账款周转率分列第 11、13、12、10、17 名,总资产周转率分列第 12、16、16、11、14 名,三项指标位居总体处于同业中游水平,但 2012 下滑明显,应引起足够的重视(见图4－38、图 4－39)。

(3)偿债能力:近年来,流动比率和速动比率大幅下降,尤其是 2012 年的两项指标均低于合理水平,短期偿债风险增加大。与同业比较,流动比率自 2008 年起分列第 5、4、7、15、20 名,速动比率分列第 4、3、17、19 名。2012 年该两项指标处于同业内中等偏下水平,短期偿债风险增加,

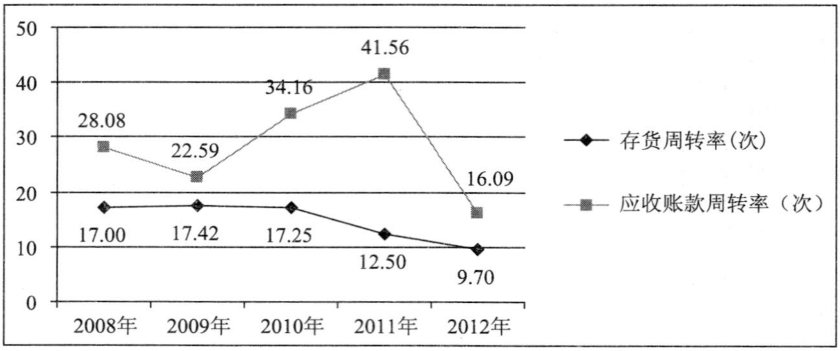

图 4－38　2008—2012 年存货周转率、应收周款周转率变化

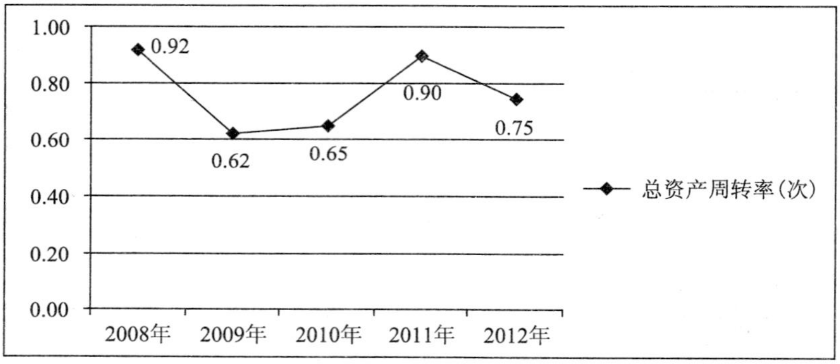

图 4－39　2008—2012 年总资产周转率变化

企业应采取相应的风险监控措施。资产负债率近年来逐年上升，同业比较五年分列第 17、17、14、9、7 名，应引起足够的重视，防范长期偿债风险（见图 4－40、图4－41）。

（4）成长性：以 2009 年为基数计算三年营业收入复合增长率和三年营业利润复合增长率反向增长。与同业公司相比分列第 11 、21 名。营业利润的增长呈负值，说明公司成本费用的管控措施急需加强，利润增长有进一步提升的空间（见图 4－42）。

2. 收益质量指标

（1）现金流质量：2012 年，经营活动产生的现金净流量同比减少，现金净流量持续下降，说明企业为了发展，必须筹集必要的外部资金作为补充（见表 4－23）。

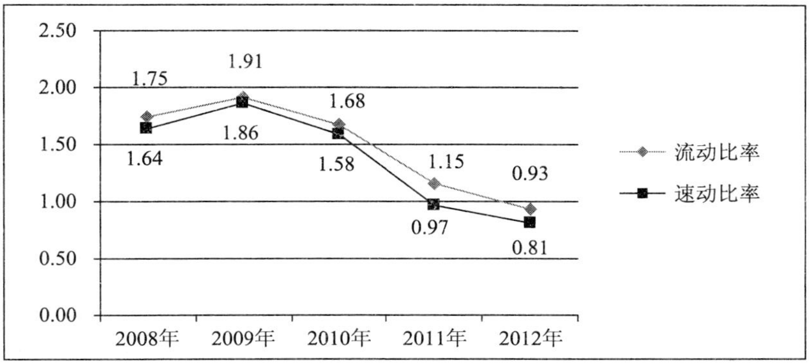

图 4－40　2008—2012 年流动、速动比率变化

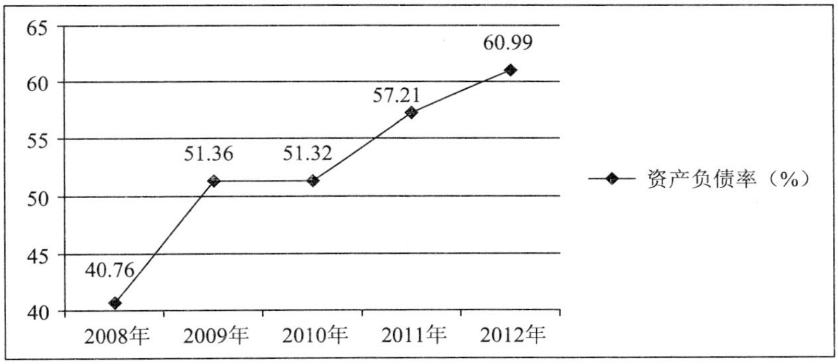

图 4－41　2008—2012 年资产负债率变化

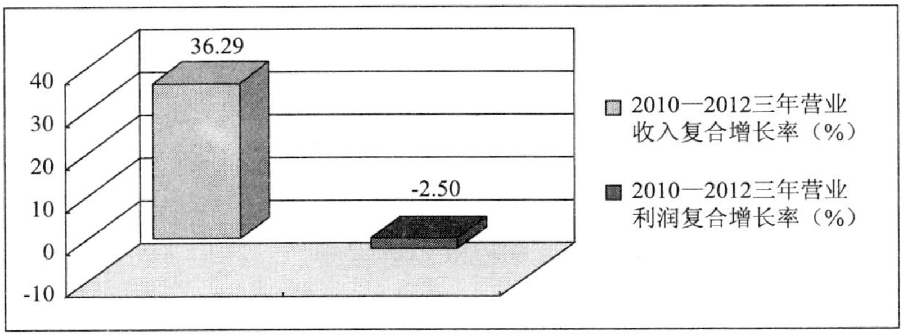

图 4－42　2010—2012 三年营业收入利润复合增长率变化

表4－23　2008—2012年现金净流量情况　单位:万元

财务指标	2008年	2009年	2010年	2011年	2012年
经营活动的现金净流量	312 816	305 544	336 306	388 194	271 917
投资活动的现金净流量	－232 660	－502 136	－210 710	－310 409	－366 099
筹资活动的现金净流量	14 028	436 925	－3 488	－74 528	－75 484
现金净流量	94 184	240 334	122 108	3 256	－169 667

(2)资产质量:2012年存货的期末余额同比减少,占资产总额的比例也同比下降,而应收账款期末余额以及占资产总额的比例却大幅度增加。与同业相比,自2008年起存货占资产总额的比例分列第15、24、19、6、9名,应收账款占资产总额的比例分列第16、18、17、17、9名,应采取相应的措施,加强应收账款管理工作。无形资产占总资产比例总体攀升,与同业相比,五年分列第27、29、30、28、28名,位居同业中下游水平(见表4－24、图4－43)。

表4－24　2008—2012年资产构成情况　单位:万元

财务指标	2008年	2009年	2010年	2011年	2012年
资产总额	1 655 586	2 327 008	2 895 275	3 864 312	4 512 586
流动资产	798 419	1 104 192	1 262 192	1 631 652	1 530 036
货币资金	305 558	545 892	668 000	671 255	506 809
应收账款	59 866	49 373	49 819	96 333	291 921
存　货	48 256	32 391	78 765	260 227	200 954
非流动资产	857 167	1 222 816	1 633 083	2 232 659	2 982 550
固定资产	527 581	653 909	921 738	1 743 167	2 098 268
无形资产	19 303	18 510	28 567	201 441	212 922

(3)盈利质量:营业利润率逐年大幅下滑,与同业相比,自2008年起分列第5、7、12、19、19名;2012年投资收益占营业利润的比重增大但总体比例仍较小,公司盈利质量连年下降,除行业不景气因素外,企业也应加强内部管理(见图4－44、4－45)。

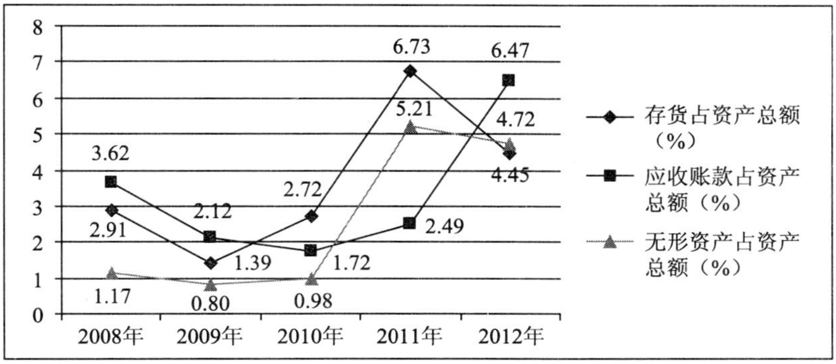

图 4－43　2008—2012 年存货、应收账款及无形资产占比变化

表 4－25　2008—2012 年主要财务指标　　单位：万元

财务指标	2008 年	2009 年	2010 年	2011 年	2012 年
营业收入	1 325 491	1 233 703	1 694 235	3 037 242	3 122 878
营业利润	399 356	299 645	383 311	413 353	277 755
投资收益	－4 242	－11 871	－13 242	2 963	4 607
营业外收支	－1 620	7 684	385	－701	3 107
利润总额	397 736	307 329	383 696	412 652	280 862
股东净利润	295 936	222 967	264 437	281 542	181 032

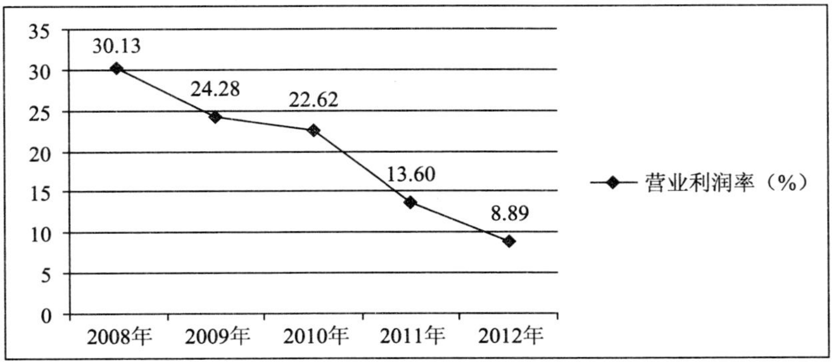

图 4－44　2008—2012 年营业利润率变化

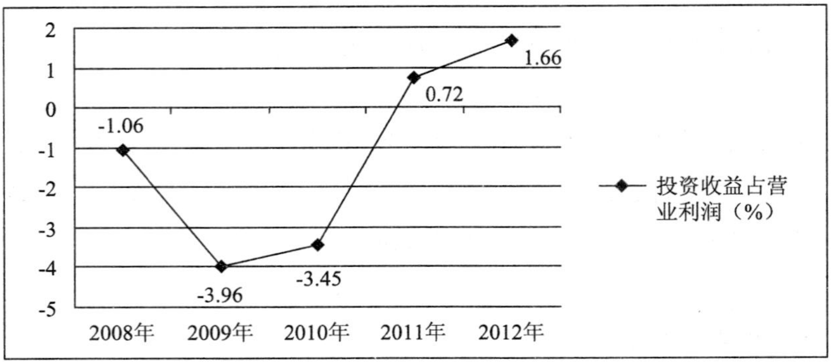

图 4－45　2008—2012 年投资收益占营业利润比率变化

3. 综合分析

西山煤电 2012 年的盈利、运营和偿债能力，盈利质量等项指标减弱明显，企业应制定并采取相应的措施及时加以改善。尤其应加强应收账款的管理，警惕短期偿债风险。

4.6 永泰能源股份有限公司(600157)

永泰能源股份有限公司由永泰投资控股有限公司借壳原鲁润股份并于2010年更名设立。截至2012年末,永泰投资控股有限公司持股比例40.38%。公司主营业务为煤炭的生产和贸易,煤种基本为优质焦煤。

一、公司生产运营状况

1. 2012年主要产品生产情况

表4-26 2012年主要产品生产情况

产品	2012年产量	2011年产量	较上年增减(%)
原煤(万吨)	846.00	263.00	221.67
洗精煤(万吨)	402.00	82.00	390.24

2. 2012年主营业务分行、业产品情况

表4-27 2012年主营业务分行业、分产品情况

	营业收入(万元)	较上年增减(%)	营业成本(万元)	较上年增减(%)	毛利率(%)	较上年增减(百分点)
分行业						
煤炭贸易	229 572	906.57	222 431	967.71	3.11	-5.55
煤炭采选	538 269	195.82	230 531	270.33	57.17	-8.62
分产品						
煤炭	767 841	274.99	452 962	445.20	41.01	-18.42

3. 2013年主要生产经营目标

2013年计划原煤产量1 000万吨,洗精煤360万吨,煤炭贸易250万吨;预计实现营业收入80亿元,净利润12亿元。

二、公司财务分析

1. 财务能力指标

(1)盈利能力:2012年营业毛利率、总资产回报率和加权平净资产收益率比2011年有所下降。与同业相比,营业毛利率自2010年起分列第31、1、5名;总资产回报率分列第19、21、11名;加权平净资产收益率分列

第9、22、13名。上市以来，三项财务指标皆位居同业中上游水平且保持相对稳定，企业盈利能力较强（见图4-46）。

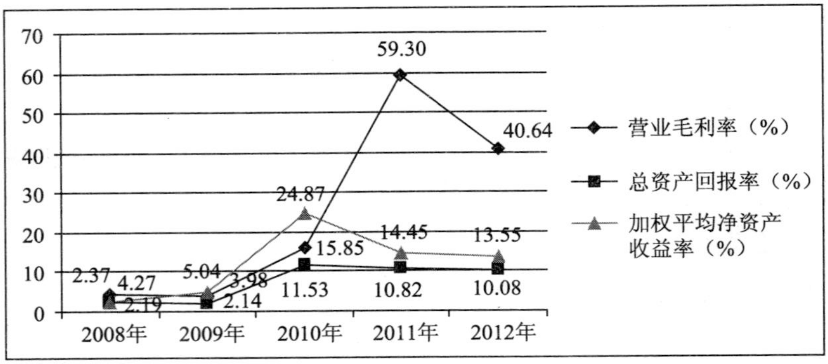

图4-46 2008—2012年各项盈利指标变化

（2）运营能力：近两年的应收账款周转率、存货周转率和总资产周转率稳中有升。与同业相比，存货周转率自2010年起分列第12、14、9名，应收账款周转率分列第11、31、28名，总资产周转率分列第9、30、29名。总体来说，企业运营能力表现一般（见图4-47、图4-48）。

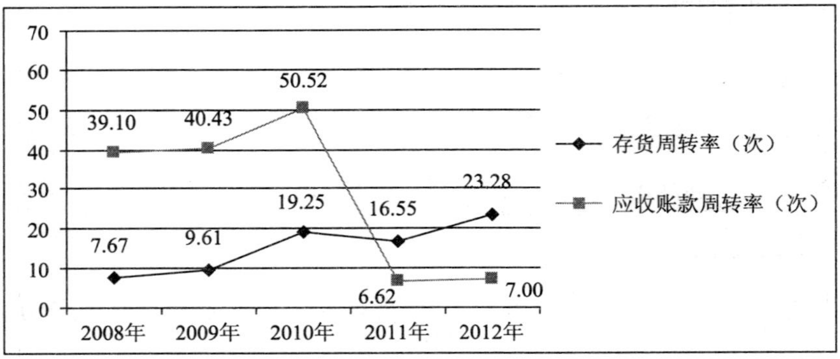

图4-47 2008—2012年存货周转率、应收账款周转率变化

（3）偿债能力：2012年流动比率和速动比率同比下降，但处于指标合理范围内，基本没有短期偿债风险。与同业比较，流动比率自2010年起分列第18、10、16，速动比率分列第16、22、15、9、15名，两项指标皆处于同业中等水平。2012年资产自2008年起负债率大幅下降，已基本回归合理水平(见图4－49、图4－50)。

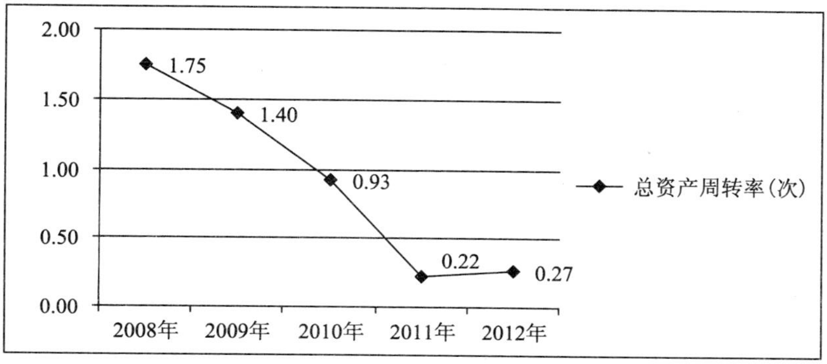

图4－48　2008—2012年总资产周转率变化

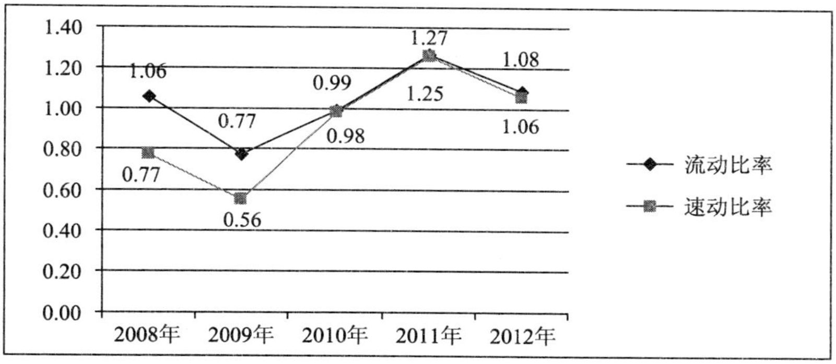

图4－49　2008—2012年流动、速动比率变化

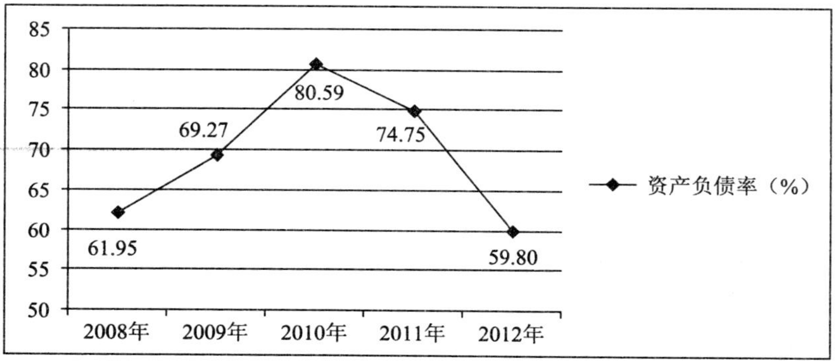

图4－50　2008—2012年资产负债率变化

(4)成长性:以2009年为基数计算的三年营业收入复合增长率和三年营业利润复合增长率增长较快,主要由于资产重组所致(见图4-51)。

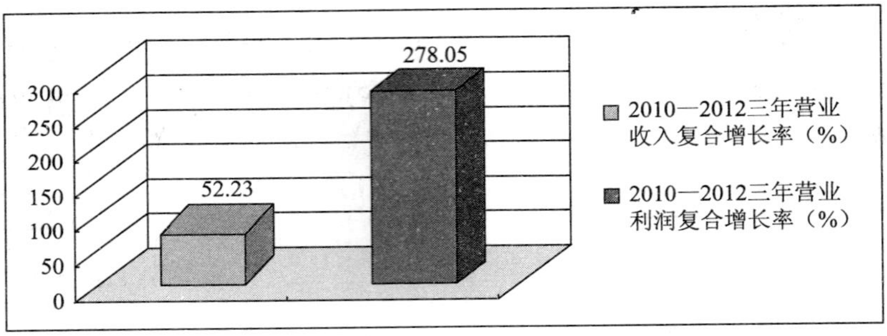

图4-51 2010—2012三年营业收入、利润复合增长率变化

2. 收益质量分析

(1)现金流质量:2012年的经营活动的现金净流量比2011年有明显增幅,说明企业处于高速发展期,经营活动中大量货币资金回笼(见表4-28)。

表4-28 2008—2012年现金净流量情况 单位:万元

财务指标	2008年	2009年	2010年	2011年	2012年
经营活动的现金净流量	14 956	14 612	37 346	40 264	197 483
投资活动的现金净流量	-15 259	-25 003	-222 701	-753 233	-766 167
筹资活动的现金净流量	11 317	20 118	249 028	804 606	1 406 870
现金净流量	11 014	9 727	63 673	-36 968	591 641

(2)资产质量:与同业相比,存货占资产总额的比例自2010年分列第28、30、30名,应收账款占资产总额分列第19、11、16名,总体位居同业中下等水平,企业存货和应收账款的管理能力应着力加强。2012年无形资产占资产总额的比例大幅度增长,同业内三年分列第1、2、1名,企业暗藏巨大减值风险(见表4-29、图4-52)。

表 4－29　2008—2012 年资产构成情况　　　　单位：万元

财务指标	2008 年	2009 年	2010 年	2011 年	2012 年
资产总额	118 226	194 861	406 167	1 464 944	4 256 864
流动资产	76 469	80 978	217 832	798 697	1 468 602
货币资金	18 615	28 342	92 015	183 651	1 021 837
应收账款	5 197	5 627	5 436	56 813	163 580
存　　货	20 932	22 811	1 626	8 511	30 849
非流动资产	41 757	113 883	188 335	666 246	2 788 262
固定资产	17 793	18 811	18 271	74 334	495 237
无形资产	4 516	63 478	131 651	434 043	2 070 442

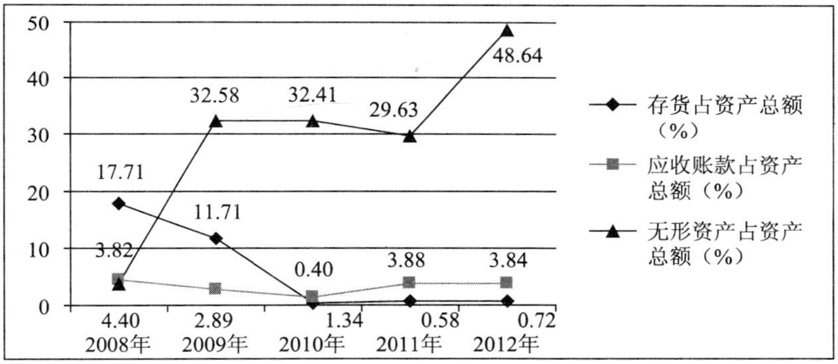

图 4－52　2008—2012 年存货、应收账款及无形资产占比变化

（3）盈利质量：2012 年营业收入、营业利润、利润总额和股东净利润同比有较大幅度增加，其中投资收益占营业利润比例显著增大。自 2010 年以来营业利润率呈逐年递增趋势，与同业相比，三年分列第 24、12、5 名。总体而言，企业的盈利质量总体较好。

表 4－30　2008—2012 年主要财务指标　　　　单位：万元

财务指标	2008 年	2009 年	2010 年	2011 年	2012 年
营业收入	195 293	218 776	279 479	206 176	771 833
营业利润	2 061	3 128	23 854	45 110	169 034
投资收益	41	1 080	2 990	－4	23 538
营业外收支	－253	－4	529	7 571	1 286
利润总额	1 810	3 124	24 383	52 681	170 320
股东净利润	1 024	2 169	13 206	32 231	98 788

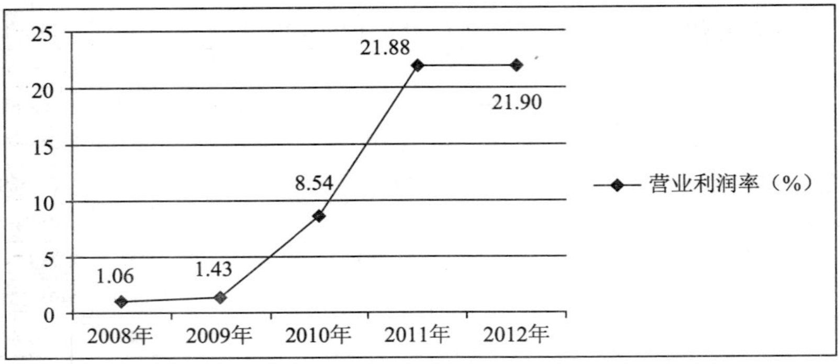

图 4－53　2008—2012 年营业利润率变化

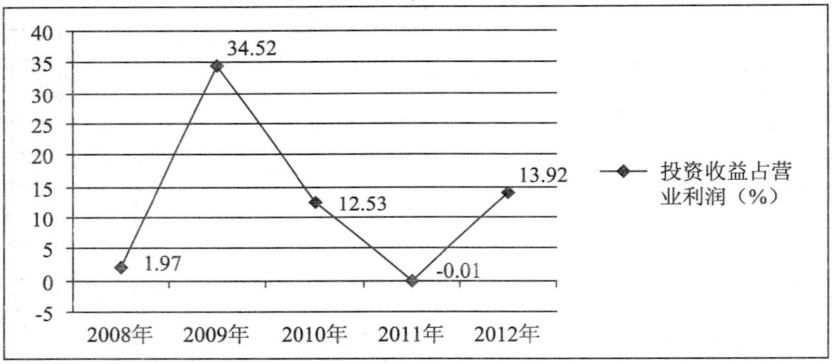

图 4－54　2008—2012 年投资收益占营业利润比率变化

3. 综合分析

永泰能源正处于快速成长期，2012 年多项财务指标均表现良好，企业获利能力较强。但是，公司非流动负债比例较高，企业的短期偿债压力较大。尤其需要注意的是，无形资产占总资产比例过高，远远超出 20% 的警戒线，管理层可能在近几年的并购过程中对无形资产（采矿权和探矿权）的收购报价过高。在煤炭市场处于供大于求且短期内无法改变的市场背景下，这些无形资产的价值即为开采所需要的巨额资金安排，潜藏着巨大的减值风险。永泰能源应该对无形资产做减值计提准备，防止无形资产泡沫破裂。总之，永泰能源需要放缓扩张的步伐，防患财务风险。

4.7　冀中能源股份有限公司(000937)

冀中能源股份有限公司系在原金牛能源(1999年9月9日深交所上市)的基础上,通过发行股份购买冀中能源旗下峰峰、邯矿和张矿相关资产的方式实现上市。截至2012年末,冀中能源集团直接持股比例36.45%。公司主营煤炭、煤化工和建材的生产销售业务。冀中能源煤炭品种齐全,主要有焦煤、肥煤、贫煤、瘦煤、无烟煤等煤种,品质优良,主要产品为焦精煤、肥精煤、烧结煤、喷吹煤、发电动力和建材化工用煤等。

一、公司生产运营状况

1. 2012年主要产品生产销售情况

表4-31　2012年主要产品生产销售情况

产品	2012年产量	较上年增减(%)	2012年销量	较上年增减(%)
原煤(万吨)	3 642.48	6.67	3797.15	-0.95
精煤(万吨)	1 908.45	-6.95	-	-
焦炭(万吨)	67.29	-48.31	67.29	-48.31
甲醇(万吨)	21.09	5.08	21.06	4.78
玻纤原丝(万吨)	5.93	-13.68	5.89	-10.96
水泥(万吨)	298.71	-3.17	291.63	-3.56
水泥熟料(万吨)	177.04	-4.33	-	-
发电(亿千瓦时)	12.87	6.01	12.87	6.01
PVC树脂	18.48	25.03	18.30	23.73

2. 2012年主营业务分行业、分产品情况

表4-32　2012年主营业务分行业、分产品情况

分行业分产品	营业收入(万元)	较上年增减(%)	营业成本(万元)	较上年增减(%)	毛利率(%)	较上年增减(百分点)
煤炭	2 535 968	-25.48	1 713 266	-22.30	32.44	3.62
电力	28 598	9.12	28 244	-7.14	1.24	19.02
建材	98 586	-19.49	89 327	-7.10	9.30	-8.67
贸易	16 664	-50.01	16 278	-49.83	2.32	0.97
化工	294 166	-34.78	298 549	-30.84	-1.49	-4.33
其他	5 321	-50.72	5 341	-9.35	-0.38	-29.47

3. 2013年主要生产经营目标

2013年计划完成原煤产量3 500万吨,营业收入300亿元。

二、公司财务分析

1. 财务能力指标

(1)盈利能力:2012 年营业毛利率同比上升,而总资产回报率和加权平均净资产收益率同比下降。与同业相比,五年营业毛利率分列第 15、20、22、23、18 名,总资产回报率分列第 2、12、10、12、12 名,加权平均净资产收益率分列第 2、12、13、8、12 名,企业盈利能力总体稳健,位居同业中上游水平(见图 4 -55)。

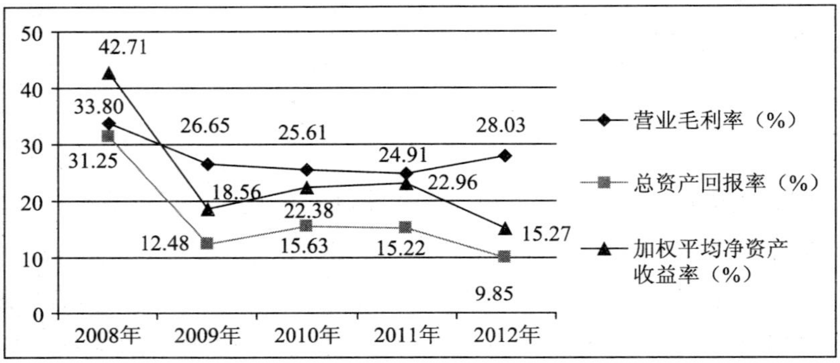

图 4 -55　2008—2012 年各项盈利指标变化

(2)运营能力:2012 年存货周转率、应收账款周转率和总资产周转率同比下降,尤其是应收账款周转率下滑的尤为明显。与同业相比,五年存货周转率分列第 7、11、8、7、11 名,应收账款周转率分列第 19、25、19、24、25 名,总资产周转率分列第 4、6、5、7、13 名,应收账款管理工作需要进一步加强(见图 4 -56、图 4 -57)。

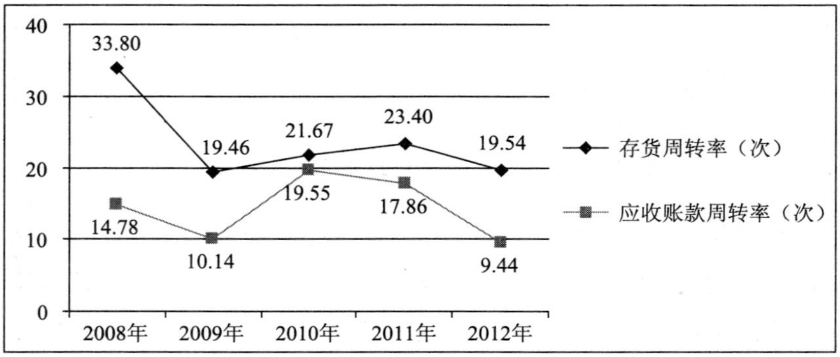

图 4 -56　2008—2012 年存货周转率、应收账款周转率变化

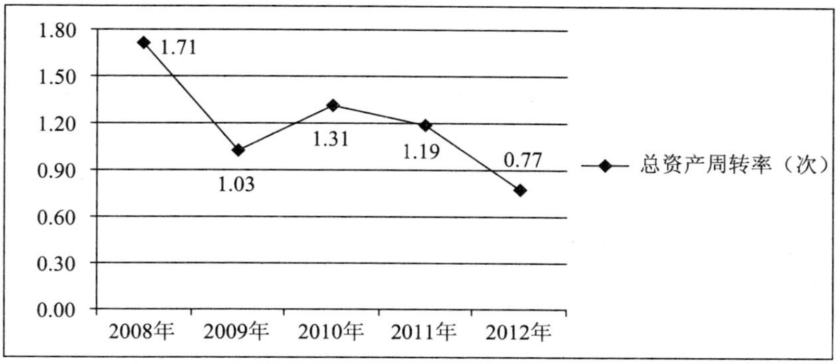

图 4－57 2008—2012 年总资产周转率变化

（3）偿债能力：2012 年流动比率和速动比率与 2011 年基本持平，为近五年来的最好水平。与同业相比，五年流动比率分列第 16、19、21、14、14 名，速动比率分列第 14、19、21、12、11 名，基本没有短期偿债风险。2012 年资产负债率同比有所回落，与同业比较五年位列第 10、16、15、8、15 名，企业负债水平较为适中（见图 4－58、图 4－59）。

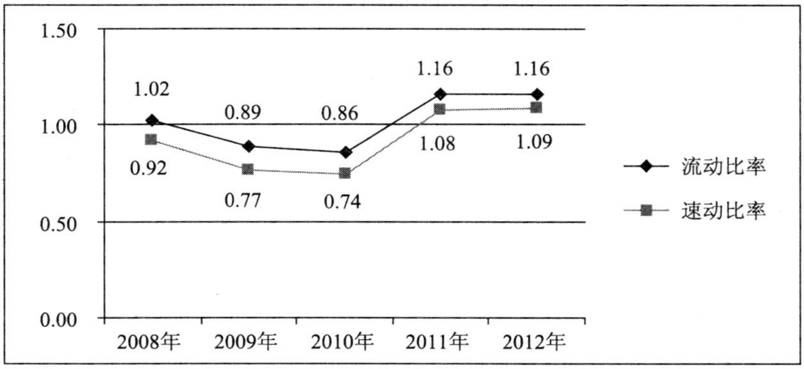

图 4－58 2008—2012 年流动、速动比率变化

（4）成长性：以 2009 年为基数计算的三年营业收入复合增长率和三年营业利润复合增长率均衡上升。与同业比较，三年营业收入复合增长率排名第 20 名，三年营业利润复合增长率排名第 15 名。总体来看，企业成本费用控制工作扎实，但成长性还应有一定的提升空间（见图 4－60）。

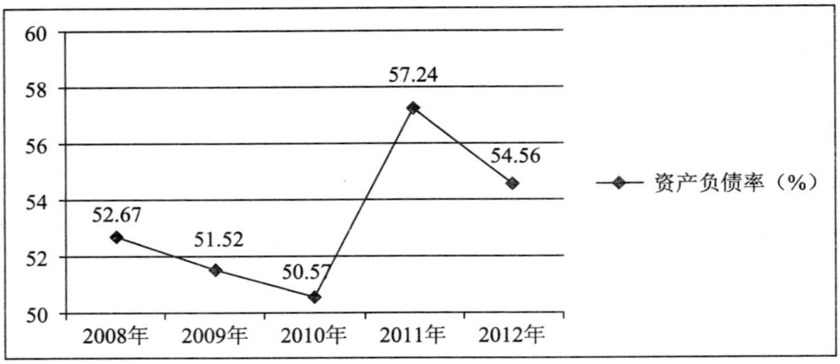

图 4－59　2008—2012 年总资产周转率变化

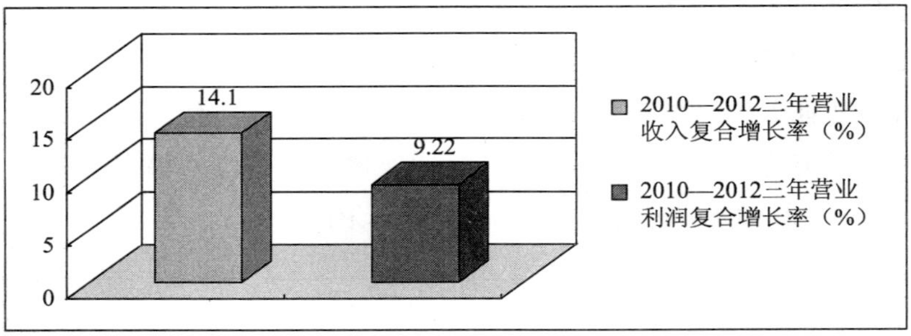

图 4－60　2010—2012 年三年营业收入、利润复合增长率变化

2. 收益质量指标

（1）现金流质量：2012 年经营现金净流量同比减少，而投资现金净流量和筹资现金净流量大幅变化，是由于终止收购股权而收回股权款及其资金利息收入和偿还银行借款所致。资金运用得当，企业保持良好信誉度（见表 4－33）。

表 4－33　2008—2012 年现金净流量情况　　单位：万元

财务指标	2008 年	2009 年	2010 年	2011 年	2012 年
经营活动的现金净流量	269 724	497 774	349 163	304 739	246 155
投资活动的现金净流量	－309 256	－368 038	－410 038	－598 046	－264 096
筹资活动的现金净流量	21 480	－11 422	60 986	590 833	－108 503
现金净流量	－18 056	118 314	111	297 523	－126 444

(2)资产质量:2012 年应收账款余额同比增加,而存货余额同比减少。与同业相比,存货占资产总额的比例自 2008 年起分列第 12、11、11、18、23 名,但应收账款占总资产的比例分列第 2、6、3、6、6 名,处于较高水平,应收账款管理能力颇显不足,应采取措施提高回款速度,减少坏账隐患。无形资产占资产总额的比例逐年增加,与同业相比五年分列第 13、19、22、14、11 名(见表 4－34、图 4－61)。

表 4－34　2008—2012 年资产构成情况　　单位:万元

财务指标	2008 年	2009 年	2010 年	2011 年	2012 年
资产总额	1 837 664	2 111 123	2 522 857	3 805 319	4 010 752
流动资产	688 068	649 326	874 971	1 611 059	1 615 643
货币资金	111 164	229 737	241 516	531 320	418 673
应收账款	267 474	131 811	178 101	242 686	394 114
存　　货	66 019	86 549	121 409	119 719	101 839
非流动资产	1 149 596	1 461 797	1 647 886	2 194 260	2 395 109
固定资产	769 219	1 079 053	1 220 572	1 318 127	1 349 441
无形资产	177 887	178 953	219 903	467 070	675 198

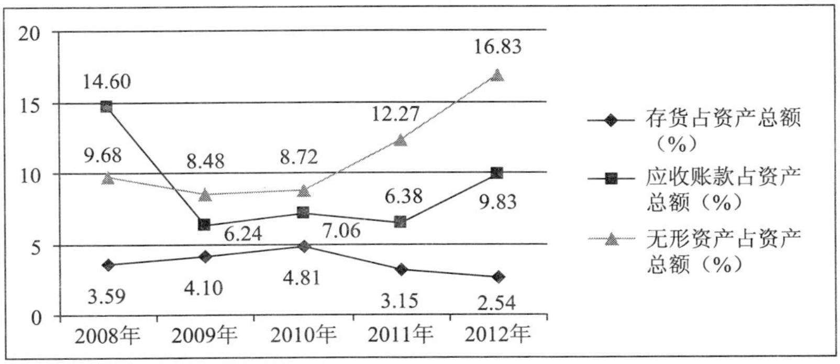

图 4－61　2008—2012 年存货、应收账款及无形资产占比变化

(3)盈利质量:2012 年盈利同比有所减少。与同业比较,营业利润率自 2008 年单起分列第 12、17、21、21、16 名,投资收益占营业利润比例较小,总体来看,企业整体盈利质量基本稳定并有所改善(见表 4－35、图

4－62、图4－63）。

表4－35　2008—2012年主要财务指标　　单位：万元

财务指标	2008年	2009年	2010年	2011年	2012年
营业收入	2 114 262	2 024 554	3 028 916	3 756 908	3 007 240
营业利润	377 886	229 934	303 878	399 287	299 554
投资收益	11	50	－19 549	7 904	5 311
营业外收支	－5 405	－4 988	28 230	18 293	18 460
利润总额	372 481	224 946	332 108	417 580	318 014
股东净利润	264 436	167 338	239 616	304 934	225 056

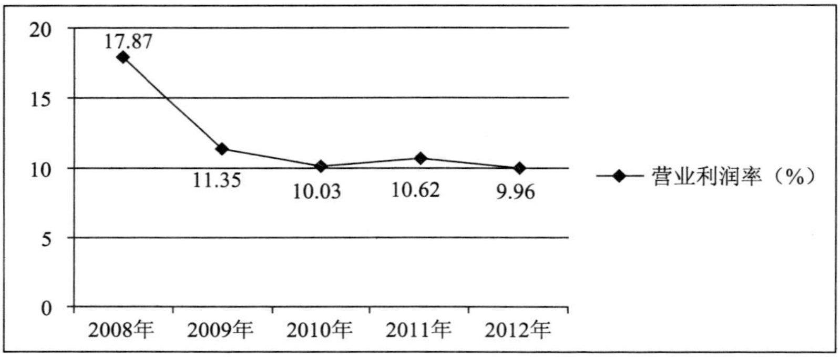

图4－62　2008—2012年营业利润率变化

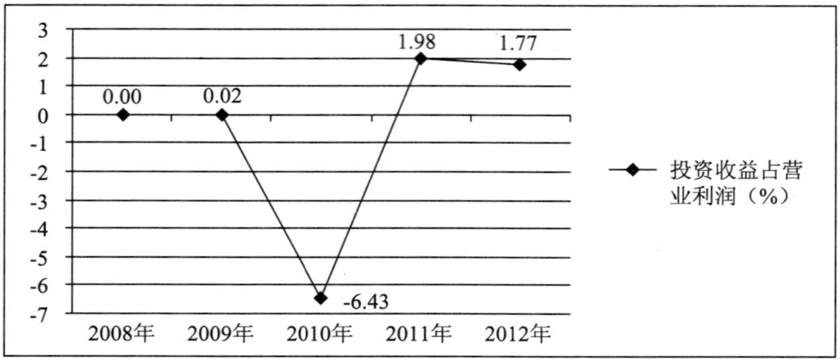

图4－63　2008—2012年投资收益占营业利润比率变化

3. 综合分析

冀中能源2012年各项财务指标总体较好，企业发展总体稳健，但应收账款和存货管理工作需要着力加强。

4.8 河南神火煤电股份有限公司（000933）

河南神火煤电股份有限公司由河南神火集团为主发起设立，于1999年8月31日在深圳证券交易所挂牌上市，截至2012年末集团持股比例22.54%。公司主营煤炭的生产销售以及电解铝的生产加工业务。

一、公司生产运营情况

1. 2012年主要产品生产销售情况

表4-36 2012年主要产品销售情况

产品	2012年产量	较上年增减(%)	2012年销量	较上年增减(%)
煤炭(万吨)	821.12	15.33	802.90	13.19
电解铝(万吨)	45.01	-5.54	45.13	-6.33
氧化铝(万吨)	83.26	38.77	82.09	38.62
氢氧化铝(万吨)	8.23	49.36	8.02	69.92
阳极碳块(万吨)	16.79	1.13	18.16	13.15
电解铝深加工(万吨)	6.73	-33.82	6.56	-35.56

2. 2012年主营业务分行业分产品情况

表4-37 2012年主营业务分行业、分产品情况

	营业收入（万元）	较上年增减（%）	营业成本（万元）	较上年增减（%）	毛利率（%）	较上年增减（百分点）
分行业						
采掘业	669 195	-0.72	410 566	16.09	38.65	-8.88
有色金属	790 340	-23.80	838 275	-19.72	-6.07	-5.39
电解铝深加工	113 621	-28.84	116 392	-25.89	-2.44	-4.08
贸易	1 188 536	2.93	1 182 936	3.12	0.47	-0.18
其他	13 740	-4.75	10 136	-10.78	26.23	4.99
分产品						
煤炭	651 800	0.17	395 371	17.48	39.34	-8.94
型焦	17 395	-25.48	15 196	-11.28	12.64	-13.98

续表

	营业收入（万元）	较上年增减（%）	营业成本（万元）	较上年增减（%）	毛利率（%）	较上年增减（百分点）
分产品						
铝锭	494 326	-35.11	541 379	-30.83	-9.52	-6.78
铝合金	83 884	-24.49	95 076	-15.89	-13.34	-11.58
铸轧卷	48 715	-38.45	50 511	-35.20	-3.69	-5.20
冷轧卷	64 906	-19.40	65 881	-16.73	-1.50	-3.26
电力	165	-95.94	164	-96.06	0.63	3.02
阳极碳块	53 923	13.32	53 805	36.04	0.22	-16.66
氧化铝	140 381	30.11	129 100	32.49	8.04	-1.65
运输	13 575	2.93	9 972	3.12	0.47	-0.18
贸易	1 188 536	2.93	1 182 936	3.12	0.47	-0.18
氢氧化铝	17 825	103.90	18 916	65.18	-6.12	24.87

3. 2013年主要生产经营目标

2013年计划生产商品煤900万吨，型焦10万吨，电解铝产品63万吨，铝材8万吨，供电58亿度，阳极碳块35万吨，氧化铝80万吨，氢氧化铝10万吨；预计全年实现营业收入270亿元、成本费用263亿元左右。

二、公司财务分析

1. 财务能力指标

（1）盈利能力：近年来营业毛利率、总资产回报率和加权平均净资产收益率大幅下滑。与同业相比，自2008年起营业毛利率分列第23、26、26、30、28名，资产回报率分列第16、23、22、25、29名，加权平均净资产收益率分列第1、13、3、7、26名，企业盈利能力明显下降（见图4-64）。

（2）运营能力：2008年以来存货周转率和总资产周转率表现基本稳定，应收账款周转率增加幅度颇大。与同业相比，五年存货周转率分列第17、19、20、17、18名，应收账款周转率分列第9、8、2、2、3名，总资产周转率分列第14、17、12、8、11名。总体来看，企业的运营能力表现较好（见图4-65、图4-66）。

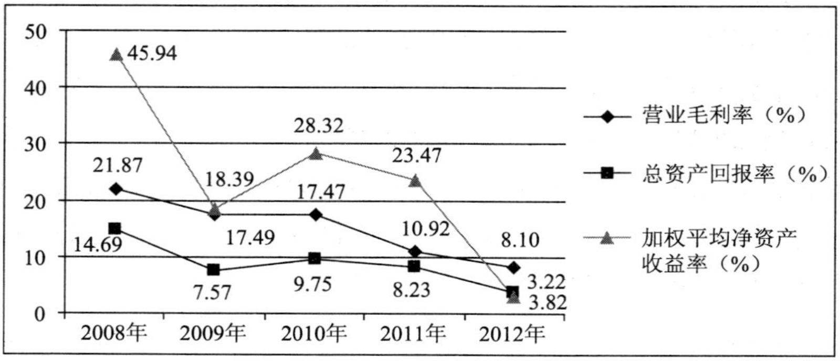

图4－64　2008—2012年各项盈利指标变化

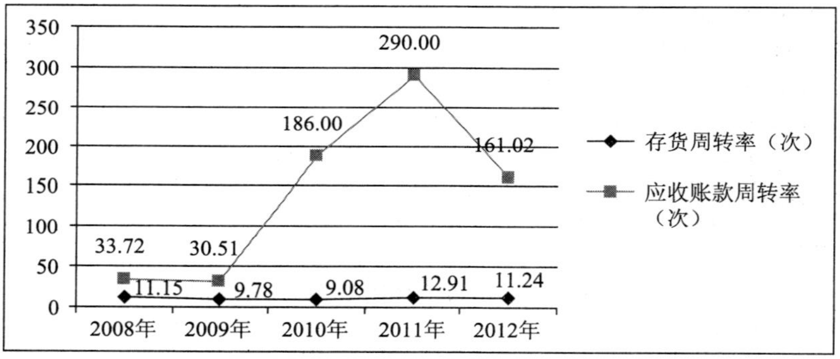

图4－65　2008—2012年存货周转率、应收账款率变化

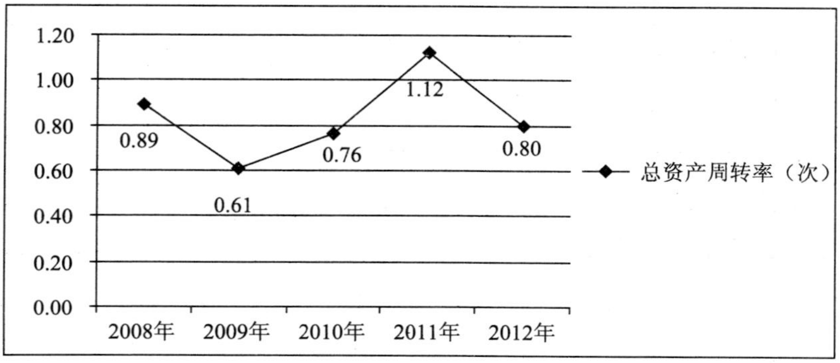

图4－66　2008—2012年总资产周转率变化

(3)偿债能力:近两年的流动比率和速动比率明显下滑,而且大幅低于指标的合理范围。与同业比较,流动比率自2008年起分列第25、25、25、27、29名,速动比率分列第24、25、24、27、29名,短期偿债能力很差,应进一步加强短期偿债风险监控。2012年的资产负债率同比有所回落,但是企业的负债比重仍旧过大,与同业相比,资产负债率五年分列第2、2、3、1、3名,仍位居同业前列。总之,企业负债比重过高,存在长期偿债风险隐患,必须继续实施相应的管控措施(见图4-67、图4-68)。

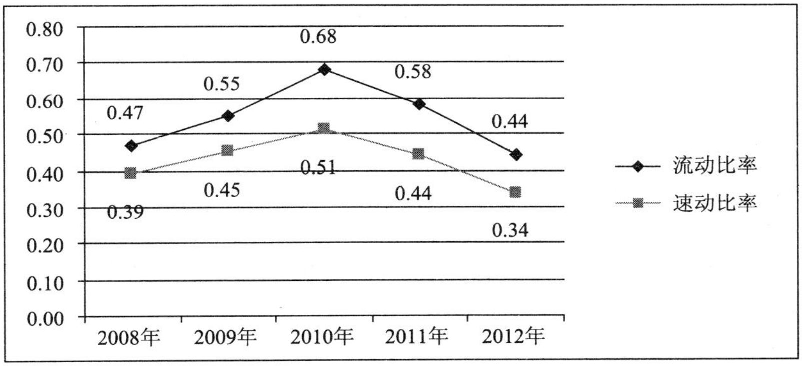

图4-67　2008—2012年流动、速动比率变化

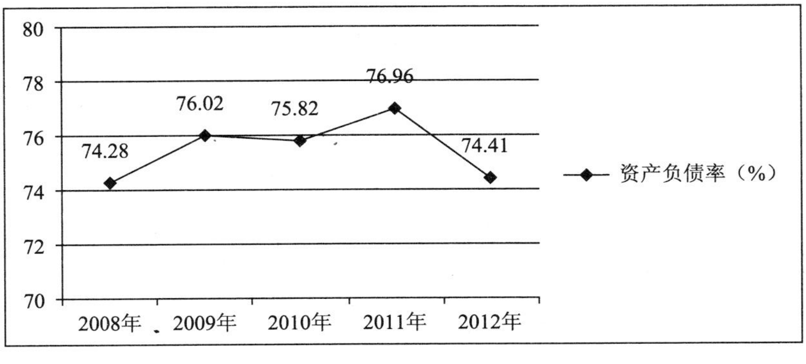

图4-68　2008—2012年资产负债率变化

(4)成长性:以2009年为基数计算的三年营业收入复合增长率与三年营业利润复合增长率呈反比增长,前者排名第10位,后者排名第28

位,迫切需要加强成本和费用的管控力度(见图4-69)。

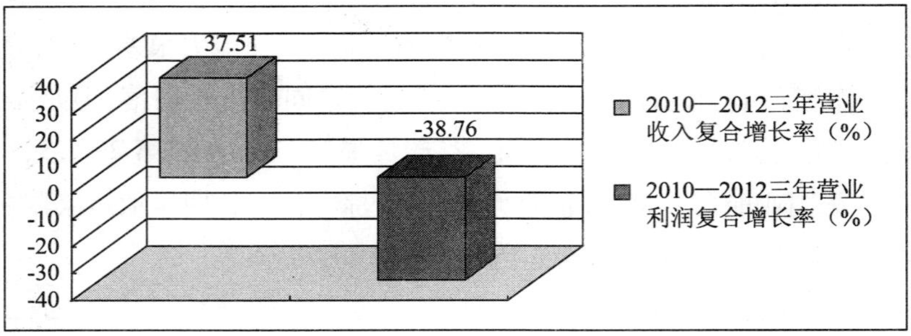

图4-69　2010—2012三年营业收入、利润复合增长率变化

2. 收益质量指标

(1)现金流质量:2012年企业经营活动净流量同比减少,而投资活动和筹资活动的净流量同比增加,企业应合理调配现金的使用(见表4-38)。

表4-38　2008—2012年现金净流量情况　　单位:万元

财务指标	2008年	2009年	2010年	2011年	2012年
经营活动的现金净流量	219 571	132 081	195 011	324 556	166 767
投资活动的现金净流量	-297 814	-227 178	-182 795	-487 760	-271 419
筹资活动的现金净流量	128 199	94 623	59 688	104 803	211 245
现金净流量	49 956	-474	71 904	-58 401	106 913

(2)资产质量:2012年应收账款和存货余额同比增加。与同业相比,应收账款占资产总额的比例自2008年起分列第15、26、29、29、30名,企业应收账款控制较好;存货占资产总额的比例五年分列第10、8、3、5、7名,库存水平较高,应采取降低库存的相应措施。2012年无形资产占资产总额的比例同比增幅较大,业内五年分列第19、23、25、26、14名,位居中游水平(见表4-39、图4-70)。

表4-39　2008—2012年资产构成情况　　单位:万元

财务指标	2008年	2009年	2010年	2011年	2012年
资产总额	1 545 538	1 954 573	2 466 769	3 007 716	3 970 601
流动资产	411 738	555 775	805 712	972 919	1 013 741

续表

财务指标	2008 年	2009 年	2010 年	2011 年	2012 年
货币资金	115 948	245 515	354 124	344 294	331 065
应收账款	58 358	11 172	6 969	14,173	20 587
存　　货	72 364	106 586	200 633	223 078	234 415
非流动资产	1 133 800	1 398 798	1 661 057	2 034 798	2 956 860
固定资产	657 085	989 917	1 210 439	1 195 235	1 328 858
无形资产	79 585	109 046	164 775	192 282	534 529

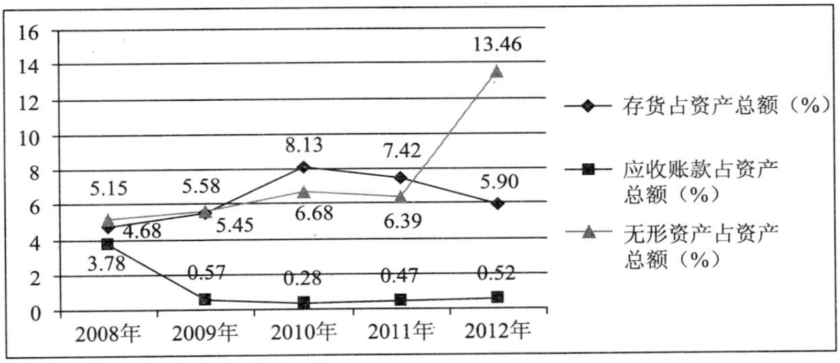

图 4－70　2008—2012 年存货、应收账款及无形资产占比变化

(3)盈利质量:近年来营业利润率呈现较大幅度下滑的态势。与同业比较,自 2008 年起分列第 19、21、22、29、29 名,处于同业下游水平。2012 年投资收益占营业利润的比例大幅增加,同业五年分列第 8、20、5、25、3 名。总体来看,企业盈利质量总体较差(见表 4－40、图 4－71、图 4－72)。

表 4－40　2008—2012 年主要财务指标　　单位:万元

财务指标	2008 年	2009 年	2010 年	2011 年	2012 年
营业收入	1 200 610	1 060 661	1 690 263	3 069 907	2 798 500
营业利润	157 025	82 028	155 703	143 866	35 754
投资收益	2 270	－2 219	8 639	－4 078	10 974
营业外收支	721	7 561	－3 556	－2 003	947
利润总额	157 746	89 589	152 147	141 863	36 701
股东净利润	112 657	60 084	115 884	115 058	20 153

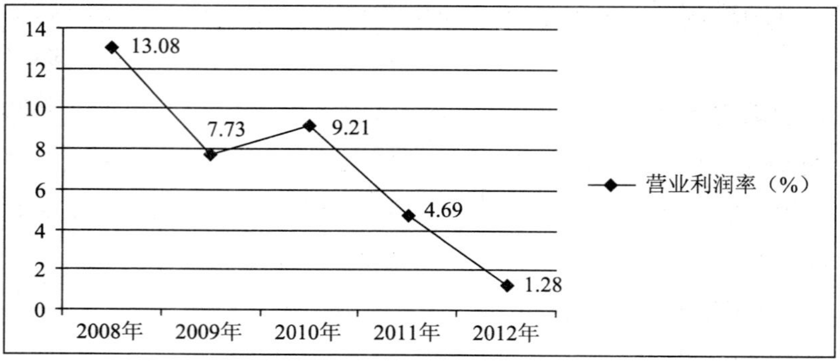

图 4－71　2008—2012 年营业利润率变化

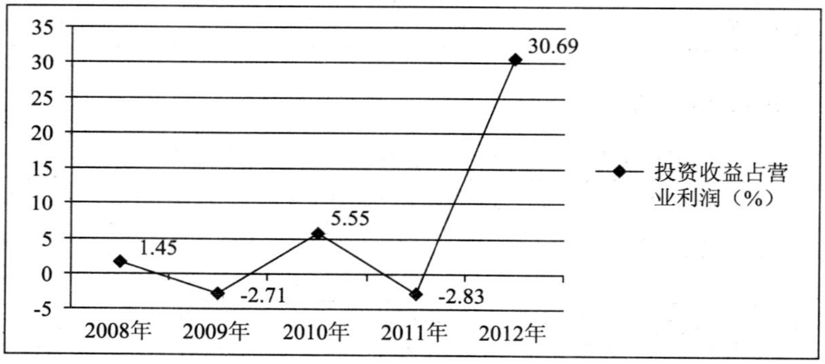

图 4－72　2008—2012 年投资收益占营业利润比率变化

3. 综合分析

神火股份 2012 年运营能力和资产质量尚可，但盈利能力和质量急需改善，提高经营活动创造现金净流量的能力。亟待加强成本和费用的管控力度，尤其需要警惕偿债风险，应适度降低负债比重。

4.9 山西潞安环保能源开发股份有限公司(601699)

山西潞安环保能源开发股份有限公司由山西潞安矿业(集团)有限责任公司作为主发起人设立,于2006年9月22日上交所挂牌上市,截至2012年末集团持股比例63.99%。公司主营业务为煤焦的生产和销售。公司所属各矿均为行业特级高产高效矿井,主要煤种为瘦煤、贫瘦煤、贫煤。

一、公司生产运营状况

1. 2012年主要产品生产情况

表4-41 2012年主要产品生产销售情况

产品	2012年产量	2011年产量	较上年增减(%)
煤炭(万吨)	3 334.00	3 423.00	-0.03

2. 2012年主营业务分行业、分产品情况

表4-42 2012年主营业务分行业、分产品情况

	营业收入(万元)	较上年增减(%)	营业成本(万元)	较上年增减(%)	毛利率(%)	较上年增减(百分点)
分行业						
工业	1 947 793	-11.20	1 122 696	-4.91	42.27	-3.82
分产品						
采掘业	1 901 278	-9.47	1 074 232	-1.54	43.50	-4.55
煤化工业	43 515	-51.60	48 465	-45.90	-11.37	-11.73

3. 2013年主要生产经营目标

2013年计划原煤产量力争突破3 500万吨,营业收入达到210亿元。

二、公司财务分析

1. 财务能力指标

(1)盈利能力:2012年营业毛利率、总资产回报率和加权平均净资产收益率同比下降。与同业相比,营业毛利率自2008年起分列第14、16、13、5、4名,总资产回报率分列第12、8、9、14、13名,加权平均净资产收益率6、9、7、3、10名。总体来看,企业盈利能力位居同业上游但或步入下降

通道(见图4－73)。

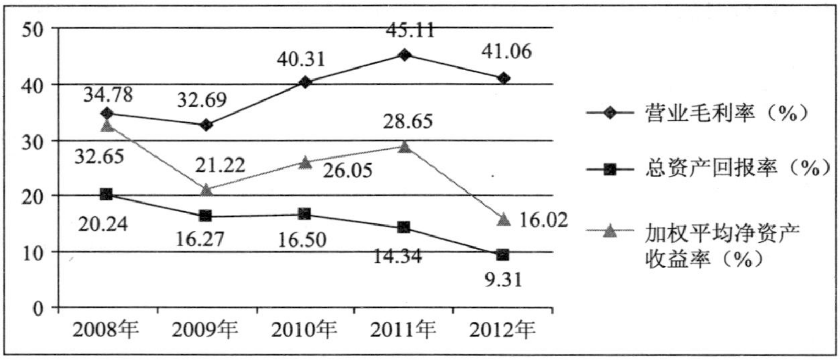

图4－73　2008—2012年各项盈利指标变化

(2)运营能力:近年来的应收账款周转率基本稳定,但存货周转率和总资产周转率呈明显下滑趋势。与同业比较,应收账款周转率自2008年起分列第7、9、10、8、8名,存货周转率分列第2、2、6、12、14名,总资产周转率分列第9、8、10、18、22名。总体来看,运营能力较好,但仍有提升潜力(图4－74、4－75)。

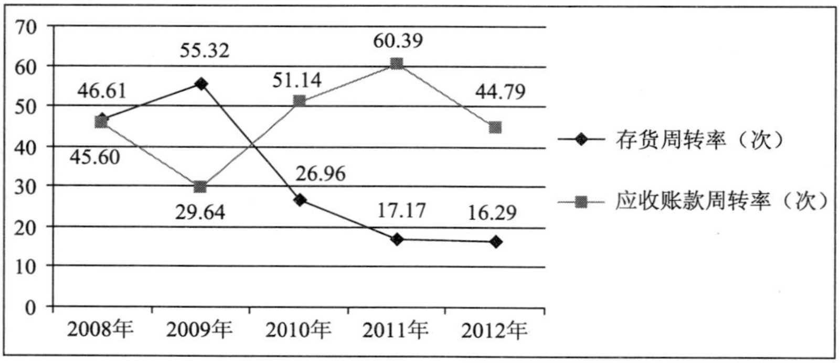

图4－74　2008—2012年存货周期率、应收账款周转率变化

(3)偿债能力:近三年的流动比率和速动比率明显下降,2012年的比值低于指标正常水平。与同业相比,流动比率自2008年起分列第15、12、13、17、19位,速动比率分列第13、12、12、13、17位。总体来说,企业短期偿债能力减弱,存在一定的短期偿债风险。资产负债率保持平稳,2012

年略有回升，业内五年分列第12、13、11、12、12名，资产负债率总体适中，长期偿债风险在可控范围（见图4－76、图4－77）。

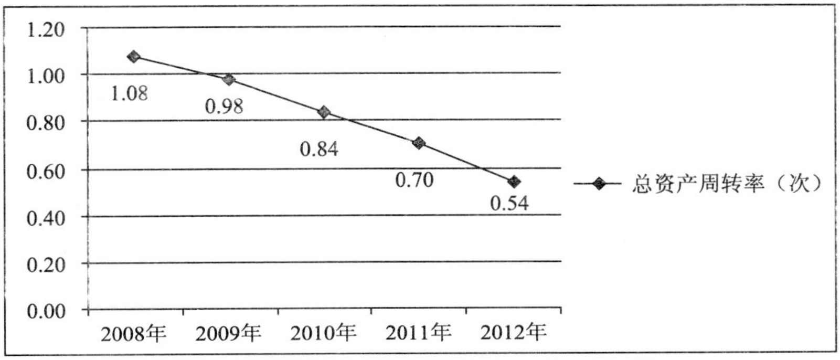

图4－75　2008—2012年总资产周转率变化

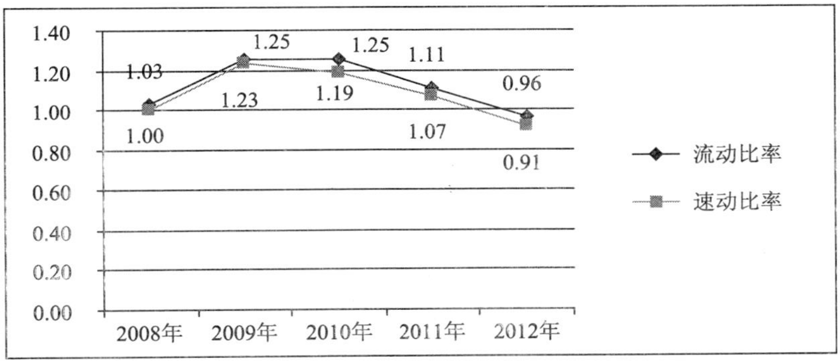

图4－76　2008—2012年流动、速动比率变化

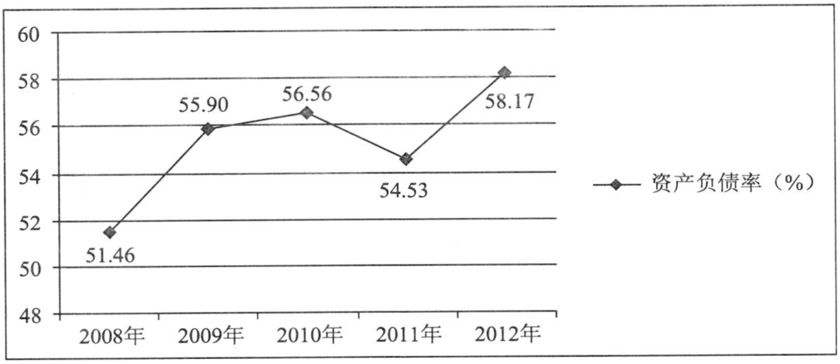

图4－77　2008—2012年资产负债率变化

（4）成长性：以2009年为基数计算的三年营业收入复合增长率和三年营业利润复合增长率增幅较小。与同业比较，前者排名第28名，后者排名第19名，位居同业中下位置。总体来看，企业的成本费用控制能力尚可，但企业成长性差（见图4－78）。

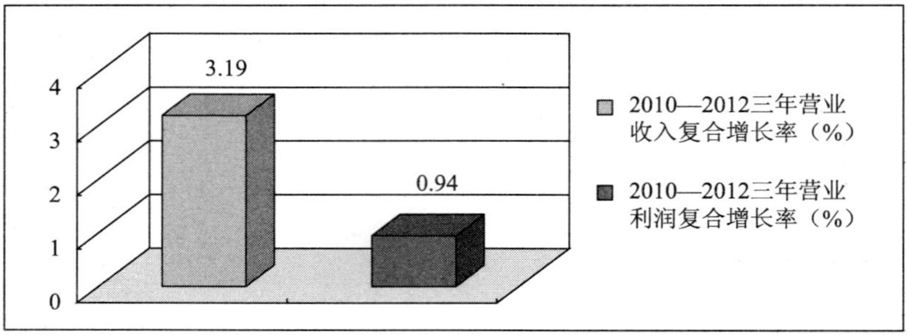

图4－78　2010—2012三年营业收入、利润复合增长率变化

2. 收益质量指标

（1）现金流质量：2012年经营现金净流量同比减少幅度较大，对外筹资活动有所增加，企业有效地调配利用了闲置资金（见表4－43）。

表4－43　2008—2012年现金净流量情况　　单位：万元

财务指标	2008年	2009年	2010年	2011年	2012年
经营活动的现金净流量	350 910	446 254	605 260	731 411	346 130
投资活动的现金净流量	－334 373	－328 492	－474 624	－473 941	－480 806
筹资活动的现金净流量	－149 073	75 403	－11 536	－120 047	7 272
现金净流量	－132 536	193 165	119 100	137 423	－127 405

（2）资产质量：2012年存货余额同比增长，但占总资产的比例却同比减少，应收账款余额及其占总资产的比例同比减少。与同业相比，存货占资产总额的比例自2008年起分列第23、26、23、26、26名，应收账款占资产总额的比例分列第12、15、25、23、26名，说明企业在存货和应收账款的管理水平较高。无形资产总数及占资产总额的比例逐年提高，与同业相比五年分列第10、18、15、6、5名，位居同业前端（见表4－44、图4－79）。

表 4－44　2008—2012 年资产构成情况　　单位：万元

财务指标	2008 年	2009 年	2010 年	2011 年	2012 年
资产总额	1 571 826	2 173 004	2 936 369	3 457 156	3 961 280
流动资产	746 936	1 264 393	1 581 766	1 782 020	1 552 152
货币资金	301 749	528 316	721 347	803 848	667 250
应收账款	67 252	55 972	27 826	46 447	43 154
存　　货	22 614	21 822	73 051	70 280	74 902
非流动资产	824 890	908 611	1 354 603	1 675 136	2 409 128
固定资产	450 374	458 828	725 659	698 949	734 431
无形资产	181 982	185 501	388 850	573 361	920 904

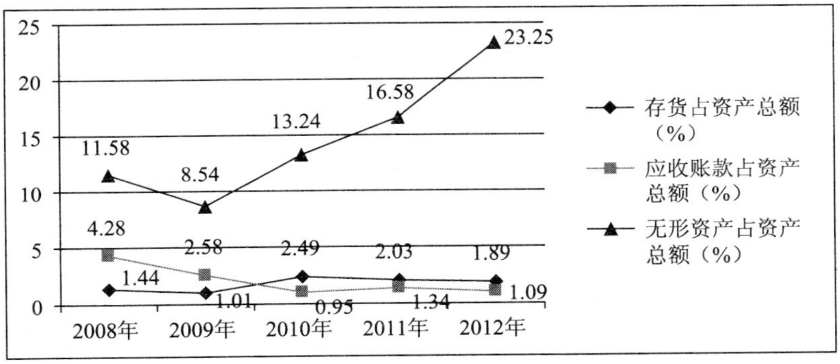

图 4－79　2008—2012 年存货、应收账款及无形资产占比变化

（3）盈利质量：2012 年营业收入、营业利润、利润总额和股东净利润同比减少，投资收益占比增大。2012 年营业利润率同比有所下降但总体稳定，与同业相比自 2008 年起分列第 11、14、13、13、11 名，位居行业上游水平。总体而言，企业盈利质量表现尚好（见表 4－45、图 4－80、图 4－81）。

表 4－45　2008—2012 年主要财务指标　　单位：万元

财务指标	2008 年	2009 年	2010 年	2011 年	2012 年
营业收入	1 666 990	1 826 109	2 142 768	2 242 628	2 006 530
营业利润	298 120	296 075	416 875	443 216	304 464
投资收益	2 327	2 461	4 542	4 522	7 611

续表

财务指标	2008 年	2009 年	2010 年	2011 年	2012 年
营业外收支	-975	-2 661	-3 994	-8 146	-3 932
利润总额	297 145	293 414	412 881	435 070	300 532
股东净利润	210 093	210 898	343 673	383 593	256 652

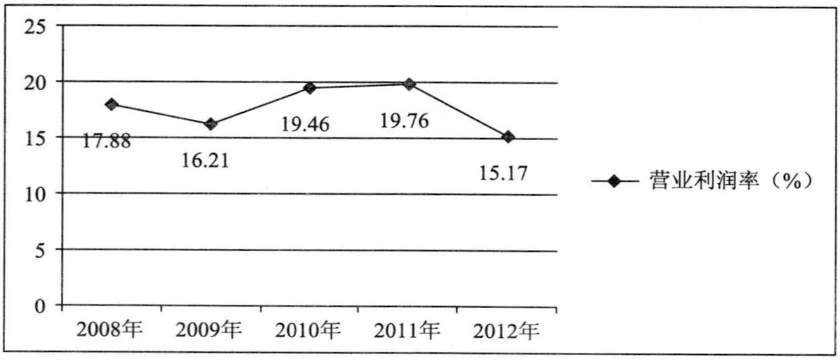

图 4-80　2008—2012 年营业利润率变化

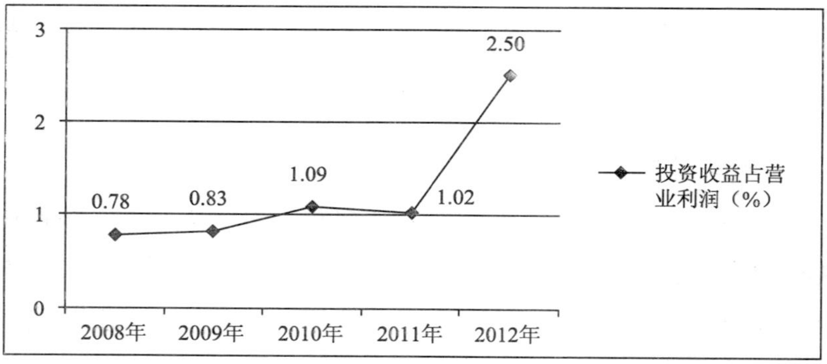

图 4-81　2008—2012 年投资收益占营业利润比率变化

3. 综合分析

潞安环能 2012 年的盈利能力和质量表现尚好，但是，两者都有较大的提升空间。同时，在成长性、短期偿债能力和存货管理能力方面应加以改善。

4.10 山西阳泉煤业股份有限公司（600348）

山西阳泉煤业股份有限公司由阳泉煤业（集团）有限责任公司为主发起设立，于2003年8月21日在上交所正式挂牌交易，截至2012年末集团持股比例58.34%。公司主营煤炭采选、发电和热力生产等项业务，煤种主要为无烟煤。

一、公司生产运营状况

1. 2012年主要产品生产情况

表4－46 2012年主要产品生产情况

产品	2012年产量	2011年产量	较上年增减(%)
原煤产量(万吨)	3 042.00	2 757.00	10.34
煤炭销售(万吨)	5 653.00	5 111.00	10.60
发电量(万千瓦时)	87 056.40	104 377.58	－16.59

2. 2012年主营业务分行业分产品情况

表4－47 2012年主要营业务分行业、分产品情况

	营业收入（万元）	较上年增减（%）	营业成本（万元）	较上年增减（%）	毛利率（%）	较上年增减（百分点）
分行业						
煤炭	2 897 350	3.47	2 321 231	8.12	19.88	－3.44
电力	9 648	－31.15	7 013	－32.69	27.31	1.66
供热	2 399	－39.99	890	－65.59	62.91	27.59
分产品						
洗块煤	561 213	9.09	316 335	12.84	43.63	－1.88
洗粉煤	639 365	－3.50	391 076	4.22	38.83	－4.53
洗末煤	1 633 281	5.11	1 613 820	8.22	1.19	－2.84
煤泥	63 491	－8.29	－	0.00	100.00	0.00
供电	9 648	－31.15	7 013	－32.69	27.31	1.66
供热	2 399	－39.99	890	－65.59	62.91	27.59

3. 2013 年主要生产经营目标

2013 年计划煤炭产量 3 108 万吨，煤炭销量 5 768 万吨，实现营业收入 781.28 亿元。

二、公司财务分析

1. 财务能力指标

（1）盈利能力：近年来营业毛利率、总资产回报率和加权平均净资产收益率呈下降趋势。与同业相比，营业毛利率自 2008 年起分列第 25、23、25、28、27 名，总资产回报率分列第 17、5、6、11、9 名，加权平均净资产收益率分列第 18、3、5、4、8 名。总体来看，盈利能力稳居同业中上游水平（见图 4－82）。

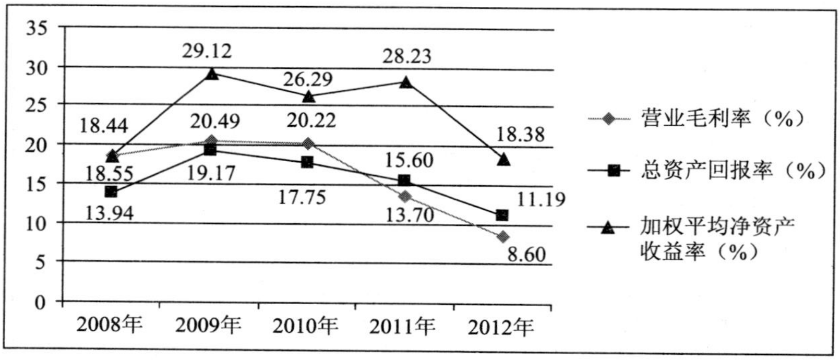

图 4－82　2008—2012 年各项盈利指标变化

（2）运营能力：近三年存货周转率和总资产周转率大幅度增长，应收账款周转率稳健提升。与同业相比，存货周转率自 2008 年起分列第 5、5、5、3、2 名，应收账款周转率分列第 15、10、14、12、10 名，总资产周转率分列第 1、2、3、3、1 名，企业在运营能力方面表现出色（见图 4－83、图 4－84）。

（3）偿债能力：近年流动比率、速动比率、资产负债率基本稳定，同业中流动比率自 2008 年分列第 18、17、14、13、12 名，速动比率分列第 15、16、13、11、12 名，资产负债率分列第 9、10、12、14、16 名。企业短期偿债风险较低，负债水平适中，基本没有长期偿债风险（见图 4－85、图 4－86）。

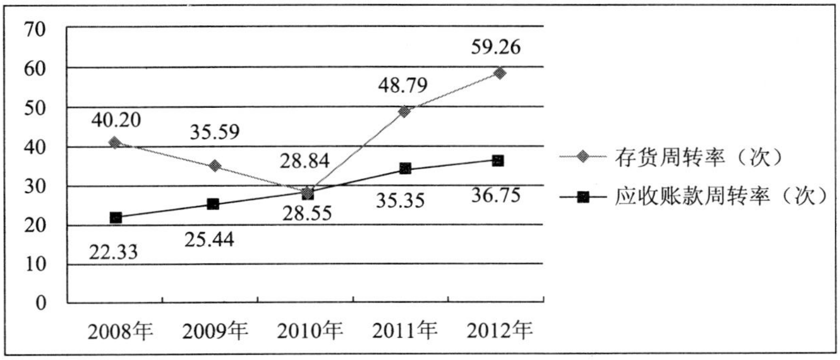

图4－83 2008—2012年存货周转率、应收账款周转率变化

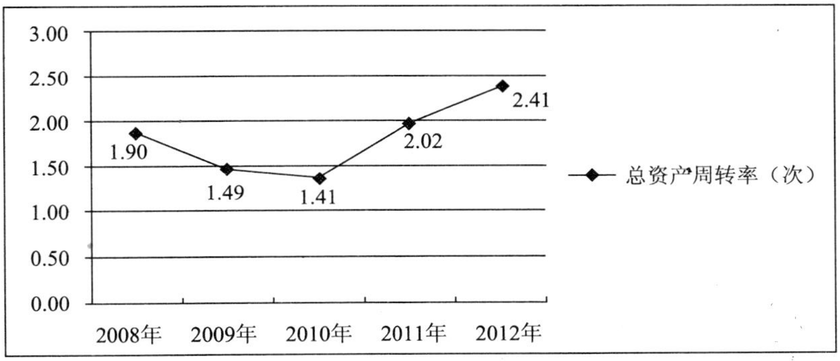

图4－84 2008—2012年总资产周转率变化

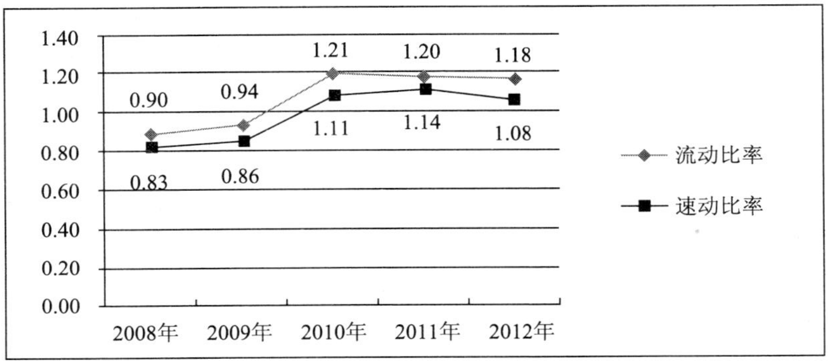

图4－85 2008—2012年流动、速动比率变化

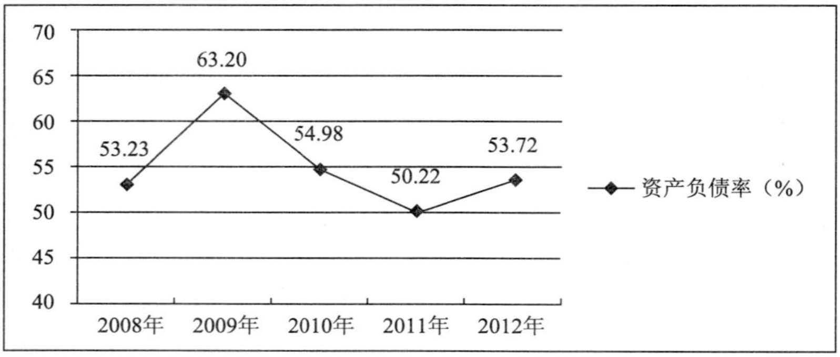

图4－86　2008—2012年资产负债率变化

（4）成长性：以2009年为基数计算的三年营业收入复合增长率增速较快，营业利润复合增长率却增长缓慢。与同业相比，三年营业收入复合增长率排名第6名，三年营业利润复合增长率排名第17名。企业的成本费用管控水平需要进一步加强（见图4－87）。

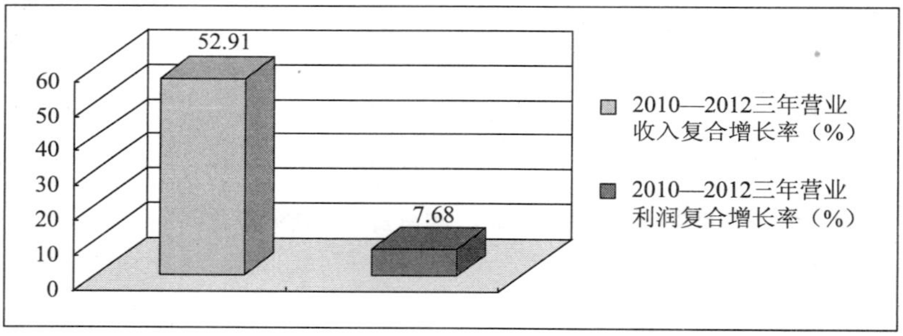

图4－87　2010—2012三年营业收入、利润复合增长率变化

2. 收益质量指标

（1）现金流质量：2012年经营现金净流量同比明显减少，投资和筹资活动增加，企业的闲置资金得以充分利用。

表4－48　2008—2012年现金净流量情况　　单位：万元

财务指标（万元）	2008年	2009年	2010年	2011年	2012年
经营活动的现金净流量	359 499	474 143	428 427	494 474	168 307

续表

财务指标	2008 年	2009 年	2010 年	2011 年	2012 年
投资活动的现金净流量	-231 512	-348 995	-172 363	-215 759	-317 734
筹资活动的现金净流量	22 609	46 226	-60 781	-59 464	-90 001
现金净流量	150 720	171 236	195 056	219 435	-238 503

(2)资产质量:2012 年存货余额同比增幅较大,与同业比较,存货占资产总额的比例自 2008 年起分列第 13、16、15、21、10 名;应收账款余额同比增加,同业比较占资产总额的比例分列五年第 5、10、5、8、8 名,企业应收账款的管控能力较强。2012 年无形资产同比增加,同业比较占资产总额的比例五年分列第 15、5、6、7、10 名(见表 4-49、图 4-88)。

表 4-49 2008—2012 年资产构成情况 单位:万元

财务指标	2008 年	2009 年	2010 年	2011 年	2012 年
资产总额	951 319	1 738 447	2 225 847	2 791 273	3 150 137
流动资产	423 453	659 981	1 157 075	1 601 791	1 644 486
货币资金	222 704	393 994	588 226	809 334	568 399
应收账款	85 277	71 971	123 788	163 195	226 040
存　货	33 793	55 575	99 021	80 410	140 208
非流动资产	527 866	1 078 466	1 068 772	1 189 482	1 505 651
固定资产	416 642	557 201	508 231	610 239	572 016
无形资产	78 107	446 846	429 235	443 882	574 417

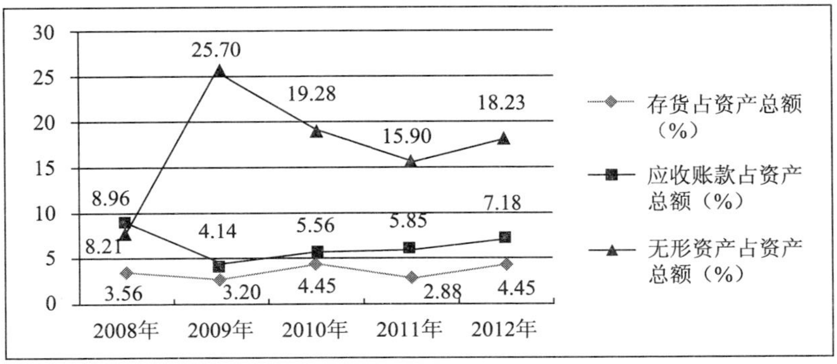

图 4-88 2008—2012 年存货、应收账款及无形资产占比变化

（3）盈利质量：2012 年营业收入同比增加，但营业利润、利润总额和股东净利润同比减少，投资收益增幅较高但比重不大。营业利润率连续三年呈现下降趋势，与同业比较，营业利润率自 2008 年起分列第 21、16、19、25、24 名，排名同比下滑一位，位处同业中下游水平。总体来看，企业的盈利质量表现欠佳，需要研究提高盈利质量的对策与措施（见表 4－50、图 4－89、图 4－90）。

表 4－50　2008—2012 年主要财务指标　　单位：万元

财务指标	2008 年	2009 年	2010 年	2011 年	2012 年
营业收入	1 703 314	2 000 482	2 794 063	5 072 008	7 151 724
营业利润	123 571	251 526	334 091	375 960	314 075
投资收益	96	0	2 205	－9 519	8 580
营业外收支	－4 034	－2 828	1 989	291	910
利润总额	119 537	248 698	332 102	376 251	314 985
股东净利润	93 008	185 633	241 246	281 059	228 762

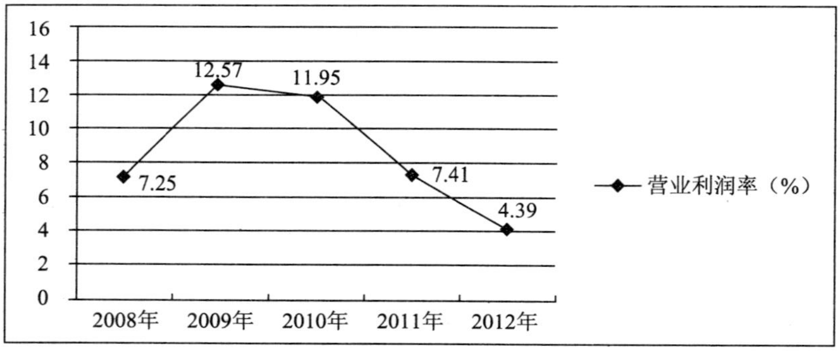

图 4－89　2008—2012 年营业利润率变化

3. 综合分析

阳泉煤业 2012 年企业运营能力表现优秀，资产质量和偿债能力较好。但经营活动创造现金净流量的能力同比明显下降，盈利能力、盈利质量都尚需进一步提高，企业的成本费用管控水平也有待加强。

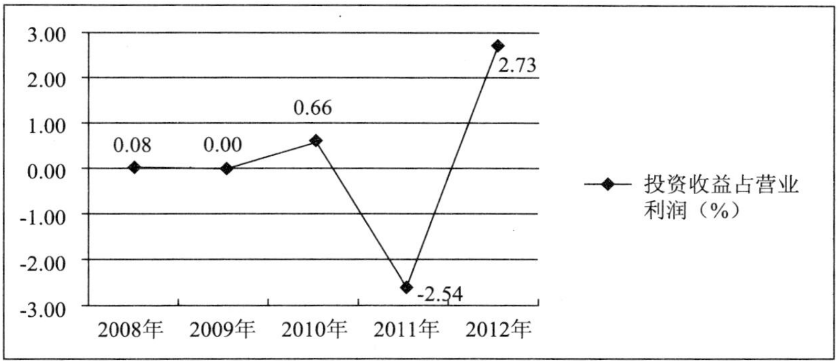

图 4－90　2008—2012 年投资收益率变化

4.11 国投新集能源股份有限公司（601918）

国投新集能源股份有限公司系是由国家开发投资公司控股，于2007年12月19日在上交所成功上市，截至2012年末国投持股比例42.36%。公司主要经营煤炭采选销售业务。新集矿区煤种属气煤和1/3焦煤。

一、公司生产运营状况

1. 2012年主要产品生产销售情况

表4－51　2012年主要产品生产销售情况

产品	2012年产量	较上年增减(%)	2012年销量	较上年增减(%)
原煤(万吨)	1 902.15	24.00	－	－
商品煤(万吨)	1 654.79	19.22	1 636.05	18.21

2. 2012年主营业务分行业、分产品情况

表4－52　2012年主营业务分行业、分产品情况

	营业收入(万元)	较上年增减(%)	营业成本(万元)	较上年增减(%)	毛利率(%)	较上年增减(百分点)
分行业						
煤炭采选业	833 860	12.78	559 466	16.08	32.91	－1.90
分产品						
煤炭	833 860	12.78	559 466	16.08	32.91	－1.90

3. 2013年主要生产经营目标

2013年计划原煤产量2 087万吨，商品煤产量1 786万吨，营业收入86.28亿元。

二、公司财务分析

1. 财务能力指标

(1)盈利能力：企业营业毛利率、总资产回报率和加权平均净资产收益率基本平稳。与同业公司相比，营业毛利率自2008年起分列第9、13、15、16、12名，总资产回报率分列第19、20、21、22、10名，加权平均净资产收益率分列第15、19、19、19、9名。总体来看，企业盈利能力位居同业中

上游水平(见图 4－91)。

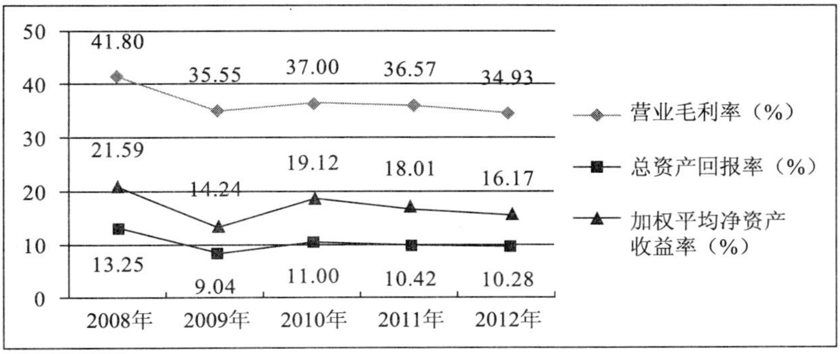

图 4－91　2008—2012 年各项盈利指标变化

(2)运营能力:2012 年存货周转率与总资产周转率同比基本稳定,但应收账款周转率同比下降幅度较大。与同业相比,存货周转率自 2008 年起分列第 21、23、24、27、28 名,应收账款周转率分列第 16、12、6、9、12 名,总资产周转率分列第 24、26、26、28、28 名,企业运营能力有待加强(见图 4－92、图 4－93)。

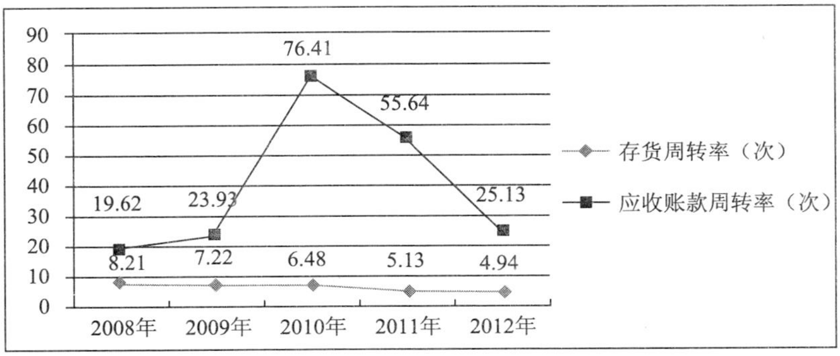

图 4－92　2008—2012 年有存货、应收账款周转率变化

(3)偿债能力:流动比率和速动比率逐年下滑,并且一直低于指标合理水平,与同业相比,流动比率分列自 2008 年起第 21、27、29、31、31 名,速动比率分列第 22、27、30、31、31 名,位处同业最低水平,企业短期偿债能力很差,存在较大的短期偿债风险,急需研究制定有效的解决办法。五

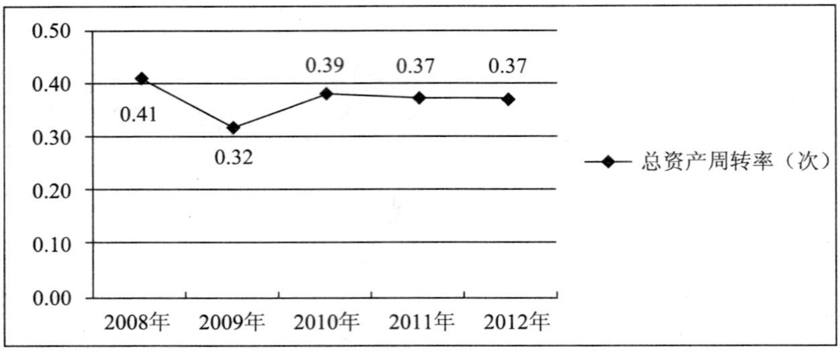

图 4－93　2008—2012 年总资产周转率变化

年的资产负债率逐年攀升，与同业相比，五年资产负债率分列第 7、11、9、4、5 名，位居较高水平，存在一定的长期偿债风险（见图 4－94、图 4－95）。

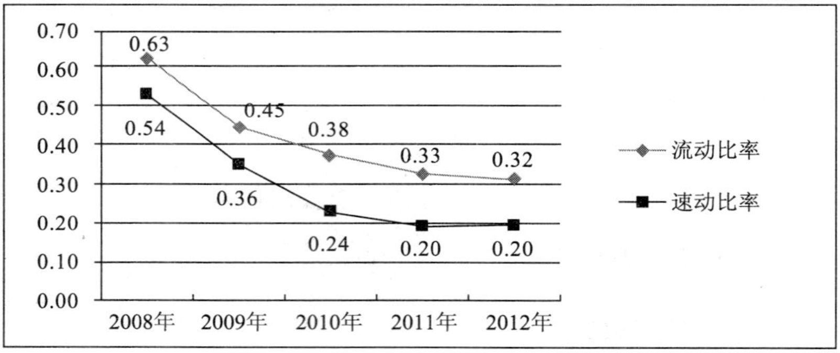

图 4－94　2008—2012 年流动、速动比率变化

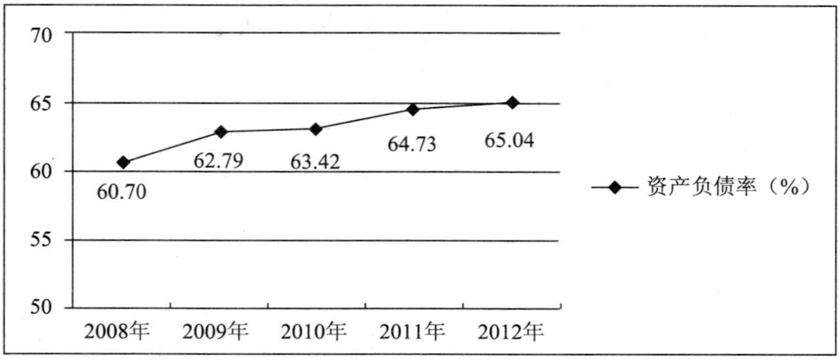

图 4－95　2008—2012 年资产负债率变化

（4）成长性：以 2009 年为基数计算的三年营业收入复合增长率和三年营业利润复合增长率均稳定增长，与同业相比，三年营业收入复合增长率排名第 14 名，三年营业利润复合增长率排名第 10 名。总体来看，企业成长性位居同业中上水平，成本费用管控能力较强（见图 3－96）。

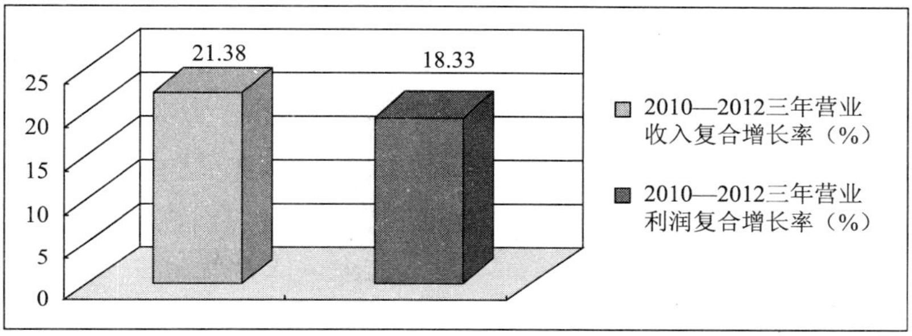

图 4－96　2010—2012 三年营业收入、利润复合增长率变化

2. 收益质量指标

（1）现金流质量：2012 年经营活动现金净流量同比增加，投资活动现金净流量有所下降，企业现金储备额度不足的状况有所改善（见表 4－53）。

表 4－53　2008—2012 年现金净流量情况　单位：万元

财务指标	2008 年	2009 年	2010 年	2011 年	2012 年
经营活动的现金净流量	171 209	121 111	264 469	129 273	169 664
投资活动的现金净流量	－169 702	－235 811	－271 059	－269 720	－235 767
筹资活动的现金净流量	－27 409	58 281	1 527	127 748	51 666
现金净流量	－25 902	－56 419	－5 063	－12 699	－14 438

（2）资产质量：近年来年存货、应收账款和无形资产占资产总额的比例基本稳定。与同业比较，存货占资产总额的比例自 2008 年起分列第 18、17、13、11、8 名，应收账款占资产总额的比例分列第 20、27、28、28、21 名，资产质量有所提高（见表 4－54、图 4－97）。

表 4－54　2008—2012 年资产构成情况　　单位：万元

财务指标	2008 年	2009 年	2010 年	2011 年	2012 年
资产总额	1 443 899	1 660 747	1 945 922	2 222 412	2 508 879
流动资产	291 112	230 462	243 443	270,036	340 738
货币资金	155 964	99 545	97 919	86 035	72 127
应收账款	32 805	8 566	9 778	18 140	52 299
存　　货	40 097	48 282	87 900	104 303	129 018
非流动资产	1 152 787	1 430 285	1 702 479	1 952 376	2 168 141
固定资产	533 504	711 373	742 579	753 981	1 340 985
无形资产	453 560	83 570	137 231	133 502	152 364

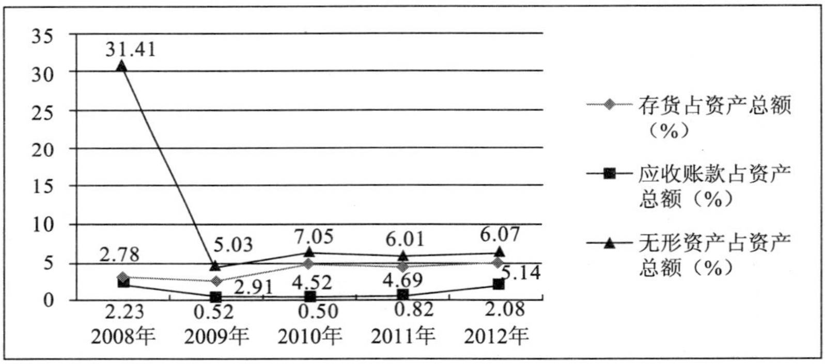

图 4－97　2008—2012 年存货、应收账款及无形资产占比变化

（3）盈利质量：2012 年营业收入和利润总额同比增加，营业利润率有所下滑。与同业比较，营业利润率自 2008 年起分列第 7、9、9、11、6 名，排名居前，企业盈利质量表现较好（见表 4－55、图 4－98、图 4－99）。

表 4－55　2008—2012 年主要财务指标　　单位：万元

财务指标	2008 年	2009 年	2010 年	2011 年	2012 年
营业收入	542 626	494 989	700 853	776 723	885 206
营业利润	149 932	109 543	172 859	182 603	181 510
投资收益	1 207	－1 193	－1 728	－4 393	319
营业外收支	－23	5 716	－1 293	377	2 430
利润总额	149 909	115 259	171 566	182 980	183 940
股东净利润	108 515	83 314	125 109	134 032	133 891

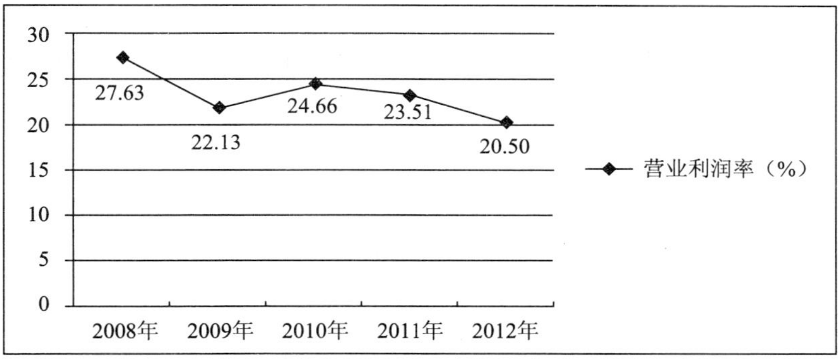

图 4－98　2008—2012 年营业利润率变化

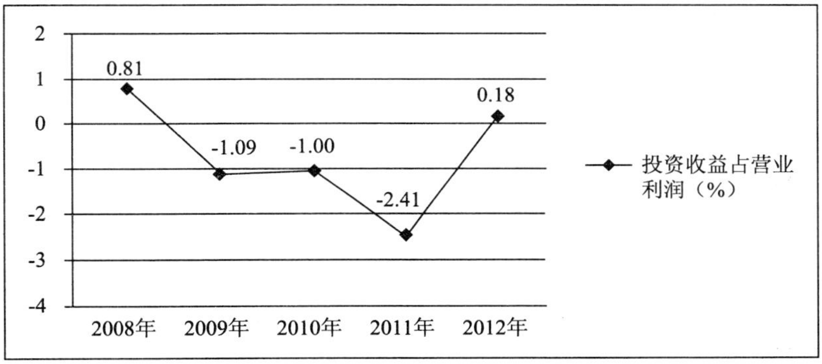

图 4－99　2008—2012 年投资收益率变化

3. 综合分析

国投新集 2012 年盈利能力、盈利质量和成长性表现较好。但企业存在较大的短期偿债风险，应该尽快加以扭转。同时，企业运营能力也有待加强。

4.12 大同煤业股份有限公司（601001）

大同煤业股份有限公司由大同煤矿集团有限责任公司为主发起设立,于2006年6月23日上交所挂牌上市,截至2012年末,集团持股比例60.48%。公司主营煤炭采选和销售业务。

一、公司生产运营状况

1. 2012年主要产品生产销售情况

表4－56　2012年主要产品生产销售情况

产品	2012年产量	较上年增减(%)	2012年销量	较上年增减(%)
煤炭(万吨)	3 819.00	6.26	2 710.00	14.01

2. 2012年主营业务分行业、分产品情况

表4－57　2012年主营业务分行业、分产品情况

	营业收入(万元)	较上年增减(%)	营业成本(万元)	较上年增减(%)	毛利率(%)	较上年增减(百分点)
分行业						
煤炭行业	1 299 496	－6.59	833 371	3.80	35.87	－6.42
高岭土行业	7 084	29 38	8 227	21.22	－16.13	7.82
建材行业	881	－31.38	987	－45.51	－12.12	29.08
分产品						
煤炭产品	1 299 496	－6.59	833 371	3.80	35.87	－6.42
高岭土产品	7 084	29.38	8 227	21.22	－16.13	7.82
建材产品	881	－31.38	987	－45.51	－12.12	29.08

3. 2013年主要生产经营目标

2013年计划煤炭产量3 643亿吨;煤炭销量2 646亿吨;主营业务收入1 158 623万元。

二、公司财务分析

1. 财务能力指标

(1)盈利能力:近五年的营业毛利率、总资产回报率和加权平均净资

产收益率逐年下滑。与同业相比,营业毛利率自2008年起分列第2、1、3、15、19名,总资产回报率分列第7、3、5、9、21名,加权平均净资产收益率分列第14、11、21、30、29名,企业盈利能力严重下滑,2012年已居同业下游水平(见图4-100)。

(2)运营能力:2012年存货周转率、应收周转率和总资产周转率均同比下降,其中应收账款周转率下滑幅度较大,应收账款周转率速度的减慢,说明营运资金过多呆滞在应收账款上。与同业相比,存货周转率五年分列第15、15、11、5、5名,应收账款周转率分列第6、16、24、25、17名,总资产周转率分列第16、13、17、13、9名。总体来看,运营能力表现一般(见图4-101、图4-102)。

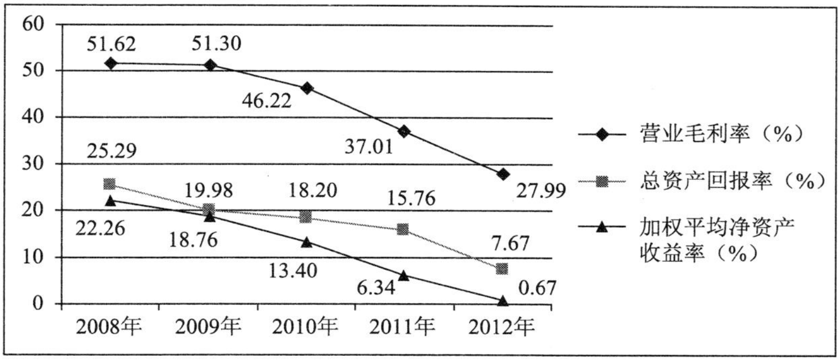

图4-100 2008—2012年各项盈利指标变化

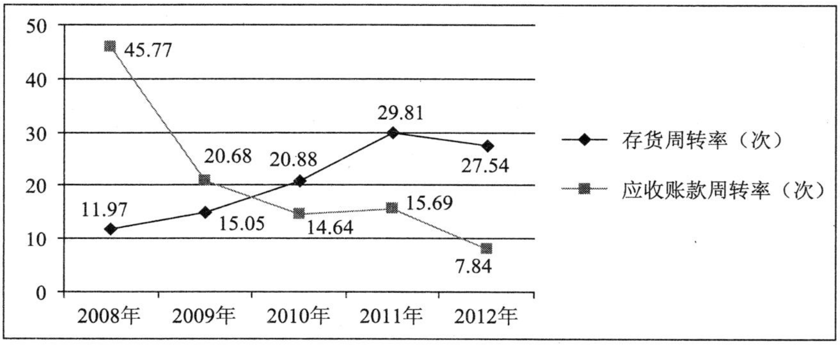

图4-101 2008—2012年存货、应收账款周转率变化

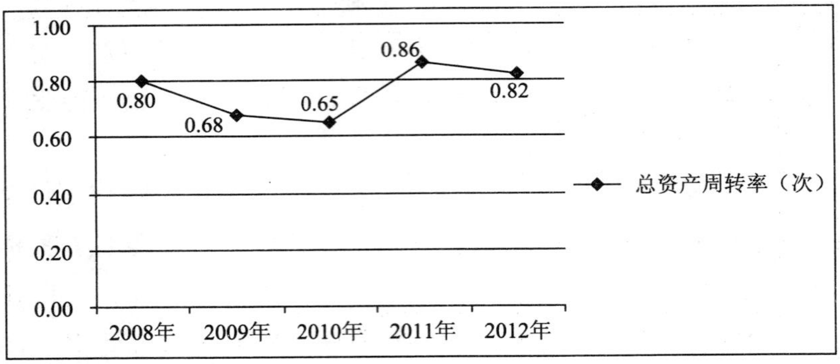

图 4 - 102　2008—2012 年总资产周转率变化

(3)偿债能力:2012 年流动比率和速动比率同比回落,与同业比较,流动比率自 2008 年起分列第 7、5、5、3、4 名,速动比率分列第 6、5、5、3、3 名,仍位居同业前列,基本不存在短期偿债风险。2012 年资产负债率同比上升,与同业相比,资产负债率五年分列第 23、26、27、30、26 名,位居同业下游水平,负债水平较低,不存在长期偿债风险(见图 4 - 103、图 4 - 104)。

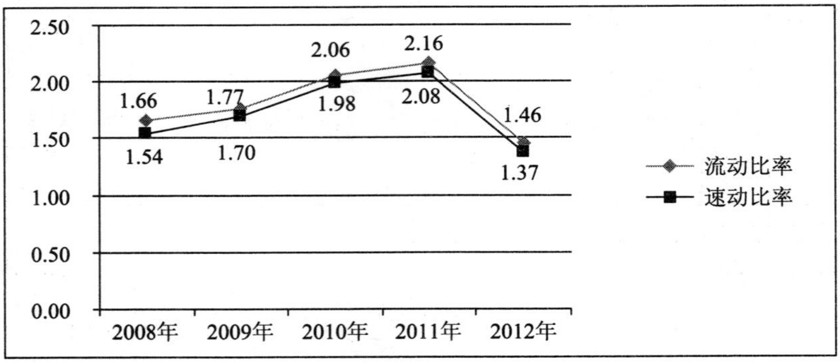

图 4 - 103　2008—2012 年流动、速动比率变化

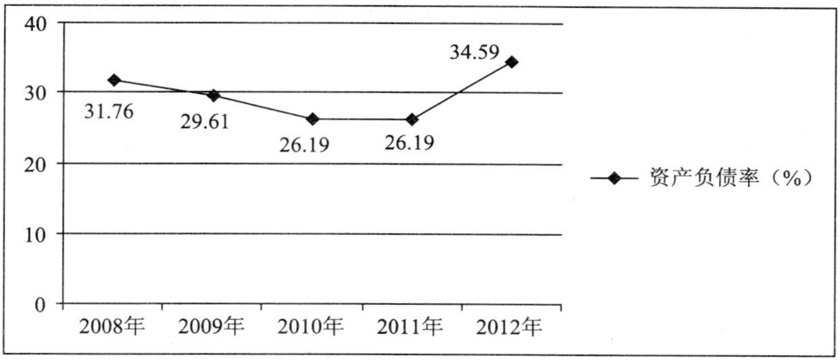

图 4－104　2008—2012 年资产负债率变化

（4）成长性：以 2009 年为基数计算的三年营业收入复合增长率与三年营业利润复合增长率呈反比增长，同业比较三年营业收入复合增长率位列第 13 名，三年营业利润复合增长率位列第 27 名，企业成长性欠佳（见图 4－105）。

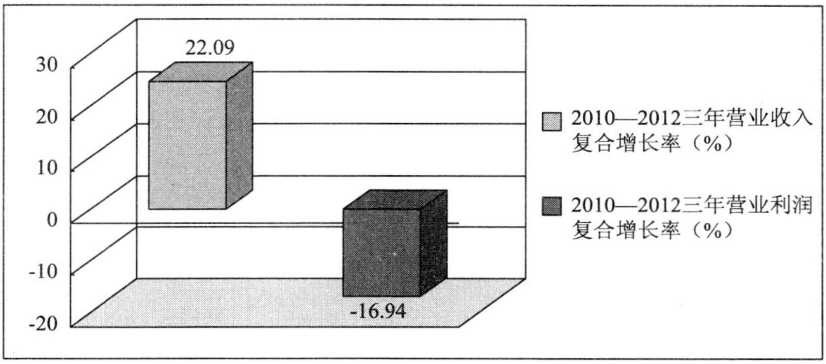

图 4－105　2010—2012 三年营业收入、利润复合增长率变化

2. 收益质量指标

（1）现金流质量：近五年经营现金净流量持续减少，对外投资持续增加，2012 年企业面临短期现金储备不足的局面（见表 4－58）。

表 4-58 2008—2012 年现金净流量情况 单位：万元

财务指标	2008 年	2009 年	2010 年	2011 年	2012 年
经营活动的现金净流量	430 644	387 543	359 226	307 199	86 688
投资活动的现金净流量	-438 084	-149 058	-193 597	-245 769	-349 004
筹资活动的现金净流量	28 361	-70 963	-83 438	-73 787	36 981
现金净流量	20 921	167 522	82 191	-12 357	-225 335

(2)资产质量:2012 年存货余额以及占资产总额的比例同比增加,与同业比较,存货占资产总额的比例五年分列第 16、22、26、28、25 名,存货水平不高。但应收账款余额同比增加一倍以上,同业相比应收账款占资产总额的比例分列第 21、9、6、7、3 名,应收账款比例较高,易形成坏账损失。无形资产总额逐年递减,同业比较占资产总额的比例五年分列第 5、6、7、11、16 名(见表 4-59、图 4-106)。

表 4-59 2008—2012 年资产构成情况 单位：万元

财务指标	2008 年	2009 年	2010 年	2011 年	2012 年
资产总额	1 261 870	1 518 406	1 696 706	2 037 519	2 152 087
流动资产	494 248	634 524	750 112	1 006 094	900 785
货币资金	342 237	509 759	591 951	586 505	363 558
应收账款	26 742	65 067	77 729	127 982	312 577
存　　货	36 741	24 704	29 133	39 072	51 304
非流动资产	767 622	883 882	946 594	1 031 424	1 251 302
固定资产	372 396	412 857	472 319	548 147	562 381
无形资产	335 221	326 619	319 461	275 893	263 722

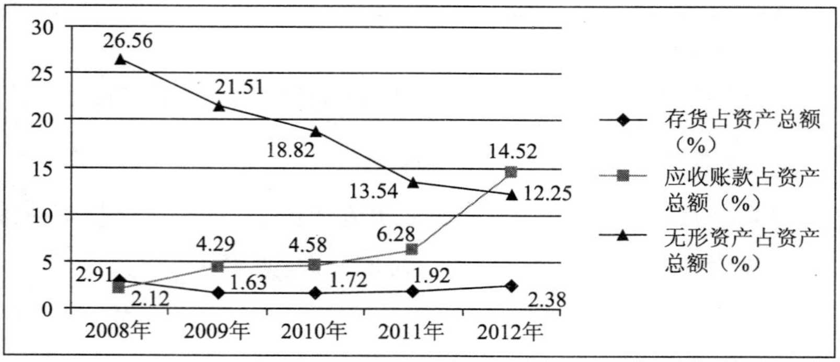

图 4-106 2008—2012 年存货、应收账款及无形资产占比变化

(3)盈利质量:尽管企业的营业收入逐年递增,但是企业的营业利润率五年持续下滑。与同业相比,营业利润率五年分列第4、3、8、15、18名,已位居同业中下水平,企业盈利质量表现不佳(见表4-60、图4-107)。

表4-60 2008—2012年财务指标情况

财务指标	2008年	2009年	2010年	2011年	2012年
营业收入(万元)	839 520	949 475	1 045 381	1 614 008	1 727 999
营业利润(万元)	256 789	269 503	286 152	288 368	154 439
投资收益(万元)	-	-	230	2 805	-
营业外收支(万元)	-895	-1 381	-	1 488	-1 080
利润总额(万元)	255 894	268 122	286 152	289 856	153 359
股东净利润(万元)	145 369	149 074	130 365	70 915	6 263
投资收益占营业利(%)	-	-	0.08	0.97	-

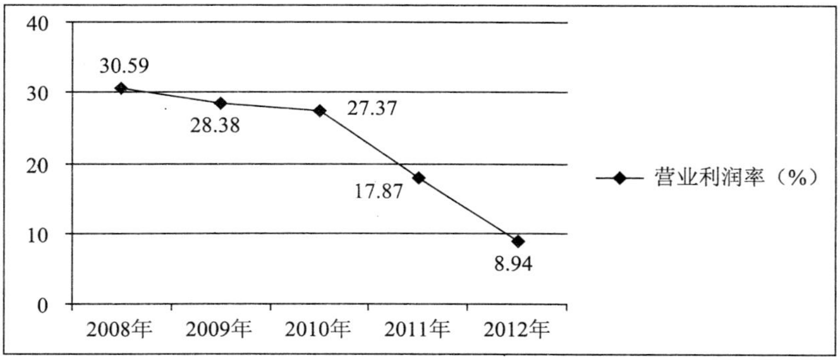

图4-107 2008—2012年营业利润率变化

3. 综合分析

大同煤业基本不存在偿债风险。但近年来盈利能力严重下滑,收益质量下滑的势头需要加以扭转,应收账款管理工作急需加强。

4.13 开滦能源化工股份有限公司（600997）

开滦能源化工股份有限公司由开滦(集团)有限责任公司发起设立，于2004年6月2日在上交所挂牌交易，截至2012年末集团持股比例56.73%。公司主营煤炭采选和煤化工业务，所属唐山区域煤炭资源为优质肥煤。

一、公司生产运营状况

1. 2012年主要产品生产销售情况

表4－61　2012年主要产品生产销售情况

产品	2012年产量	较上年增减(%)	2012年销量	较上年增减(%)
精煤(万吨)	340.76	－0.60	215.28	－11.17
焦炭(万吨)	739.57	13.97	750.52	19.22
甲醇(万吨)	25.55	7.22	25.40	6.05
纯苯(万吨)	16.30	18.72	16.19	17.15

2. 2012年主营业务分行业、分产品情况

表4－62　2012年主营业务分行业、分产品情况

	营业收入(万元)	较上年增减(%)	营业成本(万元)	较上年增减(%)	毛利率(%)	较上年增减(百分点)
分行业						
煤炭采选业	479 450	－14.79	224 935	－13.21	30.14	－1.27
煤化工业	166 865	4.91	1 585 396	4.25	4.99	0.60
分产品						
洗精煤	378 543	－18.11	269 733	－14.20	28.74	－3.25
冶金焦	1 130 164	2.51	1 097 529	3.26	2.89	－0.71
其他煤化工	538 490	10.35	487 866	6.55	9.40	3.23

3. 2013年主要生产经营目标

2013年计划生产原煤888万吨，生产精煤349万吨，生产焦炭711万吨，营业收入191亿元。

二、公司财务分析

1. 财务能力指标

(1)盈利能力:营业毛利率、总资产回报率和加权平均净资产收益率均呈现明显下降态势。与同业相比,营业毛利率五年分列第21、24、27、29、25名,总资产回报率分列第18、17、23、26、25名,加权平均净资产收益率分列第13、14、20、24、23名,位处同业下游水平,企业盈利能力逐年减弱(见图4-108)。

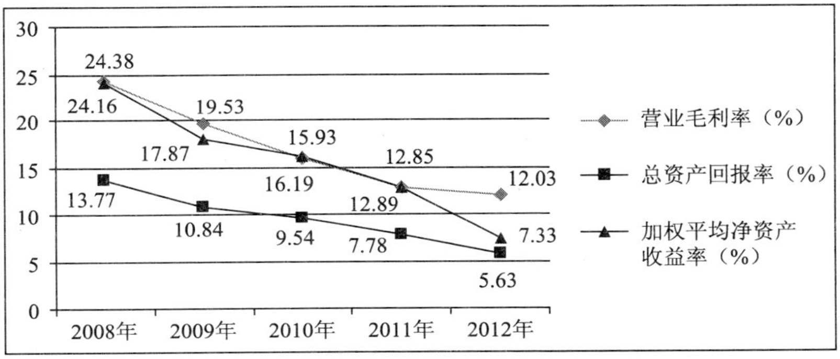

图4-108 2008—2012年各项盈利指标变化

(2)运营能力:2012年存货周转率、应收账款周转率和总资产周转率同比下降。与同业相比,存货周转率分列五年第11、14、18、19、21名,应收账款周转率分列第14、11、8、13、14名,总资产周转率分列第11、11、7、9、6名,运营能力总体位居同业中游水平(见图4-109、图4-110)。

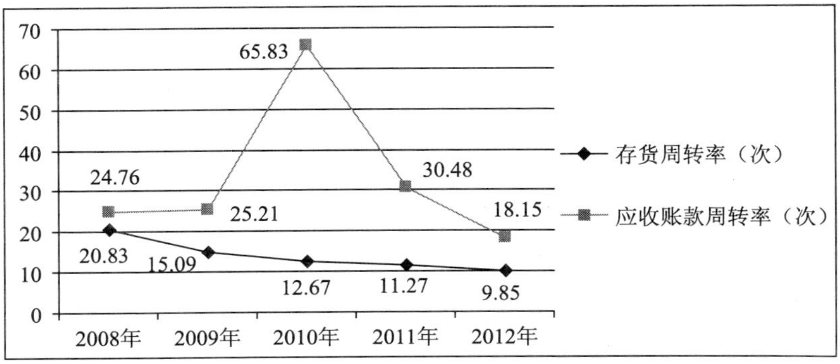

图4-109 2008—2012年存货、应收账款周转率变化

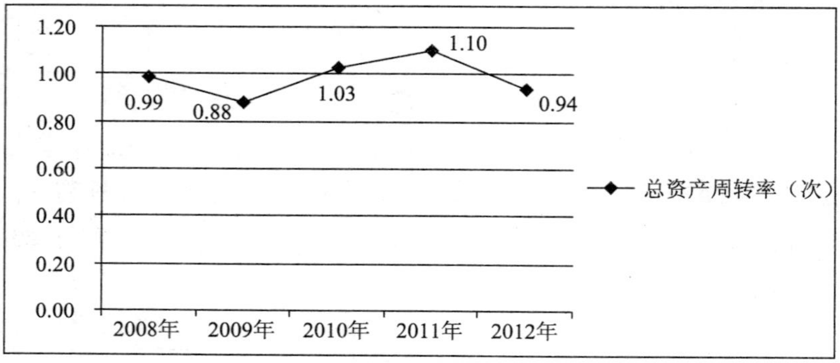

图 4－110　2008—2012 年总资产周转率变化

（3）偿债能力：2012 年流动比率和速动比率回升至正常水平，与同业比较，流动比率分列五年第 12、14、17、21、8 名，速动比率分列第 12、15、18、24、13 名，基本没有短期偿债风险。企业资产负债率基本稳定，同业相比五年分列第 8、12、10、11、10 名，负债水平适中，无长期偿债风险（见图 4－111、图 4－112）。

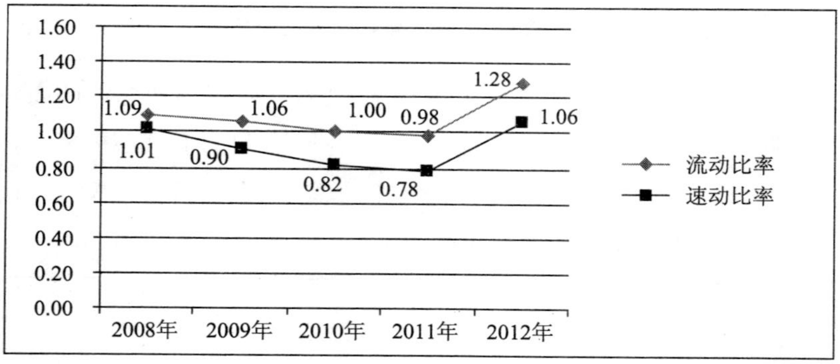

图 4－111　2008—2012 年流动、速动比率变化

（4）成长性：以 2009 年为基数计算的三年营业收入复合增长率和三年营业利润复合增长率呈反比增长。与同业相比，三年营业收入复合增长率位列第 15 名，三年营业利润复合增长率位列第 26 名，企业成长性不佳，成本费用管控力度急需加强（见图 4－113）。

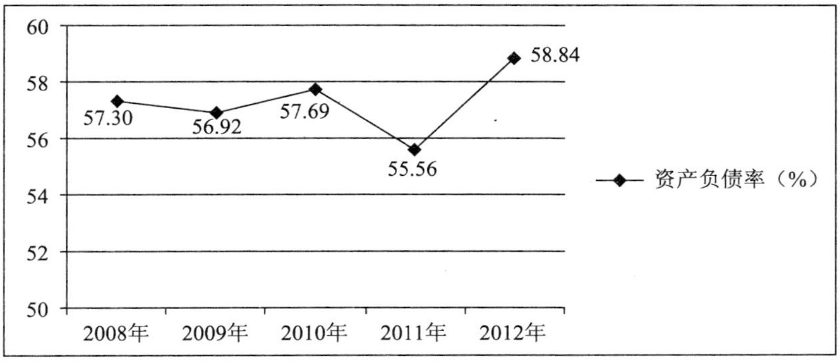

图 4-112　2008—2012 年资产负债率变化

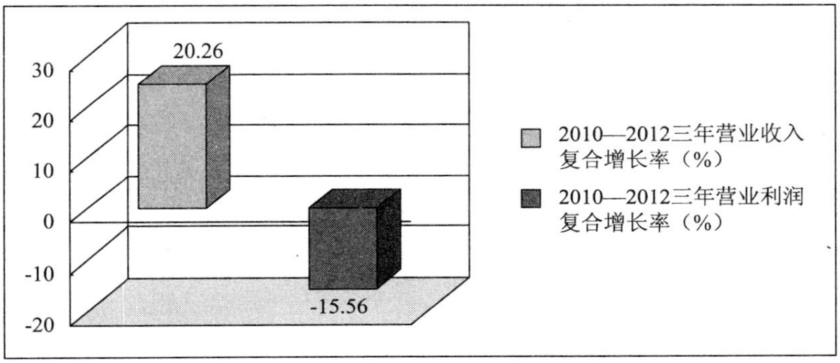

图 4-113　2010—2012 三年营业收入、利润复合增长率变化

2. 收益质量指标

（1）现金流质量：企业经营现金净流量逐年大幅度提升，现金流量充裕。企业可充分利用闲置资金，提高盈利能力（见表 4-63）。

表 4-63　2008—2012 年现金净流量变化　　单位：万元

财务指标	2008 年	2009 年	2010 年	2011 年	2012 年
经营活动的现金净流量	163 269	22 032	121 967	186 349	157 095
投资活动的现金净流量	-194 640	-181 990	-138 698	-199 801	-222 083
筹资活动的现金净流量	186 166	92 269	59 687	45 573	126 606
现金净流量	154 706	-67 568	42 113	30 100	62 529

(2)资产质量:2012 年存货余额及其占资产总额的比例同比减少,同业相比存货占资产总额的比例五年分列第 14、4、5、4、2 名,企业存货水平仍较高。2012 年应收账款余额及其占资产总额的比例同比微增,同业相比应收账款占资产总额的比例五年分列第 8、23、16、10、12 名,位居同业中游水平。2012 年无形资产余额同比增加,同业中无形资产占资产总额的比例五年分列第 23、26、29、31、31 名,企业无形资产较少(见表 4-64、图 4-114)。

表 4-64　2008—2012 年资产构成情况　　单位:万元

财务指标	2008 年	2009 年	2010 年	2011 年	2012 年
资产总额	1 162 706	1 343 593	1 605 333	1 942 498	2 104 659
流动资产	523 317	515 841	702 160	887 121	925 083
货币资金	267 022	199 454	261 549	276 897	334 642
应收账款	71 067	16 011	30 028	98 139	112 276
存　　货	38 107	78 939	122 133	179 918	160 986
非流动资产	639 389	827 752	903 173	1 055 375	1 179 577
固定资产	409 953	725 311	787 593	869 756	839 195
无形资产	43 936	50 186	48 293	53 373	78 461

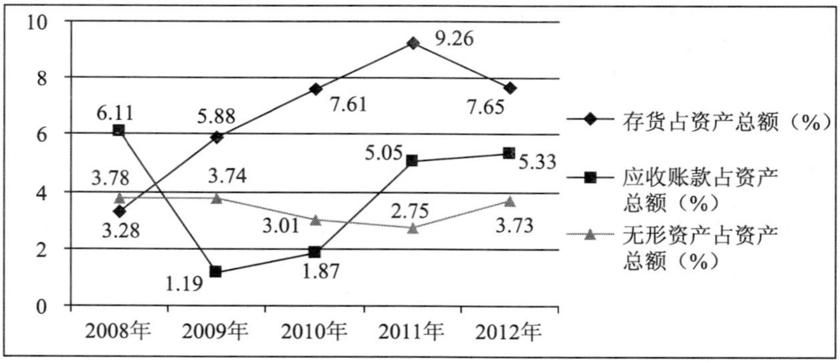

图 4-114　2008—2012 年存货、应收账款及无形资产占比变化

(3)盈利质量:2012 年营业收入、营业利润、利润总额和股东净利润均同比所有减少,营业利润率持续下滑。同业相比,营业利润率五年分列第20、18、26、28、26名，持续位居同业中下游水平，2012年投资收益猛增但比重不大。总体来看，企业盈利质量不高（见表4-65、图4-115、图4-116）。

表4-65 2008—2012年主要财务指标情况 单位：万元

财务指标	2008年	2009年	2010年	2011年	2012年
营业收入	940 143	1 097 671	1 515 407	1 953 355	1 909 127
营业利润	111 274	118 225	113 771	101 463	71 170
投资收益	30	78	55	-57	1 998
营业外收支	-63	-739	620	1 620	-43
利润总额	111 211	117 486	114 391	103 083	71 127
股东净利润	81 151	82 303	86 885	78 575	48 787

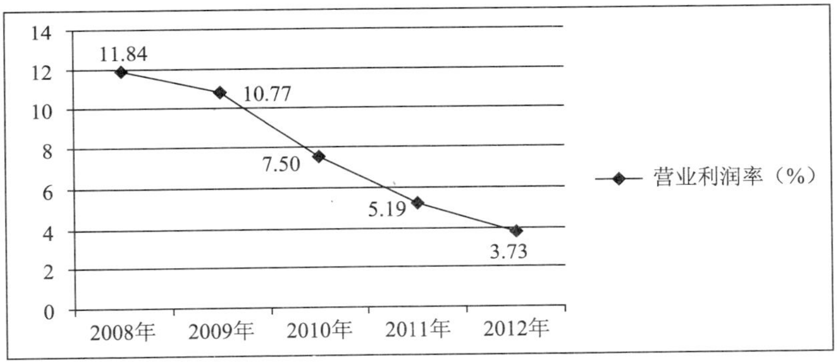

图4-115 2008—2012年营业利润率变化

3. 综合分析

开滦股份2012年偿债能力显著改善。但企业的运营能力有所下降，盈利能力和收益质量较差，需研究采取相应的措施加以改善。

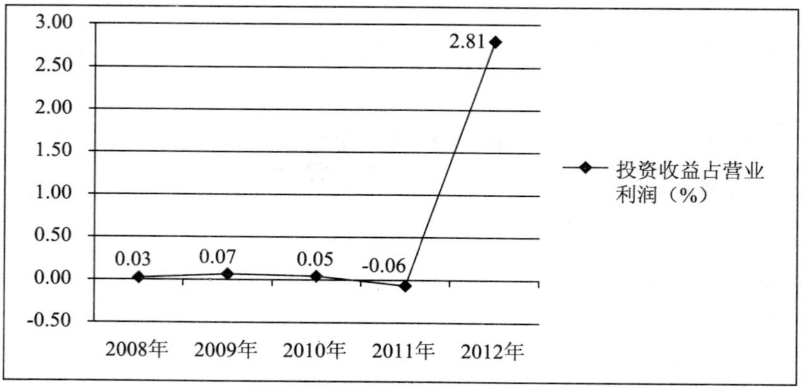

图 4－116　2008—2012 年投资收益率变化

4.14 平顶山天安煤业股份有限公司(601666)

平顶山天安煤业股份有限公司由中国平煤神马能源化工集团有限责任公司为主设立,公司股票于2006年11月23日在上海证券交易所上市交易,截至2012年末集团持股比例56.12%。公司主营煤炭采选业务,煤炭品种主要有1/3焦煤、焦煤及肥煤等。

一、公司生产运营状况

1. 2012年主要产品生产销售情况

表4-66 2012年主要产品销售情况

产品	2012年产量	较上年增减(%)	2012年销量	较上年增减(%)
原煤(万吨)	3 839.36	-0.57	-	-
精煤(万吨)	701.50	10.27	-	-
其他洗煤(万吨)	448.83	6.97	-	-
商品煤(万吨)	-	-	3 572.55	-4.07

2. 2012年主营业务分行业、分产品情况

表4-67 2012年主营业务分行业、分产品情况

	营业收入(万元)	较上年增减(%)	营业成本(万元)	较上年增减(%)	毛利率(%)	较上年增减(百分点)
分行业						
煤炭采选业	2 006 157	-7.70	1 581 044	-4.28	21.19	-2.89
分产品						
混煤	1 033 333	-8.14	787 571	-11.07	23.78	2.51
冶炼精煤	829 274	-5.57	652 235	7.05	21.35	-9.27
其他洗煤	39 465	-10.85	40 885	17.12	-3.60	-24.75
材料销售	97 978	-14.53	95 087	-15.23	2.95	0.79
地质勘探	6 036	-44.16	5 266	-46.39	12.76	3.62

3. 2013年主要生产经营目标

2013年计划原煤产量3 450万吨,精煤产量660万吨,营业收入230亿元,成本费用216亿元。

二、公司财务分析

1. 财务能力指标

（1）盈利能力：2012 年营业毛利率、总资产回报率和加权平均净资产收益率均同比降低。与同业相比，营业毛利率五年分列第 18、25、23、25、23 名，总资产回报率分列第 6、13、15、19、23 名，加权平均净资产收益率分列第 4、15、15、16、20 名，企业盈利指标总体排名位居中下游水平（图见 4－117）。

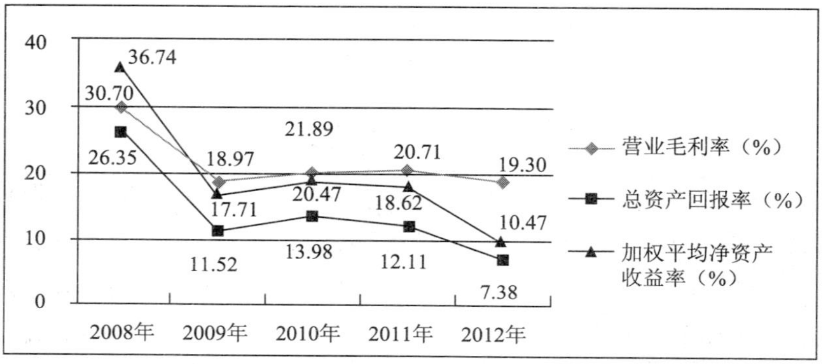

图 4－117 2008—2012 年各项盈利指标变化

（2）运营能力：近两年存货周转率、应收账款周转率和总资产周转率呈下滑态势。与同业相比，存货周转率五年分列第 4、6、3、4、6 名，应收账款周转率分列第 4、4、3、4、4 名，总资产周转率分列第 5、4、4、6、5 名，三项指标均位居同业前列。总体来看，企业的整体运营能力较好（见图 4－118、图 4－119）。

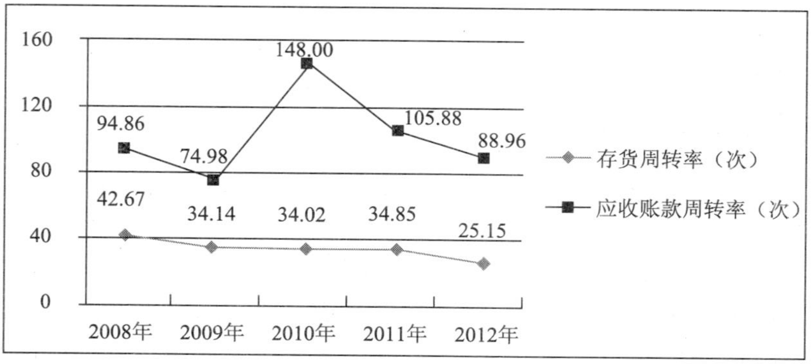

图 4－118 2008—2012 年存货、应收账款周转率变化

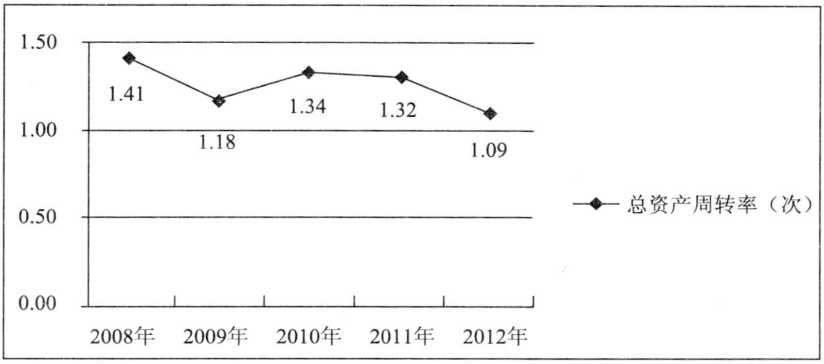

图 4-119　2008—2012 年总资产周转率变化

(3)偿债能力:近年的流动比率和速动比率一直处在指标合理范围之外。与同业相比,流动比率五年分列第 9、20、20、24、25 名,速动比率分列第 9、17、19、25、26 名,位处同业下游位置,企业的短期偿债风险不断增加;但资产负债率却逐年下降,同业中资产负债率五年分列第 15、18、20、18、21 名,位处同业中下位置,负债水平适中,不存在长期偿债风险(见图 4-120、图 4-121)。

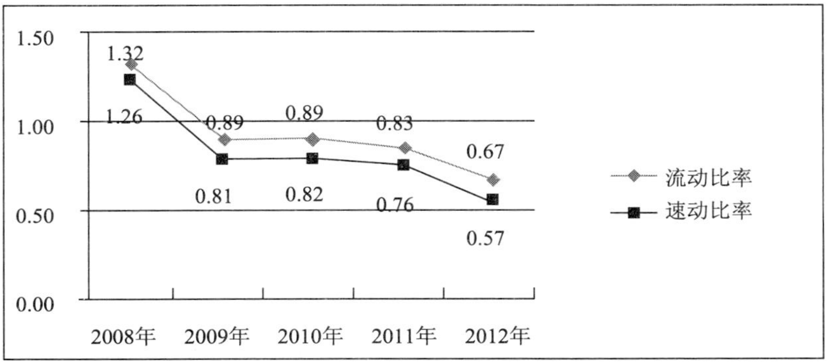

图 4-120　2008—2012 年流动、速动比率变化

(4)成长性:以 2009 年为基数计算的三年营业收入复合增长率小幅增长,而营业利润复合增长率为负增长。与同业相比,三年营业收入复合增长率排名第 26 名,三年营业利润复合增长率排名第 24 名,企业成长性不好，尤其要加强对成本费用的管控(见图4－122)。

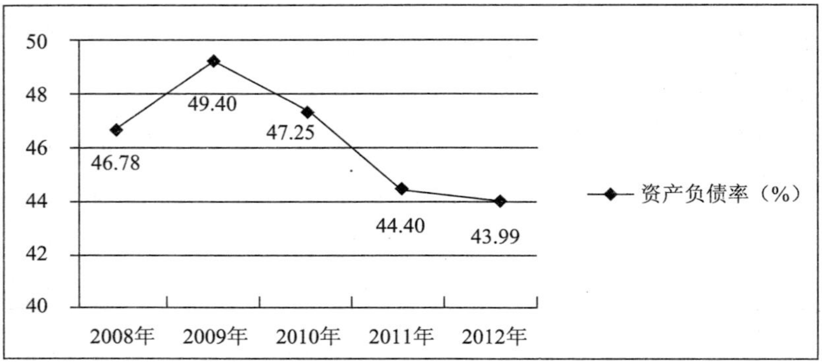

图4－121　2008—2012年资产负债率变化

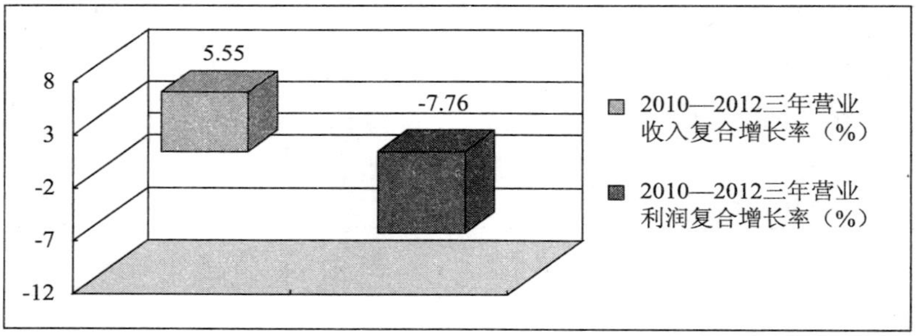

图4－122　2010—2012三年营业收入、复利润复合增长率变化

2. 收益质量指标

(1) 现金流质量：与2011年相比，2012年企业经营活动现金流量为负数，且加大了投资活动现金流量的产生，企业面临现金不足的处境(见表4－68)。

表4－68　2008—2012年现金净流量情况　　单位：万元

财务指标	2008年	2009年	2010年	2011年	2012年
经营活动的现金净流量	387 674	313 895	183 233	221 262	－29 243
投资活动的现金净流量	－208 060	－373 223	－251 011	－115 299	－91 131
筹资活动的现金净流量	－21 461	－105 341	－3 151	－59 395	10 922
现金净流量	158 153	－164 669	－70 929	46 568	－109 452

(2)资产质量:2012 年存货余额以及占资产总额的比例同比上升,与同业相比,存货占资产总额的比例五年分列第 21、15、18、20、12 名,企业存货水平提高,但应收账款及占资产总额的比例同比下降,同业中应收账款占资产总额的比例五年分列第 19、24、24、21、27 名,排名同比减低,企业的应收账款收回速度加快。五年无形资产占资产总额的比例基本稳定,同业中五年分列第 21、25、27、30、29 名(见表 4-69、图 4-123)。

表 4-69 2008—2012 年资产构成情况 单位:万元

财务指标	2008 年	2009 年	2010 年	2011 年	2012 年
资产总额	1 599 074	1 584 856	1 842 066	1 983 581	2 086 175
流动资产	807 951	571 274	634 021	652 751	537 389
货币资金	448 697	357 528	285 718	260 555	181 103
应收账款	37 325	12 953	18 040	29 523	20 320
存　　货	36 623	52 852	54 246	60 341	81 954
非流动资产	791 123	1 013 582	1 208 045	1 330 830	1 548 786
固定资产	516 124	809 442	868 517	903 487	974 399
无形资产	67 267	66 012	68 123	71 020	84 944

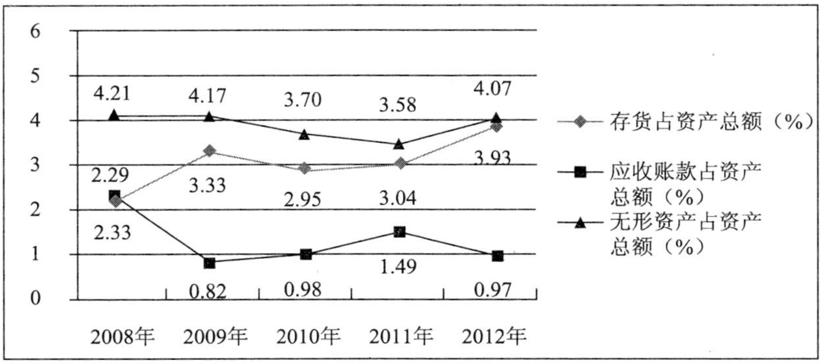

图 4-123 2008—2012 年存货、应收账款及无形资产占比变化

(3)盈利质量:2012 年营业收入、营业利润、利润总额和股东净利润同比减少。与同业相比,营业利润率五年分列第 8、19、20、22、21 名,居同业中下游水平,投资收益基本稳定且比例很小。总体来看,企业的盈利质量不高（见表4－70、图4－124、图4－125）。

表4－70　2008—2012年主要财务指标变化　　单位：万元

财务指标	2008年	2009年	2010年	2011年	2012年
营业收入	1 972 005	1 885 040	2 290 456	2 517 924	2 216 935
营业利润	427 651	181 014	237 487	245 361	142 062
投资收益	129	312	618	456	220
营业外收支	－61 101	564	－978	－17 548	2 103
利润总额	366 550	181 578	236 509	227 813	144 165
股东净利润	266 880	140 940	184 991	184 257	112 144

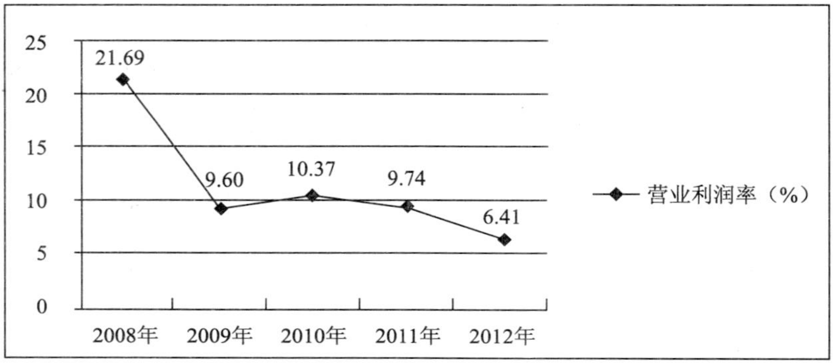

图4－124　2008—2012年营业利润率变化

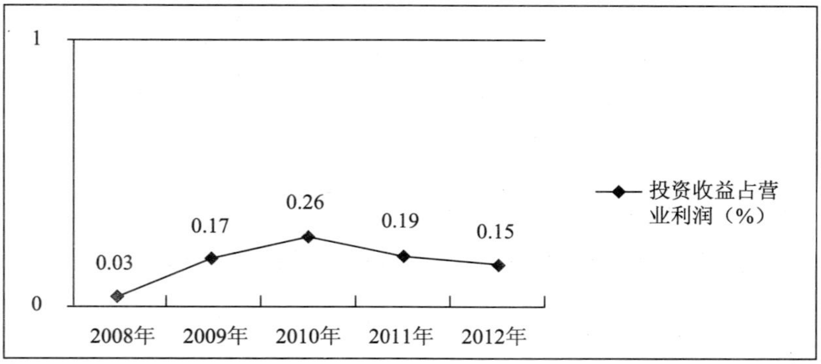

图4－125　2008—2012年投资收益率变化

3. 综合分析

平煤股份2012年企业的运营能力相对较好，但企业成长性和盈利质量较差，短期偿债风险不断增加，应研究制定相应的对策措施。

4.15 山西兰花科技创业股份有限公司（600123）

山西兰花科技创业股份有限公司由山西兰花煤炭实业集团有限公司为主发起设立，1998年12月17日在上海证券交易所上市，截至2012年末集团持股比例45.11%。公司主要从事煤炭和化肥的生产销售工作。

一、公司生产运营状况

1. 2012年主要产品生产销售情况

表4-71 2012年主要产品生产销售情况

产品	2012年产量	较上年增减(%)	2012年销量	较上年增减(%)
煤炭(万吨)	577.49	-3.96	627.28	18.20
尿素(万吨)	157.56	12.17	152.84	4.86

2. 2012年主营业务分产品情况

表4-72 2012年主营业务分产品情况

分产品	营业收入(万元)	较上年增减(%)	营业成本(万元)	较上年增减(%)	毛利率(%)	较上年增减(百分点)
煤炭产品	464 514	5.20	161 186	35.13	65.30	-7.69
化肥产品	501 918	2.23	468 775	-0.08	6.60	3.03
其他收入	56 360	-23.68	53 282	-24.04	5.46	0.45

3. 2013年主要生产经营目标

2013年计划煤炭产量668万吨，尿素155万吨，二甲醚22万吨；实现营业收入80亿元，利润总额23.5亿元。

二、公司财务分析

1. 财务能力指标

（1）盈利能力：近三年营业毛利率、总资产回报率和加权平均净资产收益率有所下滑但减幅不大。与同业相比，营业毛利率五年分列第5、7、8、4、1名，总资产回报率分列第10、6、13、10、5名，加权平均净资产收益率分列第5、5、14、9、3名，均位居同业前列水平，企业获利能力较强（见图4-126）。

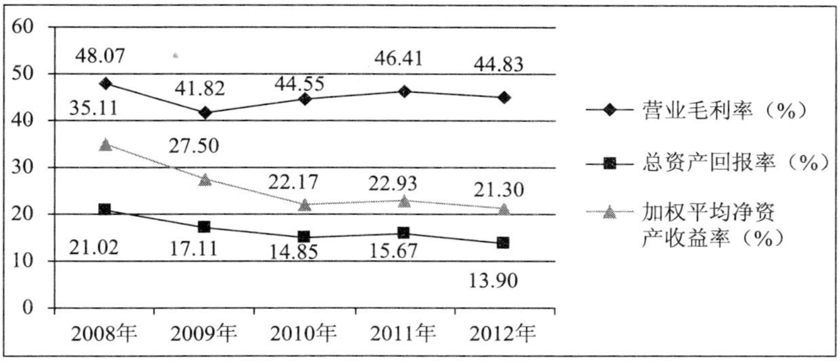

图 4－126 2008—2012 年各项盈利指标变化

(2)运营能力:2012 年的存货周转率和总资产周转率波幅不大。与同业相比,存货周转率五年分列第 26、24、28、28、27 名,总资产周转率分列第 20、18、24、24、24 名,均处同业下游位置,而应收账款周转率连续五年位列同业第 1 名(见图 4－127、图 4－128)。

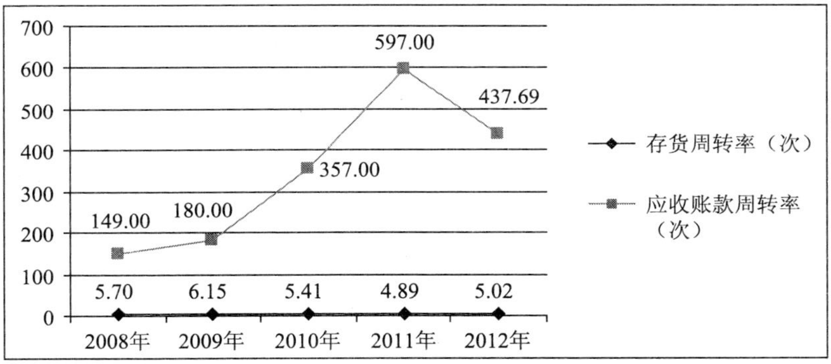

图 4－127 2008—2012 年存货、应收账款周转率变化

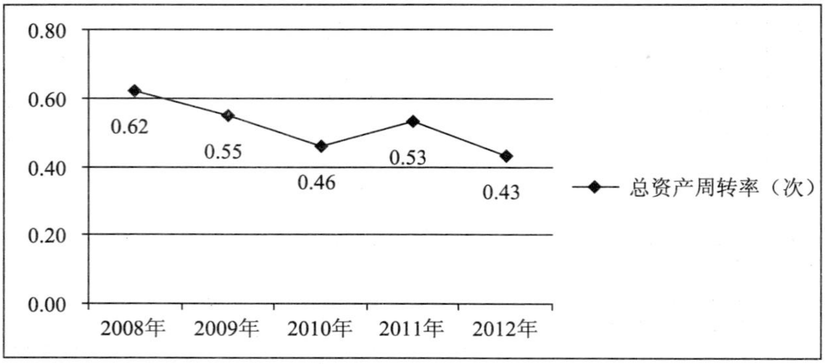

图 4－128　2008—2012 年总资产周转率变化

（3）偿债能力：流动比率和速动比率逐年上升，企业偿债能力不断提高。同业中流动比率五年分列第 20、21、16、16、3 名，速动比率分列第 23、20、17、18、4 名，偿债能力在同业中位居前列，无短期偿债风险。2012 年资产负债率略有回升，同业相比资产负债率五年分列第 14、19、18、20、17 名，位处行业中等偏下，企业不存在长期偿债风险（见图 4－129、图 4－130）。

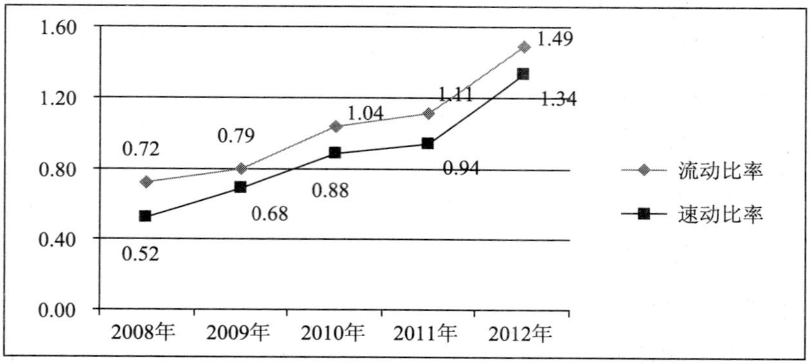

图 4－129　2008—2012 年流动、速动比率变化

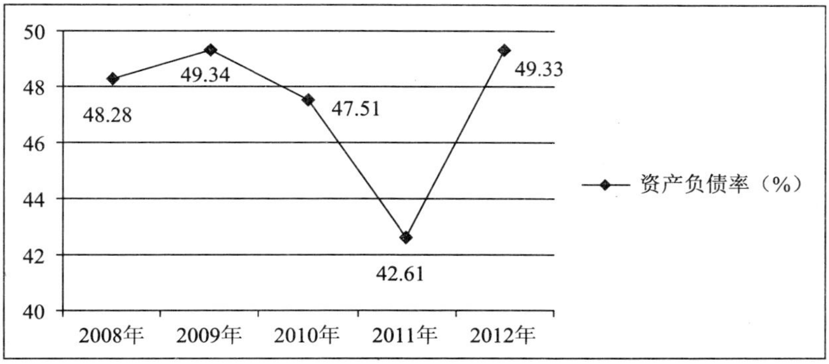

图 4－130 2008—2012 年资产负债率变化

(4)成长性:以 2009 年为基数计算的三年营业收入和营业利润同步实现复合增长。与同业相比,三年营业收入复合增长率排名第 23 名,三年营业利润复合增长率排名第 14 名。企业的成本费用管控措施得力,综合成长性较好(见图 4－131)。

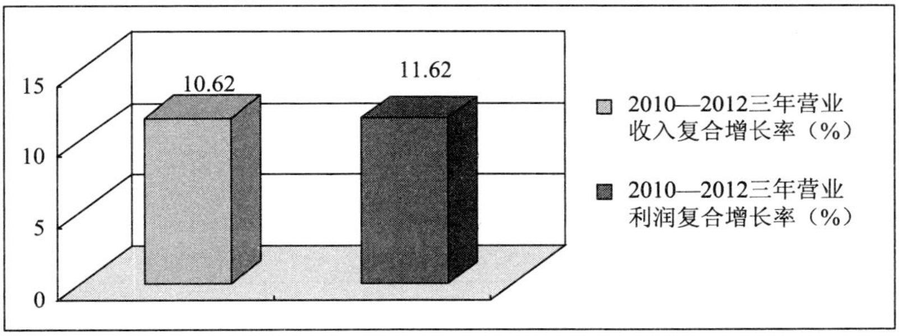

图 4－131 2010—2012 三年营业收入、利润复合增长率变化

2. 收益质量指标

(1)现金流质量:自 2010 年的经营活动产生的现金净流量稳中有降,但是,经营活动和筹资活动产生的现金流能够满足投资活动的需要(见表 4－73)。

表 4－73　2008—2012 年现金净流量情况　　单位：万元

财务指标	2008 年	2009 年	2010 年	2011 年	2012 年
经营活动的现金净流量	158 520	105 685	129 478	117 499	102 150
投资活动的现金净流量	－177 272	－100 070	－42 574	－79 629	－173 811
筹资活动的现金净流量	－10 362	55 340	3 402	－66 321	186 221
现金净流量	－29 113	60 955	90 305	－28 451	114 559

（2）资产质量：2012 年存货余额及其占总资产的比例亦有所下降。与同业相比，存货占资产总额的比例五年分列第 7、12、8、7、15 名，企业的存货管理水平有所提高。2012 年应收账款余额同比增加，但占总资产的比例一直处于同业最低水平，同业比较应收账款占资产总额的比例五年分列第 26、28、30、31、31 名，企业的应收账款管理较好。2012 年无形资产余额同比增幅较大，同业比较无形资产占资产总额的比例五年分列第 8、13、14、13、7 名（见表 4－74、图 4－132）。

表 4－74　2008—2012 年资产构成情况　　单位：万元

财务指标	2008 年	2009 年	2010 年	2011 年	2012 年
资产总额	897 209	1 162 266	1 356 165	1 518 703	2 037 411
流动资产	215 869	339 103	494 260	609 845	708 212
货币资金	83 486	144 441	234 747	206 295	327 644
应收账款	4 120	2 121	1 049	1 500	1 973
存　　货	59 158	47 054	71 955	94 744	72 421
非流动资产	681 340	823 163	861 905	908 858	1 329 199
固定资产	442 542	476 017	468 882	463 440	454 407
无形资产	150 955	179 164	181 258	189 811	458 631

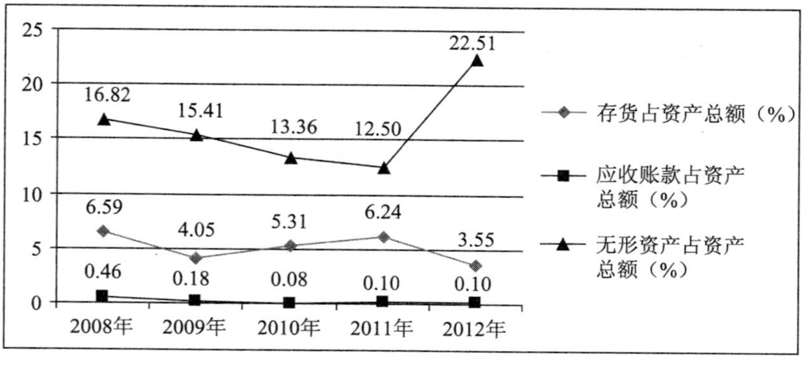

图 4－132　2008—2012 年存货、应收账款及无形资产占比变化

(3)盈利质量:2012 年营业收入、营业利润等指标同比变动幅度不大,企业投资收益大幅上升。与同业相比,营业利润率五年分列第 3、2、3、2、1 名,排名位居同业榜首,投资收益占营业利润比例五年分列第 1、3、2、4、4 名,位居同业前列,2012 年企业的整体盈利质量非常好(见表 4 - 75、图 4 - 133、图 4 - 134)。

表 4 - 75　2008—2012 年主要财务指标情况　　单位:万元

财务指标	2008 年	2009 年	2010 年	2011 年	2012 年
营业收入	491 210	561 563	581 157	760 796	760 051
营业利润	159 642	168 646	188 126	225 814	234 544
投资收益	26 908	42 482	36 410	5 261	54 118
营业外收支	-2 042	-7 127	-16 705	-14 565	-3 930
利润总额	157 600	161 519	171 421	211 249	230 614
股东净利润	124 931	127 053	131 423	166 263	186 287

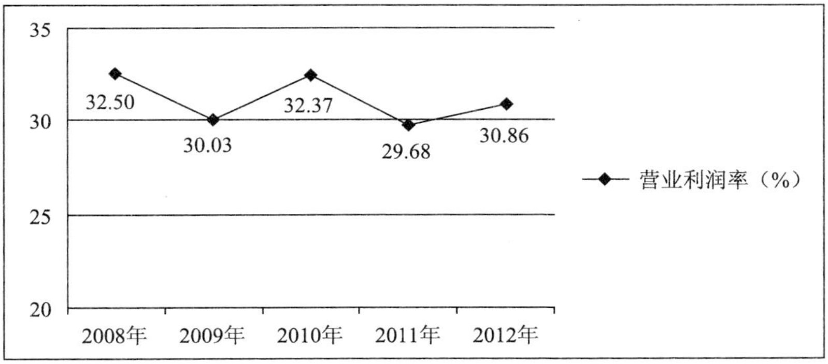

图 4 - 133　2008—2012 年营业利润率变化

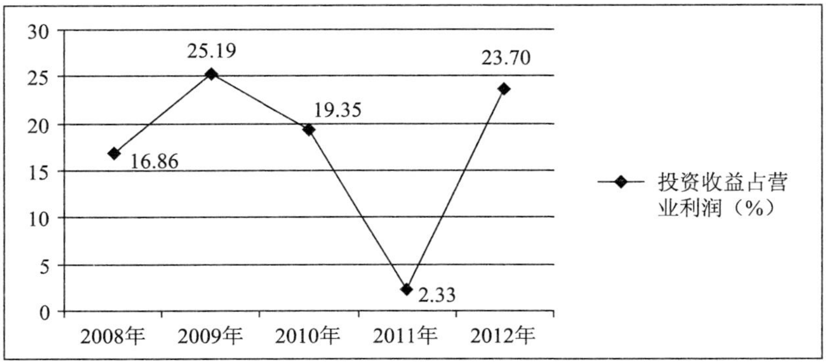

图 4 - 134　2008—2012 年投资收益率变化

3. 综合分析

兰花科创 2012 年企业的财务能力和收益质量总体表现出色，连续多年保持良好稳定的发展态势。但是，2012 年无形资产无形资产占总资产比例过高，超出了 20% 的警戒线，需要预防无形资产进一步膨胀，应对无形资产做减值计提准备，防止产生无形资产泡沫。

4.16 河南大有能源股份有限公司(600403)

河南大有能源股份有限公司由河南义马煤业集团为主发起设立，于2011年2月24日通过借壳欣网视讯在上海证券交易所挂牌上市，截至至2012年集团持股比例84.71%。公司主营煤炭采选销售业务。

一、公司生产运营状况

1. 2012年主要产品生产销售情况(年报未披露)

2. 2012年主营业务分行业、分产品情况

表4-76 2012年主营业务分行业、分产品情况

	营业收入(万元)	较上年增减(%)	营业成本(万元)	较上年增减(%)	毛利率(%)	较上年增减(百分点)
分行业						
煤炭采掘销售	930 576	-16.05	523 747	-11.38	43.72	-2.97
煤炭贸易	262 340	426.37	252 086	446.52	3.91	-3.54
分产品						
煤炭采掘销售	930 576	-16.05	523 747	-11.38	43.72	-2.97
煤炭贸易	262 340	426.37	252 086	446.52	3.91	-3.54

3. 2013年主要生产经营目标

2013年计划煤炭产销量2 400万吨预计营业收入125亿元。

二、公司财务分析

1. 财务能力指标

(1)盈利能力:2012年营业毛利率、总资产回报率和加权平均净资产收益率均有不同程度的下降。与同业相比，营业毛利率两年分列第9、13名，总资产回报率分列第2、3名，加权平均净资产收益率分列第2、7名，位处同业上游水平。总体来看，企业盈利能力表现较好(见表4-77)。

表 4-77 2008—2012 年各项盈利指标情况 %

指 标	2008 年	2009 年	2010 年	2011 年	2012 年
营业毛利率	-	-	-	42.65	32.73
总资产回报率	-	-	-	25.18	14.93
加权平均净资产收益率	-	-	-	33.71	19.24

(2)运营能力:2012 年存货周转率、应收账款周转率、总资产周转率同比有所下降。与同业相比,存货周转率两年分列第 6、8 名,应收账款周转率分列第 11、13 名,近两年总资产周转率分列第 12、12 名,位于同业中上水平,企业 运营能力表现较好(见表 4-78)。

表 4-78 2008—2012 年存货、应收账款及总资产周转率变化 单位:次

指 标	2008 年	2009 年	2010 年	2011 年	2012 年
存货周转率	-	-	-	27.50	24.19
应收账款周转率	-	-	-	36.73	18.55
总资产周转率	-	-	-	0.90	0.80

(3) 偿债能力:2012 年流动比率和速动比率同比下降,与同业相比,近两年流动比率分列第 7、2 名,速动比率分列第 4、2 名,企业基本不存在短期偿债风险。2012 年资产负债率有所下降,同业比较资产负债率两年分列第 22、24 名,不存在长期偿债风险(见表 4-79)。

表 4-79 2008—2012 年流动、速动比及资产负债率情况

指 标	2008 年	2009 年	2010 年	2011 年	2012 年
流动比率	-	-	-	1.83	1.55
速动比率	-	-	-	1.76	1.47
资产负债率(%)	-	-	-	40.29	37.68

(4) 成长性(略)

2. 收益质量指标

(1) 现金流质量: 2012 年经营现金净流量同比增加,大量货币资金回笼。2012 年投资活动现金净流量大幅增加,但经营活动和筹资活动产生的现金流能够满足投资活动的需要(见表 4-80)。

表 4 -80 2008—2012 年现金净流量情况 单位:万元

财务指标	2008 年	2009 年	2010 年	2011 年	2012 年
经营活动的现金净流量	-	-	-	175 506	406 418
投资活动的现金净流量	-	-	-	-56 166	-867 875
筹资活动的现金净流量	-	-	-	-36 173	647 379
现金净流量	-	-	-	83 168	185 922

(2)资产质量:2012 年存货余额同比增幅不大,与同业比较,近两年存货占资产总额的比例分列第 27、24 名,位居同业中下水平;应收账款余额增幅较大, 与同业比较,应收账款占资产总额的比例两年分列第 16、10 名,位居同业中上水平。2012 年无形资产总额同比略有减少(见表 4 -81)。

表 4 -81 2008—2012 年财务指标及各类资产占比情况

财务指标	2008 年	2009 年	2010 年	2011 年	2012 年
资产总额(万元)	-	-	-	1 554 099	1 654 629
流动资产(万元)	-	-	-	812 307	770 817
货币资金(万元)	-	-	-	275 668	473 590
应收账款(万元)	-	-	-	39 345	98 647
存　货(万元)	-	-	-	31 110	40 078
非流动资产(万元)	-	-	-	741 792	883 812
固定资产(万元)	-	-	-	410 651	456 785
无形资产(万元)	-	-	-	165 378	157 614
存货占资产总额(%)	-	-	-	2.00	2.42
应收账款占资产总额(%)	-	-	-	2.53	5.96
无形资产占资产总额(%)	-	-	-	10.64	9.53

(3)盈利质量:2012 年营业收入同比微增,而营业利润、利润总额和股东净利润同比减少。营业利润率同比降幅较大,与同业相比,营业利润率两年分列第 4、7 名,位居同业上游水平。总体来看,企业盈利质量表现尚可(见表 4 -82)。

表4-82　2008—2012年主要财务指标及营业、投资收益率情况

财务指标(万元)	2008年	2009年	2010年	2011年	2012年
营业收入	-	-	-	1 228 943	1 279 928
营业利润	-	-	-	339 178	239 856
投资收益	-	-	-	-	-491
营业外收支	-	-	-	-2 104	465
利润总额	-	-	-	337 074	240 321
股东净利润	-	-	-	253 945	178 855
营业利润率(%)	-	-	-	27.60	18.74
投资收益占营业利润(%)	-	-	-	-	-0.20

3. 综合分析

大有能源2012年企业的盈利、运营能力和盈利质量表现尚可，企业基本不存在短期偿债风险，但应加强应收账款的管控工作。

4.17　贵州盘江精煤股份有限公司（600395）

贵州盘江精煤股份有限公司由贵州盘江煤电有限责任公司为主发起设立，于2001年5月31日上交所挂牌上市。截至2012年末，盘江煤电有限责任公司和盘江投资控股（集团）有限公司合并持股比例58.67%。公司主营煤炭生产、发电等业务，煤种主要为焦煤等优质资源。

一、公司生产运营状况

1. 2012年主要产品生产销售情况

表4－83　2012年主要产品生产销售情况

产品	2012年产量	较上年增减（%）	2012年销量	较上年增减（%）
精煤（万吨）	416.91	5.81	–	–
混煤（万吨）	488.64	2.87	–	–
原煤（万吨）	1 354.90	10.15	–	–
商品煤（万吨）	–	–	1 013.13	2.54
发电（万度）	48 124.00	2.41	7 314.00	－82.03

2. 2012年主营业务分行业情况

表4－84　2012年主营业务分行业情况

分行业	营业收入（万元）	较上年增减（%）	营业成本（万元）	较上年增减（%）	毛利率（%）	较上年增减（百分点）
煤炭	787 969	3.69	467 536	10.46	40.67	－3.64
电力	17 652	14.85	17 918	24.86	－1.51	－8.14

3. 2013年主要生产经营目标

2013年计划原煤产量1 225万吨，发电量46 600万度；预计营业收入74.72亿元。

二、公司财务分析

1. 财务能力指标

（1）盈利能力：2012年营业毛利率、总资产回报率和加权平均净资产同比下降。与同业相比，营业毛利率五年分列第22、9、9、6、2名，总资产回报率分列第5、1、2、3、4名，加权平均净资产收益率分列第8、7、11、6、4名，三项指标稳居同业前列，企业的盈利能力较强。

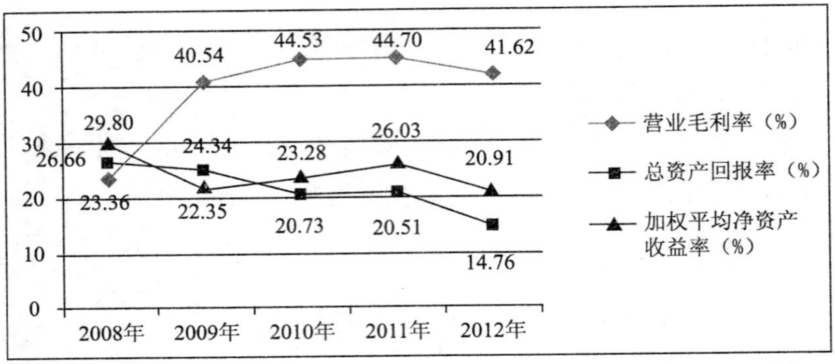

图4-135　2008—2012年各项盈利指标变化

（2）运营能力：存货周转率稳中有升，应收账款周转率、总资产周转率同比下降。与同业相比，存货周转率五年分列第8、13、15、13、12名，应收账款周转率分列第10、14、17、14、16名，总资产周转率分列第2、9、13、16、19名，均位居同业中游水平。总体来看，企业运营能力表现一般（见图4-136、图4-137）。

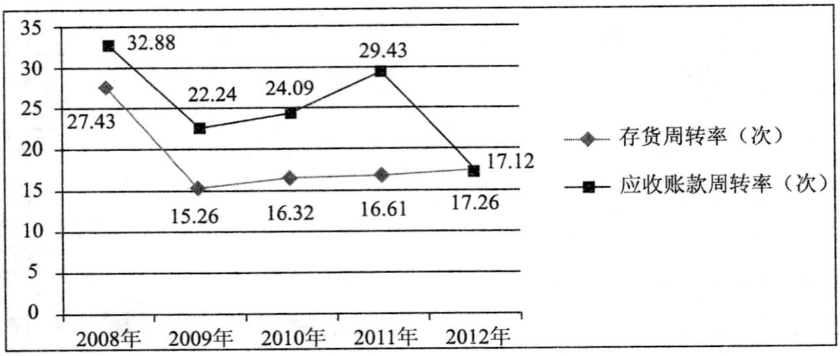

图4-136　2008—2012年存货、应收账款周转率变化

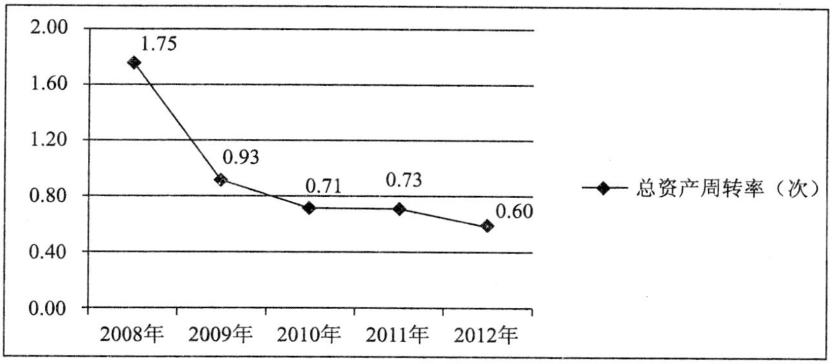

图 4－137　2008—2012 年总资产周转率变化

（3）偿债能力：流动比例和速动比例连年下滑，但短期偿债能力指标一直处于正常范围之内。与同业比较，流动比率五年分列第 2、6、4、6、10 名，速动比率分列第 2、6、3、5、8 名，排名一直保持前列，基本不存在短期偿债风险。2012 年资产负债率同比上升，与同业比较，资产负债率五年分列第 25、28、29、25、23 名，位居同业中下游水平，企业长期偿债能力较强，可适度提高负债水平，发挥财务杠杆的作用，提高企业盈利能力（见图 4－138、图 4－139）。

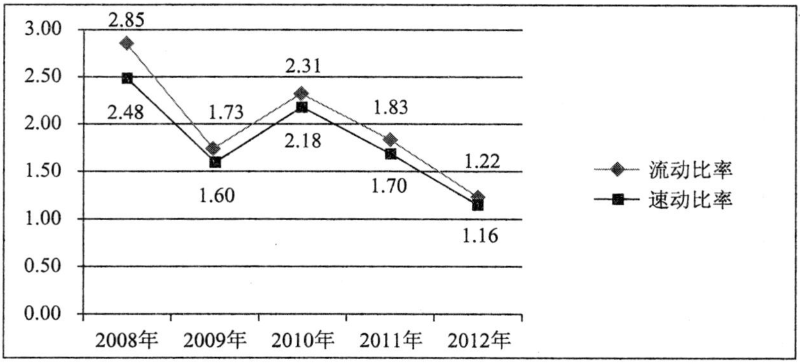

图 4－138　2008—2012 年流动、速动比率变化

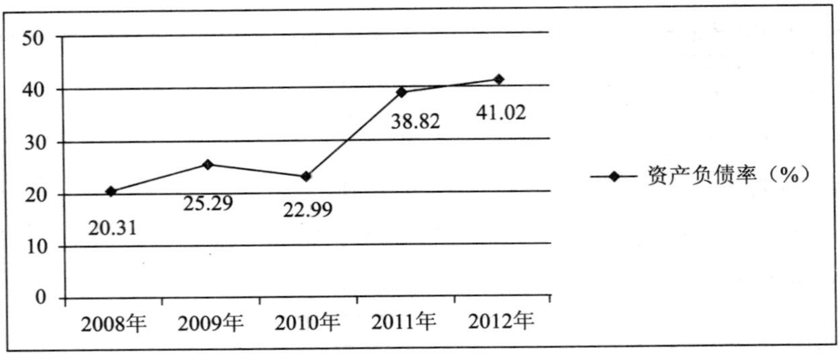

图 4－139　2008—2012 年资产负债率变化

（4）成长性：与同业相比，以 2009 年为基数计算的三年营业收入复合增长率排名第 16 名，三年营业利润复合增长率排名第 11 名，企业成长性尚可（见图 4－140）。

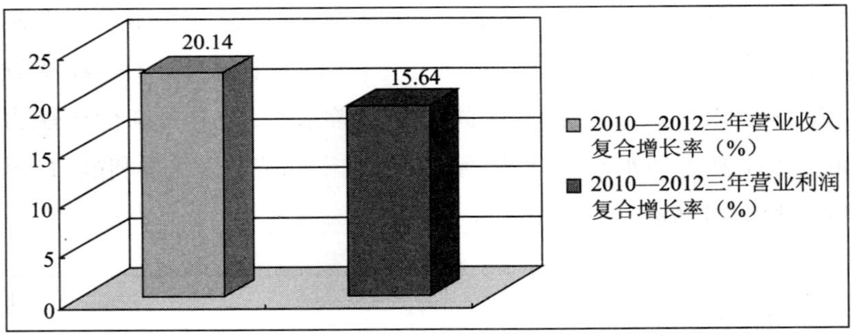

图 4－140　2010—2012 三年营业收入、利润复合增长率变化

2. 收益质量指标

（1）现金流质量：2012 年企业经营现金净流量同比降幅较大，导致现金净流量出现负数，企业面临短期现金不足的局面（表 4－85）。

表 4－85　2008—2012 年现金净流量情况　　单位：万元

财务指标	2008 年	2009 年	2010 年	2011 年	2012 年
经营活动的现金净流量	43 767	181 006	114 837	237 597	142 763
投资活动的现金净流量	－25 295	－86 610	－58 759	－136 860	－112 554
筹资活动的现金净流量	－5 198	－37 441	－51 767	－86 564	－64 001
现金净流量	13 273	56 955	4 310	14 173	－33 792

（2）资产质量:2012 年存货余额及其占总资产的比例同比下降，与同业比较，存货占资产总额的比例五年分列第 5、18、24、25、28 名，位居同业下游水平，企业存货管理能力较强。应收账款余额同比增幅较大，与同业相比，应收账款占资产总额的比例五年分列第 7、11、11、19、13 名，应收账款的管理有待加强。无形资产占资产总额的比例持续下降，与同业比较五年分列第 25、9、11、16、20 名，位处同业中下游水平（见表 4－86、图 4－141）。

表 4－86 2008—2012 年资产构成情况 单位：万元

财务指标	2008 年	2009 年	2010 年	2011 年	2012 年
资产总额	255 677	717 425	829 375	1 222 440	1 396 446
流动资产	136 347	236 450	327 473	453 867	471 140
货币资金	37 146	94 101	98 411	114 680	81 251
应收账款	19 220	21 667	23 744	26 986	65 088
存　货	17 569	17 860	19 315	30 389	22 929
非流动资产	119 330	480 975	501 902	768 573	925 306
固定资产	86 163	261 131	279 420	473 018	471 668
无形资产	6 796	124 731	120 775	141 522	134 829

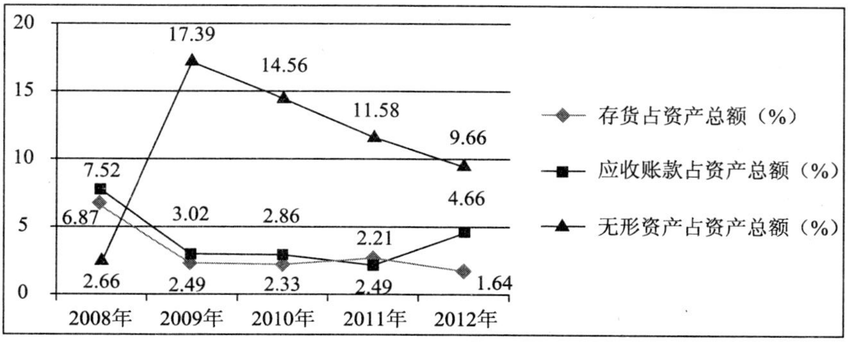

图 4－141 2008—2012 年存货、应收账款及无形资产占比变化

（3）盈利质量:2012 年营业收入同比增加，但营业利润、利润总额和股东净利润同比减少。营业利润率同比略有下滑，但总体稳定。与同业相比，营业利润率五年分列第17、5、6、5、4名，投资收益比重增加但比例较小。总体来看，企业的盈利质量较好（见表4－87、图4－142、图4－143）。

表4－87　2008—2012年财务指标情况　　单位：万元

财务指标	2008年	2009年	2010年	2011年	2012年
营业收入	410 404	454 606	546 924	746 493	788 229
营业利润	64 169	116 651	159 391	202 891	180 390
投资收益	536	576	－175	1 701	2 148
营业外收支	－1 091	－27	－175	1 348	－99
利润总额	63 078	116 624	159 216	204 239	180 291
股东净利润	54 033	99 001	134 522	170 498	150 358

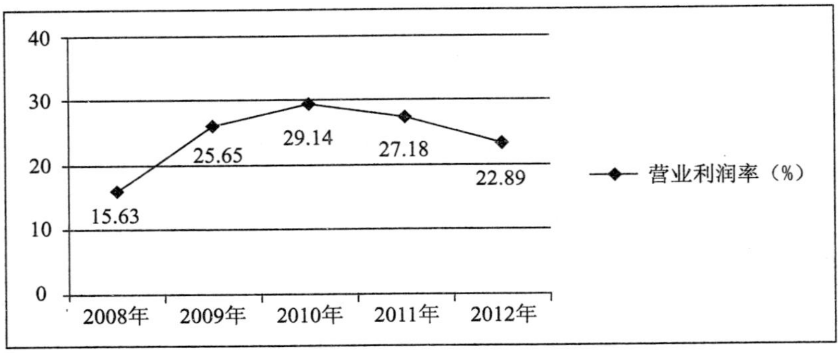

图4－142　2008—2012年营业利润率变化

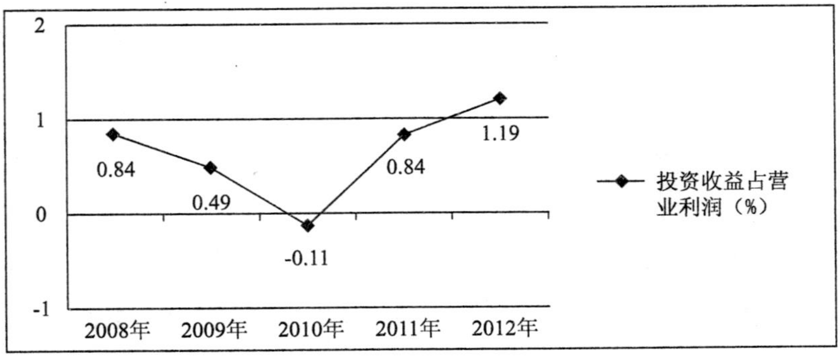

图4－143　2008—2012年投资收益率变化

3. 综合分析

在近年外部环境不佳的情况下，盘江股份稳步发展，财务质量良好。但在运营能力方面仍有较大的提升空间，同时需要提高应收账款管理水平。

4.18 安徽恒源煤电股份有限公司（600971）

安徽恒源煤电股份有限公司以安徽省皖北煤电集团有限责任公司为主发起设立,2004 年 8 月 17 日在上海证券交易所上市交易,截至 2012 年末集团持股比例 59.96%。公司主营煤炭和电力的生产和销售业务。

一、公司生产运营状况

1. 2012 年主要产品生产销售情况

表 4－88 2012 年主要产品生产销售情况

产品	2012 年产量	较上年增减(%)	2012 年销量	较上年增减(%)
煤炭(万吨)	1 456.00	13.75	1 219.84	5.99

2. 2012 年主营业务分行业、分产品情况

表 4－89 2012 年主营业务分行业、分产品情况

	营业收入(万元)	较上年增减(%)	营业成本(万元)	较上年增减(%)	毛利率(%)	较上年增减(百分点)
分行业						
工业	770 513	0.41	587 681	8.97	23.73	－5.99
商业	78 093	123.81	77 126	124.62	1.24	－0.36
分产品						
煤炭	839 094	5.72	660 901	16.31	21.24	－7.17
电力	9 512	10.94	5 729	5.63	39.77	3.03

3. 2013 年主要生产经营目标

2013 年计划生产原煤 1 485 万吨,销售商品煤 1 210 万吨;预计营业收入 83 亿元,营业成本 66 亿元 。

二、公司财务分析

1. 财务能力指标

(1)盈利能力:2012 年营业毛利率、总资产回报率和加权平均净资产收益率同比下井。与同业比较,营业毛利率五年分列第 19、21、21、20、22 名,总资产回报率分列第 20、22、18、18、18 名,加权平均净资产收益率分列第

19、17、8、18、17 名。总体来看,企业盈利能力表现一般(见图 4 - 144)。

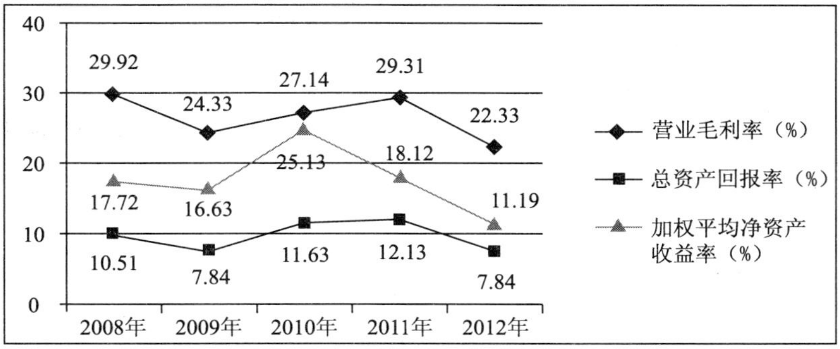

图 4 - 144　2008—2012 年各项盈利指标变化

(2)运营能力:2012 年存货周转率上升,应收账款周转率下降,总资产周转率逐年稳步递增。与同业相比,存货周转率五年分列第 6、8、9、11、7 名,应收账款周转率分列第 13、15、9、7、6 名,总资产周转率分列第 18、19、18、19、15 名。总体而言,企业营运能力表现较好(见图 4 - 145、图 4 - 146)。

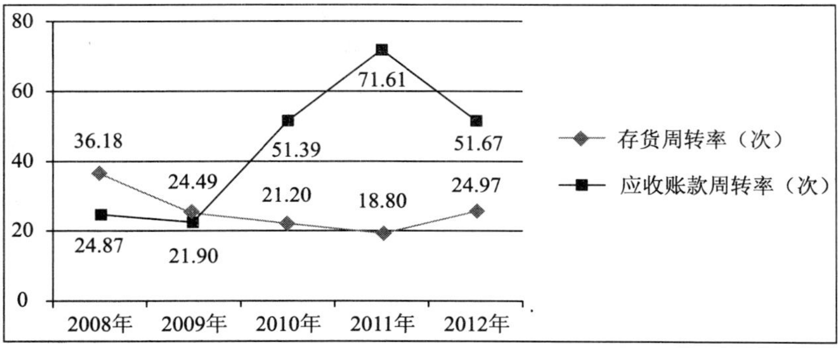

图 4 - 145　2008—2012 年存货、应收账款周转率变化

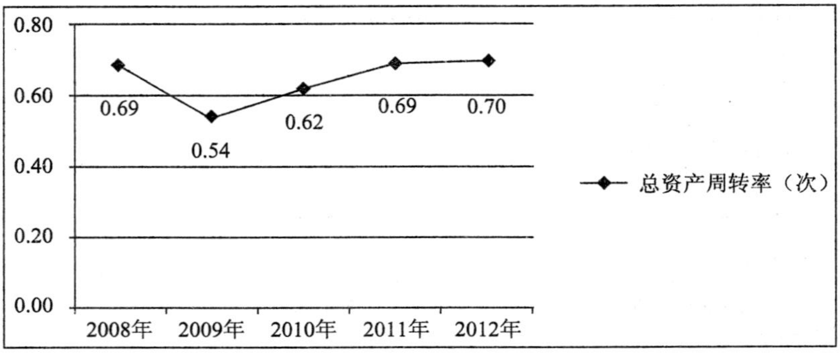

图 4 - 146　2008—2012 年总资产周转率变化

（3）偿债能力：2012 年流动比率和速动比率略有下滑，与同业相比，流动比率五年分列第 23、23、22、23、23 名，速动比率分列第 21、23、22、22、22 名，企业短期偿债能力较差。资产负债率同比继续回落，与同业相比，资产负债率五年分列第 6、5、13、15、18 名，位居同业中下水平，负债水平适中，基本没有长期偿债风险（见图 4 - 147、图 4 - 148）。

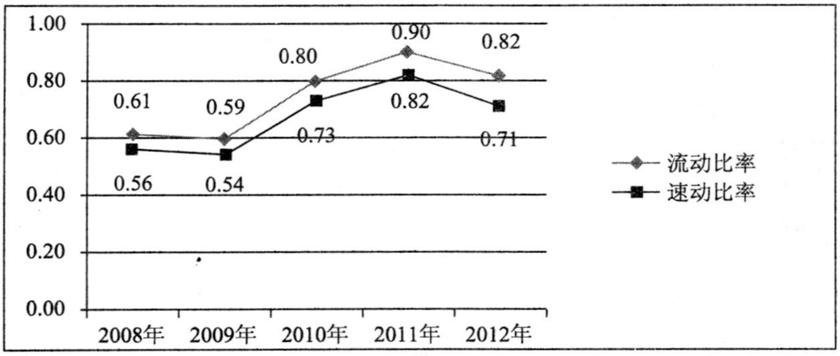

图 4 - 147　2008—2012 年流动、速动比率变化

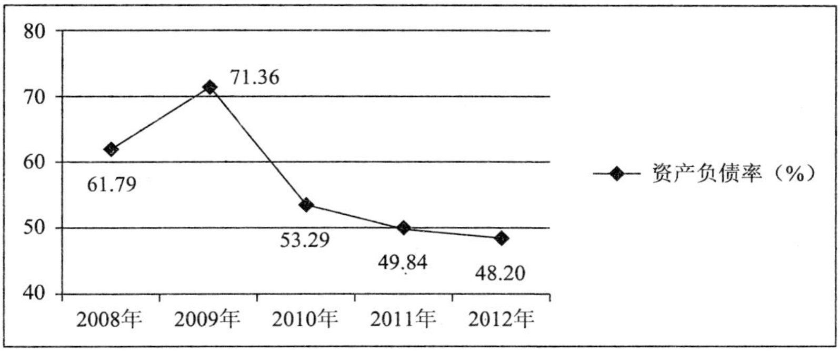

图 4－148　2008—2012 年资产负债率变化

（4）成长性：与同业相比，以 2009 年为基数计算的三年营业收入复合增长率排名第 17 名，三年营业利润复合增长率排名第 16 名，企业成长性一般（见图 4－149）。

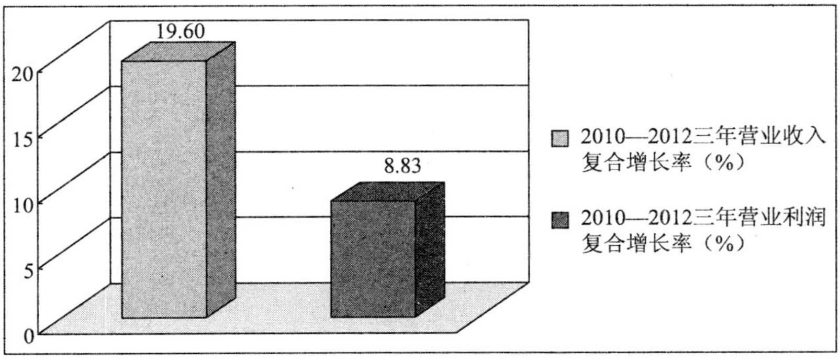

图 4－149　2010—2012 三年营业收入、利润复合增长率变化

2. 收益质量指标

（1）现金流质量：2012 年经营活动产生的现金净流量同比减少，近三年企业投资支出和筹资额持续下降。（见表 4－90）。

表 4－90　2008—2012 年现金净流量变化　　单位：万元

财务指标	2008 年	2009 年	2010 年	2011 年	2012 年
经营活动的现金净流量	111 498	177 716	130 925	188 782	151 725
投资活动的现金净流量	－80 742	－139 953	－242 095	－192 001	－126 008

续表

财务指标	2008 年	2009 年	2010 年	2011 年	2012 年
筹资活动的现金净流量	-34 235	-10 856	136 003	-42 392	-9 594
现金净流量	-3 479	26 907	24 833	-45 611	16 122

(2)资产质量:2012 年存货余额同比减少,应收账款余额同比增加。与同业相比,存货占资产总额的比例五年分列第 22、21、22、23、27 名,应收账款占资产总额的比例分列第 17、22、26、26、25 名,均位居同业下游水平,说明企业的存货和应收账款管控较好。2012 年无形资产余额增加较快,同业中无形资产占资产总额的比例五年分列第 6、8、10、9、8 名,位居行业上游行列(见表 4-91、图 4-150)。

表 4-91 2008—2012 年资产构成情况 单位:万元

财务指标	2008 年	2009 年	2010 年	2011 年	2012 年
资产总额	911 833	1 078 310	1 181 217	1 252 281	1 345 334
流动资产	196 729	233 819	340 510	380 516	346 669
货币资金	56 199	89 863	110 475	68 020	88 124
应收账款	32 734	16 051	11 152	12 150	23 229
存　　货	14 957	18 055	29 989	32 736	24 121
非流动资产	715 104	844 491	840 707	871 765	998 665
固定资产	402 662	432 178	589 211	591 382	620 954
无形资产	211 517	202 323	192 106	182 024	272 912

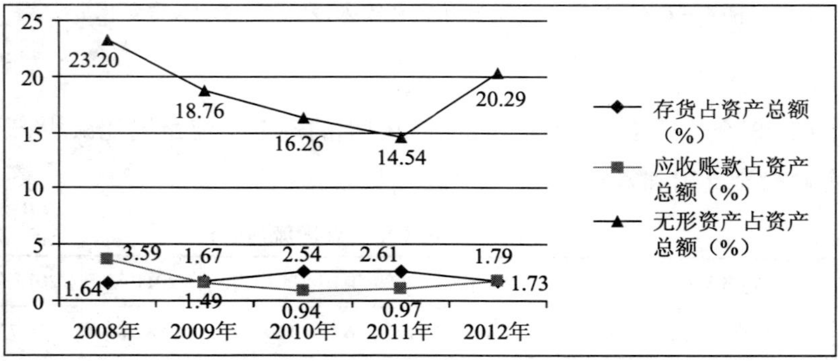

图 4-150 2008—2012 年存货、应收账款及无形资产占比变化

（3）盈利质量:2012 年营业收入增加,营业利润、利润总额和股东净利润有减少,营业利润率连续两年下滑。与同业相比,营业利润率五年分列第 14、15、15、16、15 名,位居中等水平,盈利质量表现一般(见表 4－92、图 4－151)。

表 4－92　2008—2012 年主要财务指标情况　　单位:万元

财务指标	2008 年	2009 年	2010 年	2011 年	2012 年
营业收入	457 600	534 218	699 025	834 332	913 946
营业利润	80 378	72 549	127 413	142 285	93 507
投资收益	–	–	–	–	108
营业外收支	229	552	－180	1 026	2 966
利润总额	80 607	73 101	127 233	143 311	96 473
股东净利润	60 359	52 031	95 107	104 899	73 099
投资收益占营业利(%)	–	–	–	–	0. 12

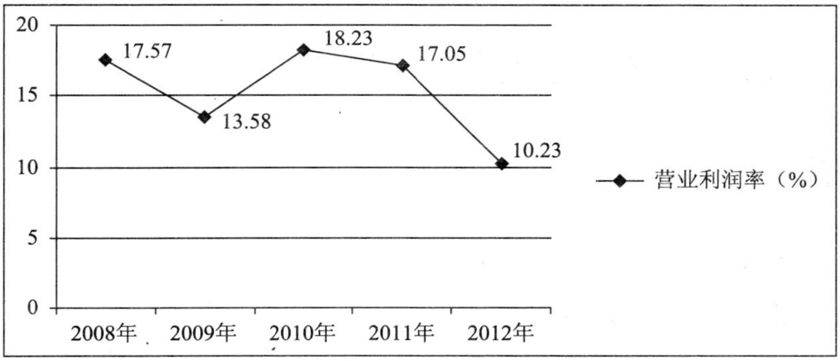

图 4－151　2008—2012 年营业利润率变化

3. 综合分析

恒源煤电 2012 年在运营能力和资产质量方面表现较好,但企业盈利能力、盈利质量有较大的提升空间,对短期偿债风险应采取相应的监控措施,同时,无形资产占总资产比例在 20% 的警戒线上,应该对无形资产做减值计提准备,防止出现无形资产泡沫。

4.19 北京昊华能源股份有限公司（601101）

北京昊华能源股份有限公司由北京京煤集团集团为主发起设立，于2010年3月31日在上海证券交易所挂牌上市，截至2012年末，集团持股比例62.30%。公司主要经营煤炭开采、洗选加工、出口、销售等业务，主要煤种为无烟煤以及动力煤。

一、公司生产运营状况

1. 2012年主要产品生产销售情况

表4－93 2012年主要产品生产销售情况

产品	2012年产量	较上年增减(%)	2012年销量	较上年增减(%)
煤炭(万吨)	1 030.87	17.53	1 358.31	24.10

2. 2012年主营业务分产品情况

表4－94 2012年主营业务分产品情况

产品	营业收入（万元）	较上年增减（%）	营业成本（万元）	较上年增减（%）	毛利率（%）	较上年增减（百分点）
煤炭	684 731	－0.72	438 712	12.85	35.93	－7.71

3. 2013年主要生产经营目标

2013年计划原煤产量为1 150万吨，其中：京西矿区500万吨，高家梁煤矿650万吨；销量1 400万吨，其中：京西500万吨，高家梁600万吨，煤炭贸易销量300万吨；预计实现营业收入65亿元，营业成本将达到44亿元。

二、公司财务分析

1. 财务能力指标

（1）盈利能力：自2010年上市以来，营业毛利率、总资产回报率和加权平均净资产收益率基本呈下滑态势。与同业相比，营业毛利率三年分列第2、7、10名，总资产回报率分列第4、6、8名，加权平均净资产收益率分列第17、10、14名，盈利能力位居同业中上游水平（见图4－152）。

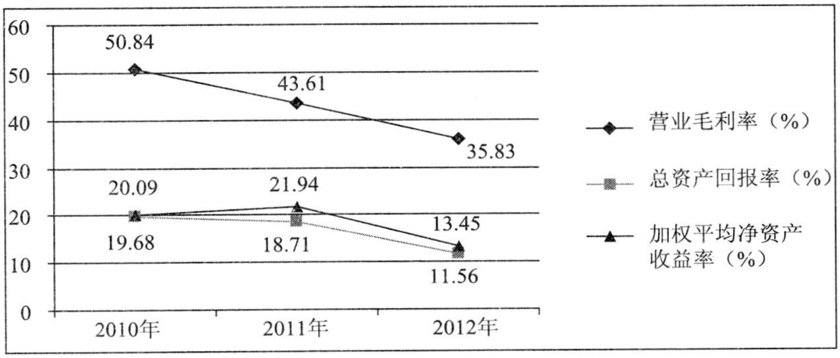

图 4－152　2010—2012 年各项盈利指标变化

(2)运营能力:上市以来,存货周转率、应收账款周转率和总资产周转率基本稳定。与同业相比,存货周转率三年分列第 19、20、20 名,应收账款周转率分列第 16、15、11 名,总资产周转率分列第 15、17、18 名,企业运营能力总体居同业中等水平(见图 4－153、图 4－154)。

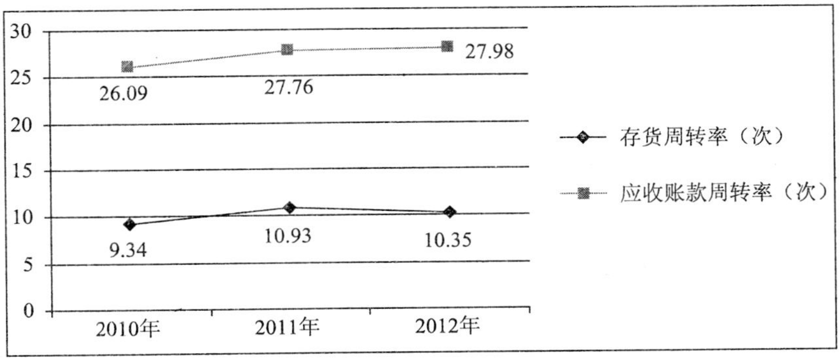

图 4－153　2010—2012 年存货、应收账款周转率变化

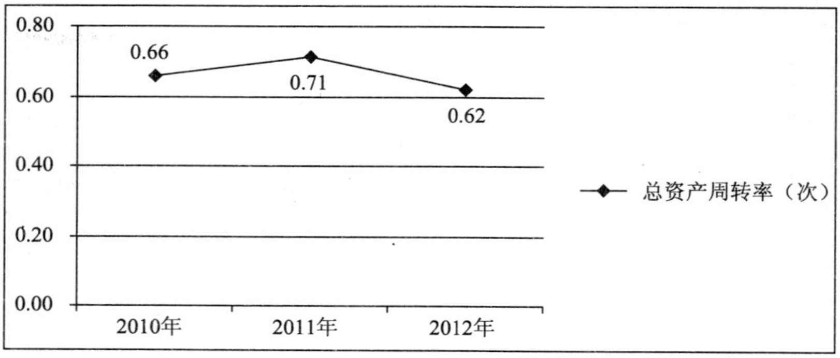

图 4－154　2010—2012 年总资产周转率变化

（3）偿债能力:2012 年流动比率和速动比率同比回升。与同业相比，流动比率三年分列第 8、9、5 名，速动比率分列第 8、10、6 名，基本不存在短期偿债风险。资产负债率基本稳定，与同业相比，资产负债率三年均位列第 28 名，处同业较低水平，基本不存在长期偿债风险，可适度提高负债水平，充分运用财务杠杆的作用，提升企业盈利空间（见图 4－155、图 4－156）。

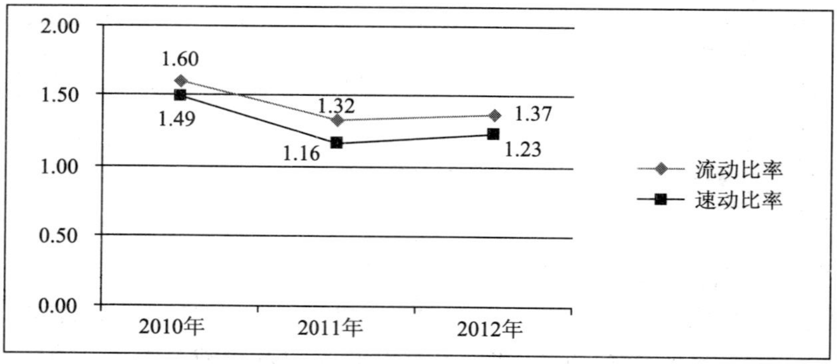

图 4－155　2010—2012 年流动、速动比率变化

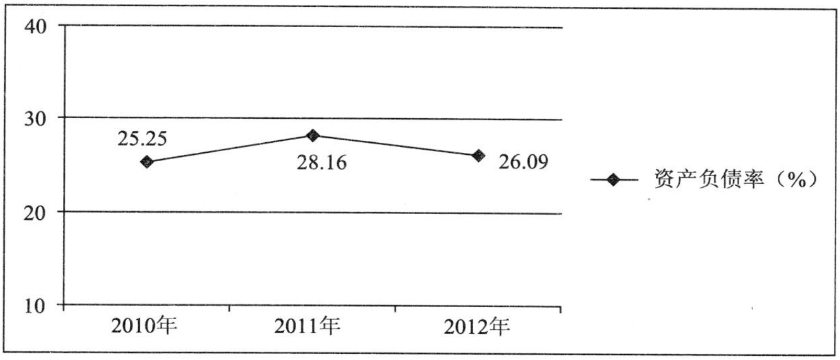

图 4－156　2010—2012 年资产负债率变化

（4）成长性（略）

2. 收益质量指标

（1）现金流质量：2012 年经营活动产生的现金净流量同比减少，筹资现金流大幅增加（见表 4－95）。

表 4－95　2008—2012 年现金净流量情况　单位：万元

财务指标	2008 年	2009 年	2010 年	2011 年	2012 年
经营活动的现金净流量	－	－	83 732	101 241	81 214
投资活动的现金净流量	－	－	－137 793	－134 192	－212 720
筹资活动的现金净流量	－	－	274 312	－3 299	56 806
现金净流量	－	－	220 247	－34 408	－74 173

（2）资产质量：2012 年存货余额和应收账款余额同比减少。与同业相比，近三年存货占资产总额的比例分列第 19、13、17 名，应收账款占资产总额的比例分列第 13、15、23 名，总体位处于同业中偏下水平，企业的存货和应收账款管理仍有待加强。无形资产占资产总额的比例呈下滑趋势，同业排名三年分列第 5、4、6 位，居同业上游位置（见表 4－96、图 4－157）。

表 4－96　2008—2012 年资产构成情况　　单位：万元

财务指标	2008 年	2009 年	2010 年	2011 年	2012 年
资产总额	–	–	883 794	1 076 024	1 158 618
流动资产	–	–	353 010	394 944	394 101
货币资金	–	–	266 776	232 368	158 195
应收账款	–	–	22 894	27 181	22 377
存　　货	–	–	24 381	47 313	38 630
非流动资产	–	–	530 784	681 081	764 517
固定资产	–	–	207 263	212 336	298 042
无形资产	–	–	241 360	259 862	261 968

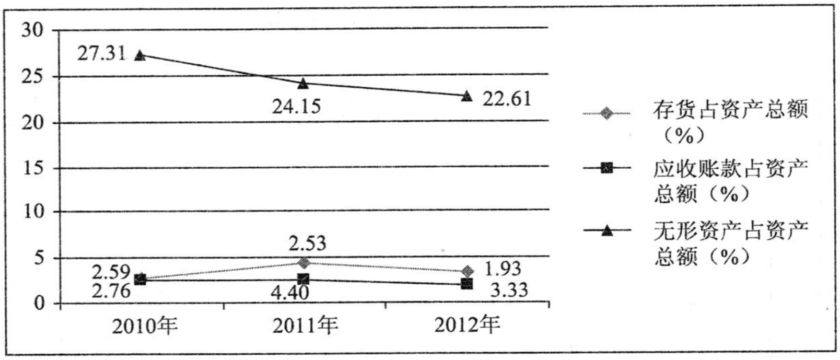

图 4－157　2010—2012 年存货、应收账款及无形资产占比变化

（4）盈利质量：2012 年营业收入、营业利润、利润总额和股东净利润同比减少，营业利润率下滑。但与同业相比，营业利润率三年分列第 7、8、8 名，位居同业上游水平 总体来看，企业盈利质量较好（见表 4－97、图 4－158、图 4－159）。

表 4－97　2008—2012 年主要财务指标　　单位：万元

财务指标	2008 年	2009 年	2010 年	2011 年	2012 年
营业收入	–	–	404 717	695 071	693 313
营业利润	–	–	115 830	177 302	122 854
投资收益	–	–	－418	－58	－89
营业外收支	–	–	1 630	－89	1098
利润总额	–	–	117 460	177 213	123 952
股东净利润	–	–	87 256	130 185	90 397

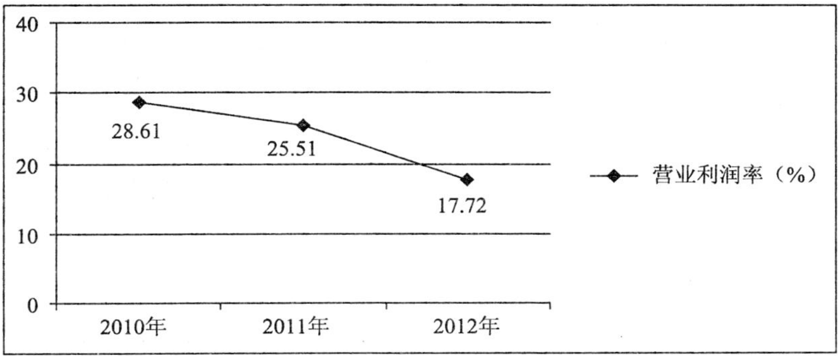

图4－158　2010—2012年营业利润率变化

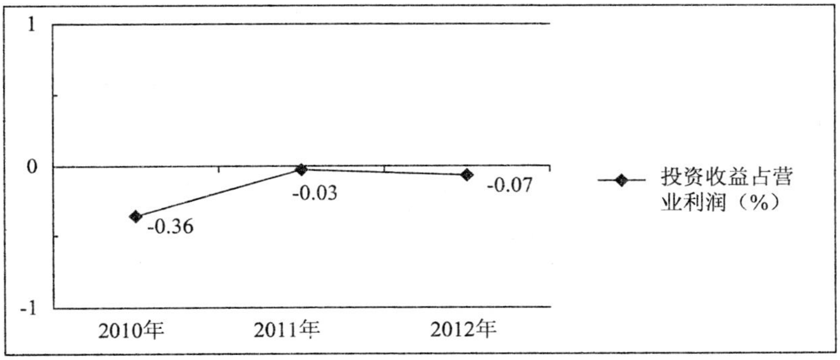

图4－159　2010—2012年投资收益率变化

3. 综合分析

昊华能源2012年企业的盈利能力和盈利质量尚可。但盈利能力基本呈下滑态势，需要采取措施予以扭转。运营能力和资产质量仍有待提升。同时应该适度提高负债水平，充分运用财务杠杆利用的作用，提升企业盈利空间。

4.20 上海大屯能源股份有限公司（600508）

上海大屯能源股份有限公司为中国中煤能源股份有限公司控股子公司，由大屯煤电（集团）有限责任公司为主发起设立，于2001年8月29日在上交所上市，截至2012年末，中煤能源控股比例62.43%。公司煤炭产地位于江苏省大屯矿区，主营煤炭开采加工、火力发电、铝锭产销等业务。

一、公司生产运营状况

1. 2012年主要产品生产情况

表4-98 2012年主要产品生产情况

产品	2012年产量	2011年产量	较上年增减(%)
原　煤(万吨)	924.54	905.59	2.09
洗精煤(万吨)	456.91	390.67	16.96
发　电(亿度)	26.87	26.33	2.05
电解铝(万吨)	11.25	11.00	2.27

2. 2012年主营业务分行业情况

表4-99 2012年主营业务分行业情况

分行业	营业收入（万元）	较上年增减（%）	营业成本（万元）	较上年增减（%）	毛利率（%）	较上年增减（百分点）
原煤	160 511	-17.89	106 589	-9.06	33.59	-6.45
洗煤	536 886	5.38	365 161	18.39	31.99	-7.47
电解铝	117 702	-13.45	105 303	-15.05	10.53	1.68
铝加工	71 950	-6.17	81 027	4.59	-12.61	-11.58
其他	68 288	-3.74	64 143	-12.62	6.07	9.55

3. 2013年主要生产经营目标

2013年计划原煤产量1 000万吨，精煤产量430万吨，发电量19亿度，电解铝产量50 000吨，铝材加工产量76 000吨，铁路货运总量1 310万吨，设备制修量18 000吨。

二、公司财务分析

1. 财务能力指标

（1）盈利能力：2012 年营业毛利率、总资产回报率和加权平均净资产收益率有所下降。与同业相比，营业毛利率五年分列第 20、18、19、21、20 名，总资产回报率分列第 11、7、3、4、7 名，加权平均净资产收益率分列第 7、8、10、13、16 名。总体来看，盈利能力基本稳居同业的中游水平（见图 4－160）。

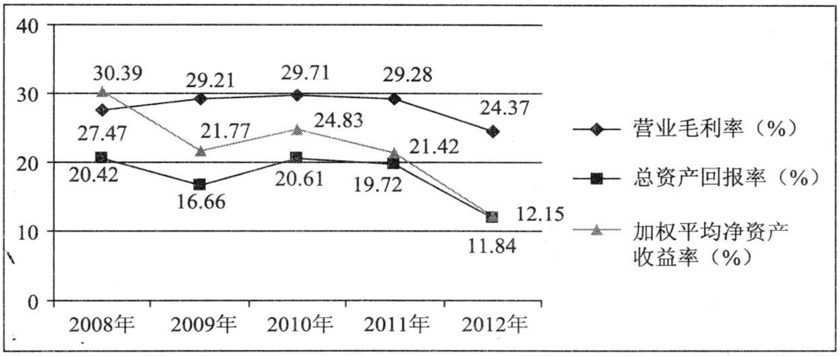

图 4－160　2008—2012 年各项盈利指标变化

（2）运营能力：2012 年应收账款周转率降幅较大。与同业相比，存货周转率五年分列第 14、18、14、15、19 名，应收账款周转率分列第 2、3、5、5、7 名，总资产周转率分列第 7、10、8、10、8 名，企业运营能力总体较好（图 4－161、图 4－162）。

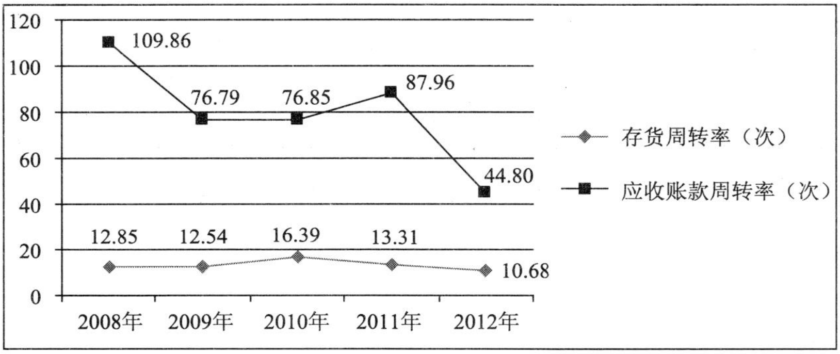

图 4－161　2008—2012 年存货、应收账款率变化

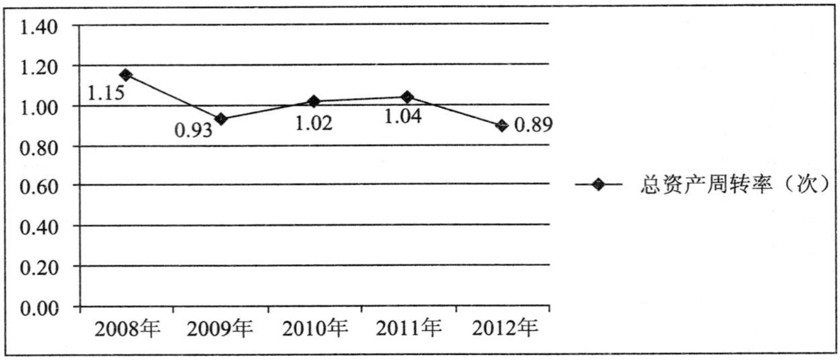

图 4－162　2008—2012 年总资产周转率变化

（3）偿债能力：2012 年流动比率和速动比率明显下降，速动比率已低于合理水平。与同业相比，流动比率五年分列第 19、18、12、8、15 名，速动比率分列第 20、18、14、8、20 名，企业短期偿债能力减弱。资产负债率逐年递减，负债水平过低。与同业相比，资产负债率五年分列第 16、21、24、29、29 名，同业排名靠后。企业应适度提高负债比重，以充分发挥财务杠杆，增强企业活力（见图 4－163、图 4－164）。

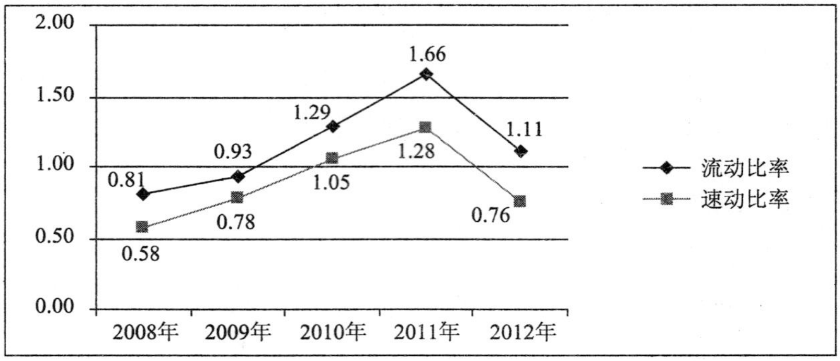

图 4－163　2008—2012 年流动、速动比率变化

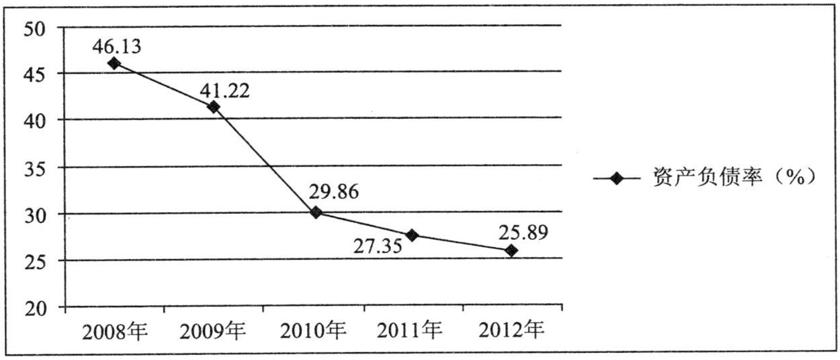

图 4－164 2008—2012 年资产负债率变化

(4)成长性:以 2009 年为基数计算的三年营业收入复合增长率为正增长,而三年营业利润复合增长率却为负增长。与同业相比,三年营业收入复合增长率排名第 25 名,三年营业利润复合增长率排名第 20 名,企业成长性较差,成本费用过高(见图 4－165)。

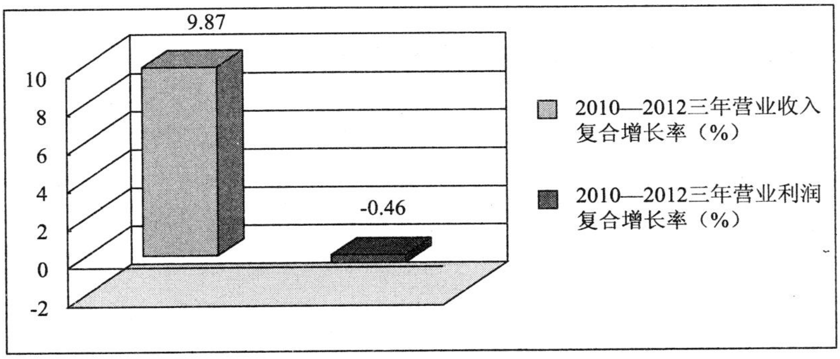

图 4－165 2010—2012 三年营业收入、利润复合增长率变化

2. 收益质量指标

(1)现金流质量:2012 年经营活动产生的现金净流量同比增幅不大,短期面临一定的资金压力,可以考虑适度进行负债筹资(见表 4－100)。

表 4－100　2008—2012 年现金净流量情况　　单位：万元

财务指标	2008 年	2009 年	2010 年	2011 年	2012 年
经营活动的现金净流量	163 886	185 187	114 629	146 930	147 372
投资活动的现金净流量	－98 318	－118 790	－135 402	－112 044	－168 442
筹资活动的现金净流量	－25 049	－26 463	－21 210	－25 414	－20 865
现金净流量	40 503	39 933	－41 985	9 473	－41 935

(2)资产质量:2012 年存货余额及占总资产的比重同比上升。与同业相比较,存货占资产总额的比例五年分列第 6、13、12、8、5 名;2012 年应收账款余额及占总资产的比重同比提升,与同业比较,应收账款占资产总额的比例五年分列第 25、20、23、24、18 名,企业存货及应收账款管理水平下滑,尤其是企业存货水平。近两年无形资产占总资产的比重基本持平,与同业相比,无形资产占资产总额的比例五年分列第 26、28、26、29、30 名,一直处于同业较低水平(见表 4－101、图 4－166)。

表 4－101　2008—2012 年资产构成情况　　单位：万元

财务指标	2008 年	2009 年	2010 年	2011 年	2012 年
资产总额	741 130	833 857	898 736	1 045 112	1 129 800
流动资产	173 756	208 941	220 729	286 858	228 597
货币资金	64 478	104 176	62 266	67 991	26 371
应收账款	5 632	13 460	9 595	13 326	30 085
存　　货	48 957	33 807	42 152	64 984	72 655
非流动资产	567 374	624 916	678 007	758 254	901 203
固定资产	474 756	478 596	450 463	573 103	649 794
无形资产	8 831	20 839	41 978	41 727	44 128

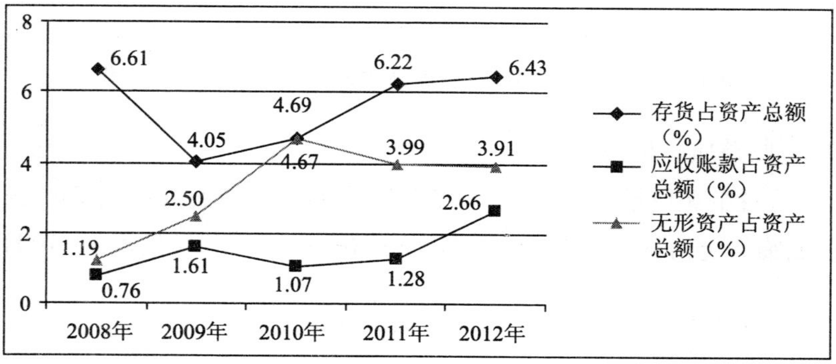

图 4－166　2008—2012 年存货、应收账款及无形资产占比变化

(3)盈利质量:2012 年的营业收入、营业利润、利润总额和股东净利润下降,投资收益比重很小。与同业相比,营业利润率五年分列第 15、12、14、14、14,排名居同业中游水平。总体来看,企业的整体盈利质量尚可(见表 4-102、图 4-167、图 4-168)。

表 4-102 2008—2012 年主要财务指标 单位:万元

财务指标	2008 年	2009 年	2010 年	2011 年	2012 年
营业收入	771 274	733 030	885 875	1 008 063	972 298
营业利润	130 972	125 713	171 154	185 008	123 969
投资收益	1 810	-270	121	253	36
营业外收支	-524	746	2 998	3 681	1 329
利润总额	130 448	126 459	174 152	188 689	125 298
股东净利润	103 583	94 978	133 248	141 785	92 219

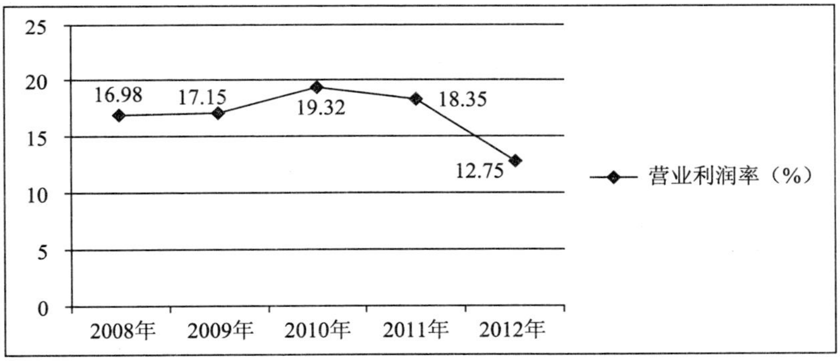

图 4-167 2008—2012 年营业利润率变化

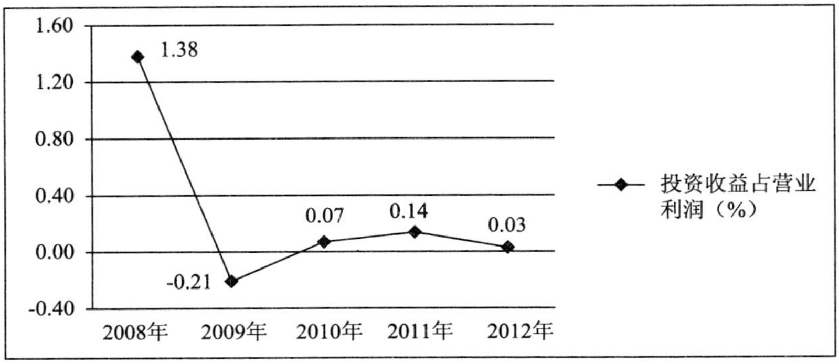

图 4-168 2008—2012 年投资收益率变化

3. 综合分析

上海能源2012年企业运营能力和盈利质量较好，但企业成长性较差，还存在一定的短期偿债风险，企业应加强成本费用管控力度，适度提高负债水平，为股东创造更多财富。

4.21 郑州煤电股份有限公司(600121)

郑州煤电股份有限公司由郑州煤炭工业(集团)有限责任公司发起设立,于1998年1月7日在上海证券交易所挂牌交易,集团持股比例52.62%。公司主营煤炭产销、发电及输变电等业务,主要煤种为贫煤、贫瘦煤和无烟煤。

一、公司生产运营状况

1. 2012年主要产品生产情况

表4-103 2012年主要产品生品生产情况

产品	2012年产量	2011年产量	较上年增减(%)
原煤产量(万吨)	1 111.00	486.00	128.60
发电量(亿度)	3.95	4.06	-2.71

2. 2012年主营业务分行业、分产品情况

表4-104 2012年营业主营业务分业、分产品情况

	营业收入(万元)	较上年增减(%)	营业成本(万元)	较上年增减(%)	毛利率(%)	较上年增减(百分点)
分行业						
物资流通	1 429 949	19.09	1 409 289	18.55	1.44	0.45
煤炭	525 963	-3.90	334 912	1.56	36.32	-3.42
电力	17 459	6.55	20 368	-3.36	-16.66	11.97
房地产	18 437	-70.42	12 008	-70.10	34.87	-0.68
铁路运输	3 524	-12.32	1 789	-1.74	49.21	-5.47
分产品						
材料	1 429 949	19.09	1 409 289	18.55	1.44	0.45
煤炭	525 963	-3.90	334 912	1.56	36.32	-3.42
电力	17 459	6.55	20 368	-3.36	-16.66	11.97
商品房	18 437	-70.42	12 008	-70.10	34.87	-0.68
铁路运输	3 524	-12.32	1 789	-1.74	49.21	-5.47

3. 2013 年主要生产经营目标

2013 年计划原煤产量 1 100 万吨;发电量 37 000 万度;预计营业收入 10 亿元。

二、公司财务分析

1. 财务能力指标

(1)盈利能力:2012 年营业毛利率、资产回报率和加权平均净资产收益率回落。与同业比较,营业毛利率五年分列第 26、28、30、27、26 名,总资产回报率分列第 24、27、30、8、15 名,加权平均净资产收益率分列第 21、25、28、20、19 名。总体来看,企业盈利能力位居同业中下位置(见图 4 - 169)。

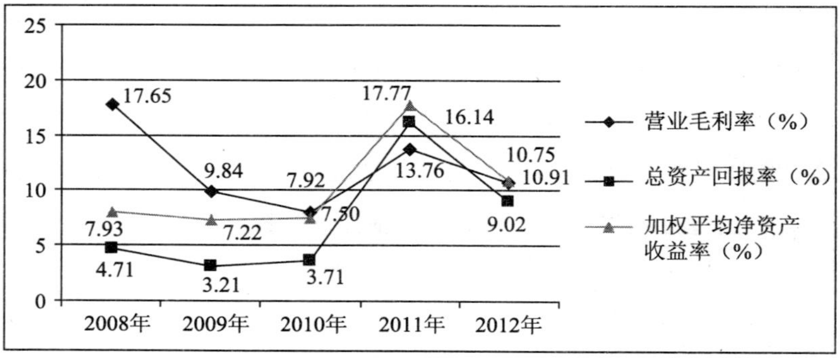

图 4 - 169　2008—2012 年各项盈利指标变化

(2)运营能力:2012 年存货周转率同比上升幅度较大,应收账款周转率、总资产周转率有所回落。与同业比较,存货周转率五年分列第 25、27、26、23、15 名,应收账款周转率分列第 12、7、4、3、2 名,总资产周转率分列第 6、5、2、2、4 名。总体来说,企业运营资金周转正常,使用效率较高(见图 4 - 170、图 4 - 171)。

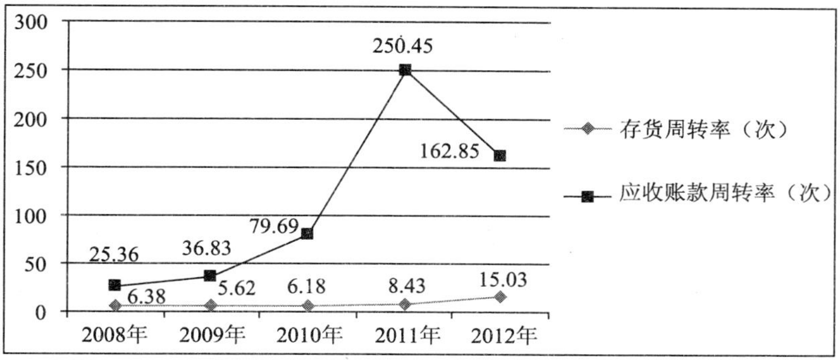

图4－170　2008—2012年存货、应收账款周转率变化

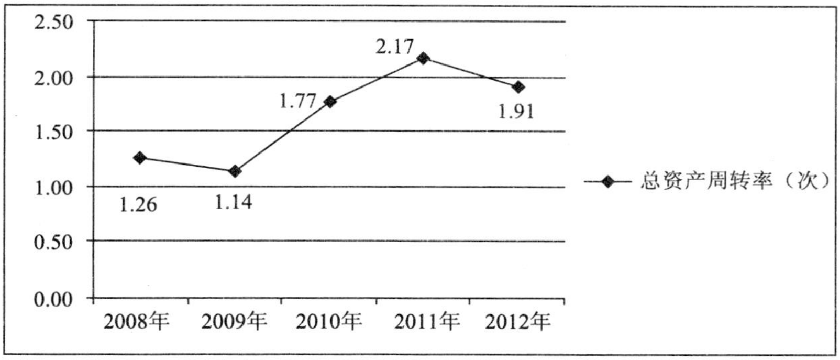

图4－171　2008—2012年总资产周转率变化

(3)偿债能力:流动比率和速动比率呈逐年下滑的态势,短期偿债能力指标一直处于非正常范围内。与同业比较,流动比率五年分列第17、15、19、26、28,速动比率分列第18、21、25、28、28名,短期偿债能力很差,急需制定相应的监控措施。资产负债率近年下降,与同业相比,资产负债率五年分列第4、8、7、7、11名,负债比重基本在可控范围内(见图4－172、图4－173)。

(4)成长性:以2009年为基数计算的三年营业收入复合增长率排名第8名,三年营业利润复合增长率排名第6名,且营业利润复合增长高于营业收入复合增长,说明企业的成本费用控制能力较强,成长性较好(见图4－174)。

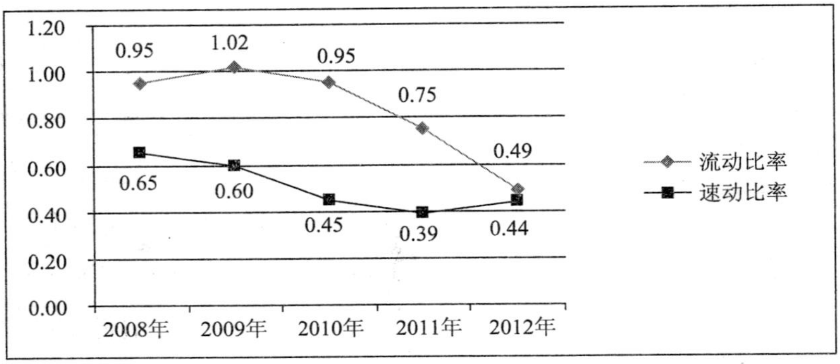

图4－172　2008—2012年流动、速动比率变化

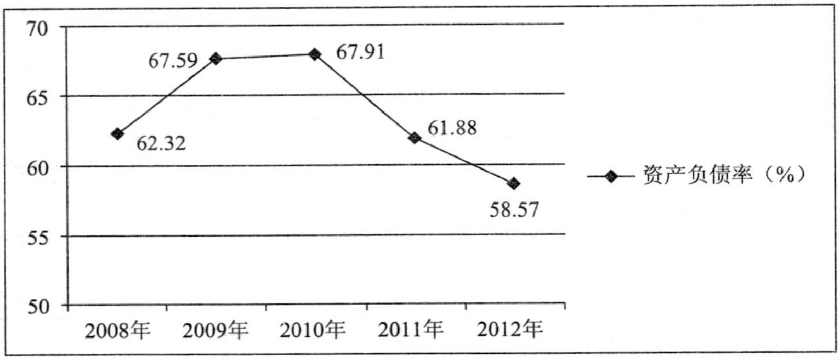

图4－173　2008—2012年资产负债率变化

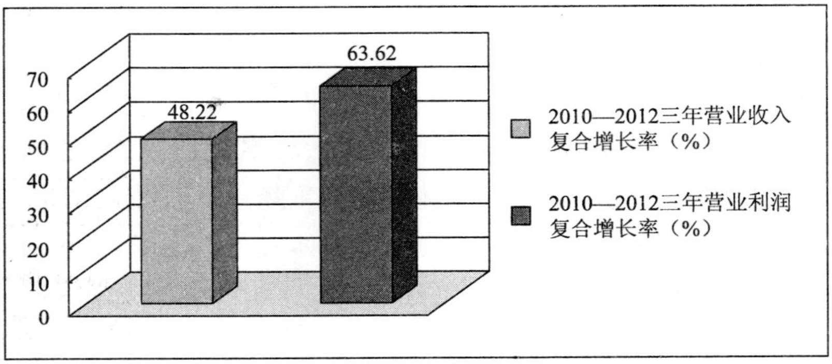

图4－174　2010—2012三年营业收入、利润复合增长率变化

2. 收益质量指标

（1）现金流质量：经营活动的现金净流量同比减少，投资活动现金支出大幅增加，筹措的资金得到及时利用（见表4－105）。

表4－105　2008—2012年现金净流量情况　　单位：万元

财务指标	2008年	2009年	2010年	2011年	2012年
经营活动的现金净流量	69 111	16 271	46 400	136 991	47 283
投资活动的现金净流量	－60 855	－33 671	－27 283	－72 558	－144 525
筹资活动的现金净流量	28 321	13 756	－7 811	－32 845	37 069
现金净流量	36 577	－3 644	11 306	－11 320	－13 168

（2）资产质量：2012年存货余额同比骤减，与同业比较，存货占资产总额的比例五年分列第2、1、1、1、19名；与存货相反，2012年应收账款同比增幅较大，与同业比较，应收账款占资产总额的比例五年分列第14、14、18、30、22名，企业的应收账款管控措施需要跟进。同业比较无形资产占资产总额的比例五年分列第24、27、28、24、22名，一直位处较低水平（见表4－106、图4－175）。

表4－106　2008—2012年资产构成情况　　单位：万元

财务指标	2008年	2009年	2010年	2011年	2012年
资产总额	452 536	531 811	575 058	1 132 334	976 746
流动资产	244 337	293 414	317 171	441 612	257 156
货币资金	99 995	96 351	107 656	175 523	115 350
应收账款	18 714	14 868	9 665	5 128	19 595
存　货	75 604	122 714	168 788	210 423	28 770
非流动资产	208 199	238 397	257 887	690 722	719 589
固定资产	113 384	154 039	174 314	523 847	527 638
无形资产	15 650	13 390	19 367	91 806	87 000

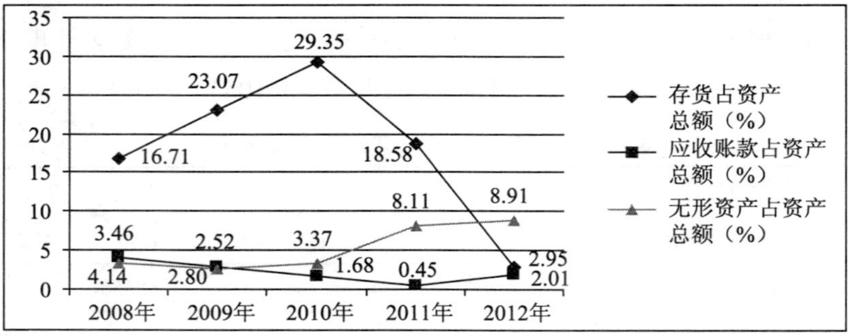

图4－175　2008—2012年存货、应收账款及无形资产占比变化

（3）盈利质量：2012年营业收入有所增加，但营业利润、利润总额和股东净利润有所减少，营业利润率同比下降。与同业比较，营业利润率五年分列第23、26、30、26、25名，位居同业下游位置（见表4－107、图4－176、图4－177）。

表4－107　2008—2012年主要财务指标　　单位：万元

财务指标	2008年	2009年	2010年	2011年	2012年
营业收入	453,852	618 448	977 572	1 853 734	2 013 854
营业利润	16 991	17 486	18 182	126 726	76 590
投资收益	－160	56	－2	－1	568
营业外收支	－933	－3 366	－391	－1 288	－405
利润总额	16 058	14 120	17 791	125 436	76 185
股东净利润	11 915	11 456	12 945	61 848	40 931

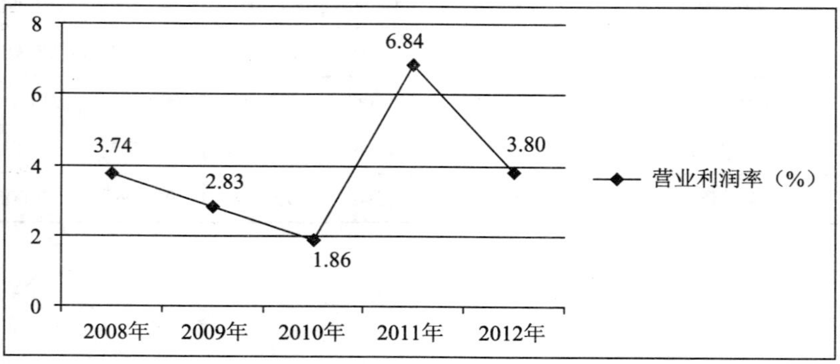

图4－176　2008—2012年营业利润率变化

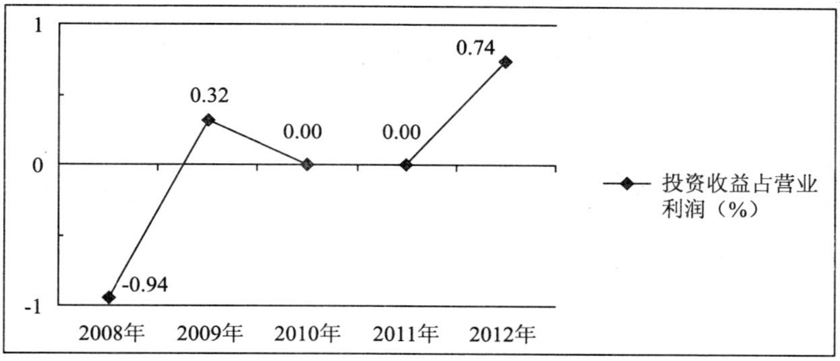

图 4－177　2008—2012 年投资收益率变化

3. 综合分析

2012 年企业运营能力和成长性表现较好，但在盈利能力、偿债能力和盈利质量方面很差，尤其要警惕短期偿债风险。

4.22 太原煤气化股份有限公司（000968）

太原煤气化股份有限公司由太原煤炭气化（集团）有限责任公司为主发起设立，于2000年6月22日在深交所成功上市，截至2012年末集团持股比例49.45%。公司主营煤焦、煤气及相关仪表的生产销售业务，煤炭品种主要为焦煤。

一、公司生产运营情况

1. 2012年主要产品生产销售情况

表4－108 2012年主要产品生产销售情况

产品	2012年产量	较上年增减（%）	2012年销量	较上年增减（%）
原煤（万吨）	382.52	6.53	147.87	42.76
焦炭（万吨）	51.79	－55.19	58.55	－52.31
精煤（万吨）	115.44	－14.50	109.59	175.45
中煤（万吨）	42.60	－23.13	31.68	－13.76

2. 2012年主营业务分行业、分产品情况

表4－109 2012年主营业务分行业、分产品情况

	营业收入（万元）	较上年增减（%）	营业成本（万元）	较上年增减（%）	毛利率（%）	较上年增减（百分点）
分行业						
工业	325 406	－13.05	264 198	－2.21	18.81	－9.00
分产品						
原煤	84 109	－0.92	47 051	42.14	44.06	－16.95
焦炭	86 502	－56.36	101 840	－37.47	－17.73	－35.58
煤气	2 163	－58.80	10 864	－49.13	－402.28	－95.49
精煤	134 150	141.02	89 383	218.36	33.37	－16.19
化工产品	7 055	－54.18	6 558	－44.60	7.04	－16.07
中煤	9 510	－24.45	6 431	－32.25	32.37	7.79
电力	119	37.60	430	29.11	－23.92	8.15
蒸汽	267	37.60	331	29.11	－23.92	8.15
其他	1 533	13.54	1 309	29.57	14.58	－10.57

3. 2013 年主要生产经营目标(年报未披露数据)

二、公司财务分析

1. 财务能力指标

(1)盈利能力:营业毛利率、总资产回报率和加权平均净资产收益率近年持续下滑,尤其是2012 年的总资产回报率和加权平均净资产收益率均出现负值。与同业相比,营业毛利率五年分列第 12、17、20、22、24 名,总资产回报率分列第 13、15、25、27、30 名,加权平均净资产收益率分列第 9、18、27、29、31 名。总体来看,企业的获利能力逐年大幅度下滑,企业变革已成当务之急(见图 4－178)。

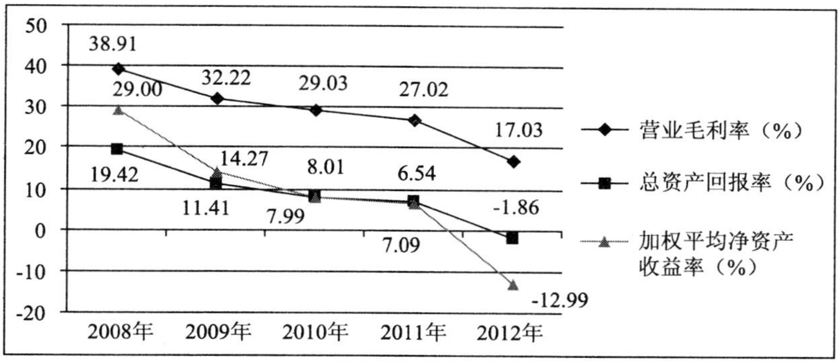

图 4－178　2008—2012 年各项盈利指标变化

(2)运营能力:2012 年,存货周转率同比上升,应收账款周转率和总资产周转率下降。与同业相比,存货周转率五年分列第 20、26、25、26、23 名,应收账款周转率分列第 20、26、28、27、26 名,总资产周转率分列第 8、15、20、25、26 名,企业运营能力位居同业下游位置(见图 4－179、图 4－180)。

(3)偿债能力:2012 年,企业流动比率和速动比率下滑较快,低于指标合理水平。同业比较五年流动比率分列第 10、11、10、19、27 名,速动比率分列第 10、11、10、21、27 名,排名下滑幅度较大,短期偿债风险加剧;资产负债率增幅较大,略超出指标合理水平。同业比较资产负债率五年分列第 19、24、21、19、6 名,排名上升速度很快,长期偿债能力减弱,应及时采取相应的监控措施(见图 4－181、图 4－182)。

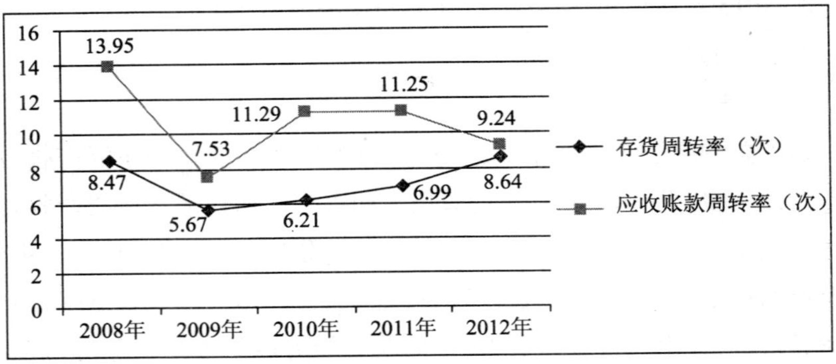

图 4－179　2008—2012 年存货、应收账款周转率变化

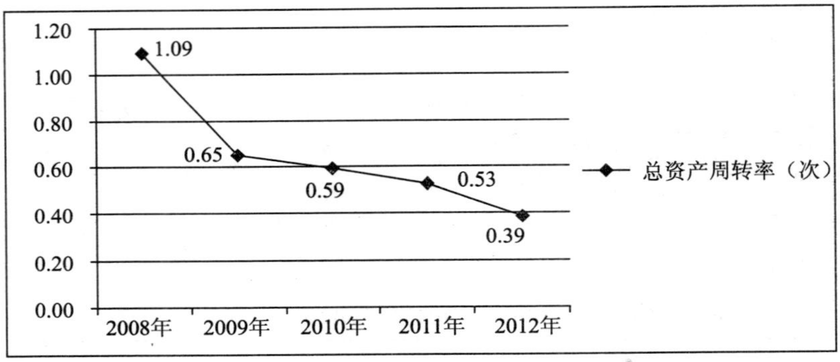

图 4－180　2008—2012 年总资产周转率变化

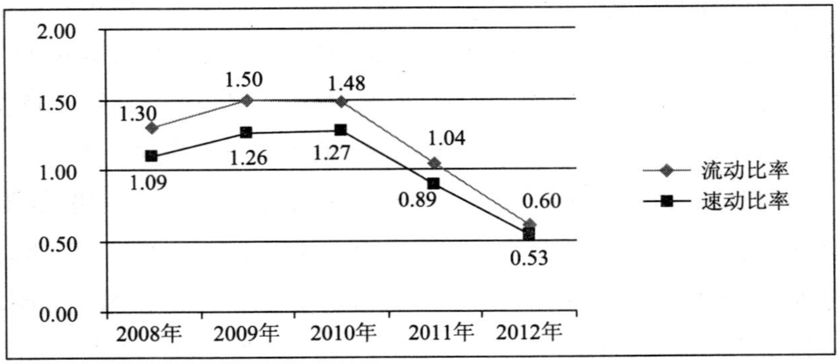

图 4－181　2008—2012 年流动、速动比率变化

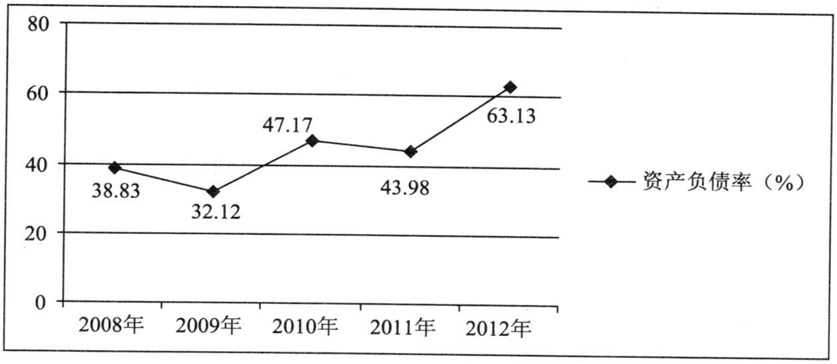

图 4－182　2008—2012 年资产负债率变化

（4）成长性：以 2009 年为基数计算的三年营业收入复合增长率几乎归零，三年营业利润复合增长率为负增长。与同业相比，三年营业收入复合增长率排名第 29 名，三年营业利润复合增长率排名第 29 名，位列同业低端水平，企业成长性很差（见图 4　－183）。

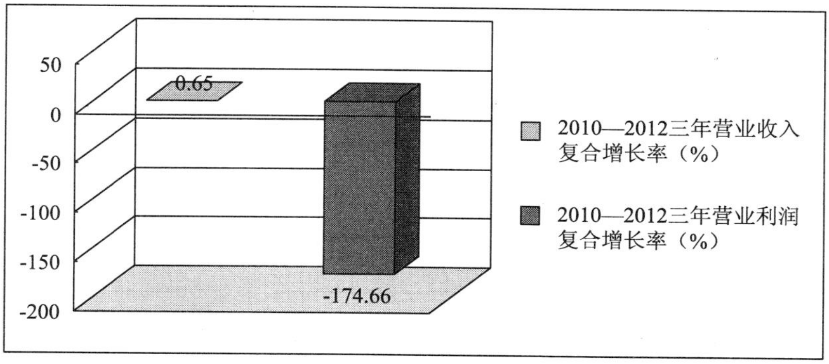

图 4－183　2010—2012 三年营业收入、利润复合增长率变化

2. 收益质量指标

（1）现金流质量：2012 年，经营活动产生的现金净流量同比增加较大，投资活动的现金流量逐年提高，企业通过筹资活动筹集了大量外部资金，2012 年企业的现金流匹配较好（见表 4－110）。

表 4-110　2008—2012 年现金净流量情况　　单位：万元

财务指标	2008 年	2009 年	2010 年	2011 年	2012 年
经营活动的现金净流量	73 008	80 454	10 102	7 810	40 047
投资活动的现金净流量	-34 230	-67 126	-72 352	-80 768	-195 829
筹资活动的现金净流量	-14 062	24 858	74 022	372	167 082
现金净流量	24 716	38 186	11 772	-72 586	11 300

（2）资产质量：2012 年，存货余额和应收账款余额同比减少。与同业比较，存货占资产总额的比例五年分列第 4、3、7、10、21 名，应收账款占资产总额的比例分列第 3、4、7、9、17 名，排名下降至同业下游水平，整体资产质量有所改善。无形资产占资产总额的比例五年分列第 18、22、20、20、17 名，位居同业中下水平（见表 4-111、图 4-184）。

表 4-111　2008—2012 年资产构成情况　　单位：万元

财务指标	2008 年	2009 年	2010 年	2011 年	2012 年
资产总额	474 041	521 768	667 169	761 962	945 436
流动资产	234 874	244 158	282 766	265 454	211 941
货币资金	61,791	102 994	112 980	46 406	48 464
应收账款	50 740	35 558	26 882	40 307	31 376
存　　货	38 549	39 108	41 485	37 391	26 217
非流动资产	239 167	277 610	384 403	496 508	733 495
固定资产	185 470	198 503	220 232	236 805	158 340
无形资产	30 844	33 572	65 854	78 794	113 109

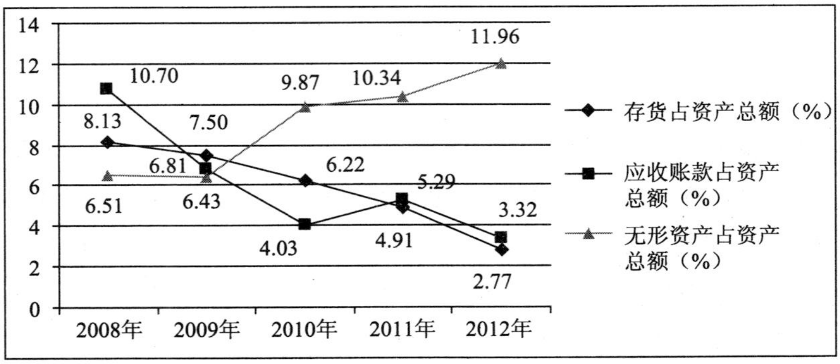

图 4-184　2008—2012 年存货、应收账款及无形资产占比变化

（3）盈利质量：2012 年营业收入、营业利润、利润总额和股东净利润同比降幅较大，营业利润率逐年下滑，2012 年出现亏损。与同业相比，营业利润率五年分列第 13、11、18、20、30 名，位居同业低端水平（见表 4－112、图 4－185）。

表 4－112　2008—2012 年主要财务指标

财务指标	2008 年	2009 年	2010 年	2011 年	2012 年
营业收入（万元）	473 528	324 838	352 344	377 920	331 231
营业利润（万元）	83 747	56 278	47 342	44 343	－23 416
投资收益（万元）	2 167	1	－	21	－
营业外收支（万元）	－1 746	－1 371	－2 424	1 222	1 900
利润总额（万元）	82 001	54 907	44 918	45 565	－21 516
股东净利润（万元）	63 430	37 951	23 487	20 665	－35 203
投资收益占营业利润（%）	2.59	－	－	0.05	－

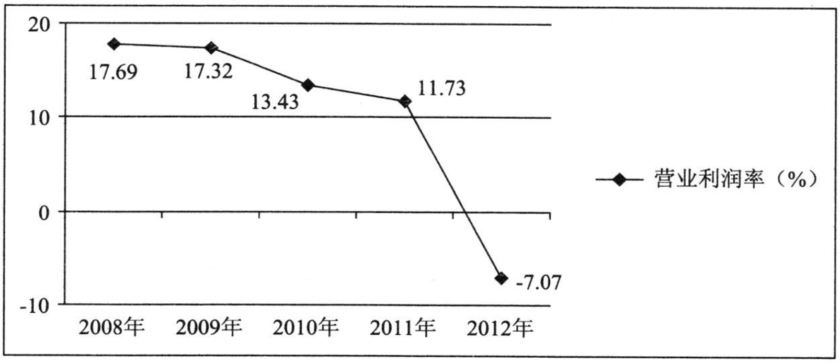

图 4－185　2008—2012 年营业利润率变化

3. 综合分析

太原煤气化 2012 年企业的财务能力和盈利质量继续呈下滑态势，2012 年公司经营出现较大幅度的亏损，2013 年一季度继续亏损，其中焦炭、煤气和化工产品利润下滑幅度最大。应及时采取有效的对策措施，深化企业改革、强化各项基础管理，改善企业的生产经营管理，扎实推进产品调整与升级。要注意防范财务风险，尤其是短期偿债风险。

4.23 内蒙古霍林河露天煤业股份有限公司（002128）

内蒙古霍林河露天煤业股份有限公司由中电投蒙东能源集团有限责任公司为主发起设立，于2007年4月18日在深交所上市，截至2012年末集团持股比例69.4%。公司主营煤炭产销业务，煤炭品种为褐煤。

一、公司生产运营状况

1. 2012年主要产品生产销售情况

表4－113　2012年主要产品生产销售情况

产品	2012年产量	较上年增减(%)	2012年销量	较上年增减(%)
原煤(万吨)	4 500.00	2.27	4 500.00	2.37

2. 2012年主营业务分行业、分产品情况

表4－114　2012年主营业务分行业、分产品情况

	营业收入(万元)	较上年增减(%)	营业成本(万元)	较上年增减(%)	毛利率(%)	较上年增减(百分点)
分行业						
煤炭行业	680 228	5.61	432 707	8.25	36.39	－1.54
分产品						
煤炭产品	680 228	5.61	432 707	8.25	36.39	－1.54

3. 2013年主要生产经营目标

2013年计划生产收购原煤4 600万吨，原煤销售4 600万吨；预计利润总额13.5亿元。

二、公司财务分析

1. 财务能力指标

（1）盈利能力：2012年，企业盈利能力指标基本保持稳定。与同业相比，营业毛利率五年分列第17、15、12、14、7名，总资产回报率分列第8、2、1、1、1名，加权平均净资产收益率分列第10、2、1、1、1名。总体来看，企业的盈利能力表现优秀且稳定性强（见图4－186）。

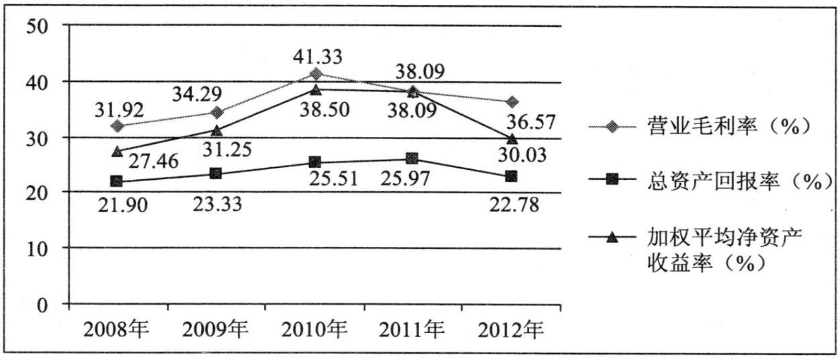

图 4－186　2008—2012 年各项盈利指标变化

（2）运营能力：2012 年，存货周转率有所回升，应收账款周转率有所下降，总资产周转率基本保持稳定。与同业相比，存货周转率五年分列第 9、7、10、25、16 名，应收账款周转率分列第 22、22、25、28、31 名，总资产周转率分列第 10、12、11、14、10 名。总体来看，企业的运营能力表现一般（见图 4－187、图 4－188）。

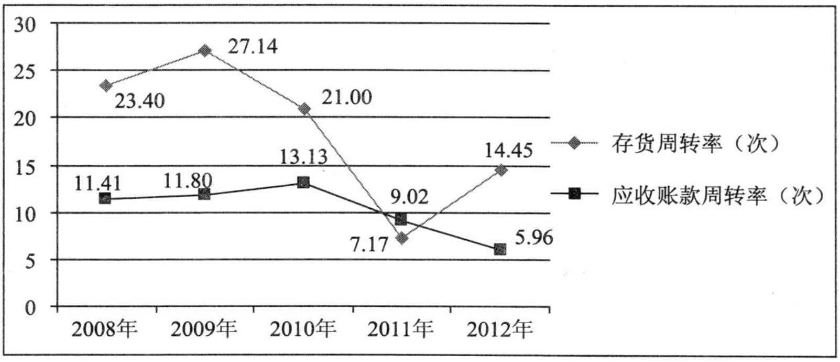

图 4－187　2008—2012 年存货、应收账款周转率变化

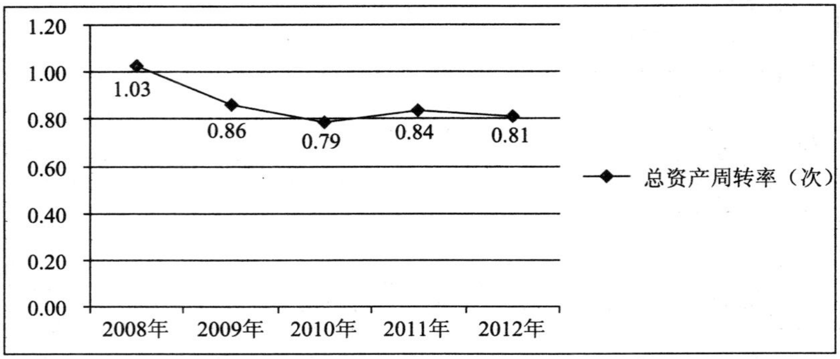

图 4－188　2008—2012 年总资产周转率变化

（3）偿债能力：近两年流动比率和速动比率上升，与同业比较，流动比率五年分列第 11、10、24、20、11 名，速动比率分列第 11、9、23、20、14 名，位居行业中上位置，企业短期偿债能力增强。资产负债率连续下降，同业比较资产负债率五年分列第 18、20、19、24、25 名，位居行业中下位置，企业的负债水平低，可以考虑适度提高负债水平，增加财务杠杆效益（见图 4－189、图 4－190）。

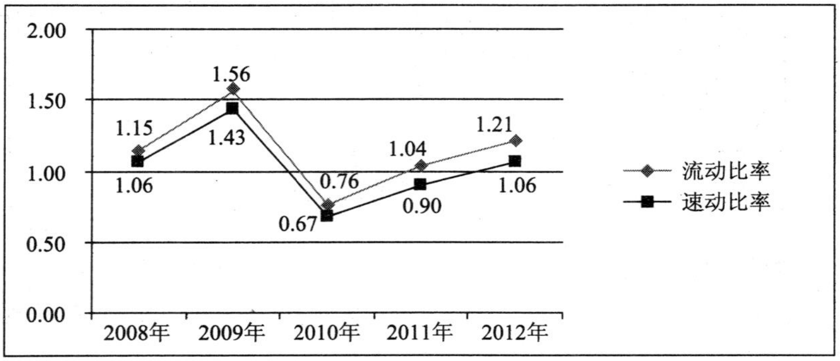

图 4－189　2008—2012 年流动、速动比率变化

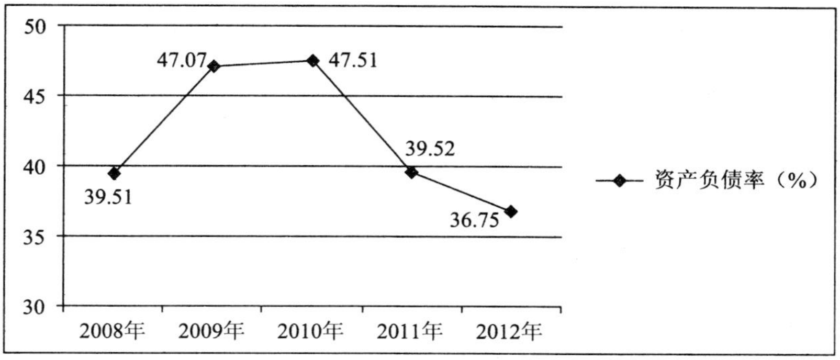

图 4－190　2008—2012 年资产负债率变化

(4) 成长性：与同业相比，三年营业收入复合增长率排名第 22 位，三年营业利润复合增长率排名第 9 位。企业总体成长性良好，营业利润复合增长率高于营业收入复合增长率，表明企业的成本费用控制措施得力。

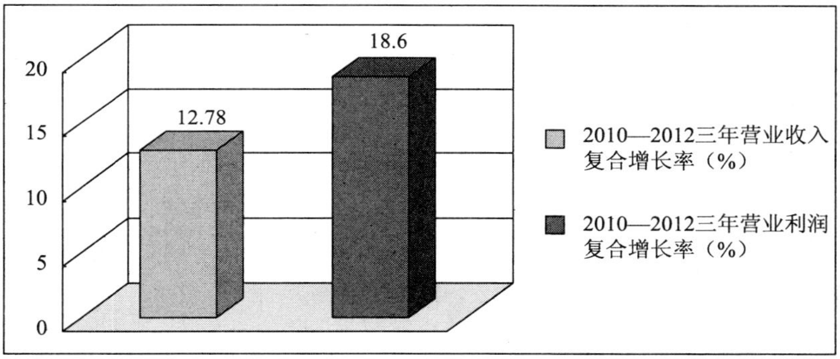

图 4－191　2010—2012 三年营业收入、利润复合增长率变化

2. 收益质量指标

(1) 现金流质量：2012 年经营活动净流量稳中有升，投资活动的现金净流量保持稳定，企业现金储备较为充足。

表 4－115　2008—2012 年现金净流量情况　　单位：万元

财务指标	2008 年	2009 年	2010 年	2011 年	2012 年
经营活动的现金净流量	146 812	124 116	192 686	123 324	132 996
投资活动的现金净流量	－56 761	－169 569	－80 640	－59 923	－58 195
筹资活动的现金净流量	－76 000	43 885	－109 283	－92 913	－64 139
现金净流量	14 051	－1 568	2 763	－29 512	10 662

(2)资产质量:存货占资产总额的比例基本稳定,与同业相比,存货占资产总额的比例五年分列第20、20、21、16、14名,位处中游水平。应收账款占资产总额的比例上升较快,与同业相比,应收账款占资产总额的比例五年分列第4、7、4、3、2名,一直处于较高水平,应认真研究制定应收账款的管控措施。无形资产占资产总额的比例逐年递减,同业比较五年分列第12、16、21、23、24名,位处于同业中下水平(见表4-116、图4-192)。

表4-116 2008—2012年资产构成情况 单位:万元

财务指标(万元)	2008年	2009年	2010年	2011年	2012年
资产总额	398 880	687 653	746 356	805 915	898 765
流动资产	122 737	151 816	163 432	205 562	265 687
货币资金	39 196	47 612	50 374	20 862	31 524
应收账款	36 980	42 017	44 355	99 767	130 711
存　　货	9 983	12 589	19 107	27 779	32 528
非流动资产	276 143	535 837	582 924	600 353	633 078
固定资产	207 081	277 170	399 933	421 423	419 888
无形资产	38 657	72 303	70 846	68 380	66 106

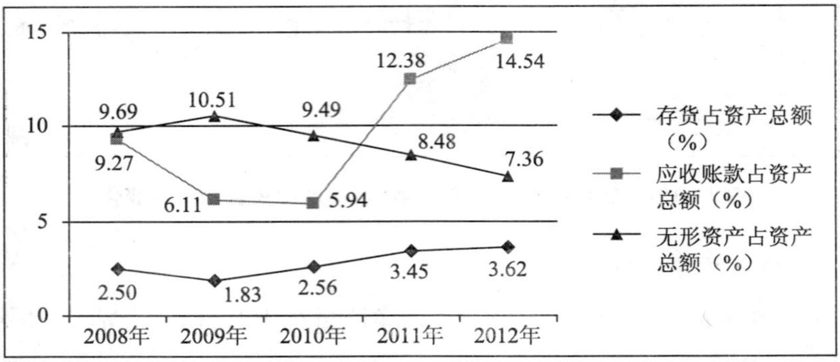

图4-192 2008—2012年存货、应收账款及无形资产占比变化

(3)盈利质量:2012年营业收入同比略增,营业利润、利润总额和股东净利润同比略减,投资收益所占比重下降。企业营业利润率虽有下滑,但总体稳定。与同业比较,营业利润率五年分列第9、8、4、3、3名,企业盈利质量很好(见表4-117、图4-193、图4-194)。

表 4-117 2008—2012 年主要财务指标 单位：万元

财务指标	2008 年	2009 年	2010 年	2011 年	2012 年
营业收入	388 309	466 186	567 233	650 247	687 011
营业利润	78 551	108 856	179 085	192 584	182 075
投资收益	3 666	4 079	9 172	17 261	11 812
营业外收支	-490	16 262	971	565	-
利润总额	78 061	125 118	180 056	193 149	182 075
股东净利润	63 793	97 758	145 559	160 035	157 226

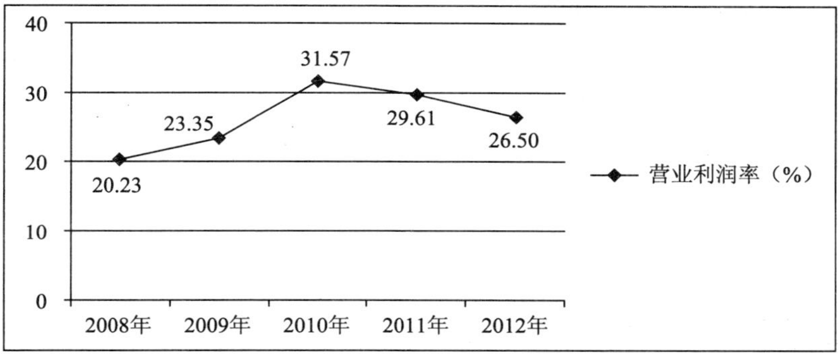

图 4-193 2008—2012 年营业利润率变化

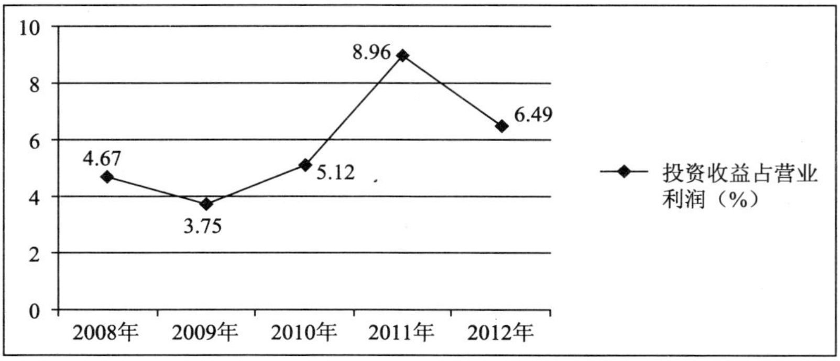

图 4-194 2008—2012 年投资收益率变化

3. 综合分析

露天煤业 2012 年企业盈利能力、成长性和盈利质量较好。但应强化应收账款管理，提高企业运营能力。还可以适度提高负债水平，增加财务杠杆效益。

4.24 安源实业股份有限公司（600397）

安源实业股份有限公司由萍乡矿业集团有限责任公司为主发起设立，于2002年7月2日在上交所挂牌上市，现由江西省煤炭集团公司控股，截至2012年末持股比例43.74%，公司主要从事煤炭的生产和销售业务。

一、公司生产运营状况

1. 2012年主要产品生产销售情况（年报未披露）

2. 2012年主营业务分行业、分产品情况

表4－118 2012年主营业务分行业、分产品情况

	营业收入（万元）	较上年增减（%）	营业成本（万元）	较上年增减（%）	毛利率（%）	较上年增减（百分点）
分行业						
煤炭工业	424 618	－16.40	325 110	－2.92	23.43	－10.63
煤炭及物资流通	1 220 502	57.52	1 204 426	57.76	1.32	－0.14
其他工业	－	－100.00	－	－100.00	－	－2.83
分产品						
自产煤炭	423 346	－16.36	324 734	－2.81	23.29	－10.70
煤炭贸易	848 926	24.54	836 709	24.02	1.44	0.41
机修产品	1 272	－26.86	376	－51.51	70.44	15.09
矿山物资销售	367 384	294.50	363 569	309.26	1.04	－3.57
其他	4 193	－92.17	4 148	－92.02	1.07	－1.76

3. 2013年主要生产经营目标

2013年计划实现营业收入168亿元。

二、公司财务分析

1. 财务能力指标

（1）盈利能力：2012年盈利能力指标同比有所下降。与同业相比，营业毛利率五年分列第24、19、18、26、29名，总资产回报率分列第27、24、26、20、20名，加权平均净资产收益率分列第26、26、23、23、21名。总体来看，企业盈利能力位处同业较低水平（见图4－195）。

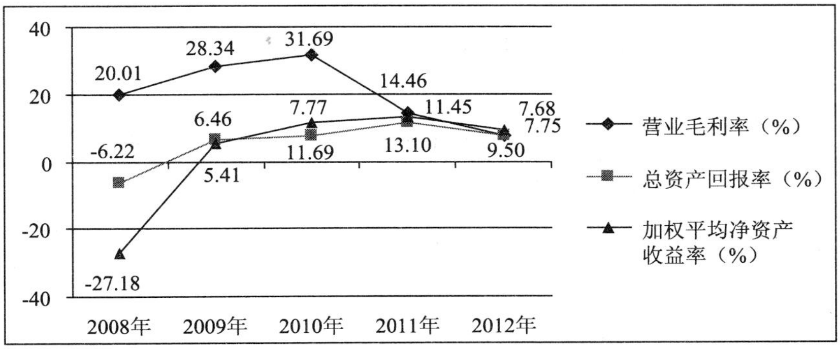

图 4－195　2008—2012 年各项盈利指标变化

(2)运营能力:2012 年存货周转率同比基本稳定、应收账款周转率同比下降。与同业相比,存货周转率五年分列第 24、25、23、2、3 名,应收账款周转率分列第 26、27、27、18、22 名,总资产周转率连续两年上升,同业比较五年分列第 22、22、21、4、3,企业资产利用率提高,运营能力总体增强(见图 4－196、图 4－197)。

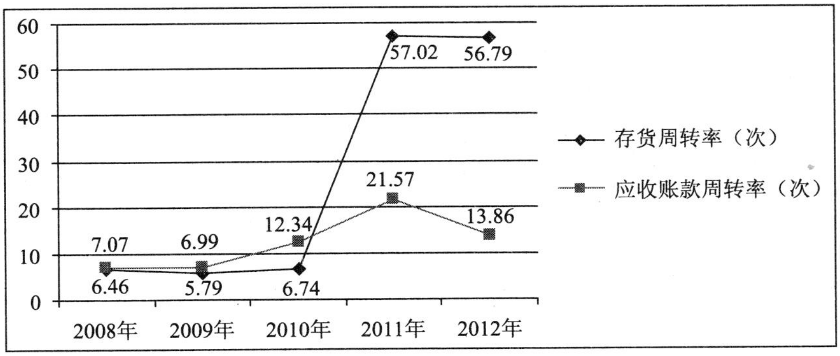

图 4－196　2008—2012 年存货、应收账款周转率变化

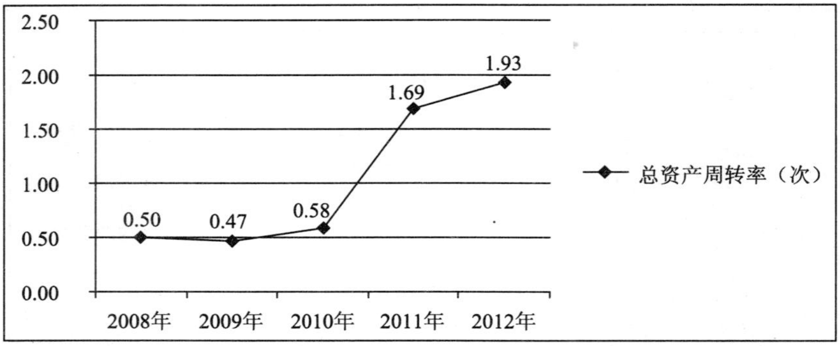

图 4－197　2008—2012 年总资产周转率变化

（3）偿债能力：近两年企业的流动比率和速动比率逐渐接近正常指标范围，与同业比较，流动比率五年分列第 24、24、27、18、17 名，速动比率分列第 25、24、27、16、16 名，位居同业中等水平，但仍应提高警惕。2012 年资产负债率略有回升，但负债水平基本适中，资产负债率五年分列同业第 3、9、6、13、14 名，基本不存在长期偿债风险（见图 4－198、图 4－199）。

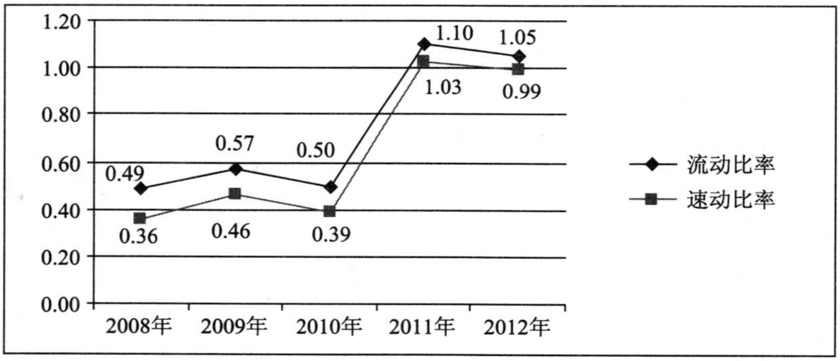

图 4－198　2008—2012 年流动、速动比率变化

（4）成长性：以 2009 年为基数计算的三年营业收入复合增长率和三年营业利润复合增长率高速上升，同业相较三年营业收入复合增长率排名第 1 名，三年营业利润复合增长率排名第 3 名，受益于资产重组，近三年企业成长性较好（见图 4－200）。

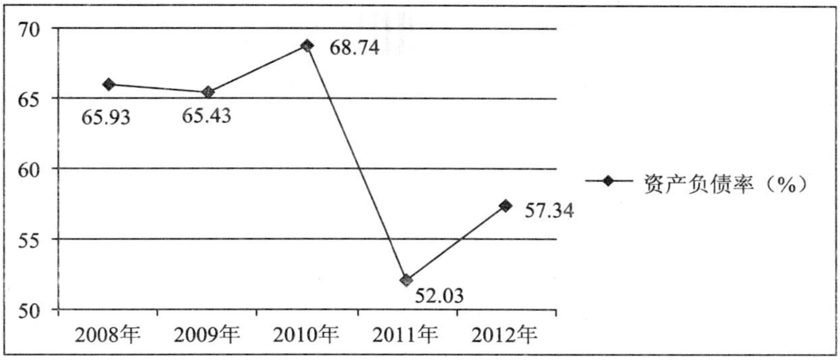

图 4－199　2008—2012 年资产负债率变化

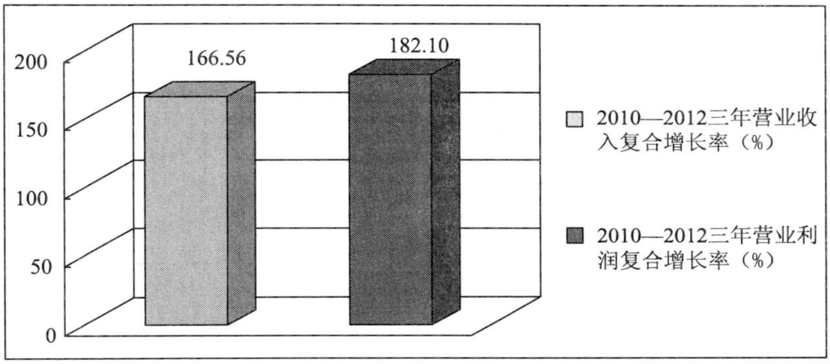

图 4－200　2010—2012 三年营业收入、复合增长率变化

2. 收益质量指标

（1）现金流质量:2012 年经营活动中大量货币资金回笼,与 2011 年比,投资支出增加幅度不大,资金较为充裕,应该考虑如何有效利用闲置资金(见表 4－119)。

表 4－119　2008—2012 年现金净流量情况　　单位:万元

财务指标	2008 年	2009 年	2010 年	2011 年	2012 年
经营活动的现金净流量	12 906	16 296	27 539	1 222	65 404
投资活动的现金净流量	－9 468	－3 227	－14 210	－31 716	－39 928
筹资活动的现金净流量	－4 984	－2 177	－10 462	－15 185	14 343
现金净流量	－1 540	10 918	2 843	－45 695	39 820

(2)资产质量:2012 年存货余额基本稳定,应收账款余额上升。与同业相比,存货占资产总额的比例五年分列第 8、9、6、19、18 名,位居同业中游;应收账款占资产总额的比例分列第 6、8、8、2、4 名,仍居高位水平。无形资产占资产总额的比例逐年递减,五年分列第 9、14、16、19、19 名,位居同业中下水平(见表 4－120、图 4－201)。

表 4－120 2008—2012 年资产构成情况 单位:万元

财务指标	2008 年	2009 年	2010 年	2011 年	2012 年
资产总额	187 537	193 030	222 757	871 152	865 305
流动资产	45 620	53 840	66 492	442 937	475 004
货币资金	9 885	19 710	22 266	103 687	140 631
应收账款	14 887	10 459	8 967	118 085	123 908
存　　货	11 557	10 353	13 954	27 151	27 399
非流动资产	141 917	139 190	156 265	428 214	390 301
固定资产	106 588	104 627	103 894	309 613	269 439
无形资产	27 631	26 895	25 878	91 857	84 465

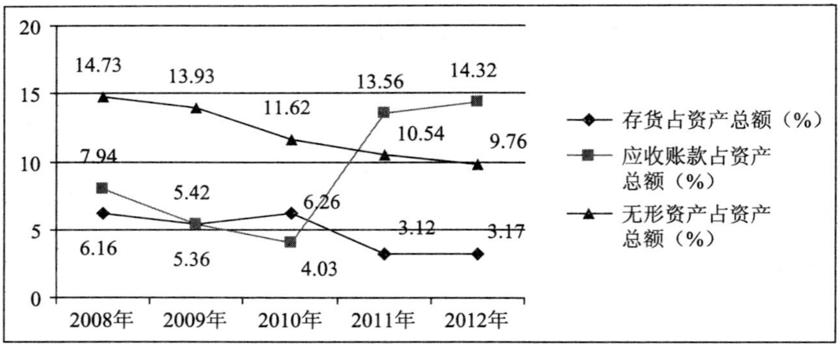

图 4－201 2008—2012 年存货、应收账款及无形资产占比变化

(3)盈利质量:2012 年营业收入同比增加,但营业利润、利润总额和股东净利润同比减少,投资收益所占比重不大。企业的营业利润率两年连续下滑,与同业比较,营业利润率五年分列第 26、27、27、27、27 名,处于同业较低水平。总体来看,企业的整体盈利质量欠佳(见表 4－121、图 4－202、图 4－203)。

表 4－121　2008—2012 年主要财务指标　　单位：万元

财务指标	2008 年	2009 年	2010 年	2011 年	2012 年
营业收入	99 545	88 571	119 907	1 370 083	1 677 586
营业利润	－16 909	2 249	8 555	75 943	50 489
投资收益	140	536	211	83	61
营业外收支	－3 113	3 518	1 385	1 414	616
利润总额	－20 022	5 767	9 940	77 357	51 105
股东净利润	－21 178	3 404	4 244	50 439	34 052

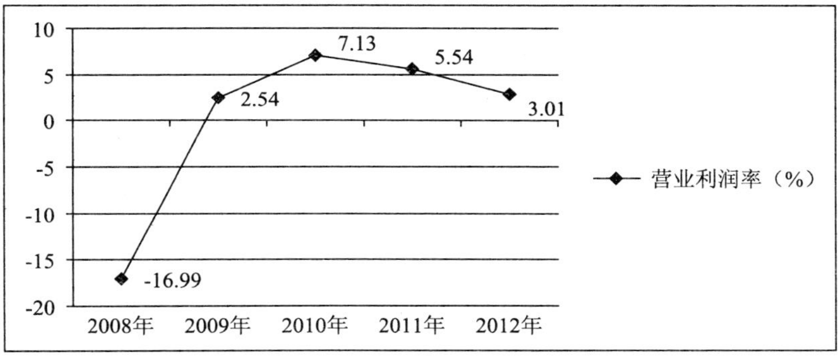

图 4－202　2008—2012 年营业利润率变化

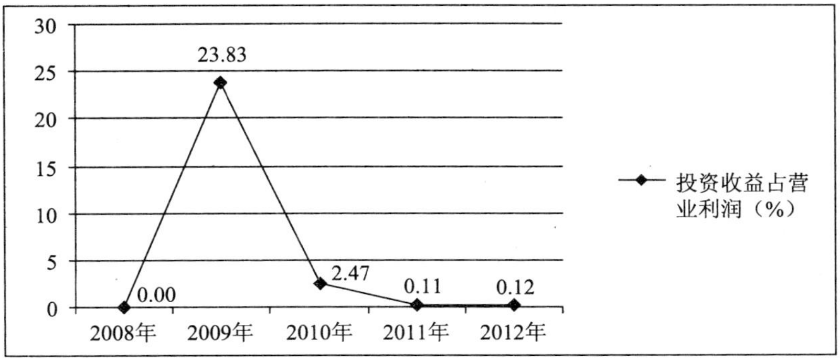

图 4－203　2008—2012 年投资收益率变化

3. 综合分析

安源实业 2012 年企业运营能力、成长性表现较好，但企业的盈利能力和盈利质量仍需着力加以提升，还应该警惕短期偿债风险。

4.25 内蒙古平庄能源股份有限公司（000780）

内蒙古平庄能源股份有限公司系由内蒙古平庄煤业（集团）有限责任公司于2007年5月借壳草原兴发实现上市，截至2012年末集团持股比例61.42%，实际控制人中国国电集团公司。公司主营煤炭采选业务，煤种主要是老年褐煤和部分长焰煤。

一、公司生产运营状况

1. 2012年主要产品生产销售情况

表4－122 2012年主要产品生产销售情况

产品	2012年产量	较上年增减（%）	2012年销量	较上年增减（%）
煤炭（万吨）	989.12	－10.08	986.64	－0.96

2. 2012年主营业务分行业、分产品情况

表4－123 2012年主营业务分行业、分产品情况

	营业收入（万元）	较上年增减（%）	营业成本（万元）	较上年增减（%）	毛利率（%）	较上年增减（百分点）
分行业						
煤炭采选业	287 007	－13.41	190 028	3.42	33.79	－10.78
分产品						
煤炭	287 007	－13.41	190 028	3.42	33.79	－10.78

3. 2013年主要生产经营目标

2013年计划销售商品煤1 010万吨，预计煤炭产品销售收入28亿元。

二、公司财务分析

1. 财务能力指标

（1）盈利能力：2012年盈利能力指标集体下滑。在31家同业中，五年营业毛利率分列第11、14、14、12、14名，总资产回报率分列第9、11、12、5、17名，加权平均净资产收益率分列第12、16、18、11、22名。总体来看，2012年的盈利能力下降到同业中下位置，还有一定的提升空间（见图4－

204）。

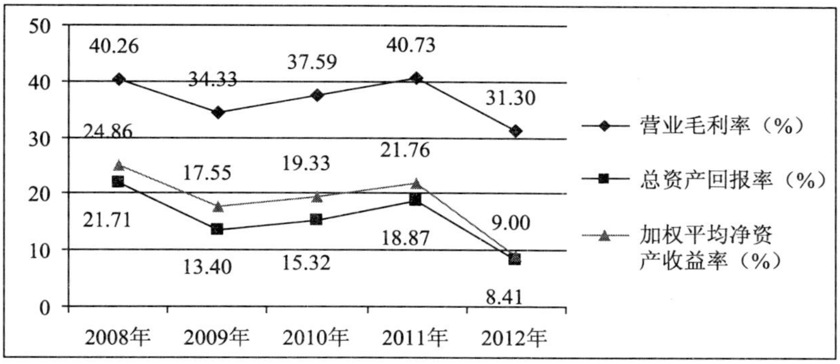

图 4-204　2008—2012 年各项盈利指标变化

(2)运营能力:2012 年存货周转率连续五年下降,应收账款周转下降至五年最低,总资产周转率下降幅度不大。与同业相比,五年存货周转率分列第 3、4、4、8、13 名,应收账款周转率分列第 24、24、26、26、30 名,总资产周转率分列第 17、14、14、15、16 名,总体位居同业中下位置。种种数据表明,企业的运营能力较弱,应收账款存在呆账,同时要分析存货周转率明显下降的原因。(见图 4-205、图 4-206)

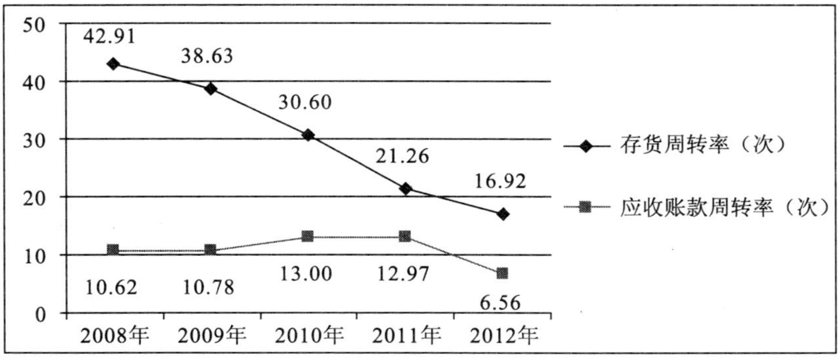

图 4-205　2008—2012 年存货、应收账款周转率变化

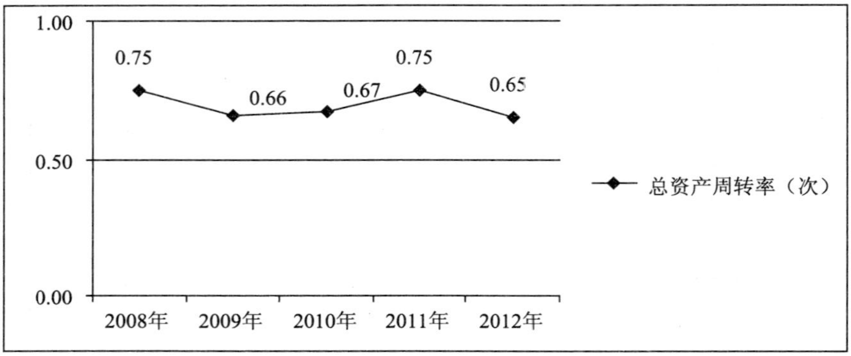

图 4－206　2008—2012 年总资产周转率变化

（3）偿债能力：近五年流动比率和速动比率呈明显上升态势。与同业相比，五年流动比率分列第 8、2、2、1、1 名，速动比率分列第 7、1、1、1、1 名。总体来看，企业短期偿债能力非常强，不存在短期偿债风险。但是，资金利用率不高。与上述两项指标相比，近五年资产负债率呈明显下降趋势。同比资产负债率分列第 22、23、25、31、31 名，居同业最末，企业没有长期偿债风险。同时也说明，企业的资金运用能力不足，没有有效利用财务杠杆利益为股东赚取利润，今后应通过调整负债比重，开拓市场，增强企业活力，获取较高的利润（见图 4－207、图 4－208）。

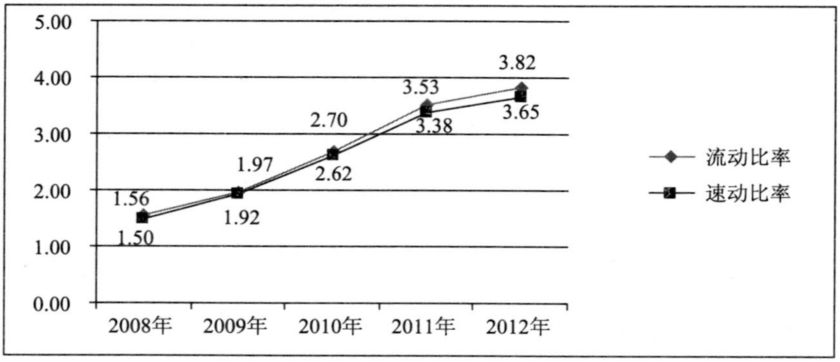

图 4－207　2008—2012 年流动、速动比率变化

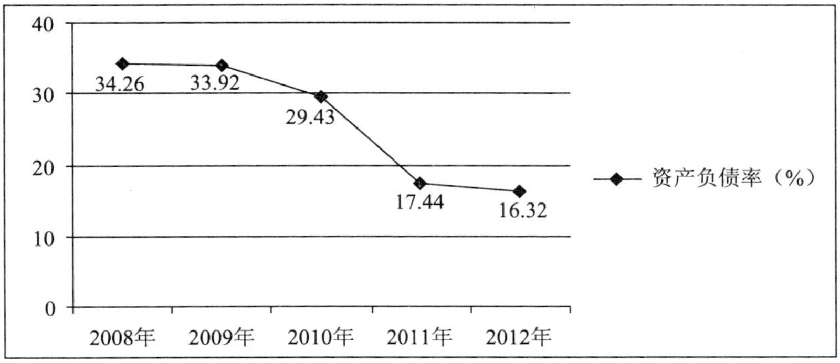

图 4－208　2008—2012 年资产负债率变化

（4）成长性：以 2009 年为基数计算的三年营业收入复合增长率与三年营业利润复合增长率呈反比增长，三年营业收入复合增长率排名第 24 名，三年营业利润复合增长率排名第 22 名。总体来看，企业的成长性较差（见图 4－209）。

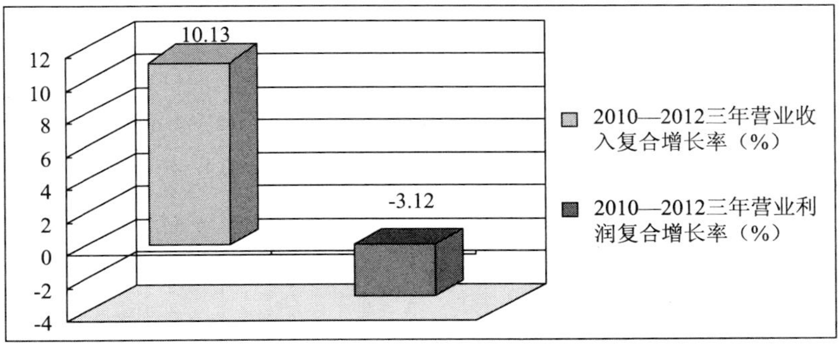

图 4－209　2010—2012 三年营业收入、利润复合增长率变化

2. 收益质量指标

（1）现金流质量：与 2011 年相比，由于 2012 年经营活动的现金净流量大幅降低，企业现金出现严重不足（见表 4－124）。

表 4－124　2008—2012 年现金净流量情况　单位：万元

财务指标	2008 年	2009 年	2010 年	2011 年	2012 年
经营活动的现金净流量	115 473	115 948	109 776	84 623	1 624
投资活动的现金净流量	－25 256	－21 823	－14 053	－22 212	－48 409
筹资活动的现金净流量	－53 418	－20 725	－7 100	－50 988	－10 143
现金净流量	36 799	73 400	88 623	11 423	－56 929

（2）资产质量：近两年存货余额以及占资产总额的比例逐年上升。与同业相比，五年存货占资产总额的比例分列第 24、25、27、24、22 名，处于同业较低水平，说明企业存货管理能力较好。2012 年无论是应收账款余额还是其占总资产的比例，均达到五年啦的最高值。与同业相比，五年应收账款占资产总额的比例分列第 9、3、10、5、5 名，位居同业前列位置，因此需要认真研究加快应收账款收回速度，提高资产质量。近三年无形资产总额及其占总资产的比例逐渐降低，与同业相比，五年无形资产占资产总额的比例分列第 4、7、9、8、13 名，位居同业中上位置（见表 4－125、图 4－210）。

表 4－125　2008—2012 年资产构成情况　单位：万元

财务指标	2008 年	2009 年	2010 年	2011 年	2012 年
资产总额	363 857	449 318	519 028	545 780	557 191
流动资产	127 081	214 909	296 107	332 346	343 530
货币资金	72 290	145 689	234 312	245 735	188 807
应收账款	18 049	31 820	17 812	42 986	66 502
存　货	4 446	4 692	8 467	13 869	15 294
非流动资产	236 776	234 409	222 921	213 434	213 661
固定资产	133 982	133 472	123 185	115 640	120 224
无形资产	98 064	92 257	86 450	80 888	76 077

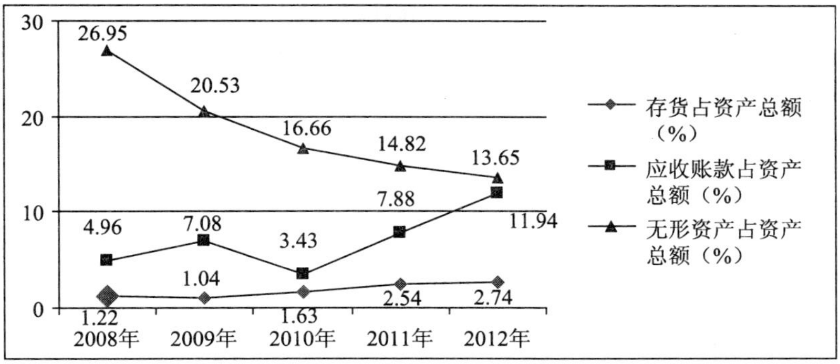

图 4－210　2008—2012 年存货、应收账款及无形资产占比变化

(3)盈利质量:2012 年盈利质量指标同比减少,营业利润率同比下降。与同业相比,五年营业利润率分列第 6、10、11、7、12 名,企业盈利质量尚可,仍有较大提升空间(见表 4－126、图 4－211)。

表 4－126　2008—2012 年主要财务指标情况　单位:万元

财务指标	2008 年	2009 年	2010 年	2011 年	2012 年
营业收入	261 857	268 784	322 624	400 649	359 031
营业利润	73 394	55 007	76 148	103 669	50 015
投资收益	–	–	–	–	–
营业外收支	－478	－204	－74	475	－831
利润总额	72 916	54 803	76 074	104 144	49 184
股东净利润	51 725	46 861	64 775	88 652	41 062

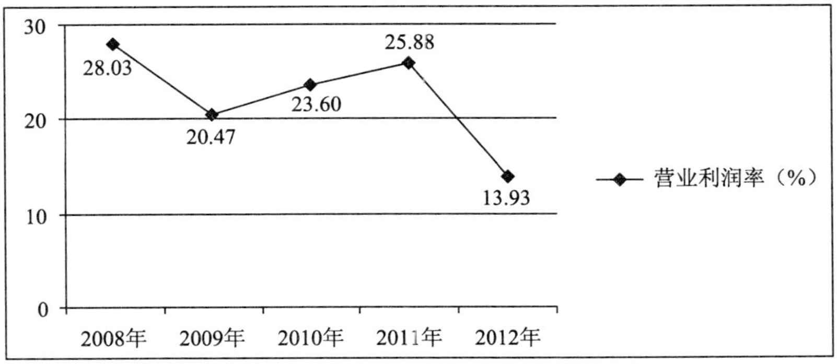

图 4－211　2008—2012 年营业利润率变化

3. 综合分析

平庄能源2012年财务能力和收益质量总体一般，应收账款周转率有较大的提升空间，企业成长性急需进一步提高，同时还应该适度提高负债水平，有效利用财务杠杆利益为股东创造更多财富。

4.26　甘肃靖远煤电股份有限公司（000552）

甘肃靖远煤电股份有限公司由甘肃靖远煤业有限责任公司为主发起设立，于1994年1月6日在深交所挂牌上市，截至2012年末集团持股比例47.11%。

一、公司生产运营状况

1. 2012年主要产品生产销售情况

表4－127　2012年主要产品生产销售情况

产品	2012年产量	较上年增减(%)	2012年销量	较上年增减(%)
煤炭(万吨)	1 055.16	-0.95	981.44	-8.39

2. 2012年主营业务分行业、分产品情况

表4－128　2012年主营业务分行业、分产品情况

	营业收入（万元）	较上年增减（%）	营业成本（万元）	较上年增减（%）	毛利率（%）	较上年增减（百分点）
分行业						
煤炭采掘业	388 078	-8.15	266 455	-2.70	31.34	-3.84
分产品						
煤炭	388 078	-8.15	266 455	-2.70	31.34	-3.84

3. 2013年主要生产经营目标

2013年计划原煤产量达到1 100万吨，力争产销平衡。

二、公司财务分析

1. 财务能力指标

（1）盈利能力：2012年营业毛利率、总资产回报率和加权平均净资产收益率同比皆有提升，且加权平均净资产收益率创五年最好水平。与同业比较，营业毛利率五年分列第16、22、24、24、15名，总资产回报率分列第14、19、20、16、6名，加权平均净资产收益率分列第16、21、22、21、2名。总体来看，企业的盈利能力有较大的提高（见图4－212）。

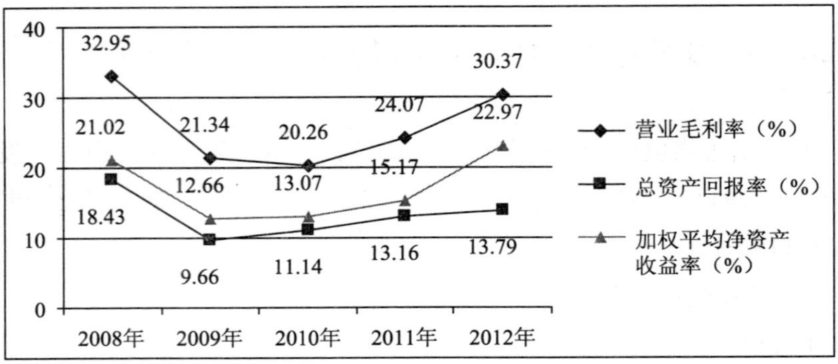

图 4－212　2008—2012 年各项盈利指标变化

（2）运营能力：2012 年应收账款周转率同比上升，存货周转率和总资产周转率同比下降。与同业相比，存货周转率五年分列第 16、17、16、16、24 名，应收账款周转率分列第 25、29、29、29、24 名，总资产周转率分列第 15、7、6、5、7 名。总体来看，企业运营能力一般，还有较大的提升潜力（见图 4－213、图 4－214）。

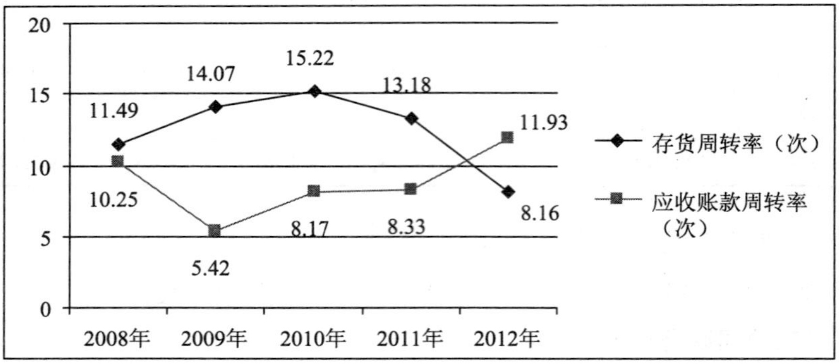

图 4－213　2008—2012 年存货、应收账款周转率变化

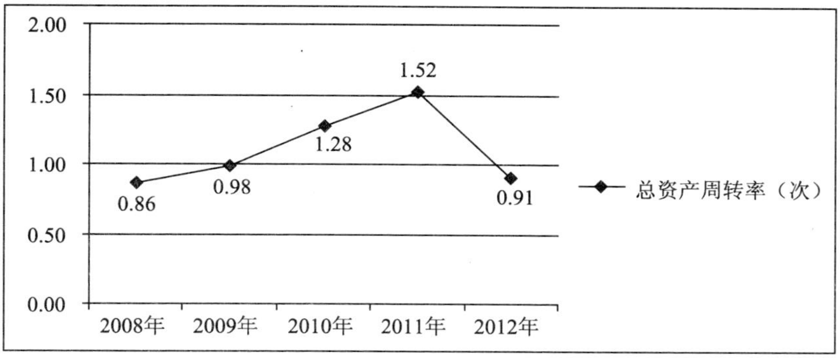

图 4－214　2008—2012 年总资产周转率变化

(3)偿债能力:2012 流动比率和速动比率大幅降低,下滑至指标合理范围之外。与同业相比,流动比率五年分列第 6、9、6、5、24 名,速动比率分列第 8、8、6、7、24 名,企业短期偿债能力减弱,要警惕短期偿债风险。2012 年资产负债率增幅较大,与同业相比,资产负债率五年分列第 26、25、23、27、14 名,位居同业中等水平。企业通过举债经营,有效发挥财务杠杆作用,企业活力增强,基本不存在长期偿债风险(见图 4－215、图 4－216)。

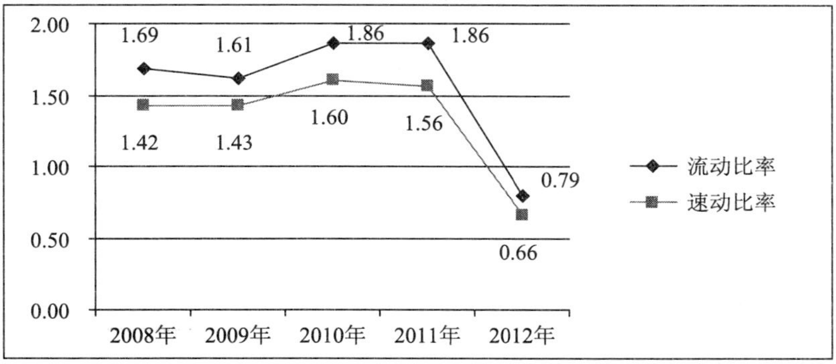

图 4－215　2008—2012 年流动、速动比率变化

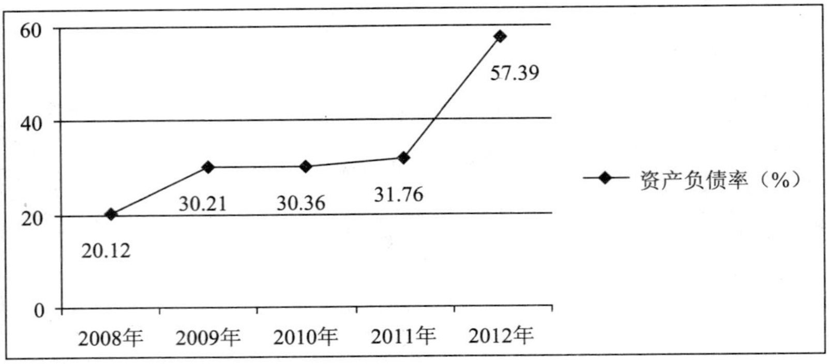

图 4－216　2008—2012 年资产负债率变化

（4）成长性：以 2009 年为基数计算的三年营业收入复合增长率和三年营业利润复合增长率均位列同业第 4 名，三年营业利润高于三年营业收入增长，近三年企业的成长性非常好（见图 4－217）。

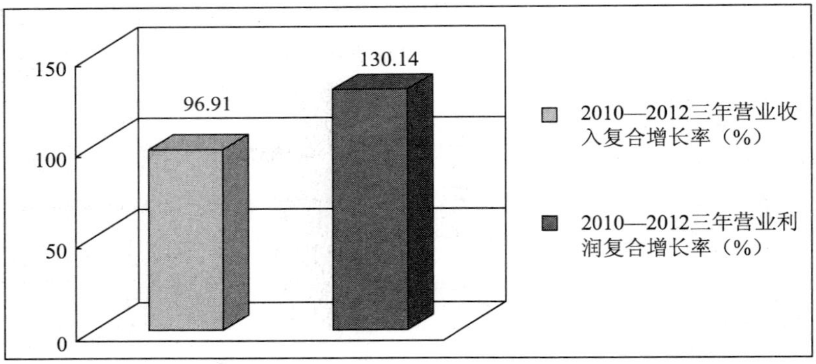

图 4－217　2010—2012 三年营业收入、利润复合增长率变化

2. 收益质量指标

（1）现金流质量：2012 年企业通过货币资金回笼以及对外筹资，企业现金储备充足（见表 4－129）。

表 4－129 2008—2012 年现金净流量情况 单位:万元

财务指标	2008 年	2009 年	2010 年	2011 年	2012 年
经营活动的现金净流量	3 634	15 623	17 536	－1 232	10 587
投资活动的现金净流量	－1 982	－4 541	－7 276	－11 522	－62 834
筹资活动的现金净流量	－3 631	－1 067	－2 279	－534	113 706
现金净流量	－1 979	10 015	7 980	－13 288	61 459

(2)资产质量:2012 年存货余额和应收账款余额同比增加,且后者增幅巨大。与同业相比,存货占资产总额的比例五年分列第 9、7、4、3、3 名,应收账款占资产总额的比例分列第 1、1、1、1、7 名,均位居同业前列,企业存货和应收账款的管控水平应着力加强。2012 年无形资产余额同比也出现大幅增加,与同业相比,无形资产占资产总额的比例五年分列第 7、12、12、15、2 名,跃居同业第二,远高于中国神华和中煤能源(表 4－130、图 4－218)。

表 4－130 2008—2012 年资产构成情况 单位:万元

财务指标	2008 年	2009 年	2010 年	2011 年	2012 年
资产总额	50 032	58 561	62 416	73 351	508 312
流动资产	16 999	28 556	35 218	43 252	223 114
货币资金	62	10 077	18 057	4 769	87 000
应收账款	7 711	11 984	6 998	17 735	49 433
存　货	2 688	3 279	4 848	7 013	37 257
非流动资产	33 033	30 005	27 198	30 099	285 198
固定资产	23 081	20 420	17 957	19 358	80 860
无形资产	9 795	9 427	9 063	8 700	179 416

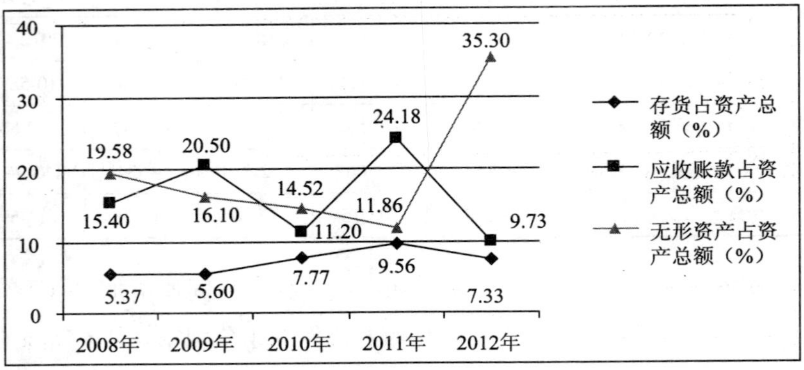

图 4－218　2008—2012 年存货、应收账款及无形资产占比变化

（3）盈利质量:2012 年营业收入、营业利润、利润总额和股东净利润同比大幅增加，营业利润率同比上升近 5 个百分点。与同业相比，营业利润率五年分列第 10、20、23、23、13，排名上升至同业中上水平，盈利质量大幅改善（见表 4－131、图 4－219）。

表 4－131　2008—2012 年主要财务指标　　单位:万元

财务指标	2008 年	2009 年	2010 年	2011 年	2012 年
营业收入	40 586	53 361	77 588	102 952	405 562
营业利润	7 365	4 559	6 852	9 567	55 571
投资收益	–	–	–	–	–
营业外收支	1 079	719	－45	－544	606
利润总额	8 444	5 278	6 807	9 023	56 177
股东净利润	7 172	5 329	5 655	7 081	44 735

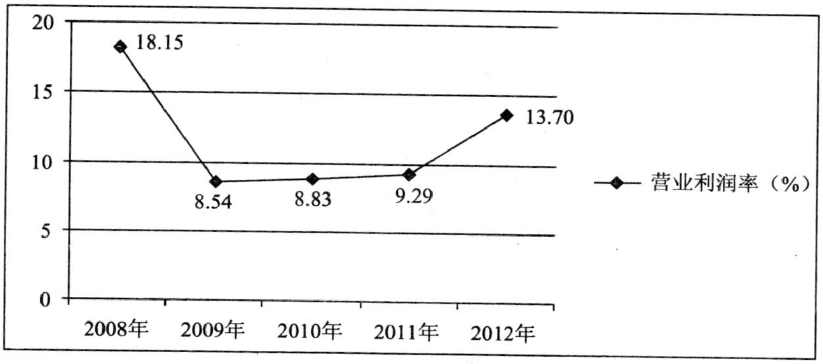

图 4－219　2008—2012 年营业利润率变化

3. 综合分析

靖远煤电 2012 年盈利能力明显提高，盈利质量大幅改善，企业的成长性较好。但是，公司无形资产比例远远超出 20% 的警戒线，潜藏着巨大的减值风险。公司应该对无形资产做减值计提准备，预防无形资产泡沫。公司还应该警惕财务风险，尤其是短期偿债风险。

4.27 新疆百花村股份有限公司(600721)

新疆百花村股份有限公司于1996年6月在上海证券交易所上市,控股股东为新疆生产建设兵团农六师国有资产经营公司,2010年10月,公司通过收购鸿基焦化、豫新煤业51%的股权,实现了公司经营主业向煤炭产业的转型。截至2012年兵团资产公司持股比例48.78%。

一、公司生产经营状况

1.2012年主要产品生产销售情况

表4-132 2012年主要产品生产销售情况

产品	2012年产量	较上年增减(%)	2012年销量	较上年增减(%)
原煤(万吨)	102.35	-15.76	94.95	-24.28
焦炭(万吨)	66.19	-8.00	55.91	-36.00
尿素(万吨)	12.38	270.47	9.39	723.35

2.2012年主营业务分行业、分产品情况

表4-133 2012年主营业务分行业、分产品情况

	营业收入(万元)	较上年增减(%)	营业成本(万元)	较上年增减(%)	毛利率(%)	较上年增减(百分点)
分行业						
煤炭采选业	24 046	-7.64	13 073	9.78	45.64	-8.62
煤化工业	79 850	-11.15	55 683	1.63	30.26	-8.77
分产品						
煤炭	24 046	-7.64	13 073	9.78	45.64	-8.62
焦炭	48 740	-35.44	26 393	-41.06	45.85	5.17
尿素	17 395	712.54	20 926	1118.15	-20.30	-40.06
电	668	57.93	701	20.72	-5.00	32.36
其他煤化工品	13 047	10.45	7 663	-0.63	41.27	6.55

3.2013年主要生产经营目标

2013年计划原煤产量116万吨,焦炭产量65万吨,尿素产量15万吨。

二、公司财务分析

1. 财务能力指标

(1)盈利能力:2012 年盈利能力指标同比下降。与同业相比,营业毛利率自 2010 年起分列第 10、8、11 名,总资产回报率分列第 27、29、27 名,加权平均净资产收益率分列第 29、27、28 名,企业的盈利能力相对偏低(见图 4－220)。

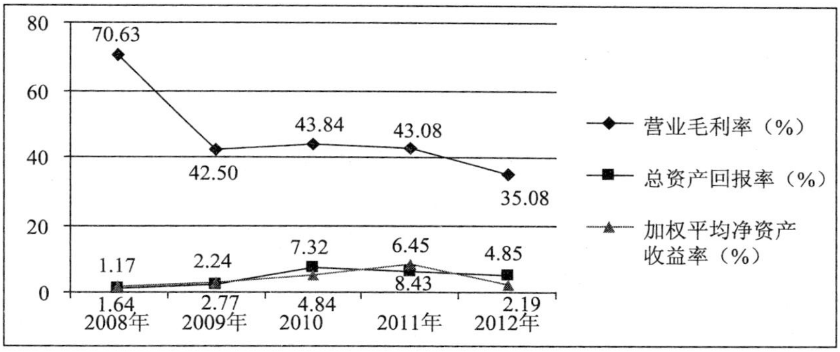

图 4－220 2008—2012 年各项盈利指标变化

(2)运营能力:2012 年运营能力指标均同比下降。与同业相比,存货周转率三年分列第 30、30、31 名,应收账款周转率分列第 15、20、19 名,总资产周转率分列第 29、29、30 名,企业的运营能力较差(见图 4－221、图 4－222)。

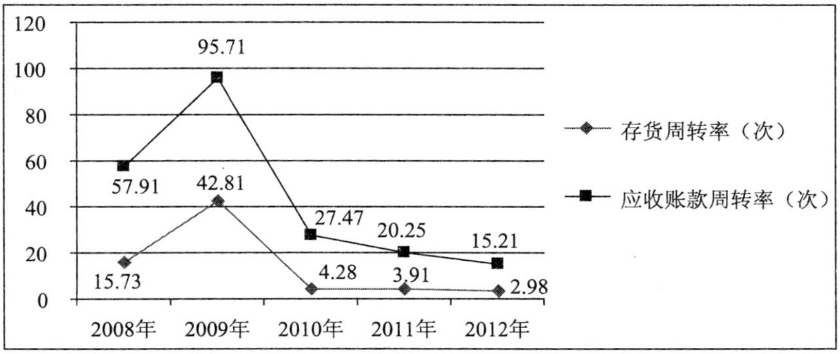

图 4－221 2008—2012 年存货、应收账款周转率变化

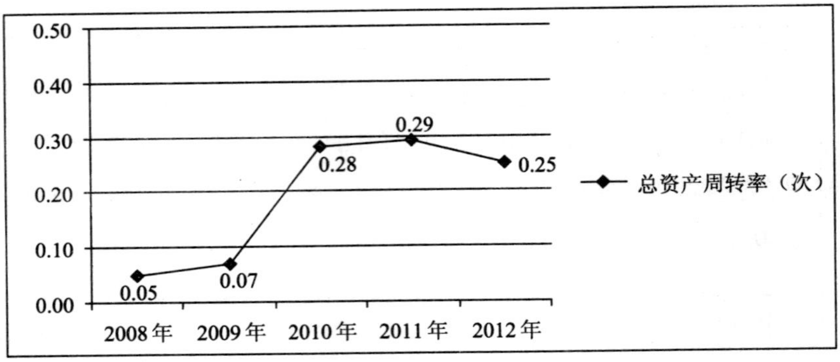

图 4-222　2008—2012 年总资产周转率变化

（3）偿债能力：流动比率和速动比率连续两年下降，且大幅低于指标合理水平。与同业相比，流动比率三年分列第 26、30、30 名，速动比率分列第 26、29、30 名，位处同业最低水平，企业短期偿债风险很大。资产负债率一直居高不下，与同业相比，资产负债率三年分列第 4、2、2 名，长期偿债能力很差，应尽早采取相应的措施（见图 4-223、图 4-224）。

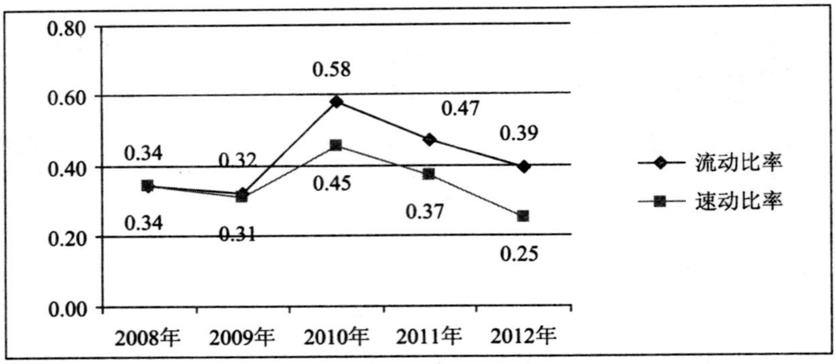

图 4-223　2008—2012 年流动、速动比率变化

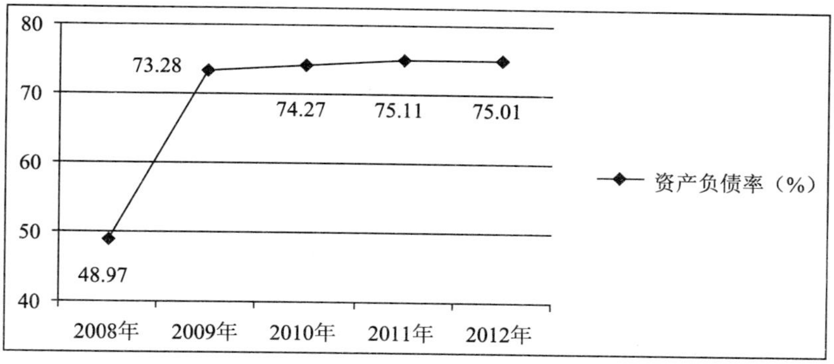

图 4－224 2008—2012 年资产负债率变化

（4）成长性：以 2009 年为基数计算的三年营业收入复合增长率和三年营业利润复合增长率较快增长，主要是由于企业资产重组所致（见图 4－225）。

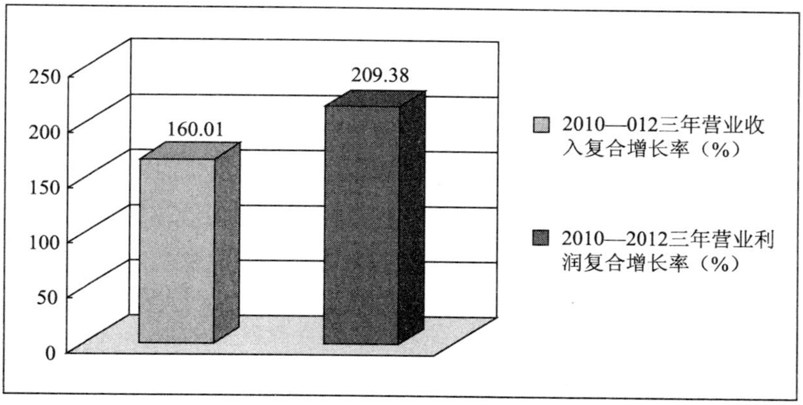

图 4－225 2010—2012 三年营业收入、利润复合增长率变化

2. 收益质量指标

（1）现金流质量：2012 年经营活动产生的现金净流量同比减少，投资活动支出的现金流有所增加，企业面临短期现金不足的局面（见表 4－134）。

表 4－134　2008—2012 年现金净流量情况　　单位：万元

财务指标	2008 年	2009 年	2010 年	2011 年	2012 年
经营活动的现金净流量	1 225	－357	33 911	55 964	34 200
投资活动的现金净流量	－6 215	－12 489	－60 629	－46 523	－16 212
筹资活动的现金净流量	5 737	13 364	28 279	－5 630	－24 949
现金净流量	746	517	1 562	3 811	－6 961

（2）资产质量：2012 年存货余额同比增加，与同业比较，存货占资产总额的比例三年分列第 14、14、4 名，跃居同业前列，但 2012 年应收账款余额同比增幅不大，应收账款占资产总额的比例三年分列同业第 21、20、24 名，排名下降。2012 年无形资产余额同比减幅不大，无形资产占资产总额的比例三年分列同业第 13、12、15 名，位居中等水平（见表 4－135、图 4－226）。

表 4－135　2008—2012 年资产构成情况　　单位：万元

财务指标	2008 年	2009 年	2010 年	2011 年	2012 年
资产总额	95 743	81 310	407 656	440 989	441 813
流动资产	9 903	9 104	82 870	80 439	86 333
货币资金	4 925	5 442	24 879	28 690	21 729
应收账款	67	66	5 005	6 945	7 767
存　货	69	102	18 176	17 091	31 658
非流动资产	71 406	86 639	324 786	360 550	355 480
固定资产	3 977	8 166	105 653	261 128	256 261
无形资产	44 475	44 470	56 035	55 651	55 403

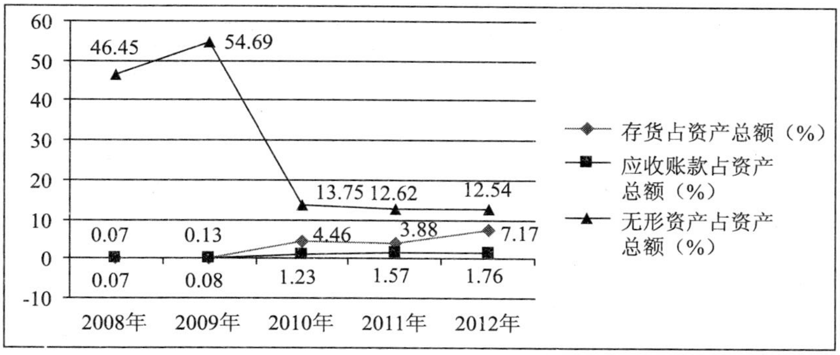

图 4－226　2008—2012 年存货、应收账款及无形资产占比变化

（3）盈利质量：2012 年营业收入、营业利润以及利润总额同比减少，投资收益所占比重很小。营业利润率持续两年下滑，与同业相比，营业利润率三年分列第 16、18、22 名，位居同业中下水平，企业盈利质量不佳（见表 4－136、图 4－227、图 3－228）。

表 4－136　2008—2012 年主要财务指标情况　　单位：万元

财务指标	2008 年	2009 年	2010 年	2011 年	2012 年
营业收入	3 909	6 365	69 656	120 984	111 887
营业利润	81	228	11 879	16 924	6 752
投资收益	－32	－104	－27	－34	－46
营业外收支	765	1 637	363	400	692
利润总额	846	1 865	12 242	17 324	7 444
股东净利润	670	1 706	4 104	7 554	2 047

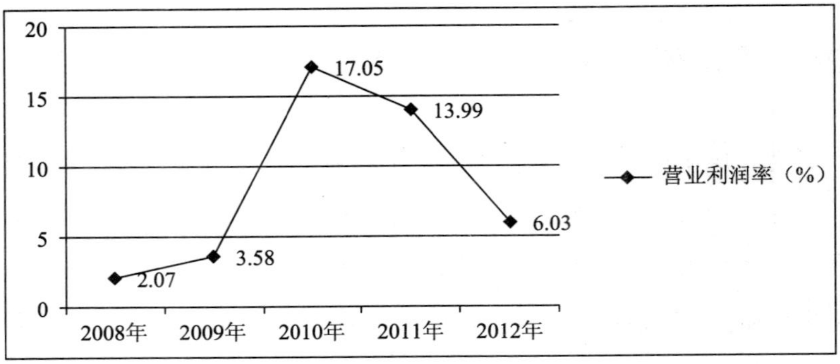

图4－227　2008—2012年营业利润率变化

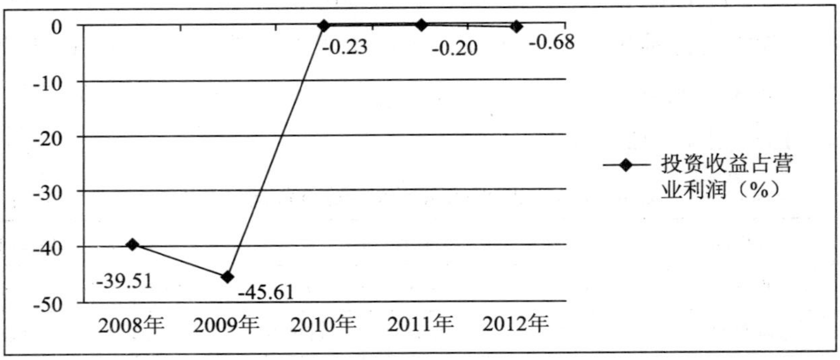

图4－228　2008—2012年投资收益率变化

3. 综合分析

百花村2012年得益于重组，企业的成长性表现良好。但在盈利能力、资产质量、运营能力和盈利质量表现总体欠佳，应尽快采取相应的措施加以改善。还应高度重视财务风险，尤其要警惕短期偿债风险。

4.28　青海贤成矿业股份有限公司（600381）

青海贤成矿业股份有限公司是由原青海白唇鹿股份有限公司（2001年5月在上交所上市）重组更名设立，公司于2008年3月通过对华阳煤业有限公司实施增资扩股的方式进入煤炭产业发展。现公司控股股东为西宁市国新投资控股有限公司，截至2012年末，国新投资持股比例为27.44%，公司主营煤炭及水泥的生产销售业务。

一、公司生产运营状况

1. 2012年主要产品生产销售情况（年报未披露数据）

2. 2012年主营业务分行业、分产品情况

表4－137　2012年主营业务分行业、分产品情况

	营业收入（万元）	较上年增减（%）	营业成本（万元）	较上年增减（%）	毛利率（%）	较上年增减（百分点）
分行业						
煤炭行业	7 730	-66.63	7 441	-28.19	3.74	-51.53
水泥行业	42 445	-	40 279	-	5.10	-
化工行业	1 194	-	1 357	-	-13.71	-
分产品						
原煤	7 730	-66.63	7 441	-28.19	3.74	-51.53
水泥	42 445	-	40 279	-	5.10	-
磷酸一胺	1 194	-	1 357	-	-13.71	-

3. 2013年主要生产经营目标（年报未披露数据）

二、公司财务分析

1. 财务能力指标

（1）盈利能力：2012年企业盈利能力指标大幅下滑，且加权平均净资产收益率和总资产回报率均为负值。与同业相比，营业毛利率五年分列第7、2、1、2、31名，总资产回报率分列第1、4、14、30、31名，加权平均净资产收益率分列第31、1、2、5、30名，企业的盈利能力位居同业最低水平（见

图4－229）。

（2）运营能力：三项运营能力指标近年起伏较大，企业的运营不稳定。与同业相比，存货周转率五年分列第18、9、2、31、30名，应收账款周转率分列第27、23、21、30、29名，总资产周转率分列第26、28、30、31、31名，运营能力位居同业最低水平（见图4－230、图4－231）。

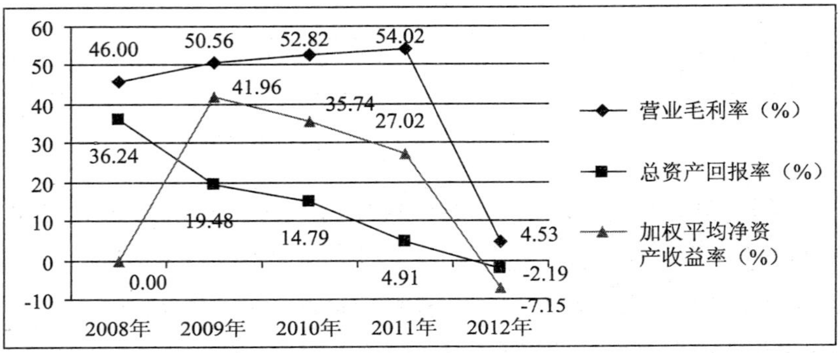

图4－229　2008—2012年各项盈利指标变化

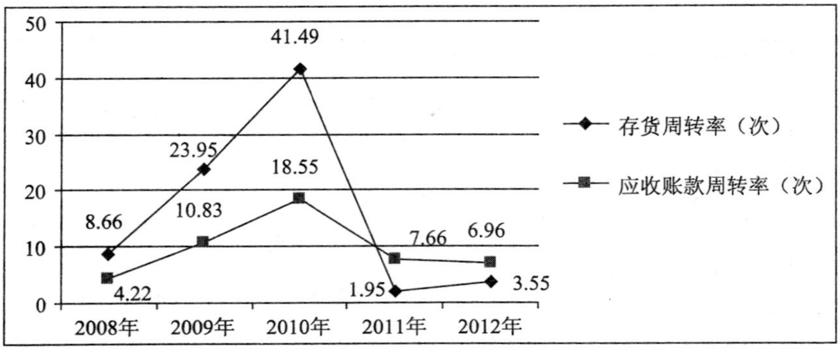

图4－230　2008—2012年存货、应收账款周转率变化

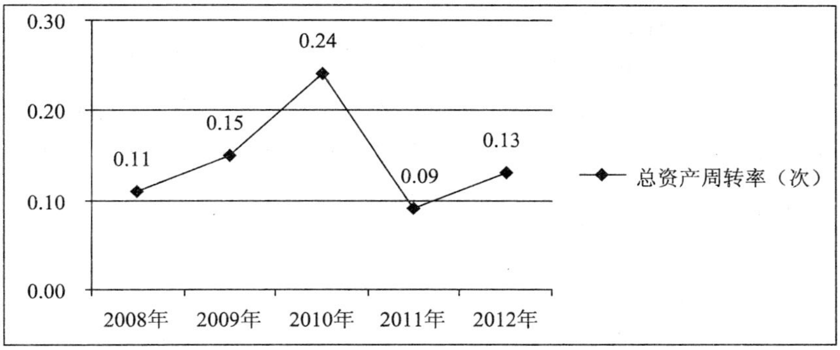

图 4－231　2008—2012 年总资产周转率变化

（3）偿债能力：2012 年流动比率和速动比率同比有所回落，但仍处于正常范围。与同业相比，流动比率五年分列第 27、29、30、2、7 名，速动比率分列第 27、29、28、2、7 名，上升至同业较好水平，脱离了短期偿债压力。2012 年资产负债率同比略有上升，但位处合理水平范围之内。与同业相比，资产负债率五年分列第 1、1、5、21、19 名，已位居同业中下水平，基本不存在长期偿债风险（见图 4－232、图 4－233）。

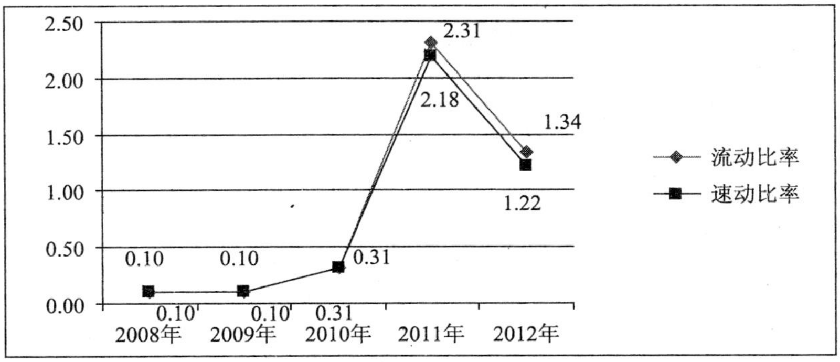

图 4－232　2008—2012 年流动、速动比率变化

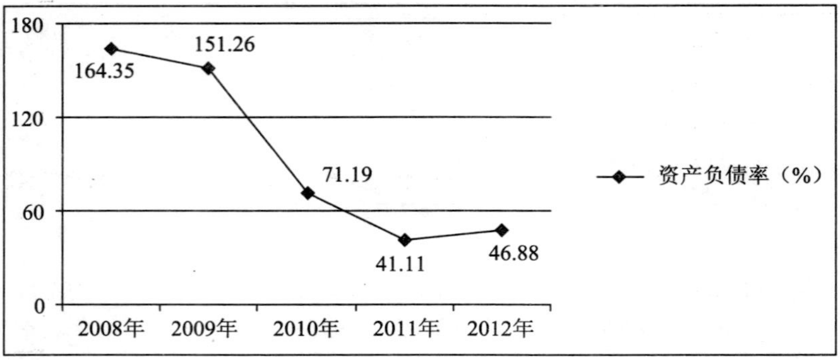

图 4－233　2008—2012 年资产负债率变化

(4)成长性：以 2009 年为基数计算的三年营业收入复合增长率和三年营业利润复合增长率迅速增长，分别排名第 3 位和第 5 位，位处同业较高水平，企业近年的成长性较好（见图 4－234）。

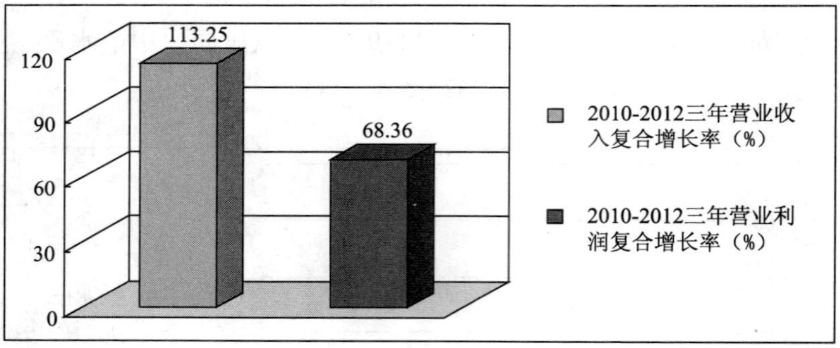

图 4－234　2010—2012 三年营业收入、利润复合增长率变化

2. 收益质量指标

(1)现金流质量：2012 年经营活动产生的现金净流量为负数，企业正面临严重的现金不足的局面，甚至会出现资金链断裂的风险（见表 4－138）。

表 3-138　2008—2012 年现金净流量情况　单位:万元

财务指标	2008 年	2009 年	2010 年	2011 年	2012 年
经营活动的现金净流量	2 083	3 916	15 705	24 998	-70 118
投资活动的现金净流量	-1 374	-3 044	-35 538	-18 325	-18 033
筹资活动的现金净流量	-803	-540	33 574	141 781	-37 584
现金净流量	-94	332	13 741	148 454	-125 735

(2)资产质量:近两年企业存货和应收账款余额均有较大增加。与同业相比,存货占资产总额的比例五年分列第 26、27、30、22、11 名,应收账款占资产总额的比例分列第 24、19、22、25、19 名,同业排名上升。2012 年无形资产总额基本稳定,与同业相比,无形资产占资产总额的比例五年分列第 17、21、2、17、18 名,位居同业中偏下位置(见表 4-139、图 4-235)。

表 3-139　2008—2012 年资产构成情况　单位:万元

财务指标	2008 年	2009 年	2010 年	2011 年	2012 年
资产总额	35 821	34 749	145 562	393 602	405 166
流动资产	4 333	4 810	20 023	196 968	194 024
货币资金	29	361	15 716	164 170	38 435
应收账款	352	627	1 739	4 492	10 280
存　　货	104	115	384	10 880	16 790
非流动资产	31 488	29 939	125 540	196 633	211 142
固定资产	2 302	1 928	6 463	12 273	70 957
无形资产	2 433	2 409	45 740	45 094	47 231

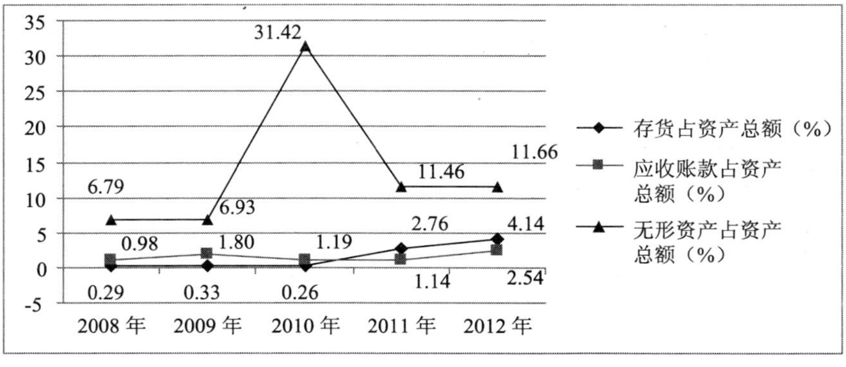

图 4-235　2008—2012 年存货、应收账款及无形资产占比变化

(3)盈利质量:2012 年营业收入同比大幅增加,但营业利润、利润总额和股东净利润同比大幅减少,且出现亏损,投资收益所占比重很小。营业利润率五年分列同业第 27、29、10、6、31 名,位居同业末端,企业盈利质量很差(见表 4 – 140、图 4 – 236、图 4 – 237)。

表 3 – 140　2008—2012 年主要财务指标情况　　单位:万元

财务指标	2008 年	2009 年	2010 年	2011 年	2012 年
营业收入	4 072	5 303	21 940	23 880	51 426
营业利润	– 2 357	– 3 843	5 224	6 446	– 18 340
投资收益	409	– 272	49	29	– 79
营业外收支	14 501	9 433	6 473	5 610	953
利润总额	12 144	5 590	11 697	12 056	– 17 387
股东净利润	11 614	5 167	8 988	9 261	– 13 323

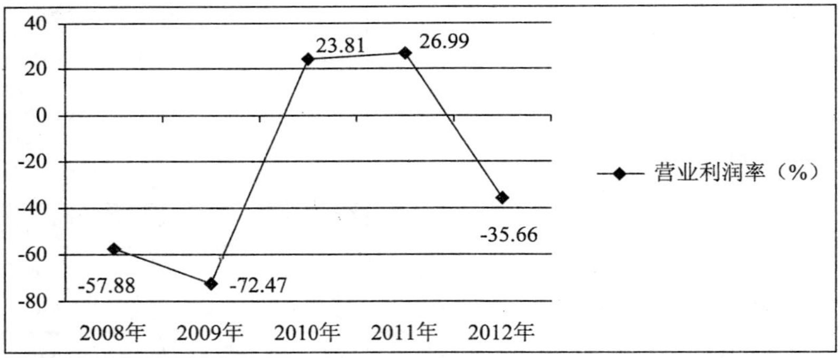

图 4 – 236　2008—2012 年营业利润率变化

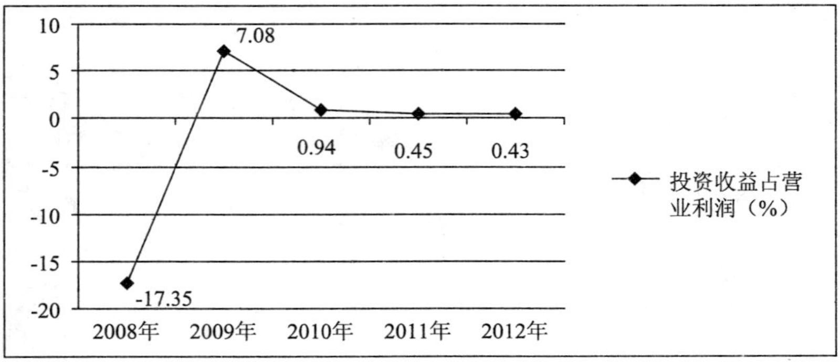

图 4 – 237　2008—2012 年投资收益率变化

3. 综合分析

除偿债能力及成长性外,贤成矿业 2012 年盈利能力和收益质量指标基本位于同业最低水平,盈利能力和经营活动产生的现金净流量更是大幅下滑,营业利润和经营活动产生的现金净流量均为负数,公司面临严重的资金不足的局面。改善企业生产经营,强化企业管理,堵塞财务黑洞甚至进行企业变革,扭转现在的经营困局和管理混乱的局面,已成为企业的当务之急。

4.29 上海爱使股份有限公司（600652）

上海爱使股份有限公司是由原爱使电子(1990年2月上交所上市)于1993年更名设立。2002年12月,公司通过收购山东泰山能源有限责任公司股权的方式,主营业务转入煤炭采选业务。截至2012年末,公司大股东为天天科技有限公司(持股比例9.09%),其余均为个人持股.

一、公司生产运营状况

1. 2012年主要产品生产销售情况

表4－141 2012年主要产品生产销售情况

产品	2012年产量	较上年增减(%)	2012年销量	较上年增减(%)
原煤(万吨)	314.13	－5.87	－	－
商品煤(万吨)	－	－	315.01	－6.19

2. 2012年主营业务分产品情况

表4－142 2012年主营业务分产品情况

分产品	营业收入（万元）	较上年增减（%）	营业成本	较上年增减（%）	毛利率（%）	较上年增减（百分点）
煤炭销售	201 601	2.05	122 515	7.39	39.23	－3.02
计算机软硬件	338	－90.33	335	－90.28	0.86	－0.57

3. 2013年主要生产经营目标(年报未披露数据)

二、公司财务分析

1. 财务能力指标

(1)盈利能力:2012年营业毛利率同比略有下滑,总资产回报率和加权平均净资产收益率同比上升。与同业相比,营业毛利率五年分列第8、11、7、11、6名,总资产回报率分列第22、26、29、31、14名,加权平均净资产收益率分列第25、28、30、31、5名。总体来看,企业的盈利能力上升,并已位居同业上游水平(见图4－238)。

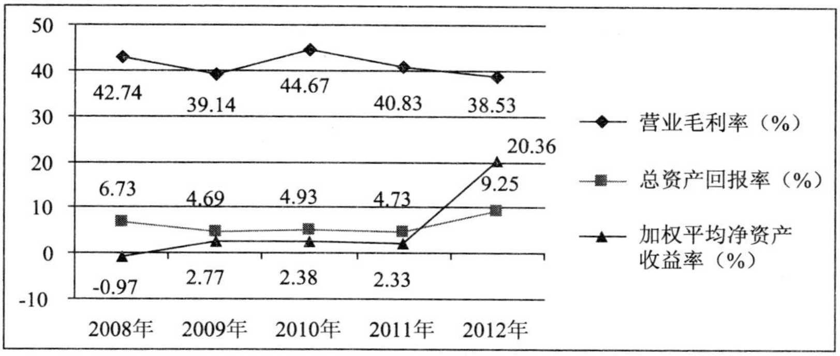

图 4-238 2008—2012 年各项盈利指标变化

(2)运营能力:近两年存货周转率和总资产周转率递增,应收账款周转率下滑。与同业相比,存货周转率五年分列第 1、1、1、1、1 名,五年位列同业榜首,应收账款周转率分列第 17、17、13、16、20 名,总资产周转率分列第 21、21、23、22、17 名,位处中等偏下位置。企业的变现能力很强,但运营资金周转速度和资产利用效率一般(见图 4-239、图 4-240)。

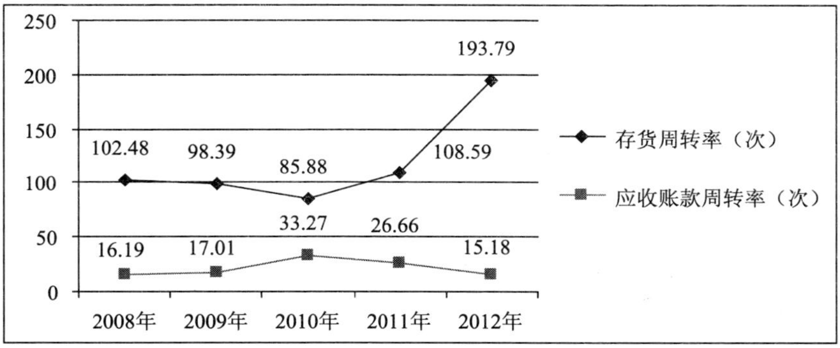

图 4-239 2008—2012 年存货、应收账款周转率变化

(3)偿债能力:流动比率和速动比率一直处于指标合理范围之外。与同业相比,流动比率五年分列第 22、16、23、25、26 名,速动比率分列第 19、14、20、23、25 名,均位居同业中下水平,短期偿债能力一直较差。资产负债率逐年回落,与同业相比,资产负债率五年分列第 11、14、16、16、22 名,位居同业中下水平,企业负债水平适中,不存在长期偿债风险(见图

4－241、图4－242）。

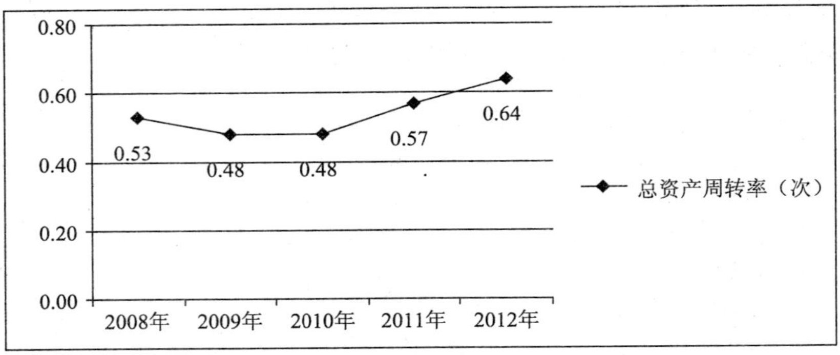

图4－240　2008—2012年总资产周转率变化

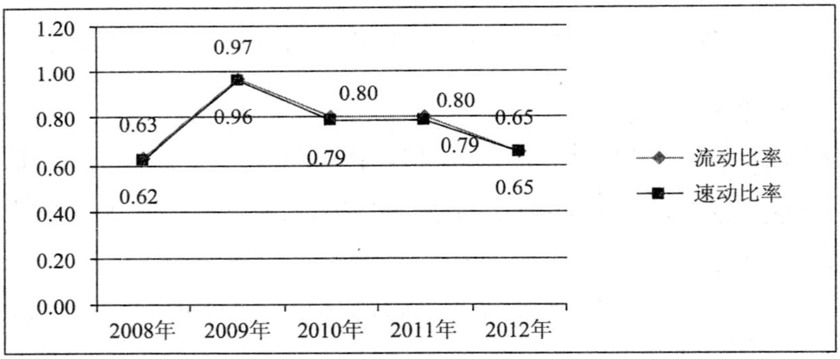

图4－241　2008—2012年流动、速动比率变化

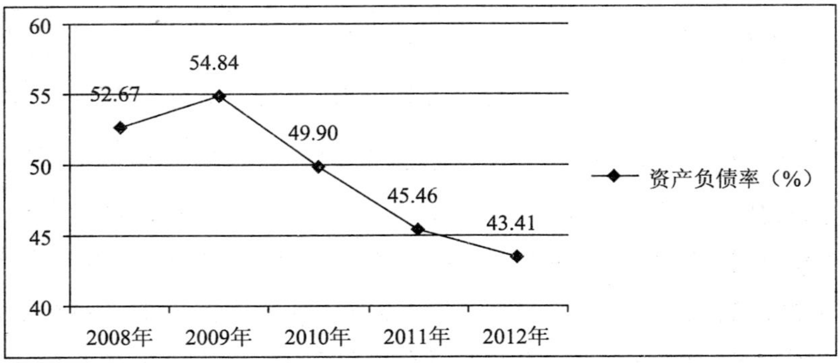

图4－242　2008—2012年资产负债率变化

（4）成长性：以 2009 年为基数计算的三年营业收入复合增长率排名第 27 位，三年营业利润复合增长率排名第 7 位，三年复合利润远高于三年复合收入，说明成本费用的管控较好（见图 4 - 243）。

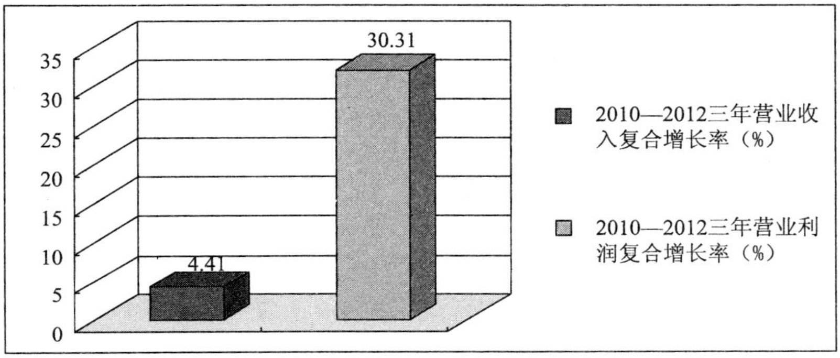

图 4 - 243　2010—2012 三年营业收入、利润复合增长率变化

2. 收益质量指标

（1）现金流质量：2012 年经营活动产生的现金净流量同比大幅减少，投资收入现金流大幅增加，说明企业已进入投资回收和偿还债务周期（见表 4 - 143）。

表 4 - 143　2008—2012 年现金净流量情况　　单位：万元

财务指标	2008 年	2009 年	2010 年	2011 年	2012 年
经营活动的现金净流量	25 241	-3 003	53 504	27 852	10 286
投资活动的现金净流量	-49 496	319	-17 212	-656	20 722
筹资活动的现金净流量	-26 489	1 313	-35 012	-35 067	-62 055
现金净流量	-50 744	-1 371	1 280	-7 871	-31 047

（2）资产质量：2012 年存货余额同比减少，与同业相比，存货占资产总额的比例五年分列第 25、28、29、31、31 名，位居同业最低水平；应收账款余额同比增加，与同业相比，应收账款占资产总额的比例五年分列第 13、21、20、14、11 名，位处同业中上水平。无形资产总额基本稳定，与同业比较，无形资产占资产总额的比例五年分列同业第 3、4、3、1、3 名，位处较高水平（见表 4 - 144、图 4 - 244）。

表 4－144　2008—2012 年资产构成情况　　单位：万元

财务指标	2008 年	2009 年	2010 年	2011 年	2012 年
资产总额	376 485	407 419	394 644	344 307	316 770
流动资产	103 301	116 945	93 627	104 587	84 144
货币资金	48 666	44 695	45 575	38 319	7 276
应收账款	15 714	6 291	5 224	10 646	17 415
存　　货	1 281	1 034	1 434	871	480
非流动资产	273 185	290 473	301 017	239 721	232 627
固定资产	69 248	69 183	58 734	65 516	78 142
无形资产	116 172	113 448	113 163	105 824	105 539

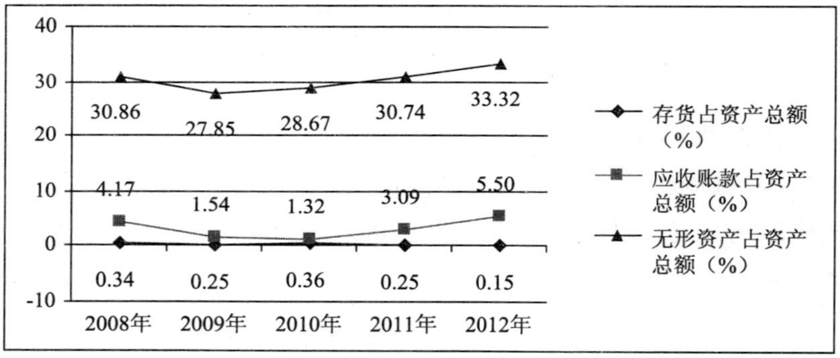

图 4－244　2008—2012 年存货、应收账款及无形资产占比变化

（3）盈利质量：2012 营业收入、营业利润和利润总额均有所增加，营业利润率增幅较大。与同业相比，营业利润率五年分列第 22、24、28、30、17 名，位居同业中下水平，投资收益所占比重增幅颇大，投资收益占营业利润比例五年分列同业第 19、6、4、3、1 名，跃居同业榜首位置。总体来看，企业的盈利质量表现一般（见表 4－145、图 4－245、图 4－246）。

表 4－145　2008—2012 年主要财务指标　　单位：万元

财务指标	2008 年	2009 年	2010 年	2011 年	2012 年
营业收入	214 508	187 115	191 553	211 525	212 960
营业利润	11 365	9 258	10 571	8 378	20 485

续表

财务指标	2008 年	2009 年	2010 年	2011 年	2012 年
投资收益	-471	626	1 075	302	24 023
营业外收支	668	73	-26	3 186	3 640
利润总额	12 034	9 331	10 545	11 564	24 125
股东净利润	-856	2 476	2 235	2 259	19 758

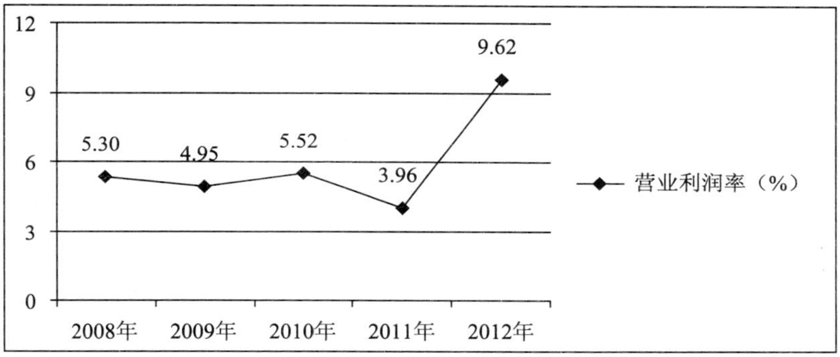

图 4－245　2008—2012 年营业利润率变化

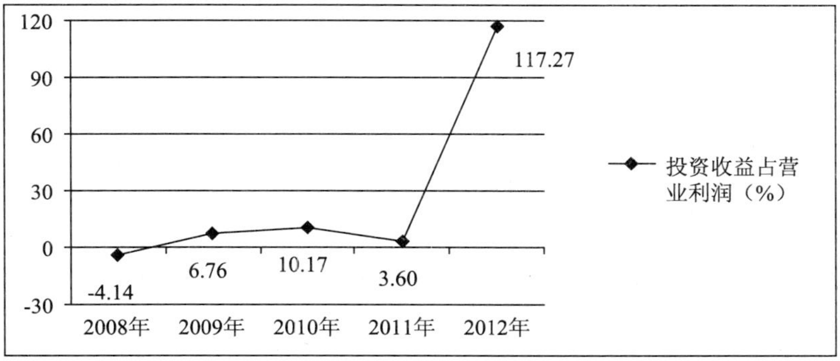

图 4－246　2008—2012 年投资收益率变化

3. 综合分析

爱使股份 2012 年企业的财务能力和收益质量表现总体较好，但是企业需要警惕短期偿债风险。

4.30 新大洲控股股份有限公司（000571）

新大洲控股股份有限公司于1994年5月在深圳证券交易所挂牌，主营业务为摩托车产业，自2007年开始，公司主营业务收入以煤炭产业为主。截至2012年末，公司大股东为海南新元农业开发公司（持股比例12.16%）。

一、公司生产运营状况

1. 2012年主要产品生产销售情况

表4－146 2012年主要产品生产销售情况

产品	2012年产量	较上年增减（%）	2012年销量	较上年增减（%）
煤炭（万吨）	247.06	－7.78	235.94	－8.58
摩托车（万辆）	99.28	11.93	97.23	9.51

2. 2012年主营业务分行业、分产品情况

表4－147 2012年主营业务分行业、分产品情况

	营业收入（万元）	较上年增减（%）	营业成本（万元）	较上年增减（%）	毛利率（%）	较上年增减（%）
分行业						
煤炭采选业	76 668	0.37	40 282	32.85	47.46	－12.85
物流运输业	22 571	－22.06	17 602	－26.27	22.02	4.46
电石行业	132	－75.57	142	－83.78	－7.83	54.63
电动车业	3 499	587.81	3 300	591.04	5.69	－0.44
物业管理及服务业	319	17.58	285	10.57	10.75	5.65
分产品						
煤炭采选业	76 668	0.37	40 282	32.85	47.46	－12.85
物流运输	22 571	－22.06	17 602	－26.27	22.02	4.46
电石	132	－75.57	142	－83.78	－7.83	54.63
电动车	3 499	587.81	3 300	591.04	5.69	－0.44
物业管理费收入	319	17.58	285	10.57	10.75	5.65

3. 2013 年主要生产经营目标

2013 年计划摩托车产量 114. 8 万辆，销量 114 万辆；煤炭产量 300 万吨，销量 288. 5 万吨；低阶煤热解项目完成工程建设并试生产；实现运输收入 3. 05 亿元。

二、公司财务分析

1. 财务能力指标

(1)盈利能力：2012 年盈利能力指标同比下滑。与同业相比，营业毛利率五年分列第 10、8、5、3、3 名，总资产回报率分列第 23、18、17、17、19 名，加权平均净资产收益率分列第 22、23、24、26、25 名，企业的盈利能力表现基本稳定（见图 4－247）。

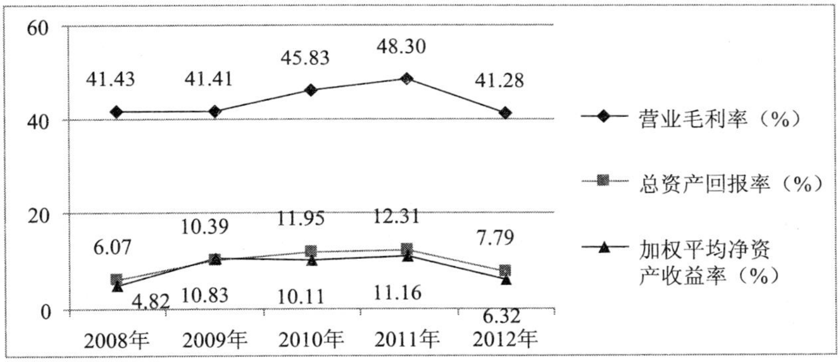

图 4－247　2008—2012 年各项盈利指标变化

(2)运营能力：近年来，公司的存货周转率、应收账款周转率和总资产周转率总体维持平稳上升态势。但与同业相比，存货周转率五年分列第 27、29、27、24、26 名，应收账款周转率分列第 23、18、23、21、15 名、总资产周转率分列第 25、25、27、26、27 名，均位居同业较低水平（见图 4－248、图 4－249）。

(3)偿债能力：2012 年流动比率和速动比率同比上升，脱离短期偿债风险区域。与同业比较，流动比率五年分列第 13、8、11、28、9 名，速动比率分列第 17、10、11、26、10 名，位居同业中上水平。资产负债率同比大幅降低，与同业相比，资产负债率五年分列第 20、29、30、17、30 名，负债位居同业低端水平，不存在长期偿债风险（见图4－250、图4－251）。

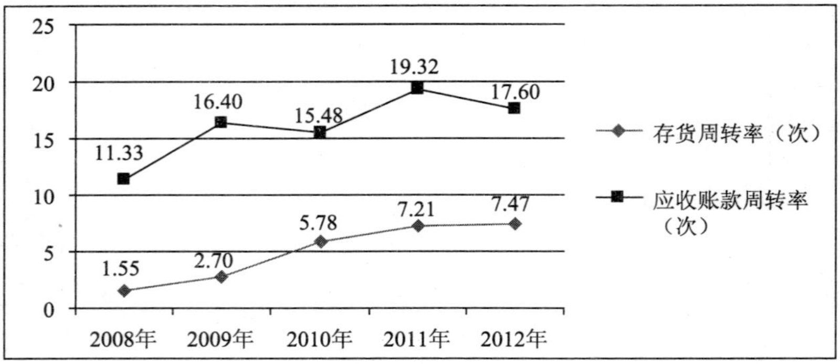

图4－248　2008—2012年存货、应收账款周转率变化

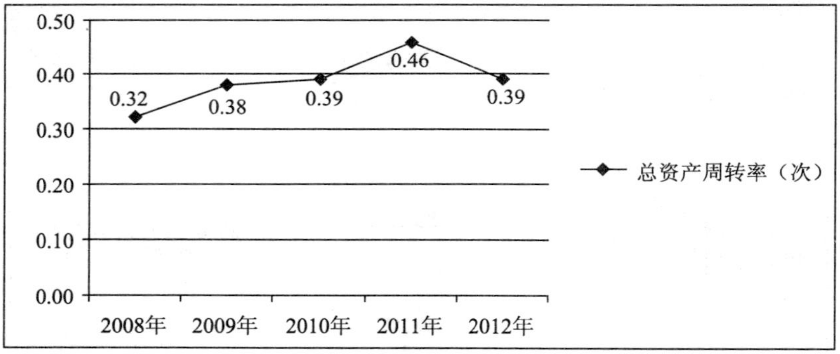

图4－249　2008—2012年总资产周转率变化

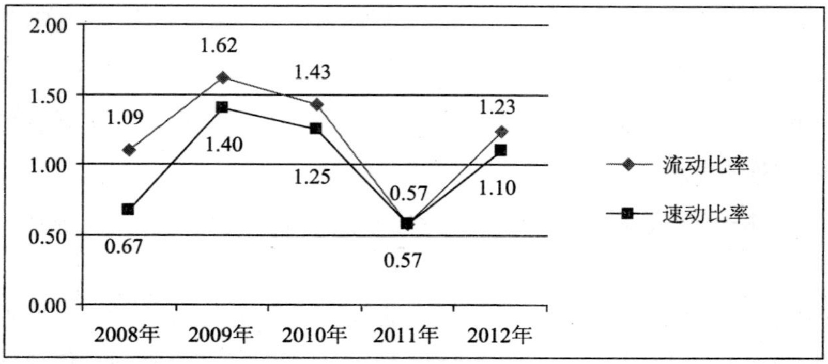

图4－250　2008—2012年流动、速动比率变化

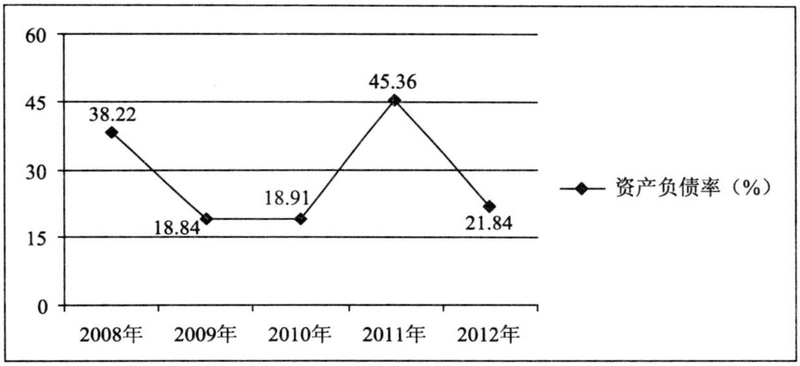

图 4－251　2008—2012 年资产负债率变化

（4）成长性：以 2009 年为基数计算的三年营业收入复合增长率和三年营业利润复合增长率反向增长，且后者为负值。与同业相比，三年营业收入复合增长率排名第 21 位，三年营业利润复合增长率排名第 23 位，均处于同业中下水平，企业成长性明显不足（见图 4－252）。

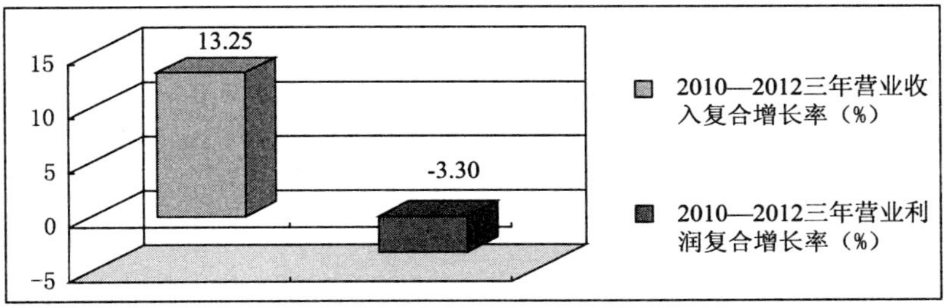

图 4－252　2010—2012 三年营业收入、利润复合增长率变化

2. 收益质量指标

（1）现金流质量：2012 年经营活动产生的现金净流量同比略有减少但是企业的现金流较为充裕（见表 4－148）。

表 4－148　2008—2012 年现金净流量情况　　单位：万元

财务指标	2008 年	2009 年	2010 年	2011 年	2012 年
经营活动的现金净流量	13 583	7 224	14 689	17 473	12 953
投资活动的现金净流量	－24 741	－14 237	－14 574	－62 016	28 156

续表

财务指标	2008 年	2009 年	2010 年	2011 年	2012 年
筹资活动的现金净流量	14 949	21 997	-7 723	62 762	-34 189
现金净流量	3 790	14 985	-7 607	18 219	6 921

(2)资产质量:近年来资产质量指标基本保持稳定。与同业相比,存货占资产总额的比例五年分列第3、14、17、17、20名,应收账款占资产总额的比例分列第22、16、15、18、20名,无形资产占资产总额的比例分列第16、15、18、22、23名,均位居同业中游水平(见表4-149、图4-253)。

表4-149　2008—2012年资产构成情况　　单位:万元

财务指标	2008 年	2009 年	2010 年	2011 年	2012 年
资产总额	183 836	204 090	218 842	255 921	282 127
流动资产	60 123	59 745	57 347	66 057	75 787
货币资金	9 447	24 432	16 824	35 043	41 964
应收账款	3 782	5 091	5 504	5 727	6 285
存　　货	23 330	8 222	7 152	8 401	8 224
非流动资产	123 712	144 345	161 495	189 864	206 339
固定资产	20 455	42 683	44 822	81 075	48 753
无形资产	14 014	21 694	22 906	22 220	24 898

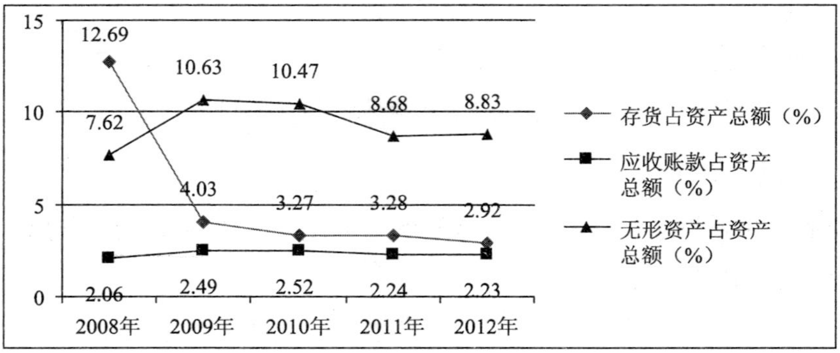

图4-253　2008—2012年存货、应收账款及无形资产占比变化

(3)盈利质量:2012年营业收入、营业利润、利润总额和股东净利润同比有所减少,投资收益的比重增幅较大,营业利润率有所回落。与同业相比,营业利润率五年分列第16、4、5、9、9名,投资收益占营业利润比例分列第2、1、1、1、2名。总体来看,企业的盈利质量总体尚可(见表4－150、图4－254、图4－255)。

表4－150　2008—2012年主要财务指标　　单位:万元

财务指标	2008年	2009年	2010年	2011年	2012年
营业收入	54 520	72 767	82 009	108 516	105 685
营业利润	8 739	19 099	23 991	26 912	17 268
投资收益	1 148	6 614	6 717	5 671	7 553
营业外收支	412	88	491	－554	－378
利润总额	9 151	19 187	24 482	26 358	16 890
股东净利润	5 017	12 716	13 578	14 929	8 596

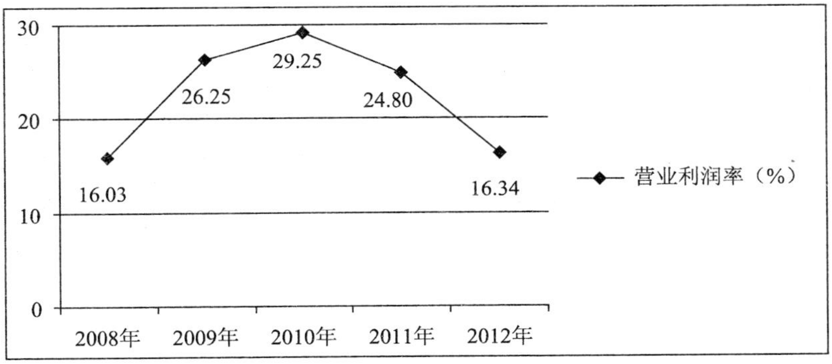

图4－254　2008—2012年营业利润率变化

3. 综合分析

2012年新大洲的盈利能力和盈利质量表现较好,但是企业运营能力和成长性方面表现较差。

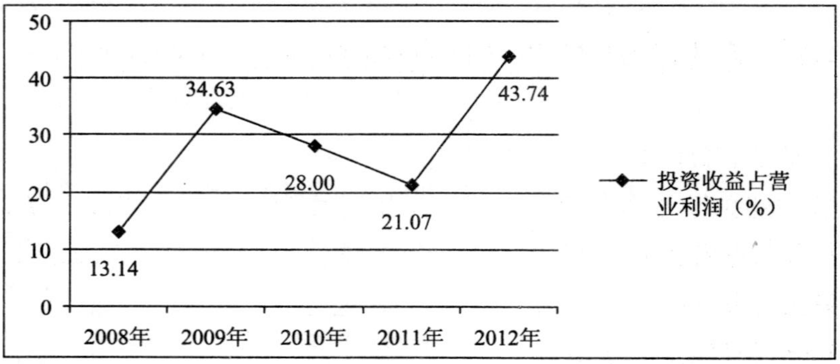

图 4－255　2008—2012 年投资收益率变化

4.31　青海金瑞矿业发展股份有限公司（600714）

青海金瑞矿业发展股份有限公司于1996年6月在上海证券交易所上市。2009年，公司通过实施资产重组，并购青海省西海煤炭开发有限责任公司进入煤炭采选行业。截至2012年末，公司控股股东为青海省投资集团有限公司，集团持股比例44.79%。

一、公司生产运营状况

1. 2012年主要产品生产销售情况（年报未披露数据）

2. 2012年主营业务分行业、分产品情况

表4－151　2012年主营业务分行业、分产品情况

	营业收入（万元）	较上年增减（%）	营业成本（万元）	较上年增减（%）	毛利率（%）	较上年增减（百分点）
分行业						
煤炭行业	49 881	31.55	34 377	47.28	31.08	7.36
分产品						
煤炭行业	49 881	31.55	34 377	47.28	31.08	7.36

3. 2013年主要生产经营目标

2013年公司计划生产原煤170万吨，销售原煤170万吨，预计实现销售收入4.19亿元，实现利润总额3 010万元。

二、公司财务分析

1. 财务能力指标

（1）盈利能力：2012年企业的营业毛利率、总资产回报率和加权平均净资产收益率同比下滑。与同业相比，营业毛利率自2009年分列第10、16、17、16名，总资产回报率分列第25、28、28、28名，加权平均净资产收益率分列第22、25、28、27名。总体来看，整体盈利能力位处同业下游水平，企业盈利能力一般（见图4－256）。

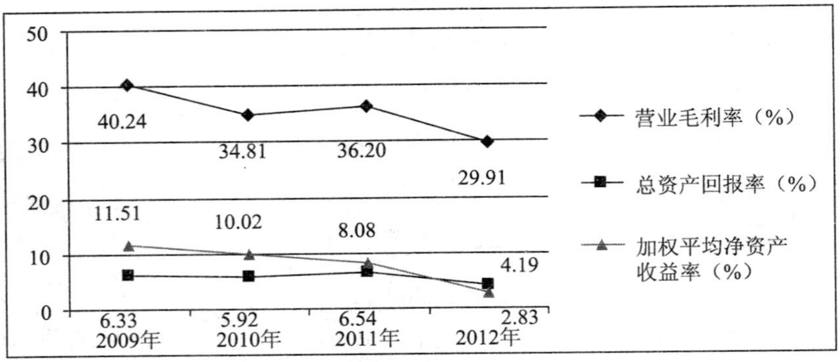

图 4-256　2009—2012 年各项盈利指标变化

(2)运营能力:运营能力指标呈逐年上升的态势,尤其是应收账款周转率增幅较大。与同业相比,存货周转率四年分列第 28、29、29、29 名,应收账款周转率分列第 28、30、19、9 名,总资产周转率分列第 27、28、27、25 名,企业运营能力逐步增强但仍有一定的提升空间(见图 4-257、图 4-258)。

(3)偿债能力:2012 年流动比率和速动比率同比有所增长,但一直低于指标合理水平。与同业相比,流动比率四年分列第 26、28、29、22 名,速动比率分列第 26、29、30、23 名,尚未脱离短期偿债风险区域。2012 年资产负债率同比回升,与同业相比,资产负债率四年分列第 6、8、6、4 名,位居同业上游水平。企业的负债比重相对较高,存在一定的长期偿债风险(见图 4-259、图 4-260)。

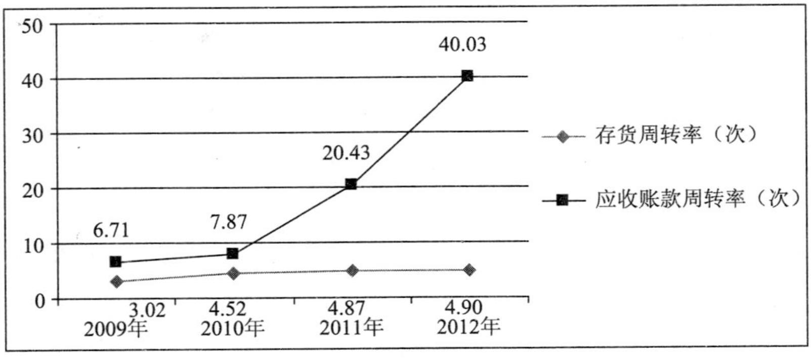

图 4-257　2009—2012 年存货、应收账款周转率变化

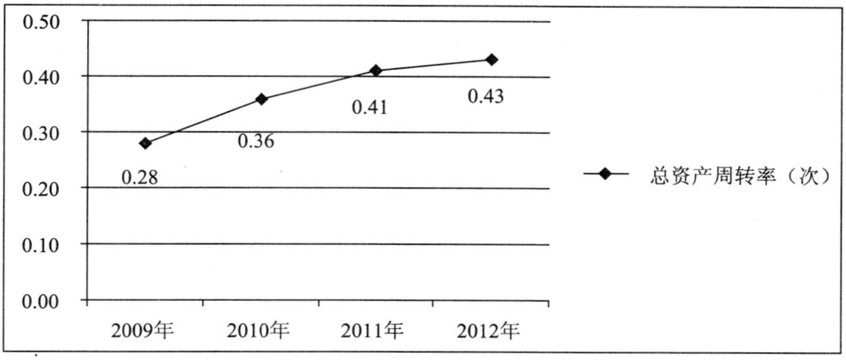

图 4－258　2009—2012 年总资产周转率变化

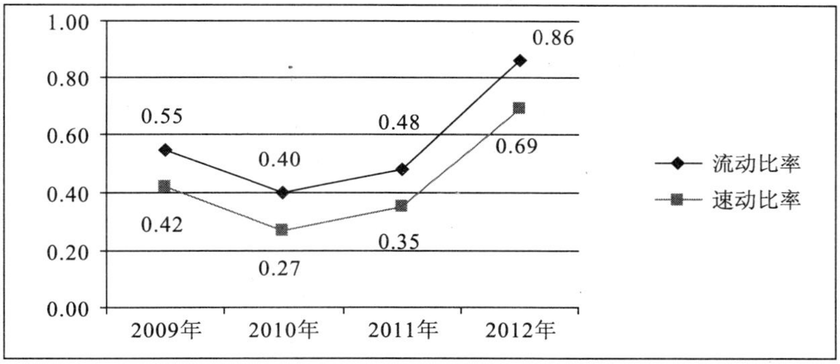

图 4－259　2009—2012 年流动、速动比变化

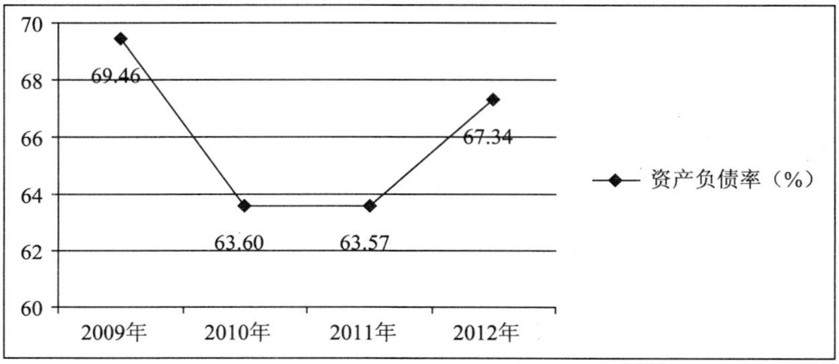

图 4－260　2009—2012 年资产负债率变化

(4)成长性:以2009年为基数计算的三年营业收入复合增长率和三年营业利润复合增长率有所增长。与同业比较,两项指标均排名第18位,处于同业中游水平(见图4-261)。

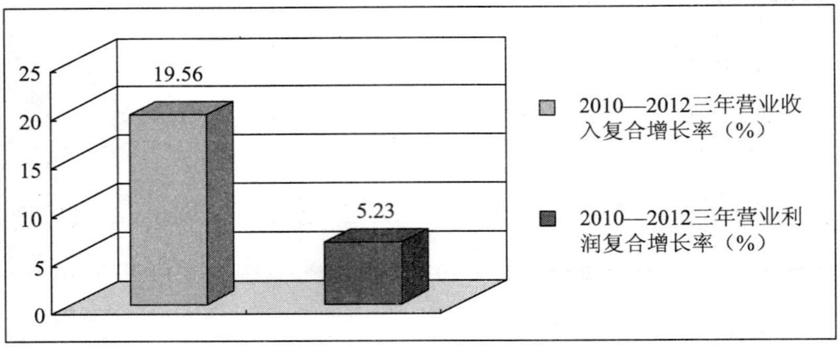

图3-261　2010—2012三年营业收入、利润复合增长率变化

2. 收益质量指标

(1)现金流质量:2012年经营以及筹资活动产生的现金净流量同比增加,企业可利用的现金充足(见表4-152)。

表4-152　2009—2012年现金净流量情况　　单位:万元

财务指标	2009年	2010年	2011年	2012年
经营活动的现金净流量	7 136	15 427	6 239	6 433
投资活动的现金净流量	-7 884	-6 319	-2 557	-69
筹资活动的现金净流量	1 051	-13 384	-225	4 775
现金净流量	302	-4 276	3 457	11 139

(2)资产质量:2012年存货余额以及占总资产的比例同比增加。与同业中比较,存货占资产总额的比例自2009年分列第5、10、9、6名,位居同业前列;应收账款余额同比减少,与同业中比较,应收账款占资产总额的比例四年分列第5、13、22、28名,位居同业下游位置;无形资产总额连续三年递减。与同业相比,无形资产占资产总额的比例四年分列第17、19、21、25名,位居下游位置(见表4-153、图4-262)。

表 4－153　2009—2012 年资产构成情况　　单位：万元

财务指标	2009 年	2010 年	2011 年	2012 年
资产总额	107 501	99 858	108 327	131 970
流动资产	25 853	15 065	23 161	43 289
货币资金	6 197	1 922	5 678	16 517
应收账款	7 007	2 603	1 527	1 035
存　　货	6 076	4 826	6 230	8 451
非流动资产	81 648	84 793	85 166	88 681
固定资产	65 007	66 432	62 858	58 892
无形资产	10 628	10 197	10 020	9 578

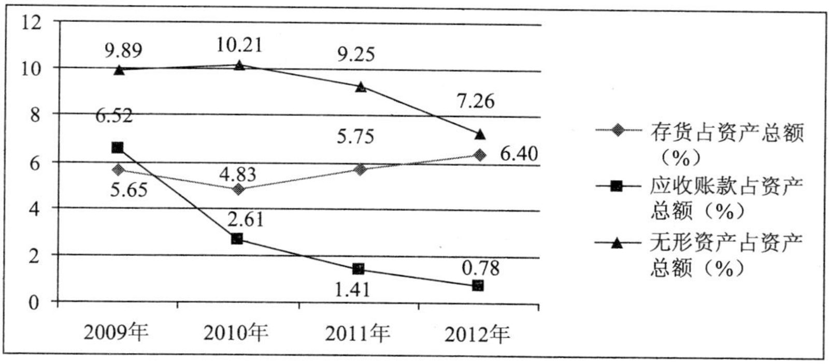

图 4－262　2009—2012 年存货、应收账款及无形资产占比变化

（3）盈利质量：2012 年营业收入同比增加，营业利润、利润总额和股东净利润同比减少，营业利润率下滑较大。与同业比较，营业利润率四年分列第 22、25、24、23 名，位处同业中下位置，企业盈利质量欠佳（见表 4－154、图 4－263）。

表 4－154　2009—2012 年主要财务指标　　单位：万元

财务指标	2009 年	2010 年	2011 年	2012 年
营业收入	30 002	37 793	42 191	51 274
营业利润	2 128	2 843	3 690	2 480
投资收益	-	-	-	-

续表

财务指标	2009 年	2010 年	2011 年	2012 年
营业外收支	2 560	1 175	1 260	199
利润总额	4 688	4 018	4 950	2 679
股东净利润	3 630	3 481	3 118	1 158

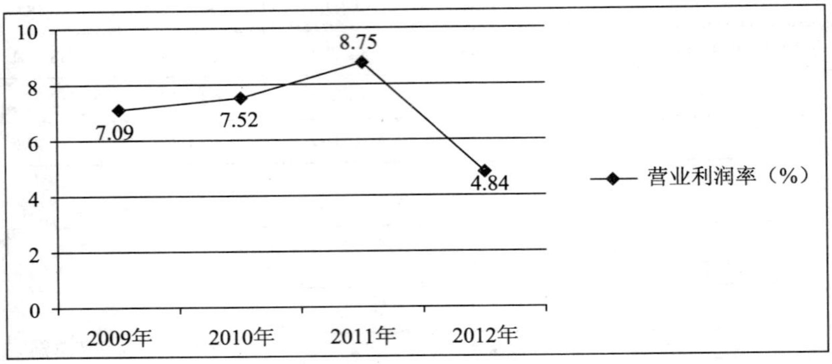

图 4－263　2009—2012 年营业利润率变化

3. 综合分析

金瑞矿业 2012 现金流质量较好，但年的财务能力、资产质量和盈利质量总体欠佳，需要加强成本费用控制，进一步提升企业盈利能力，并对财务风险进行监控。

2013

第五章 煤焦化工上市公司个股分析

2013煤炭行业上市公司发展研究报告

本章主要根据新会计总则实施以来2008年后的企业年报资料数据，对于八家煤炭焦化类上市公司的经营财务状况进行分析。

5.1　云南云维股份有限公司（600725）

云南云维股份有限公司于1996年在上海证券交易所上市。2007年7月，公司采用定向增发方式与云维集团及云南煤化持有的曲靖大为焦化制供气有限公司和云南大为制焦有限公司股权置换，进入煤焦化工生产经营领域。截至2012年末，公司控股股东云南云维集团有限公司，持股比例为41.79%。

一、公司生产运营状况

1. 2012年主要产品生产销售情况（年报未披露）

2. 2012年主营业务分行业、分产品情况

表5-1　2012年主营业务分行业、分产品情况

	营业收入（万元）	较上年增减（%）	营业成本（万元）	较上年增减（%）	毛利率（%）	较上年增减（百分点）
分行业						
煤焦产品	547 979	-9.54	535 299	1.77	2.31	-10.86
化工产品	136 467	-43.58	151 464	-27.28	-10.99	-24.88
化肥产品	15 714	10.73	15 619	17.54	0.60	-5.77
建材产品	4 583	-40.05	5 906	-29.71	-28.88	-18.95
分产品						
聚乙烯醇	22 910	-37.04	28 768	-20.50	-25.57	-26.12
醋酸乙烯	4 594	-68.01	6 930	-63.57	-50.85	-18.40
纯碱	19 163	-15.26	17 344	2.30	9.49	-12.01
氯化铵	15 714	10.73	15 619	17.54	0.60	-5.77
水泥	4 583	-40.05	5 906	-29.71	-28.88	-18.95

续表

	营业收入（万元）	较上年增减（%）	营业成本（万元）	较上年增减（%）	毛利率（%）	较上年增减（百分点）
分产品						
1·4丁二醇	16 634	-48.51	24 965	-3.78	-50.08	-69.77
焦炭	453 846	-21.02	449 476	-10.83	0.96	-11.32
焦油	43 921	40.91	38 609	76.10	12.09	-17.57
苯	26 941	-0.81	22 446	6.33	16.68	-5.60
甲醇	48 269	-17.75	41 011	1.13	15.04	-15.86

3. 2013 年主要生产经营目标

（1）焦煤化产业：生产销售全焦 396 万吨，硫酸铵 4.97 万吨，精甲醇 34.8 万吨，炭黑 8.5 万吨，纯苯 5.28 万吨，煤焦油及加工品 15.66 万吨，原煤 16.3 万吨，洗精煤 86.93 万吨。

（2）乙炔化工产业：生产电石 12.22 万吨，聚乙烯醇 1.89 万吨，水泥 180.84 万吨，醋酸甲酯 3.23 万吨，1·4 丁二醇 2.3 万吨，甲醛 2.94 万吨.

（3）煤气化产业：生产销售纯碱 18.5 万吨，氯化铵 18.5 万吨。

二、公司财务分析

1. 财务能力分析

（1）盈利能力：2012 年营毛利率、总资产回报率和加权平均净资产收益率同比下降且呈负值。与 8 家同业公司比较，营业毛利率自 2008 年起分列第 4、2、1、2、8 名，总资产回报率分列第 3、2、2、3、7 名，加权平均净资产收益率分列第 3、2、1、6、8 名，三项指标基本位居同业最低水平，2012 年企业盈利能力急剧下降（见图 5－1）。

（2）运营能力：2012 年存货周转率、应收账款周转率和总资产周转率同比均有不同程度下滑，尤其应收账款周转率下滑幅度较大。与 8 家同业公司相比，存货周转率自 2008 年起分列第 4、6、5、5、5 名，应收账款周转率分列第 1、1、1、3、3 名，总资产周转率分列第 6、5、6、8、7 名，总体位居同业中下水平（见图 5－2、图 5－3）。

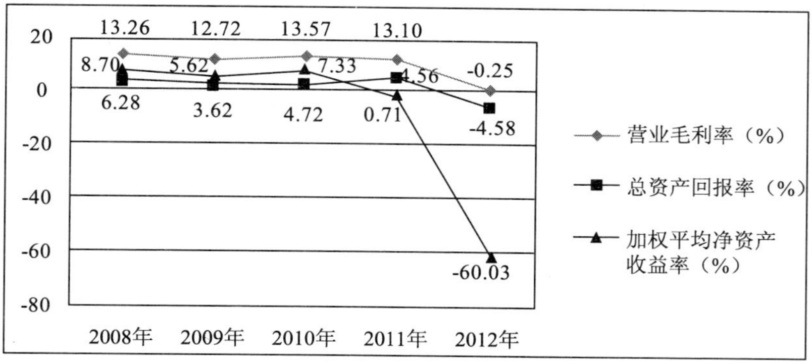

图 5－1　2008—2012 年各项盈利指标变化

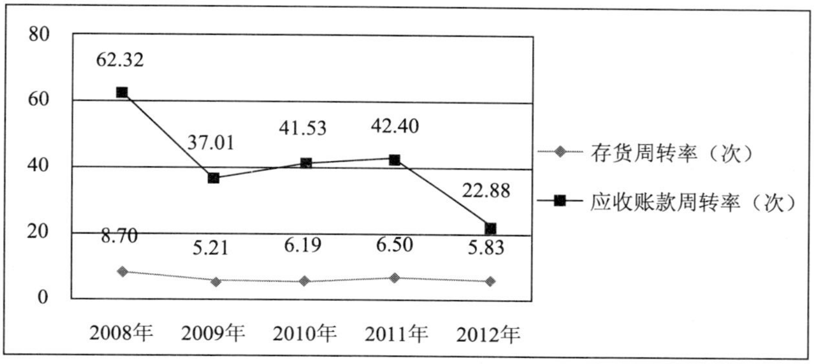

图 5－2　2008—2012 年存货、应收账款周转率变化

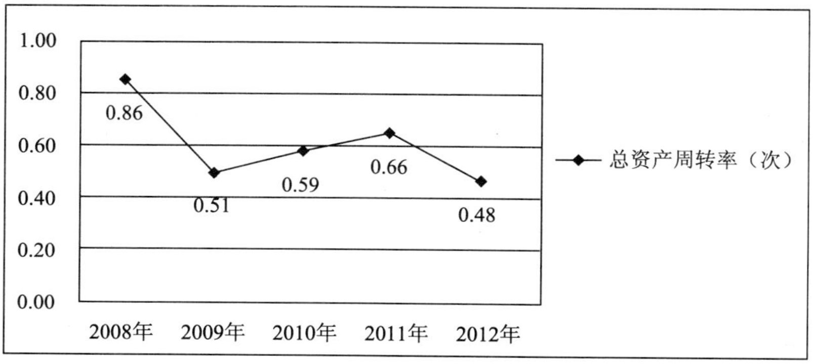

图 5－3　2008—2012 年总资产周转率变化

(3)偿债能力:流动比率和速动比率逐年下降,与8家同业相比,流动比率自2008年起分列第6、4、4、6、8名,速动比率分列第6、4、4、7、8名,两项指标位处同业最低水平;资产负债率逐年攀升,与同业比较,资产负债率五年分列第2、2、2、3、1名,位居同业榜首。企业存在较大的短期额长期偿债风险,必须实施严密监控(见图5-4、图5-5)。

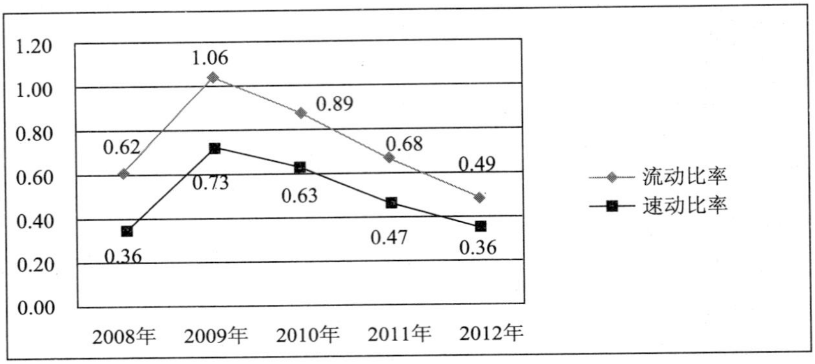

图5-4 2008—2012年流动、速动比率变化

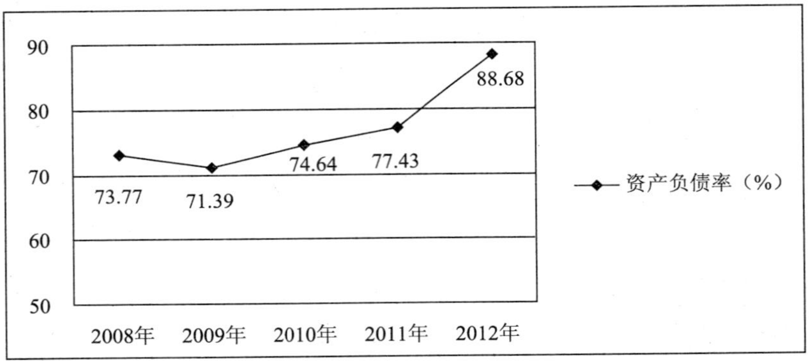

图5-5 2008—2012年资产负债率变化

(4)成长性:以2009年为基数计算的三年营业收入复合增长率和营业利润复合增长率反向增长。与8家同业比较,三年营业收入复合增长率排名第2名,三年营业利润复合增长率排名第6名,企业成长性差(见图5-6)。

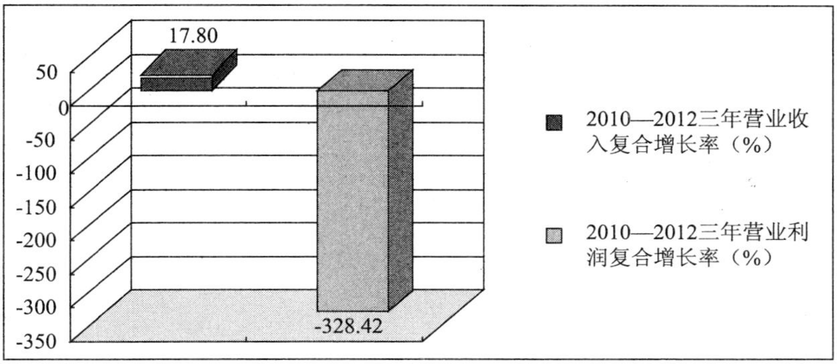

图5－6　2010—2012 三年营业收入、利润复合增长率变化

2. 收益质量指标

（1）现金流质量:2012 年经营活动净流量同比大幅度减少,为负数。筹资活动现金流量大幅增加,应充分利用闲置资金(见表5－2)。

表5－2　2008—2012 年现金净流量　　单位:万元

财务指标	2008 年	2009 年	2010 年	2011 年	2012 年
经营活动的现金净流量	44 850	6 242	23 026	24 694	－38 362
投资活动的现金净流量	－159 391	－228 011	－174 997	－118 988	－82 961
筹资活动的现金净流量	144 080	240 873	154 074	110 163	162 683
现金净流量	29 496	19 104	2 102	15 867	41 360

（2）资产质量:2012 年存货余额及其占资产总额的比例同比减少,与同业比较,存货占资产总额的比例自 2008 年起分列第 4、5、5、6、7 名;应收账款余额及其占资产总额的比例同比增加,占资产总额的比例五年分列第 6、6、6、7、7 名;近五年无形资产总额逐年增加,占资产总额的比例分列第 2、2、2、4、4 名。总体来看,资产质量不佳(见表5－3、图5－7)。

表5－3　2008—2012 年资产构成情况　　单位:万元

财务指标	2008 年	2009 年	2010 年	2011 年	2012 年
资产总额	722 350	987 036	1 261 986	1 414 976	1 553 879
流动资产	169 251	245 288	364 595	417 806	458 961
货币资金	51 072	70 176	72 278	88 444	129 804

续表

财务指标	2008 年	2009 年	2010 年	2011 年	2012 年
应收账款	11 849	11 753	19 984	21 433	40 974
存　　货	69 127	77 134	106 866	127 866	117 728
非流动资产	553 099	741 748	897 391	997 169	1 094 918
固定资产	332 071	363 810	579 500	585 757	668 399
无形资产	19 196	21 540	40 539	41 335	44 002

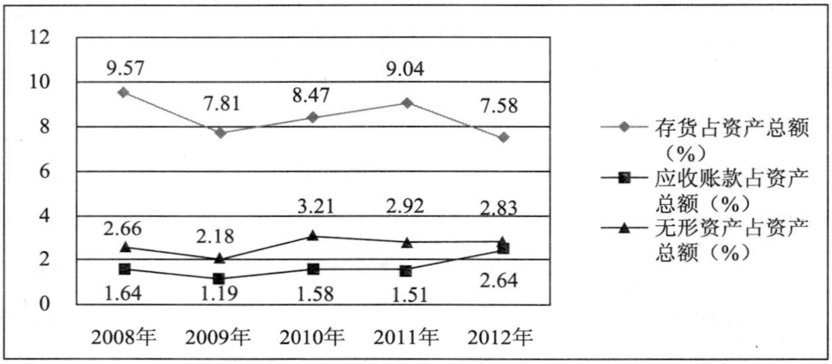

图 5－7　2008—2012 年存货、应收账款及无形资产占比变化

(3)盈利质量:2012 年营业收入、营业利润、利润总额和股东净利润同比减少,企业处于亏损状态。营业利润率下降且呈负值,自 2008 年起位居同业第 3、1、1、5、8 名,企业的盈利质量很差(见表 5－4、图 5－8、图 5－9)。

表 5－4　2008—2012 年主要财务指标　　单位:万元

财务指标	2008 年	2009 年	2010 年	2011 年	2012 年
营业收入	532 887	436 728	659 042	878 084	713 918
营业利润	14 948	11 585	27 439	9 282	－138 063
投资收益	–	55	28	14	27
营业外收支	2 149	951	662	700	992
利润总额	17 097	12 536	28 101	9 982	－137 071
股东净利润	13 348	9 381	18 502	1 834	－117 076

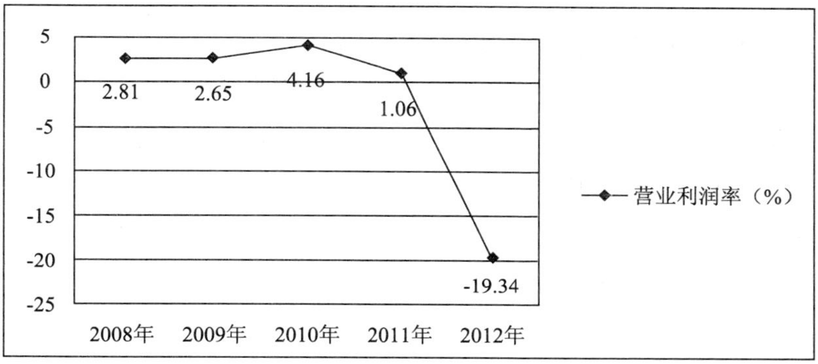

图 5－8 2008—2012 年营业利润率变化

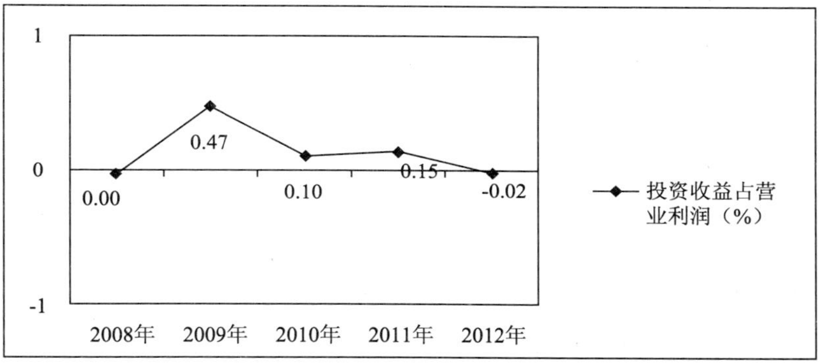

图 5－9 2008—2012 年投资收益占营业利润变化

3. 综合分析

云维股份 2012 年企业的财务能力及收益质量都很差，业绩急剧下降且呈负值，急需研究采取有效的应对措施，改善生产经营管理，提高成本费用管控能力，尤其要高度警惕财务风险。

5.2 山西焦化股份有限公司（600740）

山西焦化股份有限公司于1996年8月在上海证券交易所挂牌交易。公司控股股东山西焦化集团有限公司，截至2012年末，集团持股比例19.24%。公司主要生产冶金焦炭及相关化工产品。

一、公司生产运营状况

1. 2012年主要产品销售情况

表5－5　2012年主要产品销售情况

产品	2012年销量	2011年销量	较上年增减（%）
焦炭（万吨）	272.32	330.94	－17.71
焦油加工产品（万吨）	23.39	28.19	－17.00
甲醇（万吨）	11.04	13.24	－16.62
炭黑（万吨）	5.15	8.20	－37.22
苯精制（万吨）	10.38	10.38	－
尿素（万吨）	3.92	8.35	－52.97

2. 2012年主营业务分行业分产品情况

表5－6　2012年主营业务分行业、分产品情况

	营业收入（万元）	较上年增减（%）	营业成本（万元）	较上年增减（%）	毛利率（%）	较上年增减（百分点）
分行业						
焦化	565 473	－26.02	512 904	－19.62	9.30	1.35
分产品						
焦炭	378 878	－31.29	344 702	23.23	9.02	－1.48
化工	186 595	－12.36	168 202	11.15	9.86	8.50

3. 2013年主要生产经营目标

2013年计划生产焦炭300万吨，甲醇23万吨，炭黑7万吨，加工无水焦油27万吨，加工粗笨9万吨，预计实现营业收入64亿元。

二、公司财务分析

1. 财务能力指标

（1）盈利能力：近两年营业毛利率逐年攀升，总资产回报率和加权平均净资产收益率略有下滑。与8家同业比较，营业毛利率自2008年起分列第6、5、5、5、3名，总资产回报率分列第6、5、3、4、3名，加权平均净资产收益率分列第6、6、2、3、3名，企业盈利能力相对较强（见图5－10）。

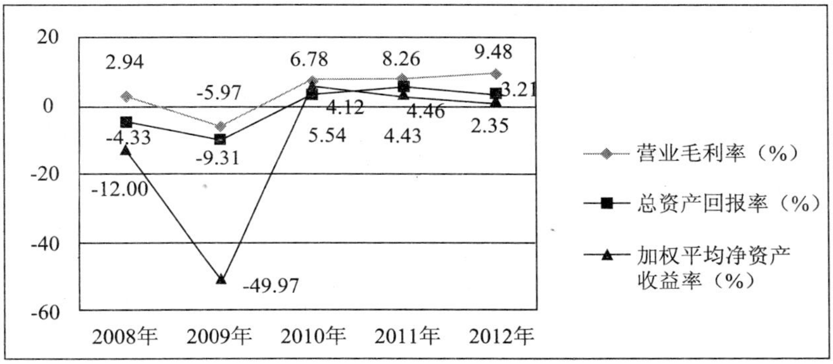

图5－10 2008—2012年各项盈利指标变化

（2）运营能力：2012年存货周转率、应收账款周转率和总资产周转率同比有所下滑。与同业比较，存货周转率自2008年起分列第1、4、1、2、2名，位居同业前列，应收账款周转率分列第3、4、3、5、4名，总资产周转率分列第4、6、3、5、6名，总体位于同业中等水平（见图5－11、图5－12）。

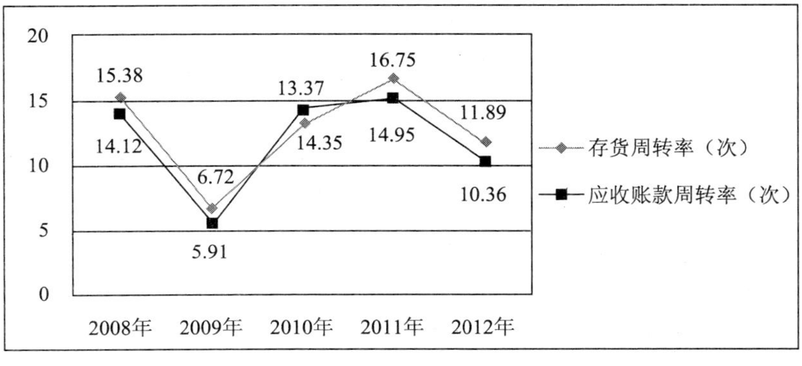

图5－11 2008—2012年存货、应收账款周转率变化

(3)偿债能力:2012 年流动比率和速动比率同比下降。与 8 家同业相比,流动比率自 2008 年起分列第 4、6、5、7、6 名,速动比率分列第 4、6、5、5、5 名,均位居中等偏下水平,存在一定的短期偿债风险。资产负债率同比下降幅度较大,回落至基本合理水平,但与同业相比,资产负债率五年分列第 1、1、1、1、3 名,仍居同业前列(见图 5 - 13、图 5 - 14)。

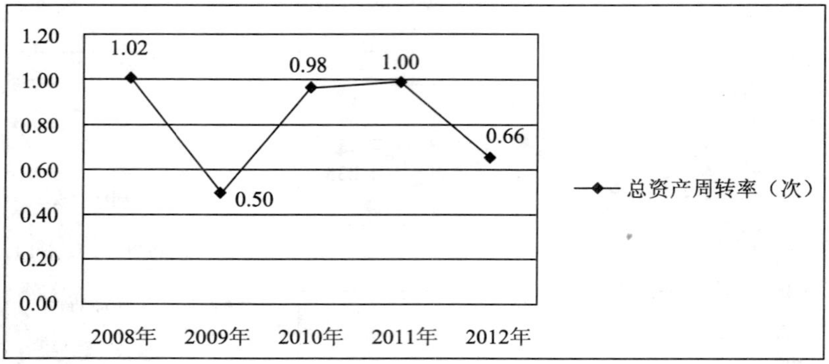

图 5 - 12　2008—2012 年总资产周转率变化

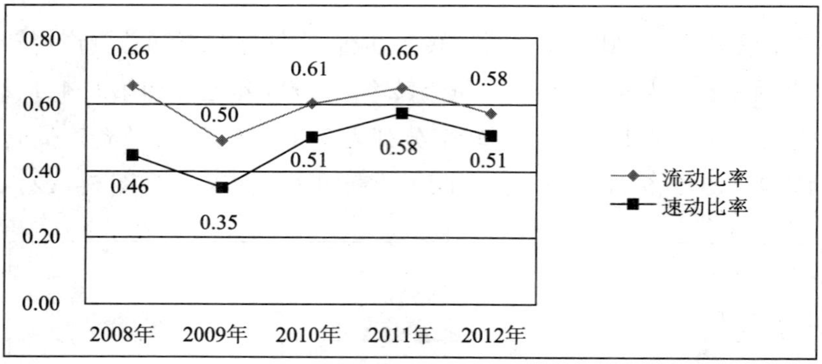

图 5 - 13　2008—2012 年流动、速动比率变化

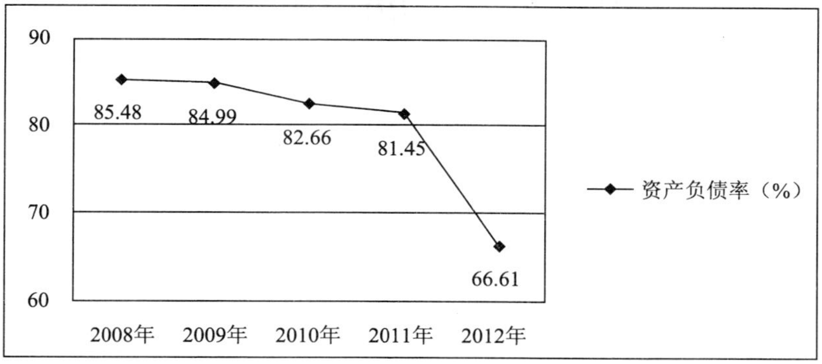

图 5－14 2008—2012 年资产负债率变化

（4）成长性：以 2009 年为基数计算的三年营业收入复合增长率和营业利润复合增长率反向增长。与同业相比，三年营业收入复合增长率排名第 1 名，三年营业利润复合增长率排名第 4 名，企业的成本费用控制力度急需加强（见图 5－15）。

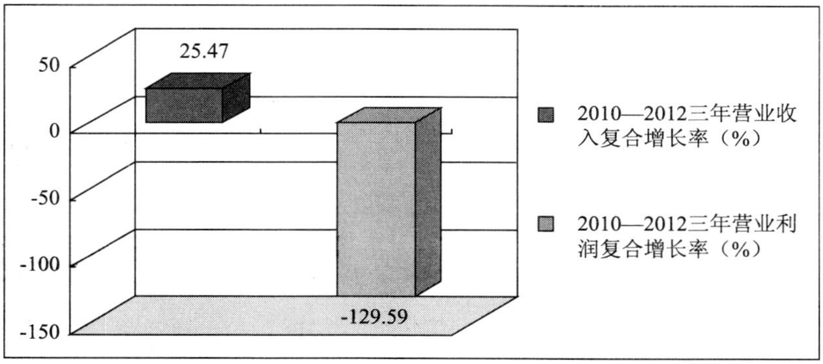

图 5－15 2010—2012 年三年营业收入、复合增长率变化

2. 收益质量指标

（1）现金流质量：2012 年经营活动净流量同比减少，但企业现金充足（见表 5－7）。

表 5-7　2008—2012 年现金净流量情况　　单位：万元

财务指标	2008 年	2009 年	2010 年	2011 年	2012 年
经营活动的现金净流量	-2 584	-29 129	87 726	81 532	56 700
投资活动的现金净流量	-128 374	-51 082	-11 593	-14 707	-9 772
筹资活动的现金净流量	77 929	103 037	-80 533	-93 857	-16 009
现金净流量	-53 029	22 832	-4 400	-27 032	30 920

(2)资产质量:2012 年存货和应收账款同比变化不大,两者占资产总额的比例逐年下降。与 8 家同业相比,存货占资产总额的比例自 2008 年起分列第 5、4、6、8、8 名,应收账款占资产总额的比例分列第 4、5、4、5、5 名,位处同业中等位置,企业的存货和应收账款的管控措施较为有效。2012 年无形资产总额同比略有增加,与同业比较,无形资产占资产总额的比例五年分列第 4、3、3、6、6 名。总体来看,企业的资产质量表现尚可(见表 5-8、图 5-16)。

表 5-8　2008—2012 年资产构成情况　　单位：万元

财务指标	2008 年	2009 年	2010 年	2011 年	2012 年
资产总额	560 020	607 553	703 183	840 311	892 296
流动资产	138 881	163 393	256 379	373 499	392 404
货币资金	11 309	54 342	39 742	101 780	223 768
应收账款	58 495	39 539	49 754	53 971	56 522
存　货	42 570	48 827	40 538	44 372	42 778
非流动资产	421 139	444 160	446 803	466 812	499 892
固定资产	281 395	277 242	416 001	401 813	387 804
无形资产	4 769	4 660	9 327	9 122	16 383

(3)盈利质量:2012 年营业收入、营业利润和利润总额均同比减少。与同业比较,营业利润率五年分列第 6、6、5、6、2 名,位处同业前列,盈利质量表现尚可(见表 5-9、图 5-17、图 5-18)。

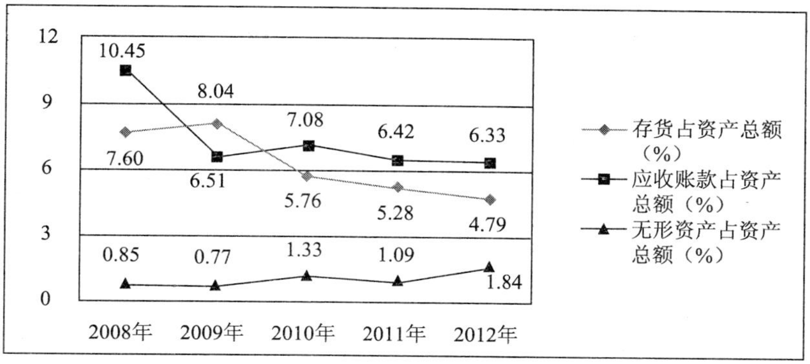

图 5-16　2008—2012 年存货、应收账款及无形资产占比变化

表 5-9　2008—2012 年主要财务指标　　单位：万元

财务指标	2008 年	2009 年	2010 年	2011 年	2012 年
营业收入	494 724	289 696	640 612	775 316	572 192
营业利润	-27 396	-58 472	-1 804	6 880	1 515
投资收益	1 257	-1 614	-133	111	60
营业外收支	-3 698	-6 334	5 815	-1 112	1 933
利润总额	-31 094	-64 806	4 011	5 768	3 448
股东净利润	-23 803	-74 538	6 421	5 328	2 968

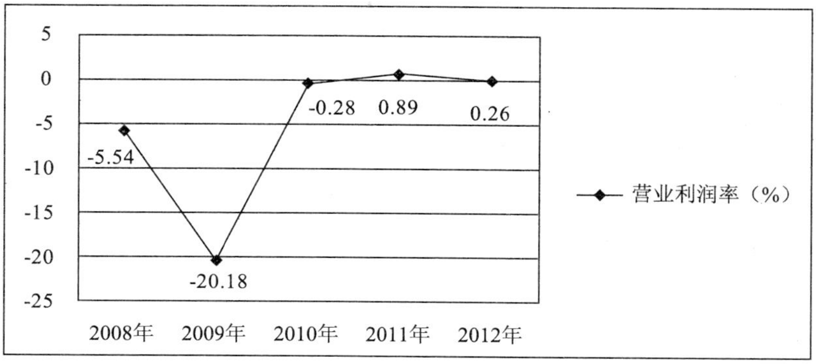

图 5-17　2008—2012 年营业利润率变化

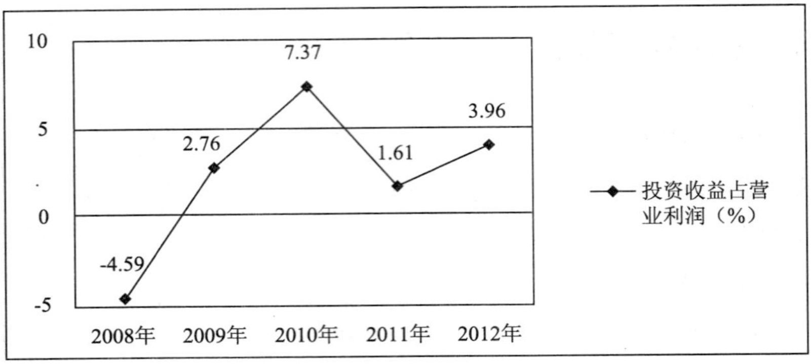

图 5－18　2008—2012 年投资收益占营业利润变化

3. 综合分析

2012 年，山西焦化盈利能力、资产质量和盈利质量相对尚可，但企业成长性较差，成本费用管控能力应进一步提升，需要关注财务风险，尤其要警惕短期偿债风险。

5.3　山西安泰集团股份有限公司（600408）

山西安泰集团股份有限公司于2003年2月在上海证券交易所上市交易。公司控股股东李安民，截至2012年末持股比例为31.57%。公司主营焦炭以及生铁等产品的生产和销售。

一、公司生产运营状况

1. 2012年主要产品生产销售情况

表5-10　2012年主要产品生产销售情况

产品	2012年产量	较上年增减(%)	2012年销量	较上年增减(%)
焦炭(万吨)	147.67	28.78	89.30	48.78
生铁(万吨)	102.51	-1.65	102.51	-1.65
烧结矿(万吨)	200.21	1.58	36.57	-22.74
矿渣粉(万吨)	53.07	14.19	51.43	11.92
电力(亿度)	4.53	23.64	3.20	-40.89

2. 2012年主营业务分产品情况

表5-11　2012年主营业务分产品情况

分产品	营业收入（万元）	较上年增减（%）	营业成本（万元）	较上年增减（%）	毛利率（%）	较上年增减（百分点）
焦炭	131 729	28.03	112 205	12.00	14.82	12.19
生铁	271 506	-14.85	244 526	-21.86	9.94	8.08
烧结矿	41 392	-31.56	40 224	-32.53	2.82	1.39

3. 2013年主要生产经营目标

2013年计划生产冶金焦180万吨、生铁100万吨、烧结矿240万吨、发电量5亿度、矿渣粉70万吨、焦油7万吨、粗苯2万吨、硫铵2万吨。

二、公司财务分析

1. 财务能力指标

(1)盈利能力：2012年企业营业毛利率、总资产回报率和加权平均净资产收益率同比增加。与8家同业公司相比，营业毛利率自2008年起分列第2、4、3、7、2名，总资产回报率分列第4、4、4、7、2名，加权平均净资产收益率分列第4、4、6、7、4名，位处同业中上游水平，企业盈利能力有所提高（见图5-19）。

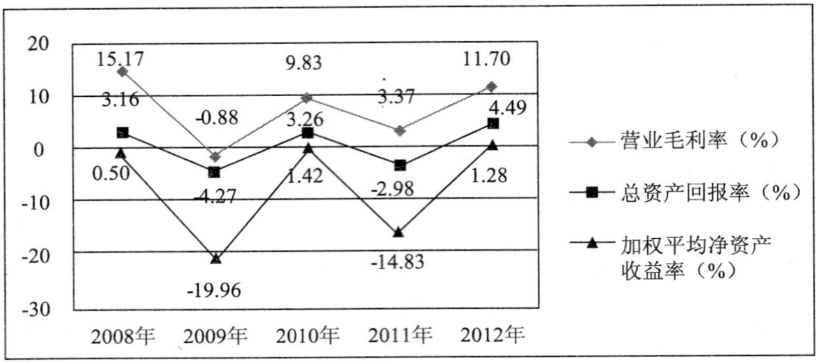

图5-19　2008—2012年各项盈利指标变化

（2）运营能力：2012年应收账款周转率和总资产周转率基本稳定，存货周转率逐年下降。与8家同业比较，存货周转率自2008年起分列第3、2、4、6、7名，应收账款周转率分列第4、5、6、8、8名，总资产周转率分列第3、4、6、5、6名，总体位处同业中下游水平，企业运营能力尚需加强（见图5-20、图5-21）。

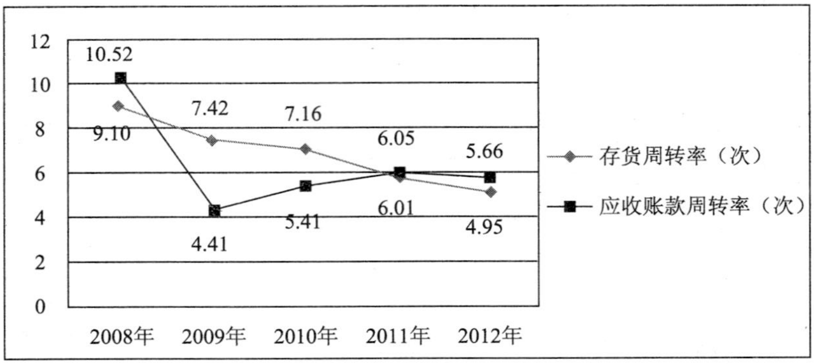

图5-20　2008—2012年存货、应收账款周转率变化

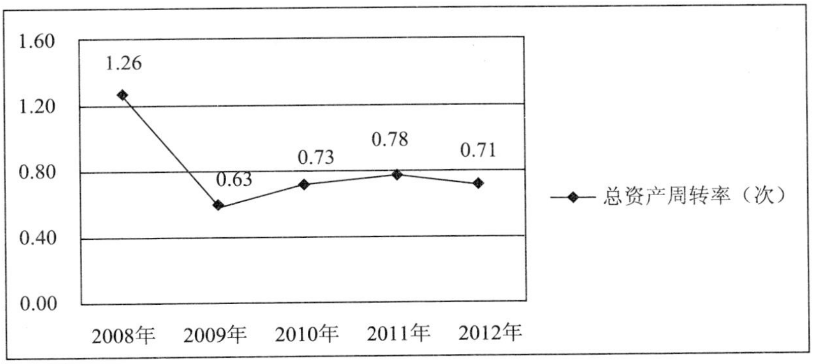

图 5－21　2008—2012 年总资产周转率变化

（3）偿债能力：2012 年流动比率和速动比率同比有所下降，速动比率略低于指标合理水平。与 8 家同业相比，流动比率自 2008 年起分列第 1、3、3、3、4 名，速动比率分列第 2、3、2、3、3 名，短期偿债能力减弱。资产负债率基本保持稳定，与同业相比，资产负债率五年分列第 5、4、4、5、5 名，处于同业中等水平，负债水平控制较好（见图 5－22、图 5－23）。

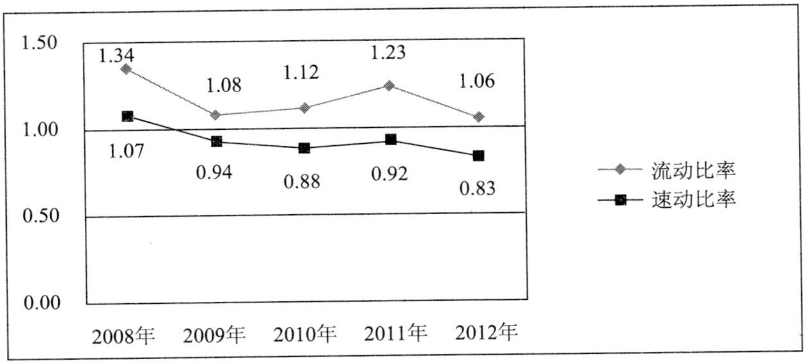

图 5－22　2008—2012 年流动、速动比率变化

（4）成长性：以 2009 年为基数计算的三年营业收入复合增长率和三年营业利润复合增长率反向增长，与同业比较，三年营业收入复合增长率排名第 3 名，三年营业利润复合增长率排名第 3 名，企业成长性差（见图 5－24）。

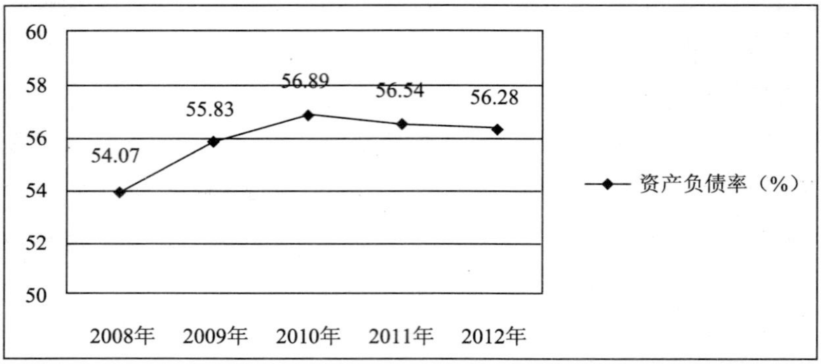

图 5－23　2008—2012 年资产负债率变化

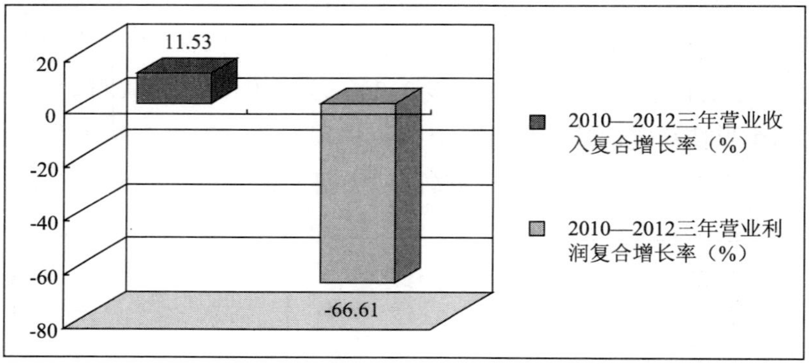

图 5－24　2010—2012 年三年营业收入、利润复合增长率变化

2. 收益质量指标

(1) 现金流质量：2012 年经营活动产生的现金流量同比减少 246.3%，企业现金出现严重不足(见表 5－12)。

表 5－12　2008—2012 年现金净流量情况　　单位：万元

财务指标	2008 年	2009 年	2010 年	2011 年	2012 年
经营活动的现金净流量	6 270	29 693	－29 830	15 048	－22 015
投资活动的现金净流量	－45 708	－45 461	－35 587	45 187	－15 755
筹资活动的现金净流量	19 472	116 115	6 201	－58 020	－14 322
现金净流量	－18 298	100 263	－59 282	3 090	－51 980

(2)资产质量:2012 年存货余额及其占资产总额的比例同比减少,与同业比较,存货占资产总额的比例自 2008 年起分列第 3、6、3、4、3 名,应收账款余额及其占应收账款的比例同比增加,同业比较应收账款占资产总额的比例五年分列第 2、1、2、3、4 名,位处同业中等游水平。无形资产总额逐年增加,与同业比较,无形资产占资产总额的比例分列第 3、4、4、5、5 名。总体而言,企业资产质量表现一般(见表 5－13、图 5－25)。

表 5－13 2008—2012 年资产构成情况 单位:万元

财务指标	2008 年	2009 年	2010 年	2011 年	2012 年
资产总额	529 316	667 452	681 027	730 436	732 121
流动资产	270 571	362 025	357 174	392 688	393 472
货币资金	49 232	157 750	95 686	109 037	60 387
应收账款	84 651	85 103	97 771	85 366	97 857
存 货	53 894	47 758	76 744	99 139	86 000
非流动资产	258 745	305 428	323 853	337 747	338 650
固定资产	234 280	268 613	302 552	293 347	287 888
无形资产	4 663	4 551	4 888	13 465	17 299

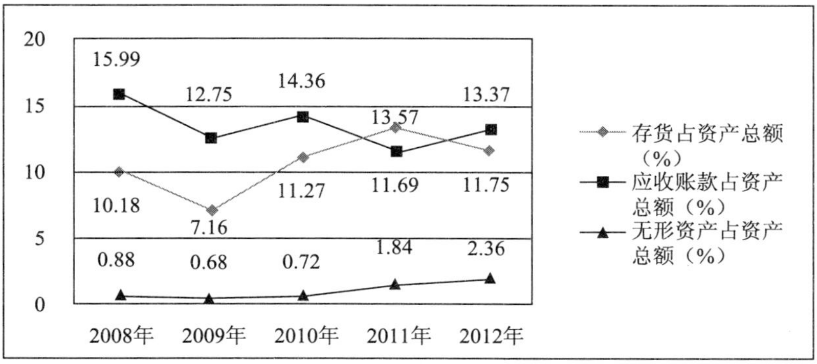

图 5－25 2008—2012 年存货、应收账款及无形资产占比变化

(3)盈利质量:2012 年营业收入、营业利润同比减少,利润总额和股东净利润同比增加,主要是营业外收入大幅增加所致。营业利润率有所回升但仍未负值,与同业相比,营业利润率自 2008 年起分列第 4、4、4、7、3 名,总体来看,整体盈利质量表现欠佳(见表 5－14、图 5－26、图 5－27)。

表 5－14　2008—2012 年主要财务指标　单位：万元

财务指标	2008 年	2009 年	2010 年	2011 年	2012 年
营业收入	637 831	374 037	494 319	550 592	518 869
营业利润	8 872	－41 074	2 704	－44 177	－1 529
投资收益	7 198	3 392	3 744	219	－
营业外收支	－7 842	534	－329	－1 628	5 790
利润总额	1 030	－40 540	2 375	－45 805	4 261
股东净利润	1 212	－41 429	3 965	－38 289	3 086

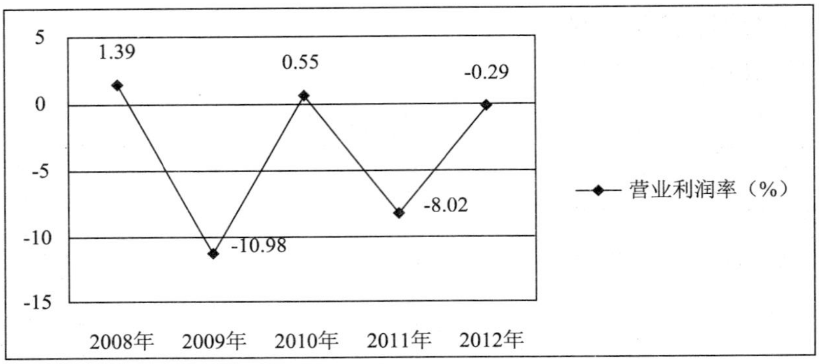

图 5－26　2008—2012 年营业利润率变化

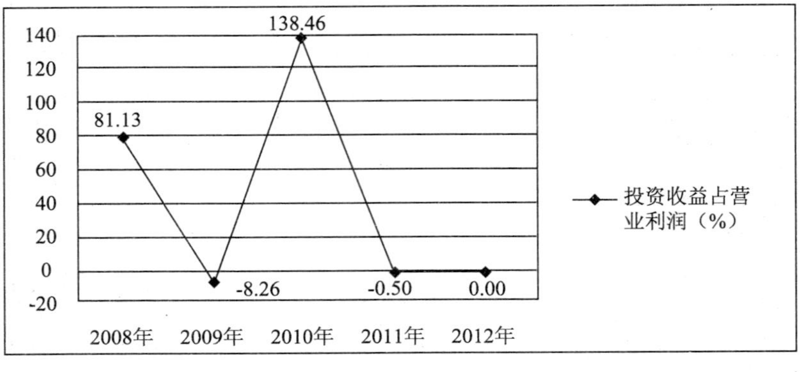

图 5－27　2008—2012 年投资收益占营业利润变化

3. 综合分析

安泰集团 2012 年除了盈利能力同比有所改善外，企业的财务能力和收益质量总体表现不佳，其成长性也较差。

5.4　云南煤业能源股份有限公司（600792）

云南煤业能源股份有限公司是由原云南马龙（1997 年 1 月上交所上市）经资产重组后于 2011 年更名设立。公司控股股东昆明钢铁控股有限公司，截至 2012 年末，昆钢控股持股比例 68.46%，公司主营煤焦化工产品的生产及销售。

一、公司生产运营状况

1. 2012 年主要产品生产销售情况

表 5－15　2012 年主要产品生产销售情况

产品	2012 年产量	较上年增减（%）	2012 年销量	较上年增减（%）
焦炭（万吨）	307.14	－5.76	309.97	－3.00
煤气（亿立方米）	13.74	－9.63	6.50	－5.00
煤化工产品（万吨）	21.79	7.80	21.54	－3.00

2. 2012 年主营业务分行业、分产品情况

表 5－16　2012 年主营业务分行业、分产品情况

	营业收入（万元）	较上年增减（%）	营业成本（万元）	较上年增减（%）	毛利率（%）	较上年增减（百分点）
分行业						
煤焦化	645 890	－7.26	617 567	－4.81	4.39	－2.46
工程施工	2 705	－48.15	1 116	－70.43	58.74	31.09
煤炭贸易	2 889	－	2 390	－	17.28	－
分产品						
焦炭	507 141	－8.77	467 594	－6.48	7.80	－2.26
煤气	64 496	－7.53	88 969	－4.32	－37.94	－4.61
煤化工副产品	74 253	4.86	61 003	9.32	17.84	－3.35
分产品						
煤炭贸易收入	2 889	－	2 390	－	17.28	－
工程收入	2 705	－48.15	1 116	－70.43	58.74	31.09

3. 2013 年主要生产经营目标

2013 年计划生产焦炭 350 万吨、煤气 14. 35 亿立方米、煤化工产品 28. 42 万吨；预计实现营业收入 701 243 万元，净利润 20 467 万元。

二、公司财务分析

1. 财务能力指标

（1）盈利能力：2012 年营业毛利率、总资产回报率和加权平均净资产收益率同比下降，尤其是净资产收益率已呈负值。与同业相比，营业毛利率两年分列第 6、6 名，总资产回报率分列第 5、6 名，加权平均净资产收益率分列第 1、5 位，企业盈利能力明显下降（见表 5 – 17）。

表 5 – 17　2008—2012 年各项盈利指标变化　%

指　标	2008 年	2009 年	2010 年	2011 年	2012 年
营业毛利率	–	–	–	7. 02	4. 47
总资产回报率	–	–	–	4. 26	0. 21
加权平均净资产收益率	–	–	–	9. 18	– 1. 70

（2）运营能力：2012 年存货周转率、应收账款周转率和总资产周转率同比下滑。与同业比较，存货周转率两年分列第 1、3 名，应收账款周转率分列第 2、1 名，总资产周转率分列第 3、3 名，均位居同业较好水平（见表 5 – 18）。

表 5 – 18　2008—2012 年存货、应收账款及总资产周转率变化　单位：次

指　标	2008 年	2009 年	2010 年	2011 年	2012 年
存货周转率	–	–	–	19. 21	11. 95
应收账款周转率	–	–	–	51. 64	37. 75
总资产周转率	–	–	–	1. 37	1. 19

（3）偿债能力：2012 年流动比率和速动比率同比下降且处于不合理范围，与同业相比较，流动比率两分列第 5、5 名，速动比率分列第 6、6 名，企业存在短期偿债风险。资产负债率相对稳定，同业比较两年分列第 4、4 名，企业长期偿债风险不大（见表 5 – 19）。

表 5-19 2008—2012 年流动比、速动比及资产负债率变化

指 标	2008 年	2009 年	2010 年	2011 年	2012 年
流动比率	-	-	-	0.71	0.68
速动比率	-	-	-	0.57	0.47
资产负债率(%)	-	-	-	58.92	59.73

(4)成长性(略)

2. 收益质量指标

(1)现金流质量:2012 年经营、筹资现金净流量同比减少,投资净流量增加,企业现金基本充足(见表 5-20)。

表 5-20 2008—2012 年现金净流量情况 单位:万元

财务指标	2008 年	2009 年	2010 年	2011 年	2012 年
经营活动的现金净流量	-	-	-	-6 763	-28 344
投资活动的现金净流量	-	-	-	-4 710	-16 069
筹资活动的现金净流量	-	-	-	14 004	6 183
现金净流量	-	-	-	53 404	34 354

(2)资产质量:2012 年存货余额及其占资产总额的比例同比增加,与同业比较,存货占资产总额的比例两年分列第 7、4 名;应收账款余额及其占资产总额的比例同比增加,同业比较应收账款占资产总额的比例两年分列第 6、6 名;无形资产总额同比略微减少,但两年分列同业第 3、3 名。总体来看,企业资产质量表现欠佳(见表 5-21)。

表 5-21 2008—2012 年资产构成情况、各类资产占比变化

财务指标	2008 年	2009 年	2010 年	2011 年	2012 年
资产总额(万元)	-	-	-	551 976	553 662
流动资产(万元)	-	-	-	202 716	212 903
货币资金(万元)	-	-	-	53 404	34 354
应收账款(万元)	-	-	-	14 694	20 148
存货(万元)	-	-	-	40 319	64 832
非流动资产(万元)	-	-	-	349 260	340 758

续表

财务指标(万元)	2008 年	2009 年	2010 年	2011 年	2012 年
固定资产(万元)	–	–	–	290 690	279 284
无形资产(万元)	–	–	–	45 311	44 454
存货占资产总额(%)	–	–	–	7.30	11.71
应收账款占资产总额(%)	–	–	–	2.66	3.64
无形资产占资产总额(%)	–	–	–	8.21	8.03

(3)盈利质量:2012 年营业收入、营业利润、利润总额同比下降,企业处于亏损状态。营业利润率同比大幅下降,从 2011 年的同业排名第一下滑至 2012 年的同业排名第七,2012 年企业盈利质量很差(见表 5 – 22)。

表 5 – 22　2008—2012 年主要财务指标、营业利润率情况

财务指标	2008 年	2009 年	2010 年	2011 年	2012 年
营业收入(万元)	–	–	–	702 777	657 715
营业利润(万元)	–	–	–	18 553	–7 731
投资收益(万元)	–	–	–	–	–
营业外收支(万元)	–	–	–	1 073	1 591
利润总额(万元)	–	–	–	19 626	–6 140
股东净利润(万元)	–	–	–	18 837	–3 815
营业利润率(%)	–	–	–	26.40	–11.75

3. 综合分析

云南煤业资产重组以来,2012 年企业的财务能力和盈利质量大幅下降,业绩明显下滑,同时还需警惕财务风险。

5.5　七台河宝泰隆煤化工股份有限公司（601011）

七台河宝泰隆煤化工股份有限公司于2011年3月9日在上海证券交易所挂牌上市，公司控股股东黑龙江宝泰隆煤化工集团公司，截至2012年末，集团持股比例47.96%。公司主营业务为焦炭及相关化工产品。

一、公司生产运营状况

1. 2012年主要产品生产销售情况

表5－23　2012年主要产品生产销售情况

产品	2012年产量	较上年增减(%)	2012年销量	较上年增减(%)
焦炭(万吨)	114.13	－6.54	110.07	－10.36
沫煤(万吨)	63.37	－29.45	48.54	－28.60
粗苯(万吨)	1.64	－4.27	1.64	－4.11
甲醇(万吨)	8.57	－12.87	8.73	－11.70
洗油(万吨)	2.52	－2.69	2.75	16.36
沥青调和组分(万吨)	4.05	20.15	4.00	16.12
电力(万度)	34 553.82	－3.34	15 542.00	－1.11
暖气(万吉焦)	97.37	97.84	97.37	97.84

2. 2012年主营业务分行业、分产品情况

表5－24　2012年主营业务分行业、分产品情况

	营业收入(万元)	较上年增减(%)	营业成本(万元)	较上年增减(%)	毛利率(%)	较上年增减(百分点)
分行业						
煤焦产品	167 118	－24.69	162 636	－22.41	2.62	－2.86
化工产品	50 307	－3.68	18 050	21.06	64.12	－7.33
热电产品	7 904	17.60	7 520	7.03	4.85	9.40
分产品						
焦炭	143 240	－23.91	143 858	－20.35	－0.43	－4.49

续表

	营业收入（万元）	较上年增减（%）	营业成本（万元）	较上年增减（%）	毛利率（%）	较上年增减（百分点）
分产品						
粗苯	8 505	-0.24	776	0.05	90.87	-0.03
甲醇	17 625	-14.54	6 626	-11.75	62.41	-1.19
燃料油等	22 488	7.23	8 911	72.04	60.38	-14.92

3. 2013 年主要生产经营目标

2013 年计划生产原煤 70 万吨，焦炭 120 万吨，焦油 6 万吨，粗苯 2 万吨，甲醇 9 万吨，发电 4 亿度。

二、公司财务分析

1. 财务能力指标

（1）盈利能力 2012 年三项盈利能力指标同比下滑。与同业比较，营业毛利率两年分列第 1、1 名，总资产回报率分列第 1、1 名，加权平均净资产收益率分列第 2、2 名，均位居同业前列，但企业盈利能力业内较好（见表 5-25）。

表 5-25　2008—2012 年各项营利指标变化　%

指　标	2008 年	2009 年	2010 年	2011 年	2012 年
营业毛利率	-	-	-	17.45	16.44
总资产回报率	-	-	-	10.45	4.72
加权平均净资产收益率	-	-	-	9.17	2.59

（2）运营能力：2012 年存货周转率、应收账款周转率和总资产周转率虽同比下降。与同业比较，存货周转率两年分列第 8、8 名，应收账款周转率分列第 1、2 名，总资产周转率分列第 7、8 名，企业运营能力总体一般（见表 5-26）。

表 5-26　2008—2012 年存货、应收账款及总资产周转率　单位：次

指　标	2008 年	2009 年	2010 年	2011 年	2012 年
存货周转率	-	-	-	3.82	2.92

续表

指　标	2008 年	2009 年	2010 年	2011 年	2012 年
应收账款周转率	-	-	-	68.82	37.15
总资产周转率	-	-	-	0.76	0.46

（3）偿债能力：2012 年流动比率和速动比率同比略有提升，但两者之间的比值超出合理范围标准，存在一定的短期偿债风险。与同业比较，流动比率 2011、2012 年分列第 4、3 名，速动比率分列第 4、4 名，位居同业中游位置。2012 年资产负债率同比有所增加，且在可控范围内，与同业比较，资产负债率两年分列第 7、6 名，位于同业下游水平，基本没有长期偿债风险（见表 5－27）。

表 5－27　2008—2012 年流动、速动及资产负债率变化

指　标	2008 年	2009 年	2010 年	2011 年	2012 年
流动比率	-	-	-	1.05	1.23
速动比率	-	-	-	0.63	0.69
资产负债率（%）	-	-	-	37.78	43.40

（4）成长性（略）

2. 收益质量指标

（1）现金流质量：经营活动产生的净流量同比有所减少，投资流量增加，短期面临现金不足的局面。

表 5－28　2008—2012 年现金净流量情况　　单位：万元

财务指标	2008 年	2009 年	2010 年	2011 年	2012 年
经营活动的现金净流量	-	-	-	7 223	5 184
投资活动的现金净流量	-	-	-	－72 610	－113 286
筹资活动的现金净流量	-	-	-	136 493	78 049
现金净流量	-	-	-	71 205	－30 053

（2）资产质量：2012 年存货余额和应收账款余额同比变化幅度不大。与同业比较，存货占资产总额的比例 2011、2012 年分列第 3、2 名，应收账款占资产总额的比例分列第 8、8 名。2012 年无形资产总额同比增加幅

度不大，但两年分列同业第1、1名，企业资产质量表现一般（见表5－29）。

表5－29　2008—2012年资产构成、各类资产占比变化

财务指标	2008年	2009年	2010年	2011年	2012年
资产总额（万元）	–	–	–	463 614	512 209
流动资产（万元）	–	–	–	167 283	142 068
货币资金（万元）	–	–	–	76 232	46 179
应收账款（万元）	–	–	–	5 322	6 839
存货（万元）	–	–	–	67 346	62 048
非流动资产（万元）	–	–	–	296 332	370 151
固定资产（万元）	–	–	–	185 760	190 058
无形资产（万元）	–	–	–	48 789	53 954
存货占资产总额（%）	–	–	–	14.53	12.11
应收账款占资产总额（%）	–	–	–	1.15	1.34
无形资产占资产总额（%）	–	–	–	10.52	10.53

（3）盈利质量：2012年营业收入、营业利润、利润总额和股东净利润同比减少，营业利润率同比下滑。与同业相比，营业利润率两年分列第2、1名，位居行业第一，但投资收益所占比重增幅较大。总体而言，企业盈利质量尚可（见表5－30）。

表5－30　2008—2012年主要财务指标营业利润率及投资收益率情况

财务指标	2008年	2009年	2010年	2011年	2012年
营业收入（万元）	–	–	–	282 211	225 867
营业利润（万元）	–	–	–	23 772	6 845
投资收益（万元）	–	–	–	2 238	3 446
营业外收支（万元）	–	–	–	3 029	3 122
利润总额（万元）	–	–	–	26 801	9 967
股东净利润（万元）	–	–	–	21 270	7 259
营业利润率（%）	–	–	–	8.42	3.03
投资收益占营业利润（%）	–	–	–	9.41	50.34

3. 综合分析

宝泰隆2012年企业盈利能力和盈利质量业内表现较好，但运营和偿债能力有待进一步提高。

5.6 黑龙江黑化股份有限公司(600179)

黑龙江黑化股份有限公司于1998年在上交所挂牌,公司控股股东黑龙江黑化集团有限公司,截至2012年末,集团持股比例49.94%,公司主营焦炭以及相关化工产品的生产销售业务。

一、公司生产运营状况

1. 2012年主要产品生产销售情况

表5-31 2012年主要产品生产销售情况

产品	2012年产量	较上年增减(%)	2012年销量	较上年增减(%)
焦炭(万吨)	60.62	-0.63	57.40	-9.20
尿素(万吨)	23.10	122.95	22.96	120.03

2. 2012年主营业务分行业、分产品情况

表5-32 2012年主营业务分行业、分产品情况

	营业收入(万元)	较上年增减(%)	营业成本(万元)	较上年增减(%)	毛利率(%)	较上年增减(百分点)
分行业						
煤化工行业	154 229	5.79	151 799	-9.63	1.58	16.79
分产品						
焦炭	76 570	-21.53	76 785	-27.39	-0.28	8.09
尿素	47 569	126.56	44 265	38.10	6.95	351.92

3. 2013年主要生产经营目标(年报未披露)

二、公司财务分析

1. 财务能力指标

(1)盈利能力:2012年营业利润率、总资产回报率、加权平均净资产收益率同比实现较大增长。与同业公司相比,营业毛利率自2008年起分列第5、8、8、6、7名,总资产回报率分列第5、6、5、8、4名,加权平均净资产收益率分列第5、5、4、8、1名。2012年企业的盈利能力有了较大的提高(见图5-28)。

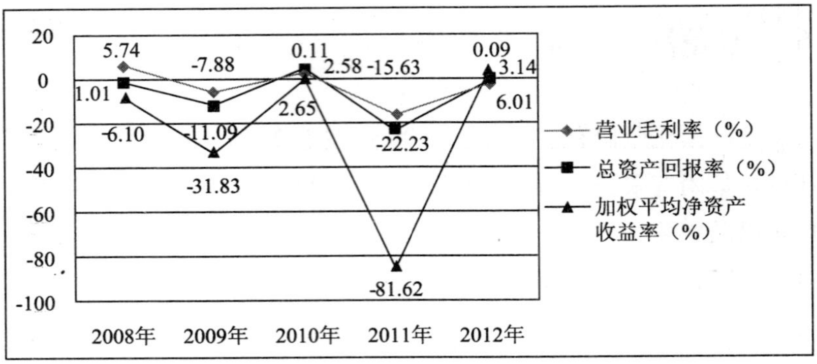

图 5－28　2008—2012 年各项盈利指标变化

（2）运营能力:2012 年存货周转率同比基本持平,同业比较五年分列第 5、3、2、3、1 名;应收账款周转率同比有所下滑,同业比较五年分列第 6、3、5、6、6 名,总资产周转率逐年上升,同业比较五年分列第 5、3、4、4、4 名。总体而言,企业运营能力总体稳定,资金周转良好(见图 5－29、图5－30)。

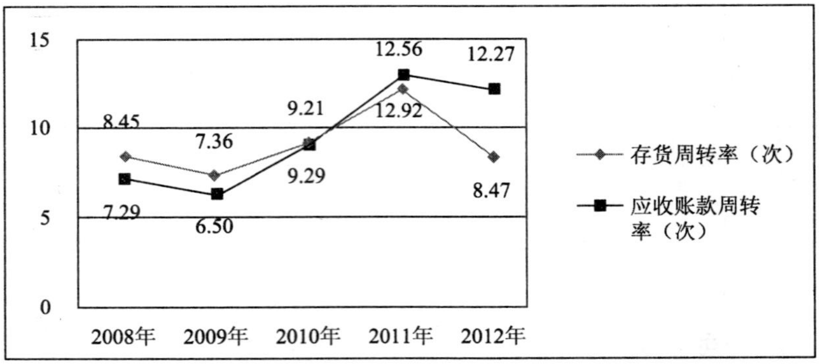

图 5－29　2008—2012 年存货、应收账款周转率变化

（3）偿债能力:2012 年流动比率和速动比率同比略有提升,但仍低于指标合理水平,与同业比较,流动比率自 2008 年起分列第 5、5、6、8、7 名,速动比率分列第 5、5、6、8、7 名;资产负债率持续增长,与同业比较,资产负债率五年分列第 4、2、3、2、2 名企业负债水平较高。总体而言,企业存在较高的长、短期偿债风险(见图 5－31、图 5－32)。

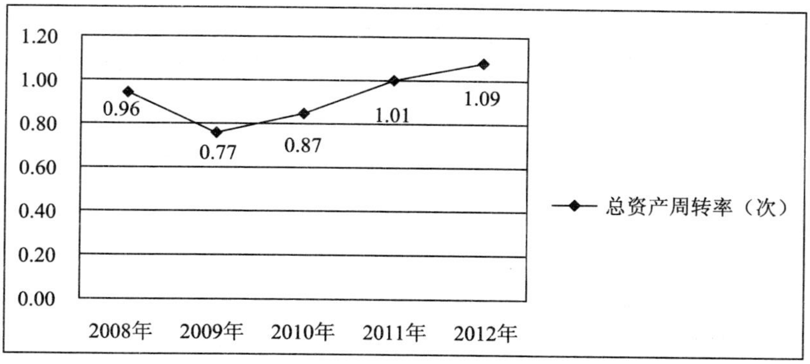

图 5－30　2008—2012 年总资产周转率变化

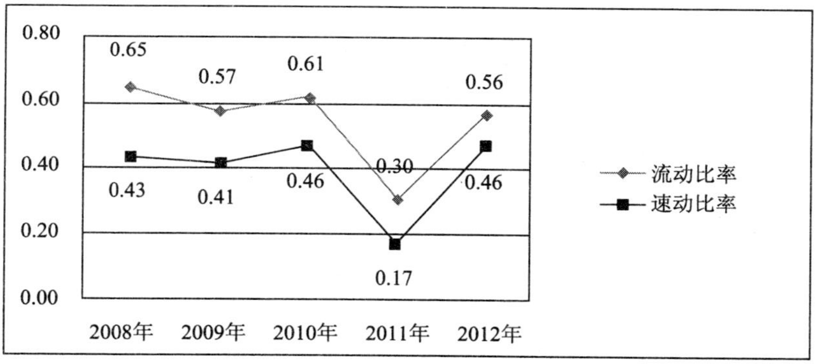

图 5－31　2008—2012 年流动、速动比率变化

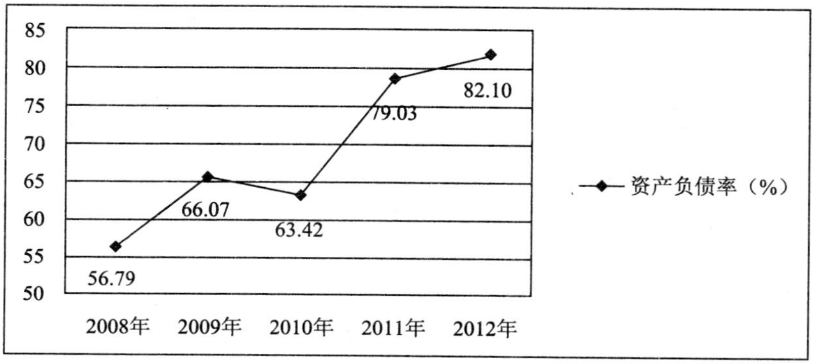

图 5－32　2008—2012 年资产负债率变化

（4）成长性：以2009年为基数计算的三年营业收入复合增长率和三年营业利润复合增长呈反向增长。与同业公司相比，三年营业收入复合增长率排名第6名，三年营业利润复合增长率排名第2名，企业成长性总体不佳（见图5－33）。

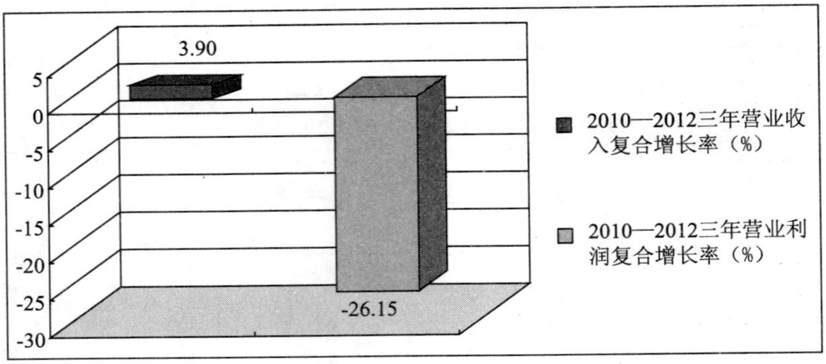

图5－33　2010—2012三年营业收入、利润复合增长率变化

2. 收益质量指标

（1）现金流质量：2012年经营活动的现金净流量同比略有减少，企业现金不足的状况有所改善（见表5－33）。

表5－33　2008—2012年现金净流量情况　　单位：万元

财务指标	2008年	2009年	2010年	2011年	2012年
经营活动的现金净流量	7 551	－3 388	19 734	7 385	6 532
投资活动的现金净流量	－4 254	6 315	－2 645	－160	－772
筹资活动的现金净流量	－2 673	8 919	－14 269	－23 806	－4 753
现金净流量	524	11 846	2 819	－16 582	1 007

（2）资产质量：2012年存货余额同比增幅不大，占资产总额的比例同比下降，与同业相比，存货占资产总额的比例自2008年起分列第1、3、4、5、6名，排名逐年递减；应收账款余额以及占资产总额的比例同比增幅较大，应收账款占资产总额的比例五年分列同业第3、3、3、4、3名，排名基本稳定。总体来说，企业资产质量表现尚可（见表5－34、图5－34）。

表 5-34　2008—2012 年资产构成情况　　单位:万元

财务指标	2008 年	2009 年	2010 年	2011 年	2012 年
资产总额	197 376	184 065	176 699	132 580	168 232
流动资产	72 702	64 526	64 078	30 085	75 611
货币资金	14 510	23 942	25 762	2 280	21 286
应收账款	26 610	18 386	15 532	8 590	30 116
存　　货	24 327	18 529	15 634	13 055	13 655
非流动资产	124 674	119 539	112 620	102 494	92 621
固定资产	123 634	115 923	105 467	100 544	89 501
无形资产	-	-	-	-	-

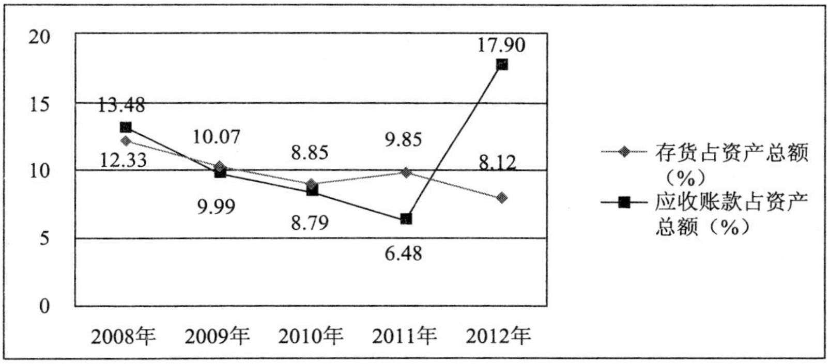

图 5-34　2008—2012 年存货、应收账款比率变化

(3)盈利质量:2012 年营业收入、利润总额和股东净利润同比增加,营业利润仍未负值。营业利润率五年变化幅度较大,与同业比较,营业利润率分列第 5、5、6、8、6 名,企业的盈利质量表现不佳(见表 5-35、图 5-35)。

表 5-35　2008—2012 年主要财务指标　　单位:万元

财务指标	2008 年	2009 年	2010 年	2011 年	2012 年
营业收入	178 064	146 178	157 476	155 798	163 974
营业利润	-4 903	-23 358	-14 262	-35 926	-9 407
投资收益	-	-	-	-	-
营业外收支	59	-100	15 851	-1 595	11 033
利润总额	-4 844	-23 458	1 589	-37 521	1 626
股东净利润	-5 189	-23 368	1 674	-37 427	1 726

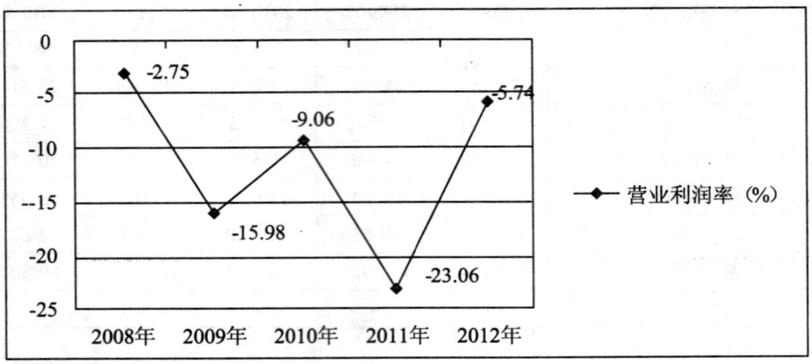

图5－35　2008—2012年营业利润率变化

3. 综合分析

黑化股份2012年企业的盈利能力和运营能力总体表现尚可，但企业盈利质量存在较大隐患，企业成长性总体不佳，应引起足够重视。尤其要特别警惕财务风险。

5.7 山西美锦能源股份有限公司（000723）

山西美锦能源股份有限公司是由原天宇电气（1997 年 5 月深交所上市）经资产置换后于 2007 年 9 月更名设立。公司控股股东为美锦能源集团有限公司，截至 2012 年末，集团持股比例为 29.73%。公司主营焦炭及其相关产品的生产和销售业务。

一、公司生产运营状况

1. 2012 年主要产品生产销售情况

表 5 - 36 2012 年主要产品生产销售情况

产品	2012 年产量	较上年增减（%）	2011 年销量	较上年增减（%）
炼焦（万吨）	70.54	-11.28	72.85	-9.07

2. 2012 年主营业务分行业、分产品情况

表 5 - 37 2012 年主营业务分行业、分产品情况

	营业收入（万元）	较上年增减（%）	营业成本（万元）	较上年增减（%）	毛利率（%）	较上年增减（百分点）
分行业						
炼焦行业	119 316	-22.07	111 655	-20.31	6.42	-2.07
分产品						
焦炭产品及副产品	119 316	-22.07	111 655	-20.31	6.42	-2.07

3. 2013 年主要生产经营目标（年报未披露数据）

二、公司财务分析

1. 财务能力指标

（1）盈利能力：2012 年三项盈利能力指标同比下滑，其中，总资产回报率和加权平均净资产收益率均为负值。与同业相比，营业毛利率自 2008 年起分列第 3、3、4、4、5 名，总资产回报率分列第 2、3、6、6、8 名，加权平均净资产收益率分列第 2、3、5、4、6 名，总体位处同业中下游水平。总体看来，企业盈利能力明显减弱（见图 5 - 36）。

（2）运营能力：2012 年存货周转率同比有所回升，应收账款周转率和

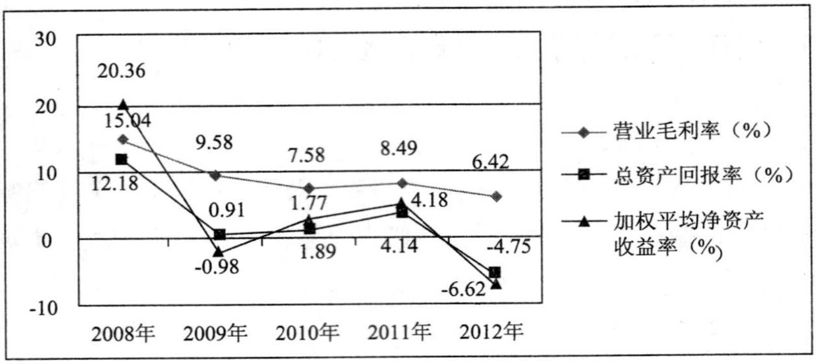

图5－36　2008—2012年各项盈利指标变化

总资产周转率同比下降。与同业公司比较，存货周转率自2008年起分列第6、1、3、4、4名，应收账款周转率分列第5、6、4、7、7名，总资产周转率分列第2、2、2、2、2名。企业运营能力总体表现一般（见图5－37、图5－38）。

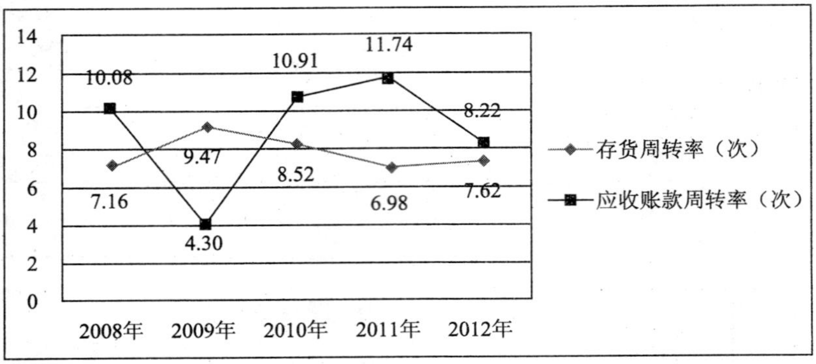

图5－37　2008—2012年存货、应收账款周转率变化

（3）偿债能力：流动比例和速动比率逐年上升。与同业比较，流动比率自2008年起分列第2、2、2、2、2名，速动比率分列第1、1、1、2、1名；资产负债率逐年下降，五年分列同业第3、2、5、6、7名，位处同业较低水平，负债控制合理。总体而言，企业偿债能力较强，基本不存在长、短期偿债风险隐患（见图5－39、图5－40）。

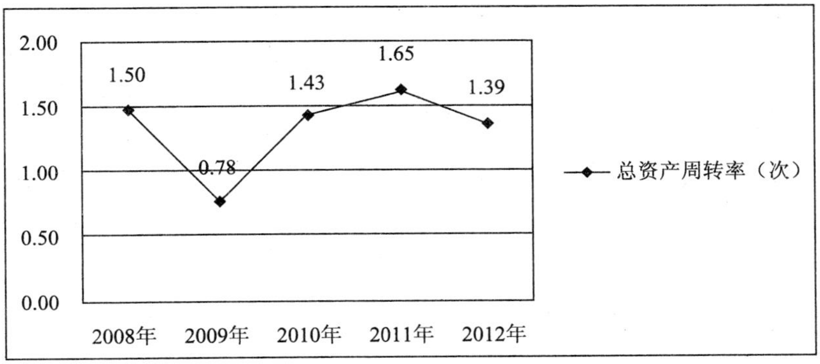

图 5－38 2008—2012 年总资产周转率变化

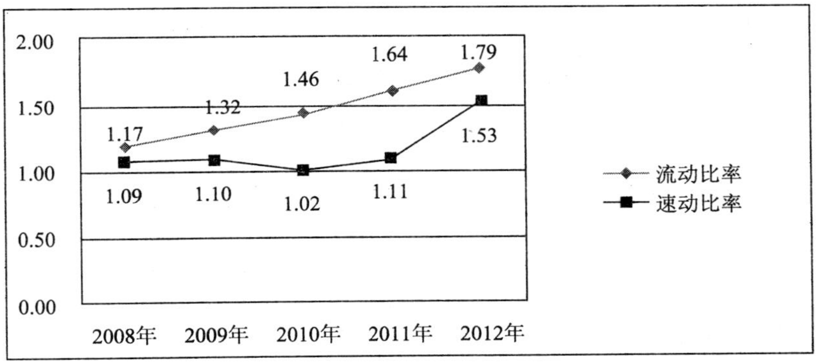

图 5－39 2008—2012 年流动、速动比率变化

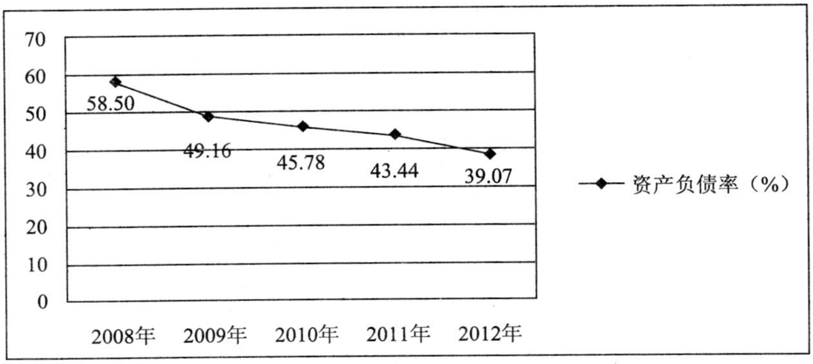

图 5－40 2008—2012 年资产负债率变化

(4)成长性:以 2009 年为基数计算的三年营业收入复合增长率和三年营业利润复合增长率同向增长。与同业相比较,三年营业收入复合增长率排名第 4 名,三年营业利润复合增长率排名第 1 名,营业利润率明显大于营业收入复合增长率,说明企业成本费用控制合理,成长性较好(见图 5 -41)。

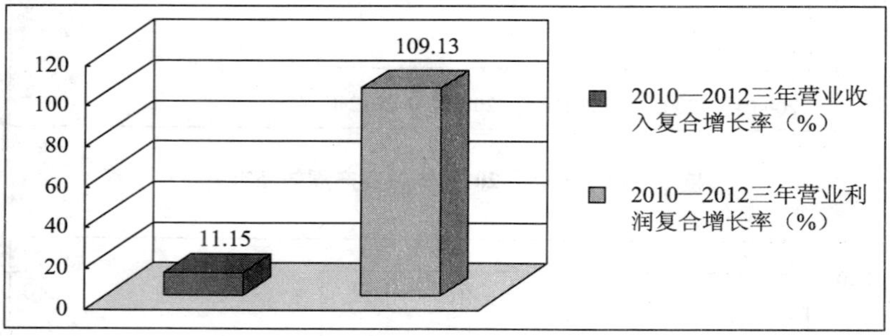

图 5 -41　2010—2012 三年营业收入、利润复合增长率变化

2. 收益质量指标

(1) 现金流质量:2012 年经营活动产生的现金净流量同比大幅下降,企业面临现金严重不足的局面。

表 5 -38　2008—2012 年现金净流量情况　　单位:万元

财务指标	2008 年	2009 年	2010 年	2011 年	2012 年
经营活动的现金净流量	-9 589	13 093	4 698	3 466	-6 495
投资活动的现金净流量	-1 401	-164	-176	-124	-145
筹资活动的现金净流量	19 863	-15 198	-6 951	-200	-248
现金净流量	8 873	-2 269	-2 429	3 142	-6 888

(2)资产质量:2012 年存货余额及其占资产总额的比例同比下降,与同业相比,存货占资产总额的比例五年分列第 6、2、2、2、5 名;应收账款余额及其占资产总额的比例同比上升,与同业相比,应收账款占资产总额的比例五年分列第 1、2、1、2、1 名,企业应加强应收账款的管控。总体来看,资产质量表现一般(见表 5 -39、图 5 -42)。

表 5－39　2008—2012 年资产构成情况　单位：万元

财务指标	2008 年	2009 年	2010 年	2011 年	2012 年
资产总额	122 660	99 281	92 384	92 960	78 355
流动资产	83 633	64 542	61 869	66 329	54 689
货币资金	12 306	10 036	7 608	10 749	3 861
应收账款	29 146	11 289	13 782	12 296	16 736
存　　货	5 626	10 964	18 719	21 427	7 894
非流动资产	39 027	34 739	30 515	26 630	23 667
固定资产	37 679	34 439	30 282	26 140	22 136
无形资产	－	－	－	－	－

（3）盈利质量：2012 年营业收入、营业利润及利润总额同比下降，企业处于亏损状态。营业利润率同比大幅下降且呈负值，与同业相比，营业利润率五年分列第 2、3、3、3、5 名，企业盈利质量较差（见表 5－40、图 5－43）。

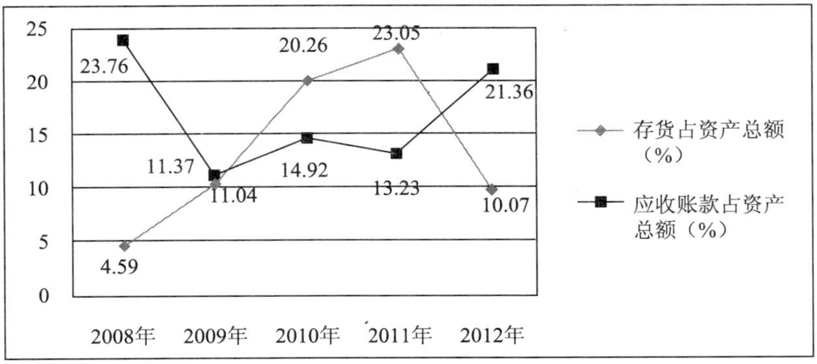

图 5－42　2008—2012 年存货、应收账款比率变化

表 5－40　2008—2012 年主要财务指标及投资收益率

财务指标	2008 年	2009 年	2010 年	2011 年	2012 年
营业收入（万元）	171 149	86 890	136 785	153 115	119 316
营业利润（万元）	12 600	－466	1 170	2 906	－4 262
投资收益（万元）	－	－	24	5	3

续表

财务指标	2008 年	2009 年	2010 年	2011 年	2012 年
营业外收支(万元)	-25	-63	118	-5	-95
利润总额(万元)	12 575	-529	1 288	2 901	-4 357
股东净利润(万元)	8 473	-448	852	1 897	-3 023
投资收益占营业利润(%)	-	-	2.05	0.17	-0.07

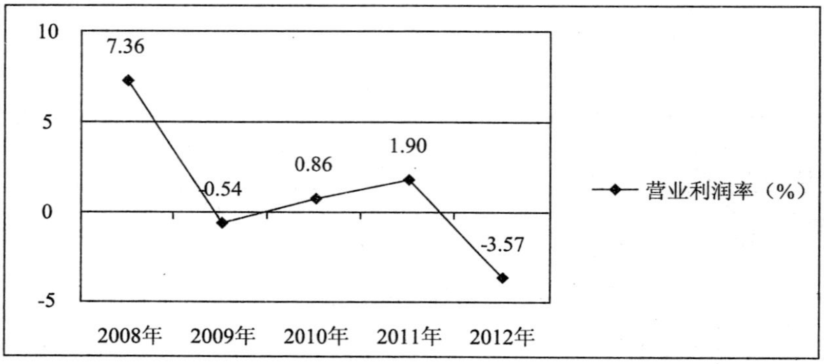

图 5-43　2008—2012 年营业利润率变化

3. 综合分析

美锦能源 2012 年除偿债能力和成长性表现较好外，其盈利能力和盈利质量急需加以提升，同时需要加强存货管理。

5.8 四川圣达实业股份有限公司(000835)

四川圣达实业股份有限公司于1999年6月在深圳证券交易所挂牌交易。截至2012年末,公司控股股东四川圣达集团有限公司(持股比例为11.81%)。公司主营焦炭及其相关产品的生产和销售业务。

一、公司生产运营状况

1. 2012年主要产品生产销售情况

表5-41 2012年主要产品生产销售情况

产品	2012年产量	较上年增减(%)	2012年销量	较上年增减(%)
焦炭(万吨)	61.78	-8.02	62.16	-10.14

2. 2012年主营业务分行业、分产品情况

表5-42 2012年主营业务分行业分产品情况

	营业收入(万元)	较上年增减(%)	营业成本(万元)	较上年增减(%)	毛利率(%)	较上年增减(%)
分行业						
炼焦行业	108 778	-19.00	99 742	-17.25	8.31	-1.93
煤炭行业	1 832	100.00	734	100.00	59.95	59.95
分产品						
焦炭及系列产品	108 778	-19.00	99 742	-17.25	8.31	-1.93
原煤	1 832	100.00	734	100.00	59.95	59.95

3. 2013年主要生产经营目标(年报未披露数据)

二、公司财务分析

1. 财务能力指标

(1)盈利能力:2012年营业毛利率、总资产回报率和加权平均净资产收益率同比下降,其中净资产收益率为负值。与同业比较,营业毛利率五年分列第1、1、2、3、4名,总资产回报率分列第1、1、1、2、5名,加权平均净资产收益率分列第1、1、3、5、7名,2012年企业盈利能力明显减弱(见图5-44)。

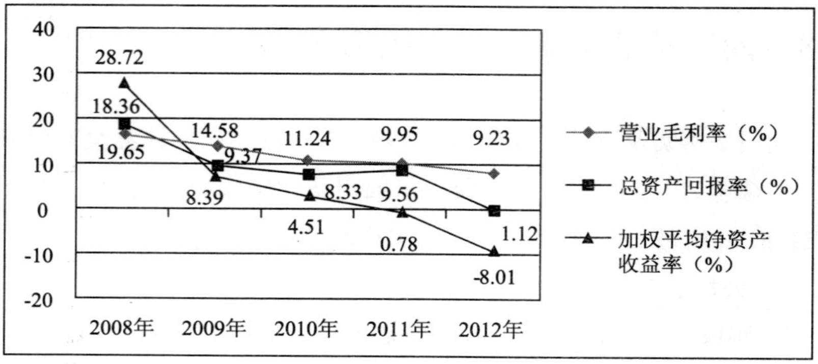

图 5－44　2008—2012 年各项盈利指标变化

（2）运营能力：2012 年存货周转率、应收账款周转率和总资产周转率同比下滑。与同业相比，存货周转率五年分列第 2、5、6、7、6 名，应收账款周转率分列第 2、2、2、4、5 名，总资产周转率分列第 1、1、1、1、1 名，企业运营能力总体表现尚可（见图 5－45、图 5－46）。

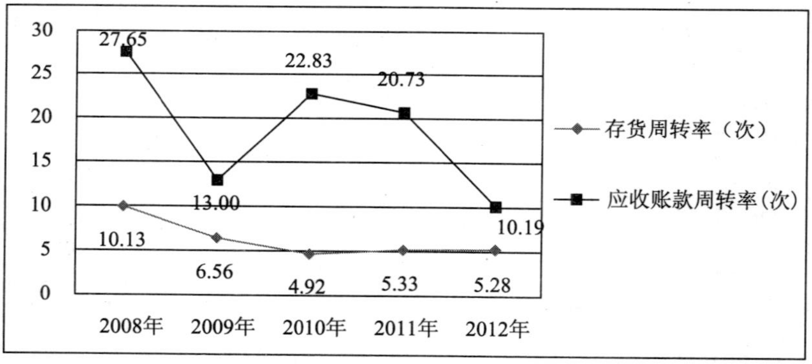

图 5－45　2008—2012 年存货、应收账款周转率变化

（3）偿债能力：2012 年流动比率同比略有回落，速动比率同比略有提升。与同业比较，流动比率五年分列第 3、1、1、1、1 名，速动比率分列第 3、2、3、1、2 名，位居同业前列，基本不存在短期偿债风险。2012 年资产负债率同比有所提高，但与同业比较，资产负债率五年分列第 6、6、6、8、8 名，负债水平位居同业最低，基本不存在长期偿债风险，企业偿债能力较好（见图 5－47、图 5－48）。

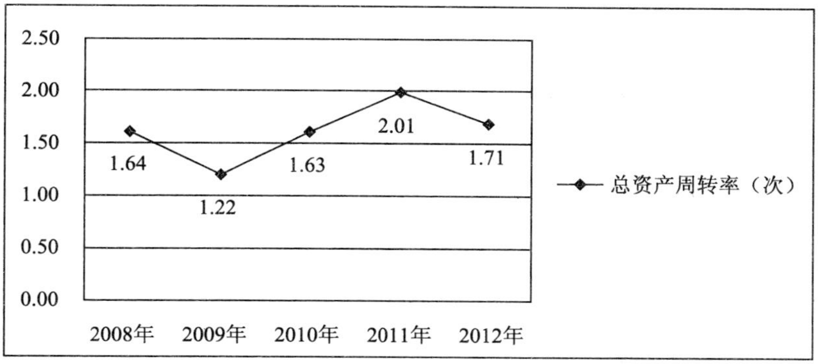

图 5－46　2008—2012 年总资产周转率变化

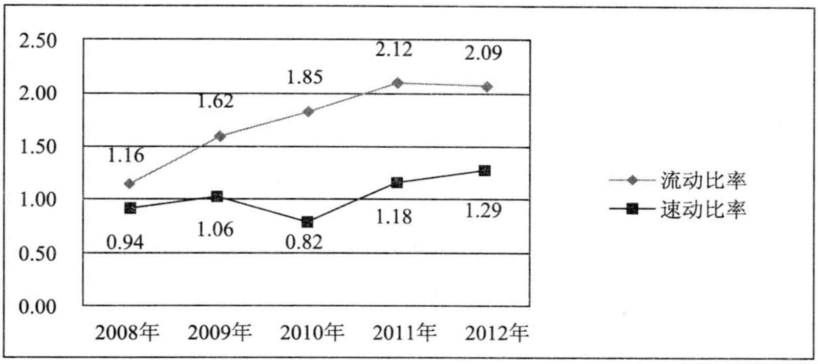

图 5－47　2008—2012 年流动、速动比率变化

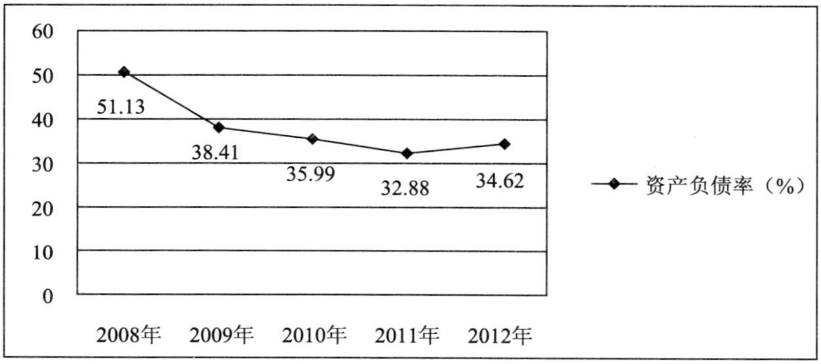

图 5－48　2008—2012 年资产负债率变化

(4) 成长性:以2009年为基数计算的三年营业收入复合增长率与三年营业利润复合增长率呈反向增长,两者排名皆为第5名,位处同业中等水平,企业成长性较差,成本费用管控水平有待加强(见图5-49)。

2. 收益质量指标

(1) 现金流质量:2012年经营活动产生的净流量同比大幅增长,企业现金流充裕(见表5-43)。

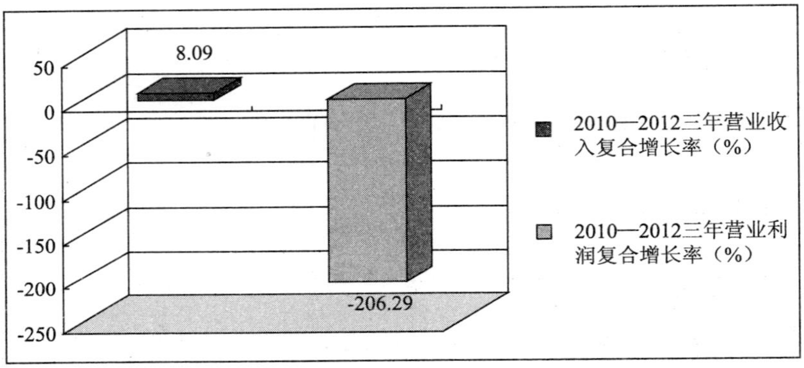

图5-49 2010—2012三年营业收入、利润复合增长率变化

表5-43 2008—2012年现金净流量情况 单位:万元

财务指标	2008年	2009年	2010年	2011年	2012年
经营活动的现金净流量	12 149	12 603	-1 938	-3 840	6 003
投资活动的现金净流量	-494	-2 371	-1 215	-1 001	-558
筹资活动的现金净流量	-16 365	-12 354	-575	-609	-661
现金净流量	-4 710	-2 122	-3 728	-5 450	4 784

(2)资产质量:2012存货余额及其占总资产的比例同比减少,但与同业相比,存货占资产总额的比例五年分列第2、1、1、1、1名,应继续采取降低库存的相关措施;2012年应收账款余额及站总资产的比例同比略有增加,应收账款占资产总额的比例五年分列同业第5、4、5、1、2名,位居同业前列,说明企业应收账款追讨不力。2012年无形资产余额同比减少,无形资产占资产总额的比例五年分列第1、1、1、2、2名。总体来看,企业的应收账款和存货所占总资产的比重较大,需要采取相应的有效措施(见表5-44、图5-50)。

表 5－44　2008—2012 年资产构成情况　　单位：万元

财务指标	2008 年	2009 年	2010 年	2011 年	2012 年
资产总额	79 986	66 427	68 623	67 300	65 024
流动资产	47 560	41 230	45 515	46 845	46 973
货币资金	16 826	14 704	10 977	5 526	10 310
应收账款	7 131	6 613	3 004	10 158	11 983
存　　货	8 959	14 303	25 337	20 791	17 995
非流动资产	32 426	25 197	23 107	20 455	18 051
固定资产	22 340	16 753	14 837	13 622	11 950
无形资产	8 808	7 903	7 211	6 533	5 856

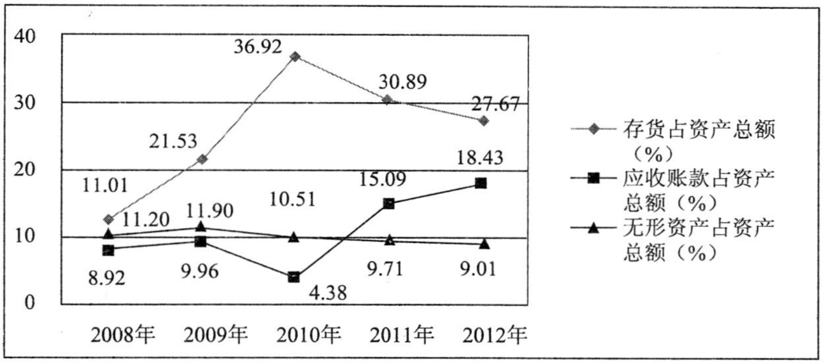

图 5－50　2008—2012 年存货、应收账款及无形资产占比变化

（3）盈利质量：2012 年营业收入、营业利润、利润总额和股东净利润同比减少，且营业利润、利润总额和股东净利润均为负值企业处于亏损状态。营业利润率持续下滑，与同业相比，营业利润率五年分列第 1、2、2、4、4 名，企业盈利质量较低（见表 5－45、图 5－51）

表 5－45　2008—2012 年主要财务指标及投资收益率

财务指标	2008 年	2009 年	2010 年	2011 年	2012 年
营业收入（万元）	133 979	89 322	109 774	136 403	112 814
营业利润（万元）	12 702	2 076	3 215	1 861	－2 493
投资收益（万元）	－4	－	－	－	－
营业外收支（万元）	109	3 171	16	－174	－76
利润总额（万元）	12 811	5 247	3 231	1 687	－2 569
股东净利润（万元）	9 999	3 382	1 883	342	－3 475
投资收益占营业利润（%）	－0.03	－	－	－	－

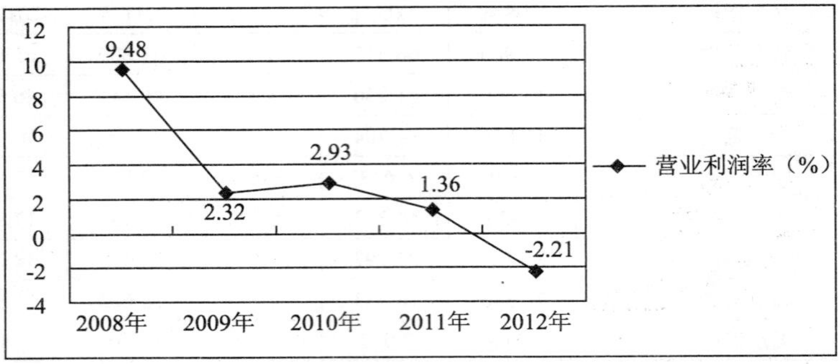

图 5-51　2008—2012 年营业利润率变化

3. 综合分析

四川圣达2012年企业偿债能力方面表现较好，但是企业的盈利能力、收益质量和成长性总体较差，急需采取措施加以扭转。

第六章
煤机制造上市公司个股分析

2013煤炭行业上市公司发展研究报告

本章主要根据新会计总则实施以来2008年后的企业年报资料数据，对于三家煤机制造类上市公司的经营财务状况进行分析。

6.1　天地科技股份有限公司（600582）

天地科技股份有限公司由煤炭科学研究总院为主发起设立，于2002年5月15日在上海证券交易所挂牌上市，现由重组后的中国煤炭科工集团公司控股，截至2012年末，集团持股比例61.90%。公司主营业务包括煤机装备和示范工程两大业务板块，具体为矿山工业过程自动化、机械化设备制造；煤炭洗选成套装备与洁净利用技术服务；煤矿高效洁净生产技术服务与经营；地下特殊工程施工和煤炭产品销售五个方面。

一、公司生产运营状况

1. 2012年主要产品生产销售情况

表6－1　2012年主要产品生产销售情况

产品	2012年产量	较上年增减（%）	2012年销量	较上年增减（%）
采掘装备（套）	313.00	－5.15	312.00	－0.95
输送装备（套）	1 018.00	17.82	990.00	17.16
液压支架（台）	1 260.00	55.75	1 216.00	49.02
洗选装备（套）	683.00	－30.80	679.00	－29.34
装运装备（套）	888.00	36.41	845.00	37.62
商品煤（万吨）	233.00	13.77	123.00	13.75

2. 2012年主营业务分行业、分产品情况

表6－2　2012年主营业务分行业、分产品情况

	营业收入（万元）	较上年增减（%）	营业成本（万元）	较上年增减（%）	毛利率（%）	较上年增减（%）
分行业						
煤机制造	804 388	20.69	555 122	23.64	30.99	－1.65
煤炭生产	156 196	1.09	58 499	27.09	62.55	－7.66
技术项目	84 375	10.58	51 347	13.95	39.14	－1.80
工程项目	98 733	27.31	74 755	19.91	24.29	4.67
物流贸易	281 526	40.65	272 515	40.58	3.20	0.05
分产品						
矿山自动化、机械化装备	758 604	24.17	524 747	29.78	30.83	－2.99

续表

	营业收入（万元）	较上年增减（%）	营业成本（万元）	较上年增减（%）	毛利率（%）	较上年增减（%）
煤炭洗选装备	57 759	-24.27	42 019	-31.57	27.25	7.77
矿井生产技术服务与经营	147 282	27.28	96 729	21.71	34.52	3.00
地下特殊工程施工	23 851	36.68	17 730	58.82	25.66	-10.36
煤炭生产与销售	156 196	1.09	58 499	27.09	62.55	-7.66
物流贸易	281 526	40.65	272 515	40.58	3.20	0.05

3. 2013 年主要生产经营目标（年报未披露数据）

二、公司财务分析

1. 财务能力指标

（1）盈利能力：2012 年营业毛利率、总资产回报率和加权平均净资产收益率有所下滑。与同业比较，营业毛利率和加权平均净资产收益率五年皆分列第 1 名，总资产回报率五年分列第 1、1、1、2、2 名，盈利能力业内较强（见图 6－1）。

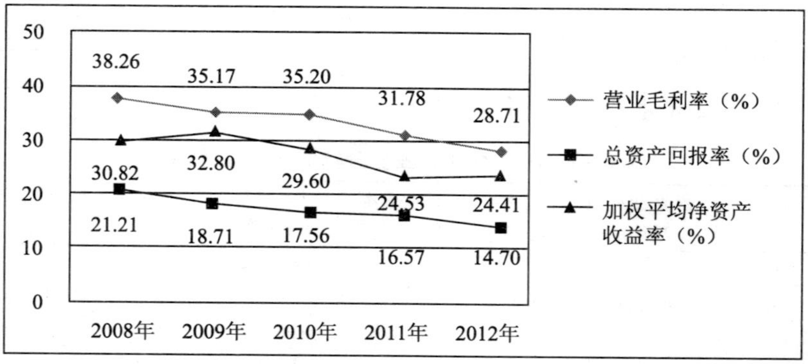

图 6－1　2008—2012 年各项盈利指标变化

（2）运营能力：近五年应收账款周转率和总资产周转率基本保持稳定，存货周转率逐年上升。与同业相比，应收账款周转率自 2008 年起分列第1、1、2、1、1名，总资产周转率分列第1、1、2、1、1名，存货周转率分列第1、1、2、2、2名，企业运营能力较强（见图6－2、图6－3）。

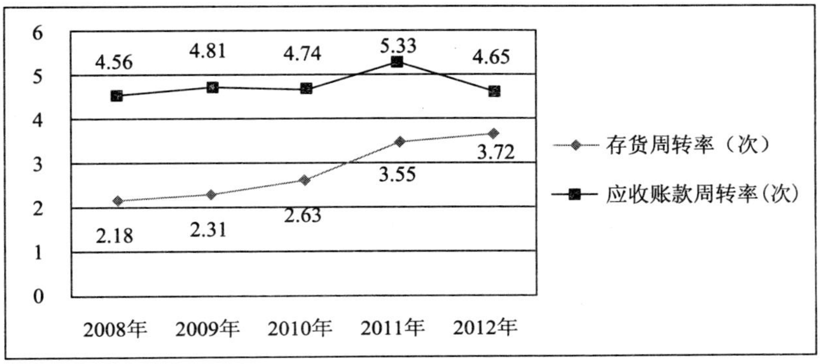

图6－2　2008—2012年存货、应收账款周转率变化

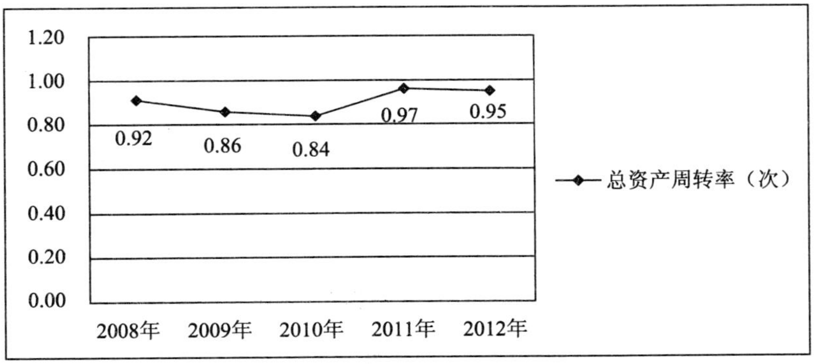

图6－3　2008—2012年总资产周转率变化

（3）偿债能力：流动比率和速动比率逐年稳健增长。与同业比较，流动比率自2008年分列第1、1、1、1、1名，速动比率分列第1、1、2、3、3名。企业偿还短期债务能力较强，但资金流动性一般。2012年资产负债率同比有所回落，与同业比较，资产负债率五年均居榜首但处于合理范围，不存在长期偿债风险（见图6－4、图6－5）。

（4）成长性：与3家同业比较，以2009年为基数计算的三年营业收入复合增长率和营业利润复合增长率排名皆位居第一，企业成长性较好（见图6－6）。

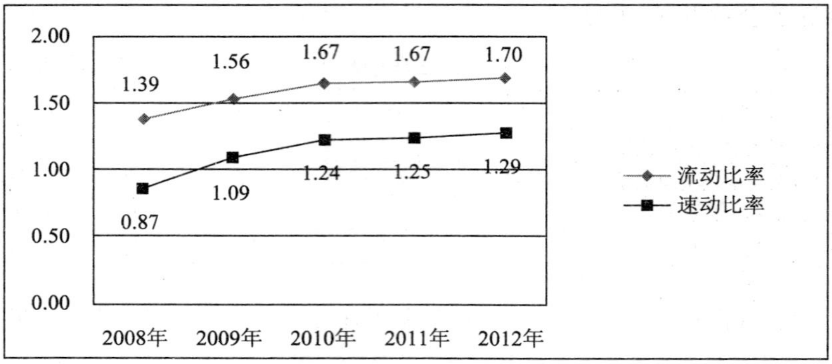

图6－4　2008—2012年流动、速动比率变化

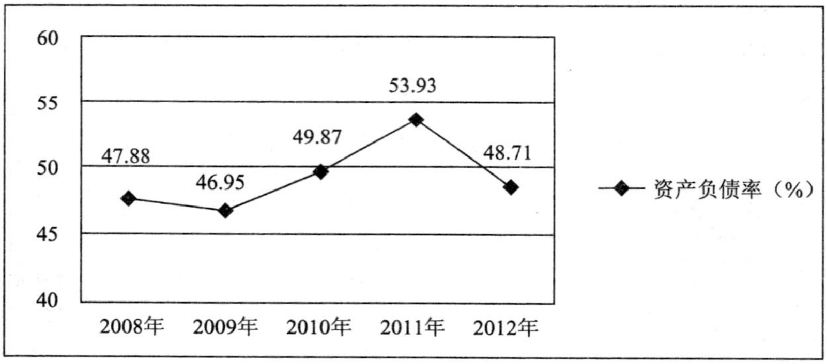

图6－5　2008—2012年资产负债率变化

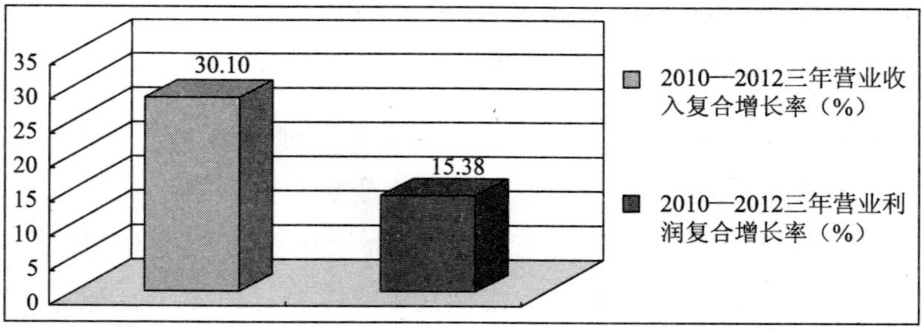

图6－6　2010—2012三年营业收入、利润复合增长率变化

2. 收益质量指标

（1）现金流质量：近年来对外投资逐年增加，企业较好地利用了闲置资金促进企业发展(见表6－3)。

表6－3　2008—2012年现金净流量情况　　单位:万元

财务指标(万元)	2008年	2009年	2010年	2011年	2012年
经营活动的现金净流量	83 162	72 557	109 223	93 765	71 523
投资活动的现金净流量	－33 079	－16 999	－30 703	－74 284	－40 075
筹资活动的现金净流量	－19 327	6 793	－12 866	14 967	－17 354
现金净流量	30 462	62 252	65 539	34 366	14 043

(2)资产质量:近年来存货余额逐年递增但占资产总额的比例呈现下滑趋势,与同业比较,存货占资产总额的比例自2008年起分列第1、1、1、2、2名;应收账款余额及其占总资产比例皆逐年递增,与同业比较,应收账款占资产总额的比例五年分列第1、1、1、2、3名;2012年无形资产余额同比增幅较大,无形资产占资产总额的比例五年皆分列同业第一。总体来看,企业资产质量尚可(见表6－4、图6－7)。

表6－4　2008—2012年资产构成情况　　单位:万元

财务指标	2008年	2009年	2010年	2011年	2012年
资产总额	683 472	850 659	1 055 974	1 396 605	1 749 782
流动资产	452 792	627 677	795 297	1 037 067	1 245 192
货币资金	95 253	156 544	229 767	273 230	301 621
应收账款	125 751	148 792	187 544	262 799	362 482
存　　货	181 800	188 504	204 756	256 561	300 543
非流动资产	149 847	222 983	260 677	359 539	504 590
固定资产	70 536	152 641	189 618	216 353	258 168
无形资产	22 035	30 385	31 709	63 394	161 734

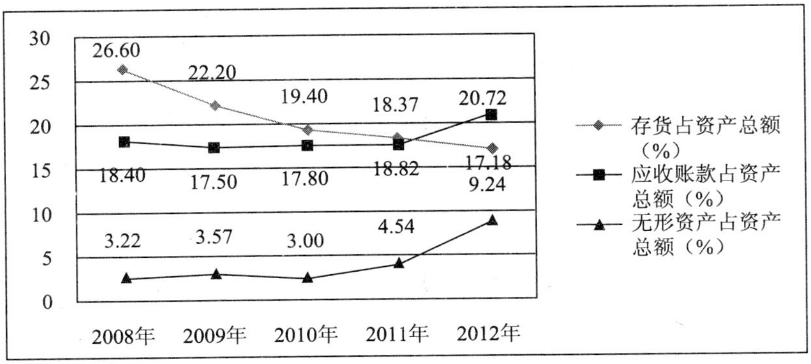

图6－7　2008—2012年存货、应收账款及无形资产占比变化

(3)盈利质量:2012 年营业收入、营业利润、利润总额和股东净利润同比增加,投资收益占营业利润的比重很小。营业利润率持续下滑,与同业比较,营业利润率五年分列第 1、1、1、2、2 名,企业的盈利质量有进一步提升的空间(见表 6 -5、图 6 -8、图 6 -9)。

表 6 -5　2008—2012 年主要财务指标情况　　单位:万元

财务指标	2008 年	2009 年	2010 年	2011 年	2012 年
营业收入	497 866	660 042	796 945	1 200 856	1 453 487
营业利润	98 869	134 013	152 465	190 378	205 851
投资收益	1 154	18 862	11 664	3	28
营业外收支	4 657	6 636	13 648	11 658	13 765
利润总额	103 526	140 649	166 113	202 036	219 616
股东净利润	49 254	70 803	85 330	91 166	113 482

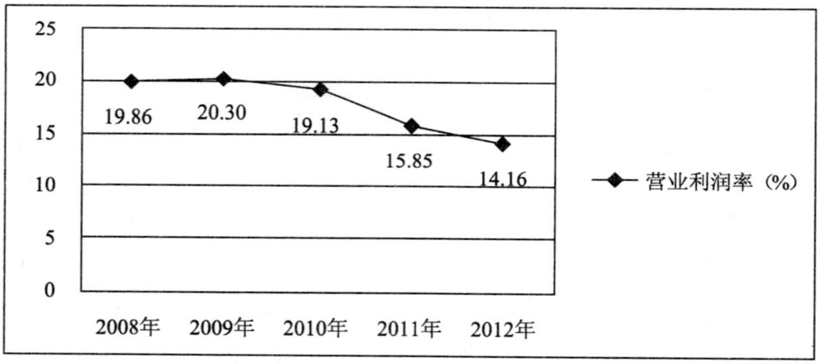

图 6 -8　2008—2012 年营业利润率变化

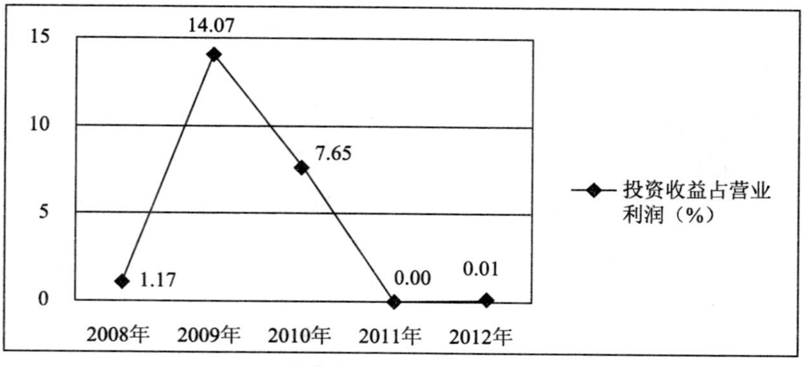

图 6 -9　2008—2012 年投资收益率变化

3. 综合分析

天地科技 2012 年企业的财务能力和收益质量总体表现较好,但都有一定的提升空间。

6.2 郑州煤矿机械集团股份有限公司(601717)

郑州煤矿机械集团股份有限公司于2010年8月3日在上海证券交易所挂牌上市。公司由河南省国资委控股,2012年末持股比例32.14%。公司主营煤炭机械设备的生产和销售业务。

一、公司生产运营状况

1. 2012年主要产品生产情况

表6-6 2012年主要产品生产情况

产品	2012年产量	2011年产量	较上年增减(%)
工业总产量(万吨)	60.98	43.32	40.77
液压支架(架)	21 786.00	15 599.31	39.66

2. 2012年主营业务分行业、分产品情况

表6-7 2012年主营业务分行业、分产品情况

	营业收入(万元)	较上年增减(%)	营业成本(万元)	较上年增减(%)	毛利率(%)	较上年增减(百分点)
分行业						
工业(机械制造)	791 713	28.54	528 855	21.15	33.20	4.07
贸易	157 323	32.34	153 971	32.90	2.13	-0.41
分产品						
支架产品	728 354	29.10	483 790	21.96	33.58	3.89
外协件	10 660	-57.81	6 976	-62.18	34.56	7.56
其他	28 886	1103.14	15 998	51.89	44.62	18.69
钢材	157 323	32.34	153 971	32.90	2.13	-0.41
煤机设备	23 813	94.48	22 091	103.25	7.23	-4.00

3. 2013年主要生产经营目标(年报未披露)

二、公司财务分析

1. 财务能力指标

(1)盈利能力:2012年营业毛利率和加权平均净资产收益率同比上升、总资产回报率有所下降。与同业相比,自2010年起,营业毛利率三年

分列第2、2、2名，加权平均净资产收益率分列第2、2、2名，总资产回报率分列第2、1、1名。总体而言，企业盈利能力表现较好(见图6-10)。

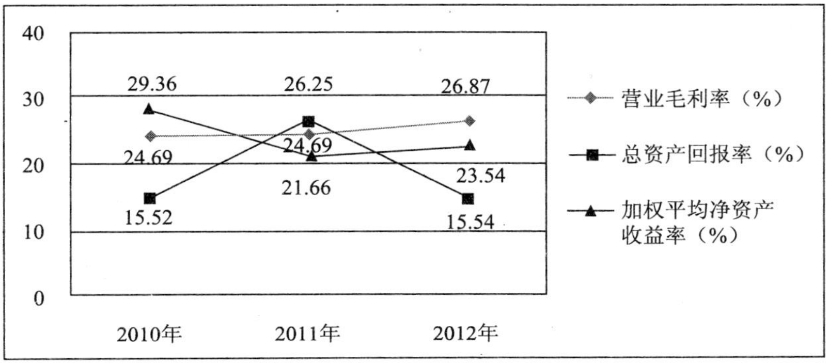

图6-10　2010—2012年各项盈利指标变化

(2)运营能力:2012年存货周转率和总资产周转率同比回升、应收账款周转率下滑。与同业比较，存货周转率连续三年位列第1名，应收账款周转率分列第1、2、2名，总资产周转率分列第1、2、2名。总体来看，企业营运能力表现较好(见图6-11、图6-12)。

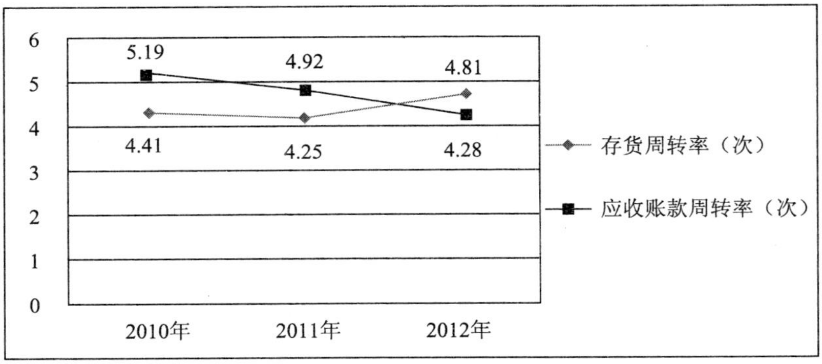

图6-11　2010—2012年存货、应收账款周转率变化

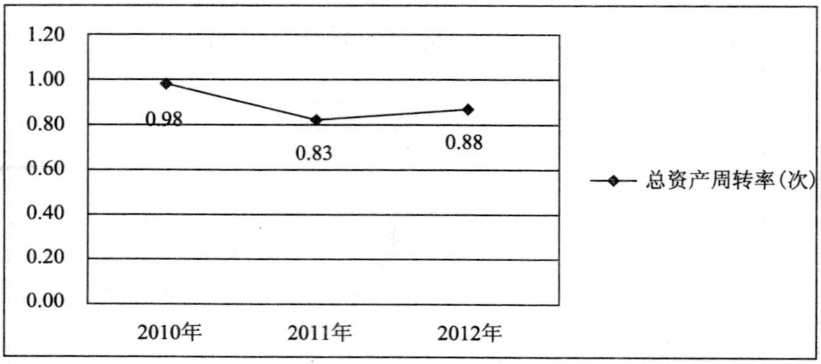

图6－12　2010—2012年总资产周转率变化

(3)偿债能力:流动比率和速动比率稳中有升。与同业比较,流动比率三年分列第2、2、2名,速动比率分列第1、1、1名,企业变现能力较强,基本不存在短期偿债风险。资产负债率连续下降,与同业相比,资产负债率三年分列第2、2、3名,企业负债水平很低,不存在长期偿债风险(见图6－13、图6－14)。

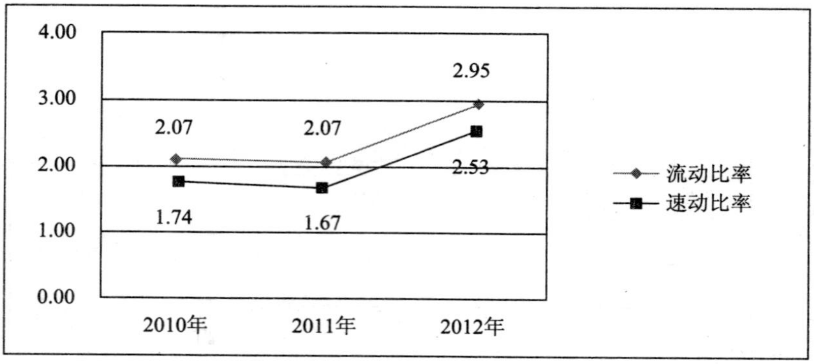

图6－13　2010—2012年流动、速动比率变化

(4)成长性(略)

2. 收益质量指标

(1)现金流质量:经营活动产生的现金净流量持续递减,2012年筹资活动现金净流量同比大幅增加(见表6－8)。

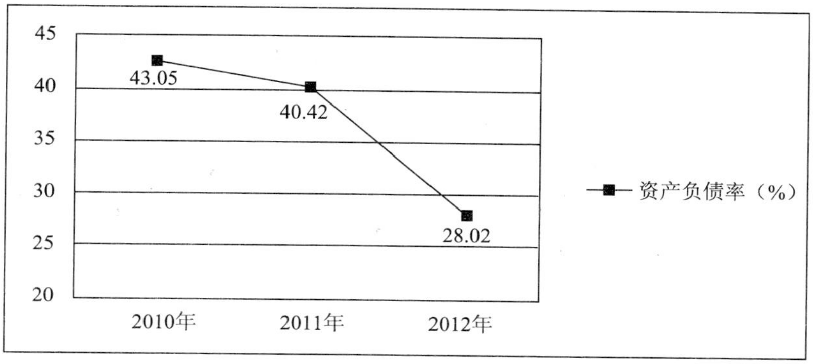

图 6－14　2010—2012 年资产负债率变化

表 6－8　2010—2012 年现金净流量情况　　单位：万元

财务指标	2010 年	2011 年	2012 年
经营活动的现金净流量	86 050	53 548	34 741
投资活动的现金净流量	－54 628	－54 661	－77 632
筹资活动的现金净流量	231 569	－38 612	167 029
现金净流量	262 907	－39 735	123 989

（2）资产质量：2012 年存货余额及其占资产总额的比例同比减少，与同业相比，存货占资产总额的比例三分列年第 2、3、3 名；应收账款余额及其占资产总额的比例同比增加，与同业相比，应收账款占资产总额的比例三年分列第 2、3、2 名，近三年无形资产总额逐年增加，与同业相比，无形资产占资产总额的比例三年分列第 2、2、3 名。总体来看，企业资产质量表现尚可（见表 6－9、图 6－15）。

表 6－9　2010—2012 年资产构成情况　　单位：万元

财务指标	2010 年	2011 年	2012 年
资产总额	902 661	1 032 051	1 299 514
流动资产	758 000	837 000	1 043 676
货币资金	402 873	381 652	492 122
应收账款	159 887	167 797	309 562
存　　货	123 000	163 000	147 923
非流动资产	144 660	195 051	255 838
固定资产	45 500	142 000	155 877
无形资产	22 600	25 900	33 001

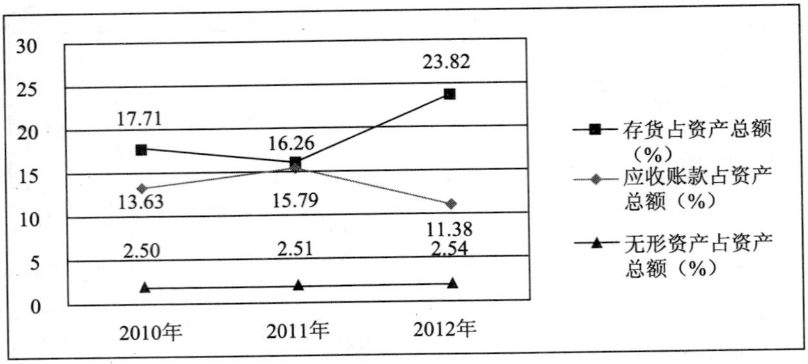

图 6－15　2010—2012 年存货、应收账款及无形资产占比变化

（3）盈利质量：近三年营业收入、营业利润、利润总额和股东净利润逐年增加，投资收益所占比重较小。营业利润率逐年呈上升趋势，与同业相比，三年分列第 2、1、1 名，企业盈利质量较好（见表 6－10，图 6－16、图 6－17）。

表 6－10　2010—2012 年主要财务指标情况　　单位：万元

财务指标	2010 年	2011 年	2012 年
营业收入	675 210	806 008	1 021 285
营业利润	104 185	138 713	188 187
投资收益	905	1 234	2 916
营业外收支	2 251	3 390	2 906
利润总额	106 436	142 103	191 093
股东净利润	88 257	119 406	158 915

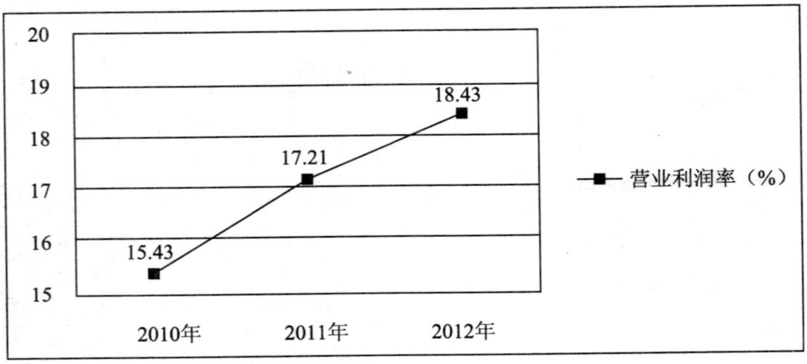

图 6－16　2010—2012 年营业利润率变化

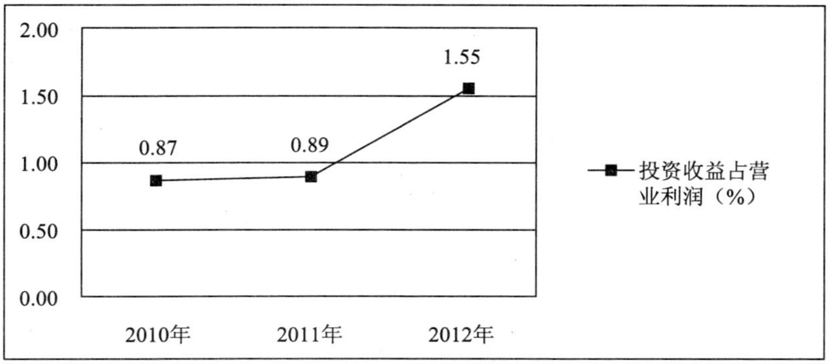

图 6－17　2010—2012 年投资收益率变化

3. 综合分析

郑煤机自上市以来，企业的各项财务能力和盈利质量指标总体表现较好，企业呈现稳健发展的态势。同时，可以考虑适度提高负债水平，为股东创造更多的财富。

6.3 山东矿机集团股份有限公司（002526）

山东矿机集团股份有限公司于2010年12月在深圳证券交易所挂牌上市。截至2012年末，公司控股股东赵笃学（持股比例23.97%）。公司主营煤机设备的生产和销售业务。

一、公司生产运营状况

1. 2012年主要产品生产销售情况（年报未披露数据）

2. 2012年主营业务分行业分产品情况

表6-11　2012年主营业务分行业、分产品情况

	营业收入（万元）	较上年增减（%）	营业成本（万元）	较上年增减（%）	毛利率（%）	较上年增减（百分点）
分行业						
机械行业	159 334	2.65	128 487	-0.90	19.36	-1.43
分产品						
输送设备	76 449	-18.50	60 128	-15.89	21.35	-2.45
支护设备	68 842	21.13	57 711	18.53	16.17	1.85
采掘设备	3 217	22.42	1 760	-28.94	45.29	39.54
其他	10 826	4.04	8 888	27.00	17.90	-14.84

3. 2013年主要生产经营目标（年报未披露数据）

二、公司财务分析

1. 财务能力指标

（1）盈利能力：2012年营业毛利率、总资产回报率和加权平均净资产收益率同比下降。与3家同业相比，营业毛利率两年位列第3、3名，总资产回报率位列第3、3名，加权平均净资产收益率位列第3、3名，企业的盈利能力表现欠佳（见表6-12）。

表6-12　2011—2012年各项盈利指标情况　%

指　标	2011年	2012年
营业毛利率	21.85	20.30
总资产回报率	6.77	2.92
加权平均净资产收益率	7.42	2.32

（2）运营能力：2012 年存货周转率、应收账款周转率和总资产周转率同比下降但幅度不大。与同业比较，存货周转率两年分列第 3、3 名，应收账款周转率分列第 3、3 名，总资产周转率分列第 3、3 名，三项指标皆处于同业最末位置，企业运营能力有待加强（表 6－13）。

表 6－13　2010—2012 年存货、应收账款、总资产周转率情况　　单位：次

指　标	2011 年	2012 年
存货周转率	2.20	2.09
应收账款周转率	3.78	2.38
总资产周转率	0.58	0.55

（3）偿债能力：2012 年流动比率和速动比率同比有所下降，与 3 家同业比较，流动比率两年分列第 3、3 名，速动比率分列第 2、2 名，企业基本不存在短期偿债风险。2012 年资产负债率同比略有增加，与同业比较资产负债率分列第 3、2，资产负债率处可控范围（见表 6－14）。

表 6－14　2011—2012 年流动、速动及资产负债率情况

指　标	2011 年	2012 年
流动比率	2.21	1.98
速动比率	1.51	1.40
资产负债率（%）	32.15	34.79

（4）成长性（略）

2. 收益质量指标

（1）现金流质量：2012 年经营活动净流量同比减少 113、68%，销售商品、提供劳务收到的现金减少，可利用现金短缺（见表 6－15）。

表 6－15　2011—2012 年现金净流量情况　　单位：万元

财务指标	2011 年	2012 年
经营活动的现金净流量	－27 042	3 700
投资活动的现金净流量	－46 358	－14 245
筹资活动的现金净流量	－9 626	－1 798
现金净流量	－83 025	－12 344

（2）资产质量：2012 年存货余额及其占资产总额的比例均同比减少。与同业比较，存货占资产总额的比例两年位列第 1、1 名；2012 年应收账

款余额及其占资产总额的比例同比增加且幅度较大，与同业比较，应收账款占资产总额的比例分列第1、1名，位居同业榜首。2012年无形资产占资产总额的比例与同业相比较，两年分列第3、2名，低于天地科技水平。总体来看，企业的资产质量表现欠佳(表6－16)

表6－16　2011—2012主要财务指标及各项资产占比情况

财务指标	2011年	2012年
资产总额(万元)	285 764	302 896
流动资产(万元)	201 718	202 745
货币资金(万元)	55 026	38 518
应收账款(万元)	54 909	80 854
存　　货(万元)	64 274	58 959
非流动资产(万元)	84 046	100 152
固定资产(万元)	40 740	48 545
无形资产(万元)	6 920	15 020
存货占资产总额(%)	22.49	19.47
应收账款占资产总额(%)	19.21	26.69
无形资产占资产总额(%)	2.42	4.96

(3)盈利质量:2012年营业收入、营业利润和利润总额同比大减少。与同业比较，营业利润率大幅降低，两年分列同业第3、3名，位居同业最低水平。投资收益占营业利润的比重有较大增长，总体来看，企业盈利能力不高(见表6－17)。

表6－17　2011—2012年主要财务指标及营业利润率、投资收益率情况

财务指标	2011年	2012年
营业收入(万元)	166 145	161 352
营业利润(万元)	16 946	3 027
投资收益(万元)	－56	160
营业外收支(万元)	616	2 688
利润总额(万元)	17 562	5 715
股东净利润(万元)	14 185	4 454
营业利润率(%)	10.20	1.88
投资收益占营业利润(%)	－0.33	5.29

3. 综合分析

山东矿机 2012 年偿债能力表现较好，但盈利能力、运营能力和资产质量有待进一步提升。同时，应该考虑适度提高负债水平，充分利用财务杠杆利益。

附录一　主要指标解释

财务指标是分析评价上市公司经营业绩的主要计量指标，以下为报告中所述相关主要财务指标的解释说明：

1. 营业毛利率

营业毛利率是用以反映企业每一元营业收入中含有多少毛利额，它是净利润的基础，没有足够大的毛利率便不能形成企业的盈利。

营业毛利率 =（主营业务收入 − 主营业务成本）/主营业务收入 ×100%。

2. 加权平均净资产收益率

加权平均净资产收益率是强调经营期间净资产赚取利润的结果，是一个动态的指标，是说明公司利用单位净资产创造利润能力的大小的一个平均指标。

加权平均净资产收益率（ROE）= $P/(E0 + NP \div 2 + Ei \times Mi \div M0 - Ej \times Mj \div M0)$

其中：P 为报告期扣除非经常性损益后归属于公司普通股股东的净利润；NP 为报告期净利润；E0 为期初净资产；Ei 为报告期发行新股或债转股等新增净资产；Ej 为报告期回购或现金分红等减少净资产；M0 为报告期月份数；Mi 为新增净资产下一月份起至报告期期末的月份数；Mj 为减少净资产下一月份起至报告期期末的月份数。

3. 总资产回报率

总资产回报（报酬）率是企业在报告期内获得的可供投资者和债权人分配的经营收益占总资产的百分比，反映资产利用的综合效果。

总资产回报率 = 息税前利润/年度平均资产总额 ×100%

（由于很多上市公司没有披露利息支出，报告中用财务费用代替）

4. 总资产周转率

总资产周转率是指企业一定时期内主营业务收入净额同平均资产总

额的比值,是反映企业全部资产经营质量和利用效率的重要指标。

总资产周转率(次)=主营业务收入净额/平均资产总额

5. 应收账款周转率

应收账款周转率是指企业一定时期内主营业务收入净额同应收账款平均余额的比率,是反映企业流动资产周转情况的主要指标。

应收账款周转率(次)=主营业务收入净额/应收账款平均余额

6. 存货周转率

存货周转率是指企业一定时期主营业务成本与存货平均余额的比率,是反映企业流动资产周转情况的主要指标。

存货周转率(次)=主营业务成本/存货平均余额

7. 流动比率

流动比率是企业一定时期内流动资产对流动负债的比率,衡量企业流动资产在短期债务到期以前,可以变为现金用于偿还负债的能力。

流动比率=流动资产/流动负债

8. 速动比率

速动比率是企业一定时期速动资产(扣除存货后流动资产的数额)同流动负债的比率,它是衡量企业流动资产中可以立即变现用于偿还流动负债的能力。

速动比率=速动资产/流动负债

9. 资产负债率

资产负债率是指企业一定时期负债总额同资产总额的比率,表示企业总资产中有多少是通过负债筹集的,是评价企业负债水平和偿债能力的综合指标。

资产负债率=负债总额/资产总额×100%

10. 三年营业收入(利润)复合增长率

三年营业收入(利润)增长率反映企业营业收入(利润)连续三年的增长情况和稳定程度,可较好的体现企业的发展状况和成长性。

$$\text{三年营业收入复合增长率} = \left(\sqrt[3]{\frac{\text{当年营业收入}}{\text{三年前营业收入}}} - 1\right) \times 100\%$$

$$三年营业利润复合增长率 = \left(\sqrt[3]{\frac{当年营业利润}{三年前营业利润}} - 1\right) \times 100\%$$

11. **营业利润率**

营业利润率是指企业一定时期营业利润同营业收入的比率。它表明企业每单位营业收入能带来多少营业利润，反映了企业日常经营性业务的获利能力。

营业利润率 = 营业利润/营业收入 × 100%

附录二　主要指标年度排序

附表 1　资产总额年度排序

单位:亿元

序号	2008 年		2009 年		2010 年		2011 年		2012 年	
煤炭采选上市公司										
1	中国神华	2 752.82	中国神华	3 105.14	中国神华	3 392.68	中国神华	4 029.78	中国神华	4 532.56
2	中煤能源	940.40	中煤能源	1 096.81	中煤能源	1 208.15	中煤能源	1 606.35	中煤能源	1 838.64
3	兖州煤业	329.41	兖州煤业	622.52	兖州煤业	728.29	兖州煤业	980.89	兖州煤业	1 213.02
4	冀中能源	183.77	西山煤电	232.70	潞安环能	293.64	山煤国际	395.14	山煤国际	453.38
5	西山煤电	165.56	潞安环能	217.30	西山煤电	289.52	西山煤电	386.43	西山煤电	451.26
6	平煤股份	159.91	冀中能源	211.11	冀中能源	252.29	冀中能源	380.53	永泰能源	425.69
7	潞安环能	157.18	神火股份	195.46	神火股份	246.68	潞安环能	345.72	冀中能源	401.08
8	神火股份	154.55	阳泉煤业	173.84	山煤国际	235.18	神火股份	300.77	神火股份	397.06
9	国投新集	144.39	国投新集	166.07	阳泉煤业	222.58	阳泉煤业	279.13	潞安环能	396.13
10	大同煤业	126.19	平煤股份	158.49	国投新集	194.59	国投新集	222.24	阳泉煤业	315.01
11	开滦股份	116.27	大同煤业	151.84	平煤股份	184.21	大同煤业	203.75	国投新集	250.89
12	阳泉煤业	95.13	山煤国际	147.32	大同煤业	169.67	平煤股份	198.36	大同煤业	215.21
13	恒源煤电	91.18	开滦股份	134.36	开滦股份	160.53	开滦股份	194.25	开滦股份	210.47

续表

序号	2008年		2009年		2010年		2011年		2012年	
14	兰花科创	89.72	兰花科创	116.23	兰花科创	135.62	大有能源	155.41	平煤股份	208.62
15	上海能源	74.11	恒源煤电	107.83	恒源煤电	118.12	兰花科创	151.87	兰花科创	203.74
16	煤气化	47.40	上海能源	83.39	上海能源	89.87	永泰能源	146.49	大有能源	165.46
17	郑州煤电	45.25	盘江股份	71.74	昊华能源	88.38	恒源煤电	125.23	盘江股份	139.64
18	露天煤业	39.89	露天煤业	68.77	盘江股份	82.94	盘江股份	122.24	恒源煤电	134.53
19	爱使股份	37.65	郑州煤电	53.18	露天煤业	74.64	郑州煤电	113.23	昊华能源	115.86
20	平庄能源	36.39	煤气化	52.18	煤气化	66.72	昊华能源	107.60	上海能源	112.98
21	盘江股份	25.57	平庄能源	44.93	郑州煤电	57.51	上海能源	104.51	郑州煤电	97.67
22	安源煤业	18.75	爱使股份	40.74	平庄能源	51.90	安源煤业	87.12	煤气化	94.54
23	新大洲A	18.38	新大洲A	20.41	百花村	40.77	露天煤业	80.59	露天煤业	89.88
24	永泰能源	11.82	永泰能源	19.49	永泰能源	40.62	煤气化	76.20	安源煤业	86.53
25	百花村	9.57	安源煤业	19.30	爱使股份	39.46	平庄能源	54.58	平庄能源	55.72
26	靖远煤电	5.00	金瑞矿业	10.75	安源煤业	22.28	百花村	44.10	靖远煤电	50.83
27	贤成矿业	3.58	百花村	8.13	新大洲A	21.88	贤成矿业	39.36	百花村	44.18
28	山煤国际	-	靖远煤电	5.86	贤成矿业	14.56	爱使股份	34.43	贤成矿业	40.52
29	昊华能源	-	贤成矿业	3.47	金瑞矿业	9.99	新大洲A	25.59	爱使股份	31.68
30	大有能源	-	昊华能源	-	靖远煤电	6.24	金瑞矿业	10.83	新大洲A	28.21
31	金瑞矿业	-	大有能源	-	大有能源	-	靖远煤电	7.34	金瑞矿业	13.20
炼焦化工上市公司										
1	云维股份	72.24	云维股份	98.70	云维股份	126.20	云维股份	141.50	云维股份	155.39
2	山西焦化	56.00	安泰集团	66.75	山西焦化	70.32	山西焦化	84.03	山西焦化	89.23

续表

序号	2008年		2009年		2010年		2011年		2012年	
3	安泰集团	52.93	山西焦化	60.76	安泰集团	68.10	安泰集团	73.04	安泰集团	73.21
4	黑化股份	19.74	黑化股份	18.41	黑化股份	17.67	云煤能源	55.20	云煤能源	55.37
5	美锦能源	12.27	美锦能源	9.93	美锦能源	9.24	宝泰隆	46.36	宝泰隆	51.22
6	四川圣达	8.00	四川圣达	6.64	四川圣达	6.86	黑化股份	13.26	黑化股份	16.82
7	宝泰隆	-	宝泰隆	-	宝泰隆	-	美锦能源	9.30	美锦能源	7.84
8	云煤能源	-	云煤能源	-	云煤能源	-	四川圣达	6.73	四川圣达	6.50
煤机制造上市公司										
1	天地科技	68.35	天地科技	85.07	天地科技	105.60	天地科技	139.66	天地科技	174.98
2	郑煤机	-	郑煤机	-	郑煤机	90.27	郑煤机	103.21	郑煤机	129.95
3	山东矿机	-	山东矿机	-	山东矿机	-	山东矿机	28.58	山东矿机	30.29
总计	6 169.37		7 685.62		9 033.77		11 710.93		13 604.99	

附表2 营业收入年度排序

单位:亿元

序号	2008年		2009年		2010年		2011年		2012年	
煤炭采选上市公司										
1	中国神华	1 071.33	中国神华	1 213.12	中国神华	1 576.62	中国神华	2 092.25	中国神华	2 502.60
2	中煤能源	522.83	中煤能源	537.29	中煤能源	712.68	中煤能源	908.65	山煤国际	954.08
3	兖州煤业	263.53	兖州煤业	215.00	山煤国际	388.38	山煤国际	697.61	中煤能源	872.92
4	冀中能源	211.43	山煤国际	210.06	兖州煤业	348.44	阳泉煤业	507.20	阳泉煤业	715.17
5	平煤股份	197.20	冀中能源	202.46	冀中能源	302.89	兖州煤业	497.99	兖州煤业	596.74
6	阳泉煤业	170.33	阳泉煤业	200.05	阳泉煤业	279.41	冀中能源	375.69	西山煤电	312.29

续表

序号	2008 年		2009 年		2010 年		2011 年		2012 年	
7	潞安环能	166.70	平煤股份	188.50	平煤股份	229.05	神火股份	306.99	冀中能源	300.72
8	西山煤电	132.55	潞安环能	182.61	潞安环能	214.28	西山煤电	303.72	神火股份	279.85
9	神火股份	120.06	西山煤电	123.37	西山煤电	169.42	平煤股份	251.79	平煤股份	221.69
10	开滦股份	94.01	开滦股份	109.77	神火股份	169.03	潞安环能	224.26	郑州煤电	201.39
11	大同煤业	83.95	神火股份	106.07	开滦股份	151.54	开滦股份	195.34	潞安环能	200.65
12	上海能源	77.13	大同煤业	94.95	大同煤业	104.54	郑州煤电	185.37	开滦股份	190.91
13	国投新集	54.26	上海能源	73.30	郑州煤电	97.76	大同煤业	161.40	大同煤业	172.80
14	兰花科创	49.12	郑州煤电	61.84	上海能源	88.59	安源煤业	137.01	安源煤业	167.76
15	煤气化	47.35	兰花科创	56.16	国投新集	70.09	大有能源	122.89	大有能源	127.99
16	恒源煤电	45.76	恒源煤电	53.42	恒源煤电	69.90	上海能源	100.81	上海能源	97.23
17	郑州煤电	45.39	国投新集	49.50	兰花科创	58.12	恒源煤电	83.43	恒源煤电	91.39
18	盘江股份	41.04	露天煤业	46.62	露天煤业	56.72	国投新集	77.67	国投新集	88.52
19	露天煤业	38.83	盘江股份	45.46	盘江股份	54.69	兰花科创	76.08	盘江股份	78.82
20	平庄能源	26.19	煤气化	32.48	昊华能源	40.47	盘江股份	74.65	永泰能源	77.18
21	爱使股份	21.45	平庄能源	26.88	煤气化	35.23	昊华能源	69.51	兰花科创	76.01
22	永泰能源	19.53	永泰能源	21.88	平庄能源	32.26	露天煤业	65.02	昊华能源	69.33
23	安源煤业	9.95	爱使股份	18.71	永泰能源	27.95	平庄能源	40.06	露天煤业	68.70
24	新大洲 A	5.45	安源煤业	8.86	爱使股份	19.16	煤气化	37.79	靖远煤电	40.56
25	靖远煤电	4.06	新大洲 A	7.28	安源煤业	11.99	爱使股份	21.15	平庄能源	35.90
26	贤成矿业	0.41	靖远煤电	5.34	新大洲 A	8.20	永泰能源	20.62	煤气化	33.12
27	百花村	0.39	金瑞矿业	3.00	靖远煤电	7.76	百花村	12.10	爱使股份	21.30

续表

序号	2008 年		2009 年		2010 年		2011 年		2012 年	
28	山煤国际	-	百花村	0.64	百花村	6.97	新大洲 A	10.85	百花村	11.19
29	昊华能源	-	贤成矿业	0.53	金瑞矿业	3.78	靖远煤电	10.30	新大洲 A	10.57
30	大有能源	-	昊华能源	-	贤成矿业	2.19	金瑞矿业	4.22	贤成矿业	5.14
31	金瑞矿业	-	大有能源	-	大有能源	-	贤成矿业	2.39	金瑞矿业	5.13
炼焦化工上市公司										
1	安泰集团	63.78	云维股份	43.67	云维股份	65.90	云维股份	87.81	云维股份	71.39
2	云维股份	53.29	安泰集团	37.40	山西焦化	64.06	山西焦化	77.53	云煤能源	65.77
3	山西焦化	49.47	山西焦化	28.97	安泰集团	49.43	云煤能源	70.28	山西焦化	57.22
4	黑化股份	17.81	黑化股份	14.62	黑化股份	15.75	安泰集团	55.06	安泰集团	51.89
5	美锦能源	17.11	四川圣达	8.93	美锦能源	13.68	宝泰隆	28.22	宝泰隆	22.59
6	四川圣达	13.40	美锦能源	8.69	四川圣达	10.98	黑化股份	15.58	黑化股份	16.40
7	宝泰隆	-	宝泰隆	-	宝泰隆	-	美锦能源	15.31	美锦能源	11.93
8	云煤能源	-	云煤能源	-	云煤能源	-	四川圣达	13.64	四川圣达	11.28
煤机制造上市公司										
1	天地科技	49.79	天地科技	66.00	天地科技	79.69	天地科技	120.09	天地科技	145.35
2	郑煤机	-	郑煤机	-	郑煤机	67.52	郑煤机	80.60	郑煤机	102.13
3	山东矿机	-	山东矿机	-	山东矿机	-	山东矿机	16.61	山东矿机	16.14
总计	3 784.88		4 103.43		5 705.12		8 255.54		9 199.74	

附表3　利润总额年度排序

单位：亿元

序号	2008年		2009年		2010年		2011年		2012年	
煤炭采选上市公司										
1	中国神华	359.71	中国神华	439.01	中国神华	544.36	中国神华	654.82	中国神华	672.48
2	兖州煤业	86.60	中煤能源	92.01	兖州煤业	121.14	中煤能源	138.51	中煤能源	134.12
3	中煤能源	82.71	兖州煤业	54.11	中煤能源	102.21	兖州煤业	120.08	兖州煤业	55.60
4	西山煤电	39.77	西山煤电	30.73	潞安环能	41.29	潞安环能	43.51	冀中能源	31.80
5	冀中能源	37.25	潞安环能	29.34	西山煤电	38.37	冀中能源	41.76	阳泉煤业	31.50
6	平煤股份	36.66	大同煤业	26.81	冀中能源	33.21	西山煤电	41.27	潞安环能	30.05
7	潞安环能	29.71	阳泉煤业	24.87	阳泉煤业	33.21	阳泉煤业	37.63	西山煤电	28.09
8	大同煤业	25.59	冀中能源	22.49	大同煤业	28.62	大有能源	33.71	大有能源	24.03
9	神火股份	15.77	平煤股份	18.16	平煤股份	23.65	大同煤业	28.99	兰花科创	23.06
10	兰花科创	15.76	兰花科创	16.15	山煤国际	19.63	山煤国际	23.87	山煤国际	22.59
11	国投新集	14.99	山煤国际	13.50	露天煤业	18.01	平煤股份	22.78	国投新集	18.39
12	上海能源	13.04	上海能源	12.65	上海能源	17.42	兰花科创	21.12	露天煤业	18.21
13	阳泉煤业	11.95	露天煤业	12.51	国投新集	17.16	盘江股份	20.42	盘江股份	18.03
14	开滦股份	11.12	开滦股份	11.75	兰花科创	17.14	露天煤业	19.31	永泰能源	17.03
15	煤气化	8.20	盘江股份	11.66	盘江股份	15.92	上海能源	18.87	大同煤业	15.34
16	恒源煤电	8.06	国投新集	11.53	神火股份	15.21	国投新集	18.30	平煤股份	14.42
17	露天煤业	7.81	神火股份	8.96	恒源煤电	12.72	昊华能源	17.72	上海能源	12.53
18	平庄能源	7.29	恒源煤电	7.31	昊华能源	11.75	恒源煤电	14.33	昊华能源	12.40
19	盘江股份	6.31	平庄能源	5.48	开滦股份	11.44	神火股份	14.19	恒源煤电	9.65
20	郑州煤电	1.61	煤气化	5.49	平庄能源	7.61	郑州煤电	12.54	郑州煤电	7.62

续表

序号	2008年		2009年		2010年		2011年		2012年	
21	贤成矿业	1.21	新大洲A	1.92	煤气化	4.49	平庄能源	10.41	开滦股份	7.11
22	爱使股份	1.20	郑州煤电	1.41	新大洲A	2.45	开滦股份	10.31	靖远煤电	5.62
23	新大洲A	0.92	爱使股份	0.93	永泰能源	2.44	安源煤业	7.74	安源煤业	5.11
24	靖远煤电	0.84	安源煤业	0.58	郑州煤电	1.78	永泰能源	5.27	平庄能源	4.92
25	永泰能源	0.18	贤成矿业	0.56	百花村	1.22	煤气化	4.56	神火股份	3.67
26	百花村	0.08	靖远煤电	0.53	贤成矿业	1.17	新大洲A	2.64	爱使股份	2.41
27	安源煤业	-2.00	金瑞矿业	0.47	爱使股份	1.05	百花村	1.73	新大洲A	1.69
28	山煤国际	-	永泰能源	0.31	安源煤业	0.99	贤成矿业	1.21	百花村	0.74
29	昊华能源	-	百花村	0.19	靖远煤电	0.68	爱使股份	1.16	金瑞矿业	0.27
30	大有能源	-	昊华能源	-	金瑞矿业	0.40	靖远煤电	0.90	贤成矿业	-1.74
31	金瑞矿业	-	大有能源	-	大有能源	-	金瑞矿业	0.50	煤气化	-2.15
炼焦化工上市公司										
1	云维股份	1.71	云维股份	1.25	云维股份	2.81	宝泰隆	2.68	宝泰隆	1.00
2	四川圣达	1.28	四川圣达	0.52	山西焦化	0.40	云煤能源	1.96	安泰集团	0.43
3	美锦能源	1.26	美锦能源	-0.05	四川圣达	0.32	云维股份	1.00	山西焦化	0.34
4	安泰集团	0.10	黑化股份	-2.35	安泰集团	0.24	山西焦化	0.58	黑化股份	0.16
5	黑化股份	-0.48	安泰集团	-4.05	黑化股份	0.16	美锦能源	0.29	四川圣达	-0.26
6	山西焦化	-3.11	山西焦化	-6.48	美锦能源	0.13	四川圣达	0.17	美锦能源	-0.44
7	宝泰隆	-	宝泰隆	-	宝泰隆	-	黑化股份	-3.75	云煤能源	-0.61
8	云煤能源	-	云煤能源	-	云煤能源	-	安泰集团	-4.58	云维股份	-13.71

续表

序号	2008 年		2009 年		2010 年		2011 年		2012 年	
煤机制造上市公司										
1	天地科技	10.35	天地科技	14.06	天地科技	16.61	天地科技	20.20	天地科技	21.96
2	郑煤机	-	郑煤机	-	郑煤机	10.64	郑煤机	14.21	郑煤机	19.11
3	山东矿机	-	山东矿机	-	山东矿机	-	山东矿机	1.76	山东矿机	0.57
总计	833.45		864.32		1 178.05		1 424.68		1 253.14	

附表 4　营业利润年度排序

单位：亿元

序号	2008 年		2009 年		2010 年		2011 年		2012 年	
煤炭采选上市公司										
1	中国神华	366.01	中国神华	441.89	中国神华	547.53	中国神华	661.62	中国神华	670.81
2	兖州煤业	86.44	中煤能源	90.26	兖州煤业	121.04	中煤能源	137.03	中煤能源	133.07
3	中煤能源	79.74	兖州煤业	54.06	中煤能源	98.49	兖州煤业	120.81	兖州煤业	41.99
4	平煤股份	42.77	西山煤电	29.97	潞安环能	41.69	潞安环能	44.32	阳泉煤业	31.41
5	西山煤电	39.94	潞安环能	29.61	西山煤电	38.33	西山煤电	41.34	潞安环能	30.45
6	冀中能源	37.79	大同煤业	26.95	阳泉煤业	33.41	冀中能源	39.93	冀中能源	29.96
7	潞安环能	29.81	阳泉煤业	25.15	冀中能源	30.39	阳泉煤业	37.60	西山煤电	27.78
8	大同煤业	25.68	冀中能源	22.99	大同煤业	28.62	大有能源	33.92	大有能源	23.99
9	兰花科创	15.96	平煤股份	18.10	平煤股份	23.75	大同煤业	28.84	兰花科创	23.45
10	神火股份	15.70	兰花科创	16.86	山煤国际	20.00	山煤国际	24.57	山煤国际	23.33
11	国投新集	14.99	山煤国际	13.81	兰花科创	18.81	平煤股份	24.54	露天煤业	18.21
12	上海能源	13.10	上海能源	12.57	露天煤业	17.91	兰花科创	22.58	国投新集	18.15

续表

序号	2008 年		2009 年		2010 年		2011 年		2012 年	
13	阳泉煤业	12.36	开滦股份	11.82	国投新集	17.29	盘江股份	20.29	盘江股份	18.04
14	开滦股份	11.13	盘江股份	11.67	上海能源	17.12	露天煤业	19.26	永泰能源	16.90
15	煤气化	8.37	国投新集	10.95	盘江股份	15.94	上海能源	18.50	大同煤业	15.44
16	恒源煤电	8.04	露天煤业	10.89	神火股份	15.57	国投新集	18.26	平煤股份	14.21
17	露天煤业	7.86	安源煤业	0.22	恒源煤电	12.74	昊华能源	17.73	上海能源	12.40
18	平庄能源	7.34	神火股份	8.20	昊华能源	11.58	神火股份	14.39	昊华能源	12.29
19	盘江股份	6.42	恒源煤电	7.25	开滦股份	11.38	恒源煤电	14.23	恒源煤电	9.35
20	郑州煤电	1.70	煤气化	5.63	平庄能源	7.61	郑州煤电	12.67	郑州煤电	7.66
21	爱使股份	1.14	平庄能源	5.50	煤气化	4.73	平庄能源	10.37	开滦股份	7.12
22	新大洲 A	0.87	新大洲 A	1.91	新大洲 A	2.40	开滦股份	10.15	靖远煤电	5.56
23	靖远煤电	0.74	郑州煤电	1.75	永泰能源	2.39	安源煤业	7.59	安源煤业	5.05
24	永泰能源	0.21	爱使股份	0.93	郑州煤电	1.82	永泰能源	4.51	平庄能源	5.00
25	百花村	0.01	靖远煤电	0.46	百花村	1.19	煤气化	4.43	神火股份	3.58
26	贤成矿业	-0.24	永泰能源	0.31	爱使股份	1.06	新大洲 A	2.69	爱使股份	2.05
27	安源煤业	-1.69	金瑞矿业	0.21	安源煤业	0.86	百花村	1.69	新大洲 A	1.73
28	山煤国际	-	百花村	0.02	靖远煤电	0.69	靖远煤电	0.96	百花村	0.68
29	昊华能源	-	贤成矿业	-0.38	贤成矿业	0.52	爱使股份	0.84	金瑞矿业	0.25
30	大有能源	-	昊华能源	-	金瑞矿业	0.28	贤成矿业	0.64	贤成矿业	-1.83
31	金瑞矿业	-	大有能源	-	大有能源	-	金瑞矿业	0.37	煤气化	-2.34
炼焦化工上市公司										
1	云维股份	1.49	云维股份	1.16	云维股份	2.74	宝泰隆	2.38	宝泰隆	0.68

续表

序号	2008 年		2009 年		2010 年		2011 年		2012 年	
2	四川圣达	1.28	四川圣达	0.21	四川圣达	0.32	云煤能源	1.86	山西焦化	0.15
3	美锦能源	1.26	美锦能源	-0.05	安泰集团	0.27	云维股份	0.93	安泰集团	-0.15
4	安泰集团	0.89	黑化股份	-2.34	美锦能源	0.12	山西焦化	0.69	四川圣达	-0.25
5	黑化股份	-0.49	安泰集团	-4.11	山西焦化	-0.18	美锦能源	0.29	美锦能源	-0.43
6	山西焦化	-2.74	山西焦化	-5.85	黑化股份	-1.43	四川圣达	0.19	云煤能源	-0.77
7	宝泰隆	-	宝泰隆	-	宝泰隆	-	黑化股份	-3.59	黑化股份	-0.94
8	云煤能源	-	云煤能源	-	云煤能源	-	安泰集团	-4.42	云维股份	-13.81
煤机制造上市公司										
1	天地科技	9.89	天地科技	13.40	天地科技	15.25	天地科技	19.04	天地科技	20.59
2	郑煤机	-	郑煤机	-	郑煤机	10.42	郑煤机	13.87	郑煤机	18.82
3	山东矿机	-	山东矿机	-	山东矿机	-	山东矿机	1.69	山东矿机	0.30
总计	843.77		861.98		1 172.65		1 429.60		1 229.93	

附表 5　归属母公司股东的净利润年度

单位：亿元

序号	2008 年		2009 年		2010 年		2011 年		2012 年	
煤炭采选上市公司										
1	中国神华	259.59	中国神华	302.76	中国神华	378.53	中国神华	449.91	中国神华	476.61
2	兖州煤业	63.24	中煤能源	66.22	兖州煤业	90.09	中煤能源	96.67	中煤能源	92.81
3	中煤能源	56.06	兖州煤业	38.80	中煤能源	69.09	兖州煤业	85.30	兖州煤业	55.16
4	西山煤电	29.59	西山煤电	22.30	潞安环能	34.37	潞安环能	38.36	潞安环能	25.67
5	平煤股份	26.69	潞安环能	21.09	西山煤电	26.44	冀中能源	30.49	阳泉煤业	22.88

续表

序号	2008年		2009年		2010年		2011年		2012年	
6	冀中能源	26.44	阳泉煤业	18.56	阳泉煤业	24.12	西山煤电	28.15	冀中能源	22.51
7	潞安环能	21.01	冀中能源	16.73	冀中能源	23.96	阳泉煤业	28.11	兰花科创	18.63
8	大同煤业	14.54	大同煤业	14.91	平煤股份	18.50	大有能源	25.39	西山煤电	18.10
9	兰花科创	12.49	平煤股份	14.09	露天煤业	14.56	平煤股份	18.43	大有能源	17.89
10	神火股份	11.27	兰花科创	12.71	盘江股份	13.45	盘江股份	17.05	露天煤业	15.72
11	国投新集	10.85	盘江股份	9.90	上海能源	13.32	兰花科创	16.63	盘江股份	15.04
12	上海能源	10.36	露天煤业	9.78	兰花科创	13.14	露天煤业	16.00	国投新集	13.39
13	阳泉煤业	9.30	上海能源	9.50	大同煤业	13.04	上海能源	14.18	平煤股份	11.21
14	开滦股份	8.12	国投新集	8.33	国投新集	12.51	国投新集	13.40	永泰能源	9.88
15	露天煤业	6.38	开滦股份	8.23	神火股份	11.59	昊华能源	13.02	上海能源	9.22
16	煤气化	6.34	山煤国际	6.15	恒源煤电	9.51	神火股份	11.51	昊华能源	9.04
17	恒源煤电	6.04	神火股份	6.01	昊华能源	8.73	山煤国际	11.16	山煤国际	7.67
18	盘江股份	5.40	恒源煤电	5.20	开滦股份	8.69	恒源煤电	10.49	恒源煤电	7.31
19	平庄能源	5.17	平庄能源	4.69	山煤国际	7.54	平庄能源	8.87	开滦股份	4.88
20	郑州煤电	1.19	煤气化	3.80	平庄能源	6.48	开滦股份	7.86	靖远煤电	4.47
21	贤成矿业	1.16	新大洲A	1.27	煤气化	2.35	大同煤业	7.09	平庄能源	4.11
22	靖远煤电	0.72	郑州煤电	1.15	新大洲A	1.36	郑州煤电	6.18	郑州煤电	4.09
23	新大洲A	0.50	靖远煤电	0.53	永泰能源	1.32	安源煤业	5.04	安源煤业	3.41
24	永泰能源	0.10	贤成矿业	0.52	郑州煤电	1.29	永泰能源	3.22	神火股份	2.02
25	百花村	0.07	金瑞矿业	0.36	贤成矿业	0.90	煤气化	2.07	爱使股份	1.98
26	爱使股份	-0.09	安源煤业	0.34	靖远煤电	0.57	新大洲A	1.49	新大洲A	0.86

续表

序号	2008 年		2009 年		2010 年		2011 年		2012 年	
27	安源煤业	-2.12	爱使股份	0.25	安源煤业	0.42	贤成矿业	0.93	大同煤业	0.63
28	山煤国际	-	永泰能源	0.22	百花村	0.41	百花村	0.76	百花村	0.20
29	昊华能源	-	百花村	0.17	金瑞矿业	0.35	靖远煤电	0.71	金瑞矿业	0.12
30	大有能源	-	昊华能源	-	爱使股份	0.22	金瑞矿业	0.31	贤成矿业	-1.33
31	金瑞矿业	-	大有能源	-	大有能源	-	爱使股份	0.23	煤气化	-3.52
炼焦化工上市公司										
1	云维股份	1.33	云维股份	0.94	云维股份	1.85	宝泰隆	2.13	宝泰隆	0.73
2	四川圣达	1.00	四川圣达	0.34	山西焦化	0.64	云煤能源	1.88	安泰集团	0.31
3	美锦能源	0.85	美锦能源	-0.04	安泰集团	0.40	山西焦化	0.53	山西焦化	0.30
4	安泰集团	0.12	黑化股份	-2.34	四川圣达	0.19	美锦能源	0.19	黑化股份	0.17
5	黑化股份	-0.52	安泰集团	-4.14	美锦能源	0.09	云维股份	0.18	美锦能源	-0.30
6	山西焦化	-2.38	山西焦化	-7.45	黑化股份	0.17	四川圣达	0.03	四川圣达	-0.35
7	宝泰隆	-	宝泰隆	-	宝泰隆	-	黑化股份	-3.74	云煤能源	-0.38
8	云煤能源	-	云煤能源	-	云煤能源	-	安泰集团	-3.83	云维股份	-11.71
煤机制造上市公司										
1	天地科技	4.93	天地科技	7.08	天地科技	8.53	郑煤机	11.94	郑煤机	15.89
2	郑煤机	-	郑煤机	-	郑煤机	8.83	天地科技	9.12	天地科技	11.35
3	山东矿机	-	山东矿机	-	山东矿机	-	山东矿机	1.42	山东矿机	0.45
总计	595.74		598.96		827.55		988.86		887.12	

附表 6　营业毛利率年度排序

%

序号	2008 年		2009 年		2010 年		2011 年		2012 年	
煤炭采选上市公司										
1	百花村	70.63	大同煤业	51.30	贤成矿业	52.82	永泰能源	59.30	兰花科创	44.83
2	大同煤业	51.62	贤成矿业	50.56	昊华能源	50.84	贤成矿业	54.02	盘江股份	41.62
3	兖州煤业	48.81	中国神华	49.31	大同煤业	46.22	新大洲 A	48.30	新大洲 A	41.28
4	中国神华	48.65	兖州煤业	43.16	中国神华	46.04	兰花科创	46.41	潞安环能	41.06
5	兰花科创	48.07	西山煤电	43.05	新大洲 A	45.83	潞安环能	45.11	永泰能源	40.64
6	西山煤电	46.76	百花村	42.50	兖州煤业	45.74	盘江股份	44.70	爱使股份	38.53
7	贤成矿业	46.00	兰花科创	41.82	爱使股份	44.67	昊华能源	43.61	露天煤业	36.57
8	爱使股份	42.74	新大洲 A	41.41	兰花科创	44.55	百花村	43.08	中煤能源	36.17
9	国投新集	41.80	盘江股份	40.54	盘江股份	44.53	大有能源	42.65	中国神华	35.98
10	新大洲 A	41.43	金瑞矿业	40.24	百花村	43.84	中国神华	41.14	昊华能源	35.83
11	平庄能源	40.26	爱使股份	39.14	西山煤电	43.40	爱使股份	40.83	百花村	35.08
12	煤气化	38.91	中煤能源	35.86	露天煤业	41.33	平庄能源	40.73	国投新集	34.93
13	中煤能源	38.18	国投新集	35.55	潞安环能	40.31	兖州煤业	40.12	大有能源	32.73
14	潞安环能	34.78	平庄能源	34.33	平庄能源	37.59	露天煤业	38.09	平庄能源	31.30
15	冀中能源	33.80	露天煤业	34.29	国投新集	37.00	大同煤业	37.01	靖远煤电	30.37
16	靖远煤电	32.95	潞安环能	32.69	金瑞矿业	34.81	国投新集	36.57	金瑞矿业	29.91
17	露天煤业	31.92	煤气化	32.22	中煤能源	33.42	金瑞矿业	36.20	西山煤电	28.35
18	平煤股份	30.70	上海能源	29.21	安源煤业	31.69	中煤能源	33.39	冀中能源	28.03
19	恒源煤电	29.92	安源煤业	28.34	上海能源	29.71	西山煤电	30.26	大同煤业	27.99
20	上海能源	27.47	冀中能源	26.65	煤气化	29.03	恒源煤电	29.31	上海能源	24.37

续表

序号	2008年		2009年		2010年		2011年		2012年	
21	开滦股份	24.38	恒源煤电	24.33	恒源煤电	27.14	上海能源	29.28	兖州煤业	24.09
22	盘江股份	23.36	靖远煤电	21.34	冀中能源	25.61	煤气化	27.02	恒源煤电	22.33
23	神火股份	21.87	阳泉煤业	20.49	平煤股份	20.47	冀中能源	24.91	平煤股份	19.30
24	安源煤业	20.01	开滦股份	19.53	靖远煤电	20.26	靖远煤电	24.07	煤气化	17.03
25	阳泉煤业	18.55	平煤股份	18.97	阳泉煤业	20.22	平煤股份	20.71	开滦股份	12.03
26	郑州煤电	17.65	神火股份	17.49	神火股份	17.47	安源煤业	14.46	郑州煤电	10.75
27	永泰能源	4.27	山煤国际	11.04	开滦股份	15.93	郑州煤电	13.76	阳泉煤业	8.60
28	山煤国际	-	郑州煤电	9.84	永泰能源	15.85	阳泉煤业	13.70	神火股份	8.10
29	昊华能源	-	永泰能源	3.98	山煤国际	9.25	开滦股份	12.85	安源煤业	7.68
30	大有能源	-	昊华能源	-	郑州煤电	7.92	神火股份	10.92	山煤国际	5.84
31	金瑞矿业	-	大有能源	-	大有能源	-	山煤国际	7.38	贤成矿业	4.53
平均	35.39		31.70		33.45		33.22		26.96	
炼焦化工上市公司										
1	四川圣达	18.36	四川圣达	14.58	云维股份	13.57	宝泰隆	17.45	宝泰隆	16.44
2	安泰集团	15.17	云维股份	12.72	四川圣达	11.24	云维股份	13.10	安泰集团	11.70
3	美锦能源	15.04	美锦能源	9.58	安泰集团	9.83	四川圣达	9.95	山西焦化	9.48
4	云维股份	13.26	安泰集团	-0.88	美锦能源	7.58	美锦能源	8.49	四川圣达	9.23
5	黑化股份	5.74	山西焦化	-5.97	山西焦化	6.78	山西焦化	8.26	美锦能源	6.42
6	山西焦化	2.94	黑化股份	-7.88	黑化股份	0.11	云煤能源	7.00	云煤能源	4.67
7	宝泰隆	-	宝泰隆	-	宝泰隆	-	安泰集团	3.37	黑化股份	0.09
8	云煤能源	-	云煤能源	-	云煤能源	-	黑化股份	-15.63	云维股份	-0.25

续表

序号	2008 年		2009 年		2010 年		2011 年		2012 年	
平均	11.75		3.69		8.19		6.50		7.22	
煤机制造上市公司										
1	天地科技	38.26	天地科技	35.17	天地科技	35.20	天地科技	31.78	天地科技	28.71
2	郑煤机	-	郑煤机	-	郑煤机	24.69	郑煤机	24.69	郑煤机	26.87
3	山东矿机	-	山东矿机	-	山东矿机	-	山东矿机	21.85	山东矿机	20.30
平均	38.26		35.17		29.95		26.11		25.29	

附表 7 总资产回报率年度排序

%

序号	2008 年		2009 年		2010 年		2011 年		2012 年	
煤炭采选上市公司										
1	贤成矿业	36.24	盘江股份	24.34	露天煤业	25.51	露天煤业	25.97	露天煤业	22.78
2	冀中能源	31.25	露天煤业	23.33	盘江股份	20.73	大有能源	25.18	中国神华	16.21
3	兖州煤业	30.26	大同煤业	19.98	上海能源	20.61	盘江股份	20.51	大有能源	14.93
4	西山煤电	28.41	贤成矿业	19.48	昊华能源	19.68	上海能源	19.72	盘江股份	14.76
5	盘江股份	26.66	阳泉煤业	19.17	大同煤业	18.20	平庄能源	18.87	兰花科创	13.90
6	平煤股份	26.35	兰花科创	17.11	阳泉煤业	17.75	昊华能源	18.71	靖远煤电	13.79
7	大同煤业	25.29	上海能源	16.66	兖州煤业	17.70	中国神华	18.31	上海能源	11.84
8	露天煤业	21.90	潞安环能	16.27	中国神华	17.52	郑州煤电	16.14	昊华能源	11.56
9	平庄能源	21.71	西山煤电	16.01	潞安环能	16.50	大同煤业	15.76	阳泉煤业	11.19
10	兰花科创	21.02	中国神华	15.63	冀中能源	15.63	兰花科创	15.67	国投新集	10.28
11	上海能源	20.42	平庄能源	13.40	西山煤电	15.47	阳泉煤业	15.60	永泰能源	10.08

续表

序号	2008年		2009年		2010年		2011年		2012年	
12	潞安环能	20.24	冀中能源	12.48	平庄能源	15.32	冀中能源	15.22	冀中能源	9.85
13	煤气化	19.42	平煤股份	11.52	兰花科创	14.85	兖州煤业	14.59	潞安环能	9.31
14	靖远煤电	18.43	山煤国际	11.52	贤成矿业	14.79	潞安环能	14.34	爱使股份	9.25
15	中国神华	15.51	煤气化	11.41	平煤股份	13.98	西山煤电	13.51	郑州煤电	9.02
16	神火股份	14.69	兖州煤业	11.03	山煤国际	13.98	靖远煤电	13.16	西山煤电	8.44
17	阳泉煤业	13.94	开滦股份	10.84	新大洲A	11.95	新大洲A	12.31	平庄能源	8.41
18	开滦股份	13.77	新大洲A	10.39	恒源煤电	11.63	恒源煤电	12.13	恒源煤电	7.84
19	国投新集	13.25	靖远煤电	9.66	永泰能源	11.53	平煤股份	12.11	新大洲A	7.79
20	恒源煤电	10.51	国投新集	9.04	靖远煤电	11.14	安源煤业	11.45	安源煤业	7.75
21	中煤能源	10.14	中煤能源	8.59	国投新集	11.00	永泰能源	10.82	大同煤业	7.67
22	爱使股份	6.73	恒源煤电	7.84	神火股份	9.75	国投新集	10.42	中煤能源	7.67
23	新大洲A	6.07	神火股份	7.57	开滦股份	9.54	中煤能源	9.66	平煤股份	7.38
24	郑州煤电	4.71	安源煤业	6.46	中煤能源	8.96	山煤国际	9.60	山煤国际	7.32
25	永泰能源	2.19	金瑞矿业	6.33	煤气化	7.99	神火股份	8.23	开滦股份	5.63
26	百花村	1.17	爱使股份	4.69	安源煤业	7.77	开滦股份	7.78	兖州煤业	5.30
27	安源煤业	-6.22	郑州煤电	3.21	百花村	7.32	煤气化	7.09	百花村	4.85
28	山煤国际	-	百花村	2.24	金瑞矿业	5.92	金瑞矿业	6.54	金瑞矿业	4.19
29	昊华能源	-	永泰能源	2.14	爱使股份	4.93	百花村	6.45	神火股份	3.82
30	大有能源	-	昊华能源	-	郑州煤电	3.71	贤成矿业	4.91	煤气化	-1.86
31	金瑞矿业	-	大有能源	-	大有能源	-	爱使股份	4.73	贤成矿业	-2.19
平均	16.82		12.01		13.38		13.40		8.99	

续表

序号	2008 年		2009 年		2010 年		2011 年		2012 年	
炼焦化工上市公司										
1	四川圣达	19.65	四川圣达	9.37	四川圣达	8.33	宝泰隆	10.45	宝泰隆	4.72
2	美锦能源	12.18	云维股份	3.62	云维股份	4.72	四川圣达	9.56	安泰集团	4.49
3	云维股份	6.28	美锦能源	0.91	山西焦化	4.12	云维股份	4.56	山西焦化	3.21
4	安泰集团	3.16	安泰集团	-4.27	安泰集团	3.26	山西焦化	4.46	黑化股份	3.14
5	黑化股份	-1.01	山西焦化	-9.31	黑化股份	2.58	云煤能源	4.26	四川圣达	1.12
6	山西焦化	-4.33	黑化股份	-11.09	美锦能源	1.77	美锦能源	4.18	云煤能源	0.21
7	宝泰隆	-	宝泰隆	-	宝泰隆	-	安泰集团	-2.98	云维股份	-4.58
8	云煤能源	-	云煤能源	-	云煤能源	-	黑化股份	-22.23	美锦能源	-4.75
平均	5.99		-1.80		4.13		1.53		0.95	
煤机制造上市公司										
1	天地科技	21.21	天地科技	18.71	天地科技	17.56	郑煤机	26.25	郑煤机	15.54
2	郑煤机	-	郑煤机	-	郑煤机	15.52	天地科技	16.57	天地科技	14.70
3	山东矿机	-	山东矿机	-	山东矿机	-	山东矿机	6.77	山东矿机	2.92
平均	21.21		18.71		16.54		16.53		11.05	

附表 8　加权平均净资产收益率年度排序

%

序号	2008 年		2009 年		2010 年		2011 年		2012 年	
煤炭采选上市公司										
1	神火股份	45.94	贤成矿业	41.96	露天煤业	38.50	露天煤业	38.09	露天煤业	30.03
2	冀中能源	42.71	露天煤业	31.25	贤成矿业	35.74	大有能源	33.71	靖远煤电	22.97

续表

序号	2008 年		2009 年		2010 年		2011 年		2012 年	
3	西山煤电	40.29	阳泉煤业	29.12	神火股份	28.32	潞安环能	28.65	兰花科创	21.30
4	平煤股份	36.74	山煤国际	27.68	兖州煤业	27.60	阳泉煤业	28.23	盘江股份	20.91
5	兰花科创	35.11	兰花科创	27.50	阳泉煤业	26.29	贤成矿业	27.02	爱使股份	20.36
6	潞安环能	32.65	西山煤电	24.00	山煤国际	26.18	盘江股份	26.03	中国神华	19.92
7	上海能源	30.39	盘江股份	22.35	潞安环能	26.05	神火股份	23.47	大有能源	19.24
8	盘江股份	29.80	上海能源	21.77	恒源煤电	25.13	冀中能源	22.96	阳泉煤业	18.38
9	煤气化	29.00	潞安环能	21.22	永泰能源	24.87	兰花科创	22.93	国投新集	16.17
10	露天煤业	27.46	中国神华	19.10	上海能源	24.83	昊华能源	21.94	潞安环能	16.02
11	兖州煤业	26.71	大同煤业	18.76	盘江股份	23.28	平庄能源	21.76	西山煤电	15.50
12	平庄能源	24.86	冀中能源	18.56	西山煤电	23.27	兖州煤业	21.66	冀中能源	15.27
13	开滦股份	24.16	神火股份	18.39	冀中能源	22.38	上海能源	21.42	永泰能源	13.55
14	大同煤业	22.26	开滦股份	17.87	兰花科创	22.17	西山煤电	21.18	昊华能源	13.45
15	国投新集	21.59	平煤股份	17.71	平煤股份	21.89	中国神华	20.95	兖州煤业	12.56
16	靖远煤电	21.02	平庄能源	17.55	中国神华	20.10	平煤股份	18.62	上海能源	12.15
17	中国神华	18.81	恒源煤电	16.63	昊华能源	20.09	山煤国际	18.27	恒源煤电	11.19
18	阳泉煤业	18.44	煤气化	14.27	平庄能源	19.33	恒源煤电	18.12	中煤能源	11.01
19	恒源煤电	17.72	国投新集	14.24	国投新集	19.12	国投新集	18.01	郑州煤电	10.91
20	中煤能源	11.97	兖州煤业	14.17	开滦股份	16.19	郑州煤电	17.77	平煤股份	10.47
21	郑州煤电	7.93	靖远煤电	12.66	大同煤业	13.40	靖远煤电	15.17	安源煤业	9.50
22	新大洲 A	4.82	金瑞矿业	11.51	靖远煤电	13.07	永泰能源	14.45	平庄能源	9.00
23	永泰能源	2.37	新大洲 A	10.83	安源煤业	11.69	安源煤业	13.10	开滦股份	7.33

续表

序号	2008 年		2009 年		2010 年		2011 年		2012 年	
24	百花村	1.64	中煤能源	10.03	新大洲 A	10.11	开滦股份	12.89	山煤国际	7.00
25	爱使股份	-0.97	郑州煤电	7.22	金瑞矿业	10.02	中煤能源	12.40	新大洲 A	6.32
26	安源煤业	-27.18	安源煤业	5.41	中煤能源	9.74	新大洲 A	11.16	神火股份	3.22
27	山煤国际	-	永泰能源	5.04	煤气化	8.01	百花村	8.43	金瑞矿业	2.83
28	昊华能源	-	爱使股份	2.77	郑州煤电	7.50	金瑞矿业	8.08	百花村	2.19
29	大有能源	-	百花村	2.77	百花村	4.84	煤气化	6.54	大同煤业	0.67
30	金瑞矿业	-	昊华能源	-	爱使股份	2.38	大同煤业	6.34	贤成矿业	-7.15
31	贤成矿业	-	大有能源	-	大有能源	-	爱使股份	2.33	煤气化	-12.99
平均	21.01		17.32		19.40		18.76		11.59	
炼焦化工上市公司										
1	四川圣达	28.72	四川圣达	8.39	云维股份	7.33	云煤能源	9.18	黑化股份	6.01
2	美锦能源	20.36	云维股份	5.62	山西焦化	5.54	宝泰隆	9.17	宝泰隆	2.59
3	云维股份	8.70	美锦能源	-0.98	四川圣达	4.51	山西焦化	4.43	山西焦化	2.35
4	安泰集团	0.50	安泰集团	-19.96	黑化股份	2.65	美锦能源	4.14	安泰集团	1.28
5	黑化股份	-6.10	黑化股份	-31.83	美锦能源	1.89	四川圣达	0.78	云煤能源	-1.70
6	山西焦化	-12.00	山西焦化	-49.97	安泰集团	1.42	云维股份	0.71	美锦能源	-6.62
7	宝泰隆	-	宝泰隆	-	宝泰隆	-	安泰集团	-14.83	四川圣达	-8.01
8	云煤能源	-	云煤能源	-	云煤能源	-	黑化股份	-81.62	云维股份	-60.03
平均	6.70		-14.79		3.89		-8.51		-8.02	
煤机制造上市公司										
1	天地科技	30.82	天地科技	32.80	天地科技	29.60	天地科技	24.53	天地科技	24.41

续表

序号	2008年		2009年		2010年		2011年		2012年	
2	郑煤机	-	郑煤机	-	郑煤机	29.36	郑煤机	21.66	郑煤机	23.54
3	山东矿机	-	山东矿机	-	山东矿机	-	山东矿机	7.42	山东矿机	2.32
平均	30.82		32.80		29.48		17.87		16.76	

附表9　存货周转率年度排序

单位：次

序号	2008年		2009年		2010年		2011年		2012年	
煤炭采选上市公司										
1	爱使股份	102.48	爱使股份	98.39	爱使股份	85.88	爱使股份	108.59	爱使股份	193.79
2	潞安环能	46.61	潞安环能	55.32	贤成矿业	41.49	安源煤业	57.02	阳泉煤业	59.26
3	平庄能源	42.91	百花村	42.81	平煤股份	34.02	阳泉煤业	48.79	安源煤业	56.79
4	平煤股份	42.67	平庄能源	38.63	平庄能源	30.60	平煤股份	34.85	兖州煤业	30.60
5	阳泉煤业	40.20	阳泉煤业	35.59	阳泉煤业	28.84	大同煤业	29.81	大同煤业	27.54
6	恒源煤电	36.18	平煤股份	34.14	潞安环能	26.96	大有能源	27.50	平煤股份	25.15
7	冀中能源	33.80	露天煤业	27.14	山煤国际	22.91	冀中能源	23.40	恒源煤电	24.97
8	盘江股份	27.43	恒源煤电	24.49	冀中能源	21.67	平庄能源	21.26	大有能源	24.19
9	露天煤业	23.40	贤成矿业	23.95	恒源煤电	21.20	山煤国际	20.79	永泰能源	23.28
10	兖州煤业	21.36	山煤国际	21.84	露天煤业	21.00	兖州煤业	19.61	山煤国际	21.16
11	开滦股份	20.83	冀中能源	19.46	大同煤业	20.88	恒源煤电	18.80	冀中能源	19.54
12	西山煤电	17.00	西山煤电	17.42	永泰能源	19.25	潞安环能	17.17	盘江股份	17.26
13	百花村	15.73	盘江股份	15.26	西山煤电	17.25	盘江股份	16.61	平庄能源	16.92
14	上海能源	12.85	开滦股份	15.09	上海能源	16.39	永泰能源	16.55	潞安环能	16.29

续表

序号	2008 年		2009 年		2010 年		2011 年		2012 年	
15	大同煤业	11.97	大同煤业	15.05	盘江股份	16.32	上海能源	13.31	郑州煤电	15.03
16	靖远煤电	11.49	兖州煤业	14.30	靖远煤电	15.22	靖远煤电	13.18	露天煤业	14.45
17	神火股份	11.15	靖远煤电	14.07	兖州煤业	14.93	神火股份	12.91	中国神华	11.40
18	贤成矿业	8.66	上海能源	12.54	开滦股份	12.67	西山煤电	12.50	神火股份	11.24
19	中煤能源	8.56	神火股份	9.78	昊华能源	9.34	开滦股份	11.27	上海能源	10.68
20	煤气化	8.47	永泰能源	9.61	神火股份	9.08	昊华能源	10.93	昊华能源	10.35
21	国投新集	8.21	中国神华	7.90	中国神华	8.81	中国神华	10.05	开滦股份	9.85
22	中国神华	7.76	中煤能源	7.48	中煤能源	8.48	中煤能源	8.95	西山煤电	9.70
23	永泰能源	7.67	国投新集	7.22	安源煤业	6.74	郑州煤电	8.43	煤气化	8.64
24	安源煤业	6.46	兰花科创	6.15	国投新集	6.48	新大洲 A	7.21	靖远煤电	8.16
25	郑州煤电	6.38	安源煤业	5.79	煤气化	6.21	露天煤业	7.17	中煤能源	7.95
26	兰花科创	5.70	煤气化	5.67	郑州煤电	6.18	煤气化	6.99	新大洲 A	7.47
27	新大洲 A	1.55	郑州煤电	5.62	新大洲 A	5.78	国投新集	5.13	兰花科创	5.02
28	山煤国际	-	金瑞矿业	3.02	兰花科创	5.41	兰花科创	4.89	国投新集	4.94
29	昊华能源	-	新大洲 A	2.70	金瑞矿业	4.52	金瑞矿业	4.87	金瑞矿业	4.90
30	大有能源	-	昊华能源	-	百花村	4.28	百花村	3.91	贤成矿业	3.55
31	金瑞矿业	-	大有能源	-	大有能源	-	贤成矿业	1.95	百花村	2.98
平均	21.76		20.57		18.29		19.50		22.68	
炼焦化工上市公司										
1	山西焦化	15.38	美锦能源	9.47	山西焦化	13.37	云煤能源	19.18	黑化股份	12.27
2	四川圣达	10.13	安泰集团	7.42	黑化股份	9.21	山西焦化	16.75	山西焦化	11.89

续表

序号	2008年		2009年		2010年		2011年		2012年	
3	安泰集团	9.10	黑化股份	7.36	美锦能源	8.52	黑化股份	12.56	云煤能源	11.81
4	云维股份	8.70	山西焦化	6.72	安泰集团	7.16	美锦能源	6.98	美锦能源	7.62
5	黑化股份	8.45	四川圣达	6.56	云维股份	6.19	云维股份	6.50	云维股份	5.83
6	美锦能源	7.16	云维股份	5.21	四川圣达	4.92	安泰集团	6.05	四川圣达	5.28
7	宝泰隆	-	宝泰隆	-	宝泰隆	-	四川圣达	5.33	安泰集团	4.95
8	云煤能源	-	云煤能源	-	云煤能源	-	宝泰隆	3.82	宝泰隆	2.92
平均	9.82		7.12		8.23		9.65		7.82	
煤机制造上市公司										
1	天地科技	2.18	天地科技	2.31	郑煤机	4.41	郑煤机	4.25	郑煤机	4.81
2	郑煤机	-	郑煤机	-	天地科技	2.63	天地科技	3.55	天地科技	3.72
3	山东矿机	-	山东矿机	-	山东矿机	-	山东矿机	2.20	山东矿机	2.09
平均	2.18		2.31		3.52		3.33		3.54	

附表10 应收账款周转率年度排序

单位：次

序号	2008年		2009年		2010年		2011年		2012年	
煤炭采选上市公司										
1	兰花科创	149.00	兰花科创	180.00	兰花科创	357.00	兰花科创	597.00	兰花科创	437.69
2	上海能源	109.86	百花村	95.71	神火股份	186.00	神火股份	290.00	郑州煤电	162.85
3	兖州煤业	98.86	上海能源	76.79	平煤股份	148.00	郑州煤电	250.45	神火股份	161.02
4	平煤股份	94.86	平煤股份	74.98	郑州煤电	79.69	平煤股份	105.88	平煤股份	88.96
5	百花村	57.91	兖州煤业	50.64	上海能源	76.85	上海能源	87.96	兖州煤业	68.53

续表

序号	2008 年		2009 年		2010 年		2011 年		2012 年	
6	大同煤业	45.77	永泰能源	40.43	国投新集	76.41	兖州煤业	76.44	恒源煤电	51.67
7	潞安环能	45.60	郑州煤电	36.83	兖州煤业	75.39	恒源煤电	71.61	上海能源	44.80
8	永泰能源	39.10	神火股份	30.51	开滦股份	65.83	潞安环能	60.39	潞安环能	44.79
9	神火股份	33.72	潞安环能	29.64	恒源煤电	51.39	国投新集	55.64	金瑞矿业	40.03
10	盘江股份	32.88	阳泉煤业	25.44	潞安环能	51.14	西山煤电	41.56	阳泉煤业	36.75
11	西山煤电	28.08	开滦股份	25.21	永泰能源	50.52	大有能源	36.73	昊华能源	27.98
12	郑州煤电	25.36	国投新集	23.93	西山煤电	34.16	阳泉煤业	35.35	国投新集	25.13
13	恒源煤电	24.87	西山煤电	22.59	爱使股份	33.27	开滦股份	30.48	大有能源	18.55
14	开滦股份	24.76	盘江股份	22.24	阳泉煤业	28.55	盘江股份	29.43	开滦股份	18.15
15	阳泉煤业	22.33	恒源煤电	21.90	百花村	27.47	昊华能源	27.76	新大洲 A	17.60
16	国投新集	19.62	大同煤业	20.68	昊华能源	26.09	爱使股份	26.66	盘江股份	17.12
17	爱使股份	16.19	爱使股份	17.01	盘江股份	24.09	山煤国际	23.01	西山煤电	16.09
18	中国神华	15.98	新大洲 A	16.40	山煤国际	20.82	安源煤业	21.57	中国神华	15.76
19	冀中能源	14.78	中国神华	16.07	冀中能源	19.55	金瑞矿业	20.43	百花村	15.21
20	煤气化	13.95	中煤能源	13.91	中国神华	18.76	百花村	20.25	爱使股份	15.18
21	中煤能源	13.30	山煤国际	13.43	贤成矿业	18.55	新大洲 A	19.32	山煤国际	13.94
22	露天煤业	11.41	露天煤业	11.80	中煤能源	18.21	中国神华	19.12	安源煤业	13.86
23	新大洲 A	11.33	贤成矿业	10.83	新大洲 A	15.48	中煤能源	17.89	中煤能源	12.69
24	平庄能源	10.62	平庄能源	10.78	大同煤业	14.64	冀中能源	17.86	靖远煤电	11.93
25	靖远煤电	10.25	冀中能源	10.14	露天煤业	13.13	大同煤业	15.69	冀中能源	9.44
26	安源煤业	7.07	煤气化	7.53	平庄能源	13.00	平庄能源	12.97	煤气化	9.24

续表

序号	2008年		2009年		2010年		2011年		2012年	
27	贤成矿业	4.22	安源煤业	6.99	安源煤业	12.34	煤气化	11.25	大同煤业	7.84
28	山煤国际	-	金瑞矿业	6.71	煤气化	11.29	露天煤业	9.02	永泰能源	7.00
29	昊华能源	-	靖远煤电	5.42	靖远煤电	8.17	靖远煤电	8.33	贤成矿业	6.96
30	大有能源	-	昊华能源	-	金瑞矿业	7.87	贤成矿业	7.66	平庄能源	6.56
31	金瑞矿业	-	大有能源	-	大有能源	-	永泰能源	6.62	露天煤业	5.96
平均	36.36		31.88		52.79		66.27		46.11	
炼焦化工上市公司										
1	云维股份	62.32	云维股份	37.01	云维股份	41.53	宝泰隆	68.82	云煤能源	37.40
2	四川圣达	27.65	四川圣达	13.00	四川圣达	22.83	云煤能源	51.56	宝泰隆	37.15
3	山西焦化	14.12	黑化股份	6.50	山西焦化	14.35	云维股份	42.40	云维股份	22.88
4	安泰集团	10.52	山西焦化	5.91	美锦能源	10.91	四川圣达	20.73	山西焦化	10.36
5	美锦能源	10.08	安泰集团	4.41	黑化股份	9.29	山西焦化	14.95	四川圣达	10.19
6	黑化股份	7.29	美锦能源	4.30	安泰集团	5.41	黑化股份	12.92	黑化股份	8.47
7	宝泰隆	-	宝泰隆	-	宝泰隆	-	美锦能源	11.74	美锦能源	8.22
8	云煤能源	-	云煤能源	-	云煤能源	-	安泰集团	6.01	安泰集团	5.66
平均	22.00		11.86		17.39		28.64		17.54	
煤机制造上市公司										
1	天地科技	4.56	天地科技	4.81	郑煤机	5.19	天地科技	5.33	天地科技	4.65
2	郑煤机	-	郑煤机	-	天地科技	4.74	郑煤机	4.92	郑煤机	4.28
3	山东矿机	-	山东矿机	-	山东矿机	-	山东矿机	3.78	山东矿机	2.38
平均	4.56		4.81		4.97		4.68		3.77	

附表 11 总资产周转率年度排序

单位：次

序号	2008 年		2009 年		2010 年		2011 年		2012 年	
煤炭采选上市公司										
1	阳泉煤业	1.90	山煤国际	1.68	山煤国际	2.03	山煤国际	2.21	阳泉煤业	2.41
2	盘江股份	1.75	阳泉煤业	1.49	郑州煤电	1.77	郑州煤电	2.17	山煤国际	2.25
3	永泰能源	1.75	永泰能源	1.40	阳泉煤业	1.41	阳泉煤业	2.02	安源煤业	1.93
4	冀中能源	1.71	平煤股份	1.18	平煤股份	1.34	安源煤业	1.69	郑州煤电	1.91
5	平煤股份	1.41	郑州煤电	1.14	冀中能源	1.31	靖远煤电	1.52	平煤股份	1.09
6	郑州煤电	1.26	冀中能源	1.03	靖远煤电	1.28	平煤股份	1.32	开滦股份	0.94
7	上海能源	1.15	靖远煤电	0.98	开滦股份	1.03	冀中能源	1.19	靖远煤电	0.91
8	煤气化	1.09	潞安环能	0.98	上海能源	1.02	神火股份	1.12	上海能源	0.89
9	潞安环能	1.08	盘江股份	0.93	永泰能源	0.93	开滦股份	1.10	大同煤业	0.82
10	露天煤业	1.03	上海能源	0.93	潞安环能	0.84	上海能源	1.04	露天煤业	0.81
11	开滦股份	0.99	开滦股份	0.88	露天煤业	0.79	西山煤电	0.90	神火股份	0.80
12	西山煤电	0.92	露天煤业	0.86	神火股份	0.76	大有能源	0.90	大有能源	0.80
13	兖州煤业	0.90	大同煤业	0.68	盘江股份	0.71	大同煤业	0.86	冀中能源	0.77
14	神火股份	0.89	平庄能源	0.66	平庄能源	0.67	露天煤业	0.84	西山煤电	0.75
15	靖远煤电	0.86	煤气化	0.65	昊华能源	0.66	平庄能源	0.75	恒源煤电	0.70
16	大同煤业	0.80	西山煤电	0.62	西山煤电	0.65	盘江股份	0.73	平庄能源	0.65
17	平庄能源	0.75	神火股份	0.61	大同煤业	0.65	昊华能源	0.71	爱使股份	0.64
18	恒源煤电	0.69	兰花科创	0.55	恒源煤电	0.62	潞安环能	0.70	昊华能源	0.62
19	中煤能源	0.68	恒源煤电	0.54	中煤能源	0.62	恒源煤电	0.69	盘江股份	0.60

续表

序号	2008 年		2009 年		2010 年		2011 年		2012 年	
20	兰花科创	0.62	中煤能源	0.53	煤气化	0.59	中煤能源	0.65	中国神华	0.58
21	爱使股份	0.53	爱使股份	0.48	安源煤业	0.58	兖州煤业	0.58	兖州煤业	0.54
22	安源煤业	0.50	安源煤业	0.47	兖州煤业	0.52	爱使股份	0.57	潞安环能	0.54
23	中国神华	0.42	兖州煤业	0.45	爱使股份	0.48	中国神华	0.54	中煤能源	0.51
24	国投新集	0.41	中国神华	0.41	兰花科创	0.46	兰花科创	0.53	兰花科创	0.43
25	新大洲 A	0.32	新大洲 A	0.38	中国神华	0.46	煤气化	0.53	金瑞矿业	0.43
26	贤成矿业	0.11	国投新集	0.32	国投新集	0.39	新大洲 A	0.46	煤气化	0.39
27	百花村	0.05	金瑞矿业	0.28	新大洲 A	0.39	金瑞矿业	0.41	新大洲 A	0.39
28	山煤国际	-	贤成矿业	0.15	金瑞矿业	0.36	国投新集	0.37	国投新集	0.37
29	昊华能源	-	百花村	0.07	百花村	0.28	百花村	0.29	永泰能源	0.27
30	大有能源	-	昊华能源	-	贤成矿业	0.24	永泰能源	0.22	百花村	0.25
31	金瑞矿业	-	大有能源	-	大有能源	-	贤成矿业	0.09	贤成矿业	0.13
平均	0.91		0.74		0.79		0.89		0.81	
炼焦化工上市公司										
1	四川圣达	1.64	四川圣达	1.22	四川圣达	1.63	四川圣达	2.01	四川圣达	1.71
2	美锦能源	1.50	美锦能源	0.78	美锦能源	1.43	美锦能源	1.65	美锦能源	1.39
3	安泰集团	1.26	黑化股份	0.77	山西焦化	0.98	云煤能源	1.37	云煤能源	1.18
4	山西焦化	1.02	安泰集团	0.63	黑化股份	0.87	黑化股份	1.01	黑化股份	1.09
5	黑化股份	0.96	云维股份	0.51	安泰集团	0.73	山西焦化	1.00	安泰集团	0.71
6	云维股份	0.86	山西焦化	0.50	云维股份	0.59	安泰集团	0.78	山西焦化	0.66
7	宝泰隆	-	宝泰隆	-	宝泰隆	-	宝泰隆	0.76	云维股份	0.48

续表

序号	2008 年		2009 年		2010 年		2011 年		2012 年	
8	云煤能源	-	云煤能源	-	云煤能源	-	云维股份	0.66	宝泰隆	0.46
平均	1.21		0.74		1.04		1.16		0.96	
煤机制造上市公司										
1	天地科技	0.92	天地科技	0.86	郑煤机	0.98	天地科技	0.97	天地科技	0.95
2	郑煤机	-	郑煤机	-	天地科技	0.84	郑煤机	0.83	郑煤机	0.88
3	山东矿机	-	山东矿机	-	山东矿机	-	山东矿机	0.58	山东矿机	0.55
平均	0.92		0.86		0.91		0.79		0.79	

附表 12 流动比率年度排序

序号	2008 年		2009 年		2010 年		2011 年		2012 年	
煤炭采选上市公司										
1	中煤能源	3.89	中煤能源	3.23	兖州煤业	2.71	平庄能源	3.53	平庄能源	3.82
2	盘江股份	2.85	平庄能源	1.97	平庄能源	2.70	贤成矿业	2.31	大有能源	1.55
3	兖州煤业	2.60	兖州煤业	1.91	中煤能源	2.49	大同煤业	2.16	兰花科创	1.49
4	中国神华	1.83	西山煤电	1.91	盘江股份	2.31	中煤能源	1.92	大同煤业	1.46
5	西山煤电	1.75	大同煤业	1.77	大同煤业	2.06	靖远煤电	1.86	中煤能源	1.45
6	靖远煤电	1.69	盘江股份	1.73	靖远煤电	1.86	盘江股份	1.83	昊华能源	1.37
7	大同煤业	1.66	中国神华	1.66	西山煤电	1.68	大有能源	1.83	贤成矿业	1.34
8	平庄能源	1.56	新大洲 A	1.62	昊华能源	1.60	上海能源	1.66	开滦股份	1.28
9	平煤股份	1.32	靖远煤电	1.61	中国神华	1.55	昊华能源	1.32	新大洲 A	1.23

续表

序号	2008年		2009年		2010年		2011年		2012年	
10	煤气化	1.30	露天煤业	1.56	煤气化	1.48	永泰能源	1.27	盘江股份	1.22
11	露天煤业	1.15	煤气化	1.50	新大洲A	1.43	中国神华	1.24	露天煤业	1.21
12	开滦股份	1.09	潞安环能	1.25	上海能源	1.29	山煤国际	1.23	阳泉煤业	1.18
13	新大洲A	1.09	山煤国际	1.16	潞安环能	1.25	阳泉煤业	1.20	兖州煤业	1.17
14	永泰能源	1.06	开滦股份	1.06	阳泉煤业	1.21	冀中能源	1.16	冀中能源	1.16
15	潞安环能	1.03	郑州煤电	1.02	山煤国际	1.10	西山煤电	1.15	上海能源	1.11
16	冀中能源	1.02	爱使股份	0.97	兰花科创	1.04	兰花科创	1.11	永泰能源	1.08
17	郑州煤电	0.95	阳泉煤业	0.94	开滦股份	1.00	潞安环能	1.11	安源煤业	1.05
18	阳泉煤业	0.90	上海能源	0.93	永泰能源	0.99	安源煤业	1.10	中国神华	1.05
19	上海能源	0.81	冀中能源	0.89	郑州煤电	0.95	煤气化	1.04	潞安环能	0.96
20	兰花科创	0.72	平煤股份	0.89	平煤股份	0.89	露天煤业	1.04	西山煤电	0.93
21	国投新集	0.63	兰花科创	0.79	冀中能源	0.86	开滦股份	0.98	山煤国际	0.91
22	爱使股份	0.63	永泰能源	0.77	恒源煤电	0.80	兖州煤业	0.94	金瑞矿业	0.86
23	恒源煤电	0.61	恒源煤电	0.59	爱使股份	0.80	恒源煤电	0.90	恒源煤电	0.82
24	安源煤业	0.49	安源煤业	0.57	露天煤业	0.76	平煤股份	0.83	靖远煤电	0.79
25	神火股份	0.47	神火股份	0.55	神火股份	0.68	爱使股份	0.80	平煤股份	0.67
26	百花村	0.34	金瑞矿业	0.55	百花村	0.58	郑州煤电	0.75	爱使股份	0.65
27	贤成矿业	0.10	国投新集	0.45	安源煤业	0.50	神火股份	0.58	煤气化	0.60
28	山煤国际	-	百花村	0.32	金瑞矿业	0.40	新大洲A	0.57	郑州煤电	0.49
29	昊华能源	-	贤成矿业	0.10	国投新集	0.38	金瑞矿业	0.48	神火股份	0.44
30	大有能源	-	昊华能源	-	贤成矿业	0.31	百花村	0.47	百花村	0.39

续表

序号	2008 年		2009 年		2010 年		2011 年		2012 年	
31	金瑞矿业	-	大有能源	-	大有能源	-	国投新集	0.33	国投新集	0.32
平均	1.24		1.18		1.26		1.25		1.10	
炼焦化工上市公司										
1	安泰集团	1.34	四川圣达	1.62	四川圣达	1.85	四川圣达	2.12	四川圣达	2.09
2	美锦能源	1.17	美锦能源	1.32	美锦能源	1.46	美锦能源	1.64	美锦能源	1.79
3	四川圣达	1.16	安泰集团	1.08	安泰集团	1.12	安泰集团	1.23	宝泰隆	1.23
4	山西焦化	0.66	云维股份	1.06	云维股份	0.89	宝泰隆	1.05	安泰集团	1.06
5	黑化股份	0.65	黑化股份	0.57	山西焦化	0.61	云煤能源	0.71	云煤能源	0.68
6	云维股份	0.62	山西焦化	0.50	黑化股份	0.61	云维股份	0.68	山西焦化	0.58
7	宝泰隆	-	宝泰隆	-	宝泰隆	-	山西焦化	0.66	黑化股份	0.56
8	云煤能源	-	云煤能源	-	云煤能源	-	黑化股份	0.30	云维股份	0.49
平均	0.93		1.03		1.09		1.05		1.06	
煤机制造上市公司										
1	天地科技	1.39	天地科技	1.56	天地科技	1.67	天地科技	1.67	天地科技	1.70
2	郑煤机	-	郑煤机	-	郑煤机	2.07	郑煤机	2.07	郑煤机	2.95
3	山东矿机	-	山东矿机	-	山东矿机	-	山东矿机	2.21	山东矿机	1.98
平均	1.39		1.56		1.87		1.98		2.21	

附表 13　速动比率年度排序

序号	2008 年		2009 年		2010 年		2011 年		2012 年	
煤炭采选上市公司										
1	中煤能源	3.56	中煤能源	2.91	平庄能源	2.62	平庄能源	3.38	平庄能源	3.65
2	盘江股份	2.48	平庄能源	1.92	兖州煤业	2.56	贤成矿业	2.18	大有能源	1.47
3	兖州煤业	2.46	西山煤电	1.86	盘江股份	2.18	大同煤业	2.08	大同煤业	1.37
4	西山煤电	1.64	兖州煤业	1.83	中煤能源	2.17	大有能源	1.76	兰花科创	1.34
5	中国神华	1.64	大同煤业	1.70	大同煤业	1.98	盘江股份	1.70	中煤能源	1.25
6	大同煤业	1.54	盘江股份	1.60	靖远煤电	1.60	中煤能源	1.67	昊华能源	1.23
7	平庄能源	1.50	中国神华	1.52	西山煤电	1.58	靖远煤电	1.56	贤成矿业	1.22
8	靖远煤电	1.42	靖远煤电	1.43	昊华能源	1.49	上海能源	1.28	盘江股份	1.16
9	平煤股份	1.26	露天煤业	1.43	中国神华	1.40	永泰能源	1.25	兖州煤业	1.11
10	煤气化	1.09	新大洲 A	1.40	煤气化	1.27	昊华能源	1.16	新大洲 A	1.10
11	露天煤业	1.06	煤气化	1.26	新大洲 A	1.25	阳泉煤业	1.14	冀中能源	1.09
12	开滦股份	1.01	潞安环能	1.23	潞安环能	1.19	冀中能源	1.08	阳泉煤业	1.08
13	潞安环能	1.00	山煤国际	1.06	阳泉煤业	1.11	潞安环能	1.07	开滦股份	1.06
14	冀中能源	0.92	爱使股份	0.96	上海能源	1.05	中国神华	1.06	露天煤业	1.06
15	阳泉煤业	0.83	开滦股份	0.90	永泰能源	0.98	山煤国际	1.04	永泰能源	1.06
16	永泰能源	0.77	阳泉煤业	0.86	山煤国际	0.94	安源煤业	1.03	安源煤业	0.99
17	新大洲 A	0.67	平煤股份	0.81	兰花科创	0.88	西山煤电	0.97	潞安环能	0.91
18	郑州煤电	0.65	上海能源	0.78	开滦股份	0.82	兰花科创	0.94	中国神华	0.91
19	爱使股份	0.62	冀中能源	0.77	平煤股份	0.82	兖州煤业	0.91	西山煤电	0.81
20	上海能源	0.58	兰花科创	0.68	爱使股份	0.79	露天煤业	0.90	上海能源	0.76

续表

序号	2008年		2009年		2010年		2011年		2012年	
21	恒源煤电	0.56	郑州煤电	0.60	冀中能源	0.74	煤气化	0.89	山煤国际	0.76
22	国投新集	0.54	永泰能源	0.56	恒源煤电	0.73	恒源煤电	0.82	恒源煤电	0.71
23	兰花科创	0.52	恒源煤电	0.54	露天煤业	0.67	爱使股份	0.79	金瑞矿业	0.69
24	神火股份	0.39	安源煤业	0.46	神火股份	0.51	开滦股份	0.78	靖远煤电	0.66
25	安源煤业	0.36	神火股份	0.45	郑州煤电	0.45	平煤股份	0.76	爱使股份	0.65
26	百花村	0.34	金瑞矿业	0.42	百花村	0.45	新大洲A	0.57	平煤股份	0.57
27	贤成矿业	0.10	国投新集	0.36	安源煤业	0.39	神火股份	0.44	煤气化	0.53
28	山煤国际	-	百花村	0.31	贤成矿业	0.31	郑州煤电	0.39	郑州煤电	0.44
29	昊华能源	-	贤成矿业	0.10	金瑞矿业	0.27	百花村	0.37	神火股份	0.34
30	大有能源	-	昊华能源	-	国投新集	0.24	金瑞矿业	0.35	百花村	0.25
31	金瑞矿业	-	大有能源	-	大有能源	-	国投新集	0.20	国投新集	0.20
平均	1.09		1.06		1.11		1.11		0.98	
炼焦化工上市公司										
1	美锦能源	1.09	美锦能源	1.10	美锦能源	1.02	四川圣达	1.18	美锦能源	1.53
2	安泰集团	1.07	四川圣达	1.06	安泰集团	0.88	美锦能源	1.11	四川圣达	1.29
3	四川圣达	0.94	安泰集团	0.94	四川圣达	0.82	安泰集团	0.92	安泰集团	0.83
4	山西焦化	0.46	云维股份	0.73	云维股份	0.63	宝泰隆	0.63	宝泰隆	0.69
5	黑化股份	0.43	黑化股份	0.41	山西焦化	0.51	山西焦化	0.58	山西焦化	0.51
6	云维股份	0.36	山西焦化	0.35	黑化股份	0.46	云煤能源	0.57	云煤能源	0.47
7	宝泰隆	-	宝泰隆	-	宝泰隆	-	云维股份	0.47	黑化股份	0.46
8	云煤能源	-	云煤能源	-	云煤能源	-	黑化股份	0.17	云维股份	0.36

续表

序号	2008年		2009年		2010年		2011年		2012年	
平均	0.73		0.77		0.72		0.70		0.77	
煤机制造上市公司										
1	天地科技	0.87	天地科技	1.09	郑煤机	1.74	郑煤机	1.67	郑煤机	2.53
2	郑煤机	-	郑煤机	-	天地科技	1.24	山东矿机	1.51	山东矿机	1.40
3	山东矿机	-	山东矿机	-	山东矿机	-	天地科技	1.25	天地科技	1.29
平均	0.87		1.09		1.49		1.48		1.74	

附表14　资产负债率年度排序

%

序号	2008年		2009年		2010年		2011年		2012年	
煤炭采选上市公司										
1	贤成矿业	164.35	贤成矿业	151.26	永泰能源	80.59	神火股份	76.96	山煤国际	76.19
2	神火股份	74.28	神火股份	76.02	山煤国际	77.90	百花村	75.11	百花村	75.01
3	安源煤业	65.93	山煤国际	75.78	神火股份	75.82	永泰能源	74.75	神火股份	74.41
4	郑州煤电	62.32	百花村	73.28	百花村	74.27	国投新集	64.73	金瑞矿业	67.34
5	永泰能源	61.95	恒源煤电	71.36	贤成矿业	71.19	山煤国际	64.40	国投新集	65.04
6	恒源煤电	61.79	金瑞矿业	69.46	安源煤业	68.74	金瑞矿业	63.57	煤气化	63.13
7	国投新集	60.70	永泰能源	69.27	郑州煤电	67.91	郑州煤电	61.88	西山煤电	60.99
8	开滦股份	57.30	郑州煤电	67.59	金瑞矿业	63.60	冀中能源	57.24	兖州煤业	60.44
9	阳泉煤业	53.23	安源煤业	65.43	国投新集	63.42	西山煤电	57.21	永泰能源	59.80
10	冀中能源	52.67	阳泉煤业	63.20	开滦股份	57.69	兖州煤业	56.44	开滦股份	58.84
11	爱使股份	52.67	国投新集	62.79	潞安环能	56.56	开滦股份	55.56	郑州煤电	58.57

续表

序号	2008 年		2009 年		2010 年		2011 年		2012 年	
12	潞安环能	51. 46	开滦股份	56. 92	阳泉煤业	54. 98	潞安环能	54. 53	潞安环能	58. 17
13	百花村	48. 97	潞安环能	55. 90	恒源煤电	53. 29	安源煤业	52. 03	靖远煤电	57. 39
14	兰花科创	48. 28	爱使股份	54. 84	西山煤电	51. 32	阳泉煤业	50. 22	安源煤业	57. 34
15	平煤股份	46. 78	兖州煤业	54. 28	冀中能源	50. 57	恒源煤电	49. 84	冀中能源	54. 56
16	上海能源	46. 13	冀中能源	51. 52	爱使股份	49. 90	爱使股份	45. 46	阳泉煤业	53. 72
17	西山煤电	40. 76	西山煤电	51. 36	兖州煤业	49. 45	新大洲 A	45. 36	兰花科创	49. 33
18	露天煤业	39. 51	平煤股份	49. 40	兰花科创	47. 51	平煤股份	44. 40	恒源煤电	48. 20
19	煤气化	38. 83	兰花科创	49. 34	露天煤业	47. 51	煤气化	43. 98	贤成矿业	46. 88
20	新大洲 A	38. 22	露天煤业	47. 07	平煤股份	47. 25	兰花科创	42. 61	中煤能源	45. 22
21	中国神华	37. 66	上海能源	41. 22	煤气化	47. 17	贤成矿业	41. 11	平煤股份	43. 99
22	平庄能源	34. 26	中国神华	36. 63	中国神华	36. 27	大有能源	40. 29	爱使股份	43. 41
23	大同煤业	31. 76	平庄能源	33. 92	靖远煤电	30. 36	中煤能源	40. 14	盘江股份	41. 02
24	中煤能源	27. 54	煤气化	32. 12	上海能源	29. 86	露天煤业	39. 52	大有能源	37. 68
25	盘江股份	20. 31	靖远煤电	30. 21	平庄能源	29. 43	盘江股份	38. 82	露天煤业	36. 75
26	靖远煤电	20. 12	大同煤业	29. 61	中煤能源	29. 21	中国神华	34. 17	大同煤业	34. 59
27	兖州煤业	18. 75	中煤能源	29. 01	大同煤业	26. 19	靖远煤电	31. 76	中国神华	33. 20
28	山煤国际	–	盘江股份	25. 29	昊华能源	25. 25	昊华能源	28. 16	昊华能源	26. 09
29	昊华能源	–	新大洲 A	18. 84	盘江股份	22. 99	上海能源	27. 35	上海能源	25. 89
30	大有能源	–	昊华能源	–	新大洲 A	18. 91	大同煤业	26. 19	新大洲 A	21. 84
31	金瑞矿业	–	大有能源	–	大有能源	–	平庄能源	17. 44	平庄能源	16. 32
平均	50. 24		54. 93		50. 17		48. 43		50. 04	

附表 15 三年复合增长率排序 %

序号	公司名称	营业收入复合增长率	公司名称	营业利润复合增长率
煤炭采选上市公司				
1	安源煤业	166.56	永泰能源	278.05
2	百花村	160.01	百花村	209.38
3	贤成矿业	113.25	安源煤业	182.10
4	靖远煤电	96.91	靖远煤电	130.14
5	山煤国际	65.61	贤成矿业	68.36
6	阳泉煤业	52.91	郑州煤电	63.62
7	永泰能源	52.23	爱使股份	30.31
8	郑州煤电	48.22	山煤国际	19.11
9	兖州煤业	40.53	露天煤业	18.60
10	神火股份	37.51	国投新集	18.33
11	西山煤电	36.29	盘江股份	15.64
12	中国神华	27.30	中国神华	14.93
13	大同煤业	22.09	中煤能源	14.93
14	国投新集	21.38	兰花科创	11.62
15	开滦股份	20.26	冀中能源	9.22
16	盘江股份	20.14	恒源煤电	8.83
17	恒源煤电	19.60	阳泉煤业	7.68
18	金瑞矿业	19.56	金瑞矿业	5.23
19	中煤能源	17.56	潞安环能	0.94
20	冀中能源	14.10	上海能源	-0.46
21	新大洲 A	13.25	西山煤电	-2.50
22	露天煤业	12.78	平庄能源	-3.12
23	兰花科创	10.62	新大洲 A	-3.30
24	平庄能源	10.13	平煤股份	-7.76
25	上海能源	9.87	兖州煤业	-8.08
26	平煤股份	5.55	开滦股份	-15.56
27	爱使股份	4.41	大同煤业	-16.94
28	潞安环能	3.19	神火股份	-38.76
29	煤气化	0.65	煤气化	-174.66
30	昊华能源	-	昊华能源	-
31	大有能源	-	大有能源	-
平均	38.71		28.82	

续表

序号	公司名称	营业收入复合增长率	公司名称	营业利润复合增长率
炼焦化工上市公司				
1	山西焦化	25.47	美锦能源	109.13
2	云维股份	17.80	黑化股份	-26.15
3	安泰集团	11.53	安泰集团	-66.61
4	美锦能源	11.15	山西焦化	-129.59
5	四川圣达	8.09	四川圣达	-206.29
6	黑化股份	3.90	云维股份	-328.42
7	宝泰隆	-	宝泰隆	-
8	云煤能源	-	云煤能源	-
平均	12.99		-107.99	
煤机制造上市公司				
1	天地科技	30.10	天地科技	15.38
2	郑煤机	-	郑煤机	-
3	山东矿机	-	山东矿机	-
平均	30.10		15.38	

附表16 营业利润率年度排序

%

序号	2008年		2009年		2010年		2011年		2012年	
煤炭采选上市公司										
1	中国神华	34.16	中国神华	36.43	兖州煤业	34.73	中国神华	31.62	兰花科创	30.86
2	兖州煤业	32.80	兰花科创	30.03	中国神华	34.72	兰花科创	29.68	中国神华	26.80
3	兰花科创	32.50	大同煤业	28.38	兰花科创	32.37	露天煤业	29.61	露天煤业	26.50
4	大同煤业	30.59	新大洲A	26.25	露天煤业	31.57	大有能源	27.60	盘江股份	22.89
5	西山煤电	30.13	盘江股份	25.65	新大洲A	29.25	盘江股份	27.18	永泰能源	21.90
6	平庄能源	28.03	兖州煤业	25.14	盘江股份	29.14	贤成矿业	26.99	国投新集	20.50
7	国投新集	27.63	西山煤电	24.28	昊华能源	28.61	平庄能源	25.88	大有能源	18.74
8	平煤股份	21.69	露天煤业	23.35	大同煤业	27.37	昊华能源	25.51	昊华能源	17.72
9	露天煤业	20.23	国投新集	22.13	国投新集	24.66	新大洲A	24.80	新大洲A	16.34
10	靖远煤电	18.15	平庄能源	20.47	贤成矿业	23.81	兖州煤业	24.26	中煤能源	15.70
11	潞安环能	17.88	煤气化	17.32	平庄能源	23.60	国投新集	23.51	潞安环能	15.17
12	冀中能源	17.87	上海能源	17.15	西山煤电	22.62	永泰能源	21.88	平庄能源	13.93
13	煤气化	17.69	中煤能源	16.80	潞安环能	19.46	潞安环能	19.76	靖远煤电	13.70
14	恒源煤电	17.57	潞安环能	16.21	上海能源	19.32	上海能源	18.35	上海能源	12.75
15	上海能源	16.98	恒源煤电	13.58	恒源煤电	18.23	大同煤业	17.87	恒源煤电	10.23
16	新大洲A	16.03	阳泉煤业	12.57	百花村	17.05	恒源煤电	17.05	冀中能源	9.96
17	盘江股份	15.63	冀中能源	11.35	中煤能源	13.82	中煤能源	14.64	爱使股份	9.62
18	中煤能源	15.25	开滦股份	10.77	煤气化	13.43	百花村	13.99	大同煤业	8.94
19	神火股份	13.08	平煤股份	9.60	阳泉煤业	11.95	西山煤电	13.60	西山煤电	8.89
20	开滦股份	11.84	靖远煤电	8.54	平煤股份	10.37	煤气化	11.73	兖州煤业	7.04

续表

序号	2008 年		2009 年		2010 年		2011 年		2012 年	
21	阳泉煤业	7.25	神火股份	7.73	冀中能源	10.03	冀中能源	10.62	平煤股份	6.41
22	爱使股份	5.30	金瑞矿业	7.09	神火股份	9.21	平煤股份	9.74	百花村	6.03
23	郑州煤电	3.74	山煤国际	6.57	靖远煤电	8.83	靖远煤电	9.29	金瑞矿业	4.84
24	百花村	2.07	爱使股份	4.95	永泰能源	8.54	金瑞矿业	8.75	阳泉煤业	4.39
25	永泰能源	1.06	百花村	3.58	金瑞矿业	7.52	阳泉煤业	7.41	郑州煤电	3.80
26	安源煤业	-16.99	郑州煤电	2.83	开滦股份	7.50	郑州煤电	6.84	开滦股份	3.73
27	贤成矿业	-57.88	安源煤业	2.54	安源煤业	7.13	安源煤业	5.54	安源煤业	3.01
28	山煤国际	-	永泰能源	1.43	爱使股份	5.52	开滦股份	5.19	山煤国际	2.45
29	昊华能源	-	贤成矿业	-72.47	山煤国际	5.14	神火股份	4.69	神火股份	1.28
30	大有能源	-	昊华能源	-	郑州煤电	1.86	爱使股份	3.96	煤气化	-7.07
31	金瑞矿业	-	大有能源	-	大有能源	-	山煤国际	3.52	贤成矿业	-35.66
平均	14.08		12.42		17.91		16.81		10.37	
炼焦化工上市公司										
1	四川圣达	9.48	云维股份	2.65	云维股份	4.16	云煤能源	26.40	宝泰隆	3.03
2	美锦能源	7.36	四川圣达	2.32	四川圣达	2.93	宝泰隆	8.42	山西焦化	0.26
3	云维股份	2.81	美锦能源	-0.54	美锦能源	0.86	美锦能源	1.90	安泰集团	-0.29
4	安泰集团	1.39	安泰集团	-10.98	安泰集团	0.55	四川圣达	1.36	四川圣达	-2.21
5	黑化股份	-2.75	黑化股份	-15.98	山西焦化	-0.28	云维股份	1.06	美锦能源	-3.57
6	山西焦化	-5.54	山西焦化	-20.18	黑化股份	-9.06	山西焦化	0.89	黑化股份	-5.74
7	宝泰隆	-	宝泰隆	-	宝泰隆	-	安泰集团	-8.02	云煤能源	-11.75
8	云煤能源	-	云煤能源	-	云煤能源	-	黑化股份	-23.06	云维股份	-19.34

续表

序号	2008年		2009年		2010年		2011年		2012年	
平均	2.13		-7.12		-0.14		1.12		-4.95	
煤机制造上市公司										
1	天地科技	19.86	天地科技	20.30	天地科技	19.13	郑煤机	17.21	郑煤机	18.43
2	郑煤机	-	郑煤机	-	郑煤机	15.43	天地科技	15.85	天地科技	14.16
3	山东矿机	-	山东矿机	-	山东矿机	-	山东矿机	10.20	山东矿机	1.88
平均	19.86		20.30		17.28		14.42		11.49	

附表17　投资收益占营业利润的比例排序

%

序号	2008年		2009年		2010年		2011年		2012年	
煤炭采选上市公司										
1	兰花科创	16.86	新大洲A	34.63	新大洲A	28.00	新大洲A	21.07	爱使股份	117.27
2	新大洲A	13.14	永泰能源	34.52	兰花科创	19.35	露天煤业	8.96	新大洲A	43.74
3	露天煤业	4.67	兰花科创	25.19	永泰能源	12.53	爱使股份	3.60	神火股份	30.69
4	煤气化	2.59	安源煤业	23.83	爱使股份	10.17	兰花科创	2.33	兰花科创	23.70
5	中国神华	2.33	贤成矿业	7.08	神火股份	5.55	中煤能源	2.29	永泰能源	13.92
6	中煤能源	2.01	爱使股份	6.76	露天煤业	5.12	冀中能源	1.98	露天煤业	6.49
7	永泰能源	1.97	中煤能源	4.35	安源煤业	2.47	潞安环能	1.02	开滦股份	2.81
8	神火股份	1.45	露天煤业	3.75	中国神华	1.28	大同煤业	0.97	阳泉煤业	2.73
9	上海能源	1.38	兖州煤业	2.07	潞安环能	1.09	盘江股份	0.84	潞安环能	2.50
10	兖州煤业	0.86	中国神华	1.58	兖州煤业	1.08	西山煤电	0.72	冀中能源	1.77
11	盘江股份	0.84	潞安环能	0.83	贤成矿业	0.94	中国神华	0.70	西山煤电	1.66

续表

序号	2008 年		2009 年		2010 年		2011 年		2012 年	
12	国投新集	0.81	盘江股份	0.49	阳泉煤业	0.66	兖州煤业	0.58	盘江股份	1.19
13	潞安环能	0.78	山煤国际	0.39	山煤国际	0.27	贤成矿业	0.45	兖州煤业	0.96
14	阳泉煤业	0.08	郑州煤电	0.32	平煤股份	0.26	山煤国际	0.42	中国神华	0.80
15	开滦股份	0.03	平煤股份	0.17	大同煤业	0.08	平煤股份	0.19	郑州煤电	0.74
16	平煤股份	0.03	开滦股份	0.07	上海能源	0.07	上海能源	0.14	中煤能源	0.54
17	郑州煤电	-0.94	冀中能源	0.02	开滦股份	0.05	安源煤业	0.11	山煤国际	0.50
18	西山煤电	-1.06	上海能源	-0.21	盘江股份	-0.11	煤气化	0.05	贤成矿业	0.43
19	爱使股份	-4.14	国投新集	-1.09	中煤能源	-0.13	永泰能源	-0.01	国投新集	0.18
20	贤成矿业	-17.35	神火股份	-2.71	百花村	-0.23	昊华能源	-0.03	平煤股份	0.15
21	百花村	-39.51	西山煤电	-3.96	昊华能源	-0.36	开滦股份	-0.06	安源煤业	0.12
22	安源煤业	-	百花村	-45.61	国投新集	-1.00	百花村	-0.20	恒源煤电	0.12
23	靖远煤电	-	煤气化	-	西山煤电	-3.45	国投新集	-2.41	上海能源	0.03
24	冀中能源	-	靖远煤电	-	冀中能源	-6.43	阳泉煤业	-2.54	昊华能源	-0.07
25	恒源煤电	-	阳泉煤业	-	郑州煤电	-	神火股份	-2.83	大有能源	-0.20
26	大同煤业	-	恒源煤电	-	煤气化	-	郑州煤电	-	百花村	-0.68
27	平庄能源	-	大同煤业	-	靖远煤电	-	靖远煤电	-	煤气化	-
28	山煤国际	-	平庄能源	-	恒源煤电	-	恒源煤电	-	靖远煤电	-
29	昊华能源	-	昊华能源	-	平庄能源	-	平庄能源	-	大同煤业	-
30	大有能源	-	大有能源	-	大有能源	-	大有能源	-	平庄能源	-
31	金瑞矿业	-	金瑞矿业	-	金瑞矿业	-	金瑞矿业	-	金瑞矿业	-

续表

序号	2008年		2009年		2010年		2011年		2012年	
平均	-0.63		4.20		3.22		1.53		9.70	
炼焦化工上市公司										
1	安泰集团	81.13	山西焦化	2.76	安泰集团	138.46	宝泰隆	9.41	宝泰隆	50.34
2	四川圣达	-0.03	云维股份	0.47	山西焦化	7.37	山西焦化	1.61	山西焦化	3.96
3	山西焦化	-4.59	安泰集团	-8.26	美锦能源	2.05	美锦能源	0.17	云维股份	-0.02
4	宝泰隆	-	宝泰隆	-	云维股份	0.10	云维股份	0.15	美锦能源	-0.07
5	云煤能源	-	云煤能源	-	宝泰隆	-	安泰集团	-0.50	云煤能源	-
6	云维股份	-	黑化股份	-	云煤能源	-	云煤能源	-	黑化股份	-
7	黑化股份	-	四川圣达	-	黑化股份	-	黑化股份	-	四川圣达	-
8	美锦能源	-	美锦能源	-	四川圣达	-	四川圣达	-	安泰集团	-
平均	25.50		-1.68		37.00		2.17		13.55	
煤机制造上市公司										
1	天地科技	1.17	天地科技	14.07	天地科技	7.65	郑煤机	0.89	山东矿机	5.29
2	郑煤机	-	郑煤机	-	郑煤机	0.87	山东矿机	-0.33	郑煤机	1.55
3	山东矿机	-	山东矿机	-	山东矿机	-	天地科技	-	天地科技	0.01
平均	1.17		14.07		4.26		0.28		2.28	

附表18　存货占总资产的比例排序

%

序号	2008年		2009年		2010年		2011年		2012年	
煤炭采选上市公司										
1	永泰能源	17.71	郑州煤电	23.07	郑州煤电	29.35	郑州煤电	18.58	山煤国际	9.98

续表

序号	2008年		2009年		2010年		2011年		2012年	
2	郑州煤电	16.71	永泰能源	11.71	山煤国际	9.57	山煤国际	10.03	开滦股份	7.65
3	新大洲A	12.69	煤气化	7.50	神火股份	8.13	靖远煤电	9.56	靖远煤电	7.33
4	煤气化	8.13	开滦股份	5.88	靖远煤电	7.77	开滦股份	9.26	百花村	7.17
5	盘江股份	6.87	金瑞矿业	5.65	开滦股份	7.61	神火股份	7.42	上海能源	6.43
6	上海能源	6.61	山煤国际	5.61	安源煤业	6.26	西山煤电	6.73	金瑞矿业	6.40
7	兰花科创	6.59	靖远煤电	5.60	煤气化	6.22	兰花科创	6.24	神火股份	5.90
8	安源煤业	6.16	神火股份	5.45	兰花科创	5.31	上海能源	6.22	国投新集	5.14
9	靖远煤电	5.37	安源煤业	5.36	中煤能源	5.14	金瑞矿业	5.75	西山煤电	4.45
10	神火股份	4.68	中煤能源	4.54	金瑞矿业	4.83	煤气化	4.91	阳泉煤业	4.45
11	中煤能源	4.51	冀中能源	4.10	冀中能源	4.81	国投新集	4.69	贤成矿业	4.14
12	冀中能源	3.59	兰花科创	4.05	上海能源	4.69	中煤能源	4.55	平煤股份	3.93
13	阳泉煤业	3.56	上海能源	4.05	国投新集	4.52	昊华能源	4.40	中煤能源	3.64
14	开滦股份	3.28	新大洲A	4.03	百花村	4.46	百花村	3.88	露天煤业	3.62
15	西山煤电	2.91	平煤股份	3.33	阳泉煤业	4.45	中国神华	3.76	兰花科创	3.55
16	大同煤业	2.91	阳泉煤业	3.20	中国神华	3.29	露天煤业	3.45	中国神华	3.35
17	中国神华	2.85	国投新集	2.91	新大洲A	3.27	新大洲A	3.28	昊华能源	3.33
18	国投新集	2.78	盘江股份	2.49	平煤股份	2.95	冀中能源	3.15	安源煤业	3.17
19	兖州煤业	2.50	中国神华	2.49	昊华能源	2.76	安源煤业	3.12	郑州煤电	2.95
20	露天煤业	2.50	露天煤业	1.83	西山煤电	2.72	平煤股份	3.04	新大洲A	2.92
21	平煤股份	2.29	恒源煤电	1.67	露天煤业	2.56	阳泉煤业	2.88	煤气化	2.77
22	恒源煤电	1.64	大同煤业	1.63	恒源煤电	2.54	贤成矿业	2.76	平庄能源	2.74

续表

序号	2008 年		2009 年		2010 年		2011 年		2012 年	
23	潞安环能	1.44	兖州煤业	1.42	潞安环能	2.49	恒源煤电	2.61	冀中能源	2.54
24	平庄能源	1.22	西山煤电	1.39	盘江股份	2.33	平庄能源	2.54	大有能源	2.42
25	爱使股份	0.34	平庄能源	1.04	兖州煤业	2.26	盘江股份	2.49	大同煤业	2.38
26	贤成矿业	0.29	潞安环能	1.01	大同煤业	1.72	潞安环能	2.03	潞安环能	1.89
27	百花村	0.07	贤成矿业	0.33	平庄能源	1.63	大有能源	2.00	恒源煤电	1.79
28	山煤国际	-	爱使股份	0.25	永泰能源	0.40	大同煤业	1.92	盘江股份	1.64
29	昊华能源	-	百花村	0.13	爱使股份	0.36	兖州煤业	1.42	兖州煤业	1.29
30	大有能源	-	昊华能源	-	贤成矿业	0.26	永泰能源	0.58	永泰能源	0.72
31	金瑞矿业	-	大有能源	-	大有能源	-	爱使股份	0.25	爱使股份	0.15
平均	4.82		4.20		4.82		4.63		3.87	
炼焦化工上市公司										
1	黑化股份	12.33	四川圣达	21.53	四川圣达	36.92	四川圣达	30.89	四川圣达	27.67
2	四川圣达	11.20	美锦能源	11.04	美锦能源	20.26	美锦能源	23.05	宝泰隆	12.11
3	安泰集团	10.18	黑化股份	10.07	安泰集团	11.27	宝泰隆	14.53	安泰集团	11.75
4	云维股份	9.57	山西焦化	8.04	黑化股份	8.85	安泰集团	13.57	云煤能源	11.71
5	山西焦化	7.60	云维股份	7.81	云维股份	8.47	黑化股份	9.85	美锦能源	10.07
6	美锦能源	4.59	安泰集团	7.16	山西焦化	5.76	云维股份	9.04	黑化股份	8.12
7	宝泰隆	-	宝泰隆	-	宝泰隆	-	云煤能源	7.30	云维股份	7.58
8	云煤能源	-	云煤能源	-	云煤能源	-	山西焦化	5.28	山西焦化	4.79
平均	9.25		10.94		15.26		14.19		11.73	

续表

序号	2008 年		2009 年		2010 年		2011 年		2012 年	
煤机制造上市公司										
1	天地科技	26.60	天地科技	22.20	天地科技	19.40	山东矿机	22.49	山东矿机	19.47
2	郑煤机	-	郑煤机	-	郑煤机	13.63	天地科技	18.37	天地科技	17.18
3	山东矿机	-	山东矿机	-	山东矿机	-	郑煤机	15.79	郑煤机	11.38
平均	26.60		22.20		16.52		18.88		16.01	

附表 19　应收账款占总资产的比例排序

%

序号	2008 年		2009 年		2010 年		2011 年		2012 年	
煤炭采选上市公司										
1	靖远煤电	15.40	靖远煤电	20.50	靖远煤电	11.20	靖远煤电	24.18	山煤国际	21.22
2	冀中能源	14.60	山煤国际	11.80	山煤国际	8.48	安源煤业	13.56	露天煤业	14.54
3	煤气化	10.70	平庄能源	7.08	冀中能源	7.06	露天煤业	12.38	大同煤业	14.52
4	露天煤业	9.27	煤气化	6.81	露天煤业	5.94	山煤国际	10.30	安源煤业	14.32
5	阳泉煤业	8.96	金瑞矿业	6.52	阳泉煤业	5.56	平庄能源	7.88	平庄能源	11.94
6	安源煤业	7.94	冀中能源	6.24	大同煤业	4.58	冀中能源	6.38	冀中能源	9.83
7	盘江股份	7.52	露天煤业	6.11	煤气化	4.03	大同煤业	6.28	靖远煤电	9.73
8	开滦股份	6.11	安源煤业	5.42	安源煤业	4.03	阳泉煤业	5.85	阳泉煤业	7.18
9	平庄能源	4.96	大同煤业	4.29	中煤能源	3.79	煤气化	5.29	西山煤电	6.47
10	中煤能源	4.76	阳泉煤业	4.14	平庄能源	3.43	开滦股份	5.05	大有能源	5.96
11	永泰能源	4.40	盘江股份	3.02	盘江股份	2.86	永泰能源	3.88	爱使股份	5.50
12	潞安环能	4.28	中煤能源	2.97	金瑞矿业	2.61	中煤能源	3.48	开滦股份	5.33

续表

序号	2008年		2009年		2010年		2011年		2012年	
13	爱使股份	4.17	永泰能源	2.89	昊华能源	2.59	中国神华	3.14	盘江股份	4.66
14	郑州煤电	4.14	郑州煤电	2.80	中国神华	2.53	爱使股份	3.09	中煤能源	4.45
15	神火股份	3.78	潞安环能	2.58	新大洲A	2.52	昊华能源	2.53	中国神华	4.22
16	西山煤电	3.62	新大洲A	2.49	开滦股份	1.87	大有能源	2.53	永泰能源	3.84
17	恒源煤电	3.59	中国神华	2.44	西山煤电	1.72	西山煤电	2.49	煤气化	3.32
18	中国神华	2.73	西山煤电	2.12	郑州煤电	1.68	新大洲A	2.24	上海能源	2.66
19	平煤股份	2.33	贤成矿业	1.80	永泰能源	1.34	盘江股份	2.21	贤成矿业	2.54
20	国投新集	2.23	上海能源	1.61	爱使股份	1.32	百花村	1.57	新大洲A	2.23
21	大同煤业	2.12	爱使股份	1.54	百花村	1.23	平煤股份	1.49	国投新集	2.08
22	新大洲A	2.06	恒源煤电	1.49	贤成矿业	1.19	金瑞矿业	1.41	郑州煤电	2.01
23	兖州煤业	1.25	开滦股份	1.19	上海能源	1.07	潞安环能	1.34	昊华能源	1.93
24	贤成矿业	0.98	平煤股份	0.82	平煤股份	0.98	上海能源	1.28	百花村	1.76
25	上海能源	0.76	兖州煤业	0.70	潞安环能	0.95	贤成矿业	1.14	恒源煤电	1.73
26	兰花科创	0.46	神火股份	0.57	恒源煤电	0.94	恒源煤电	0.97	潞安环能	1.09
27	百花村	0.07	国投新集	0.52	兖州煤业	0.67	兖州煤业	0.83	平煤股份	0.97
28	山煤国际	-	兰花科创	0.18	国投新集	0.50	国投新集	0.82	金瑞矿业	0.78
29	昊华能源	-	百花村	0.08	神火股份	0.28	神火股份	0.47	兖州煤业	0.76
30	大有能源	-	昊华能源	-	兰花科创	0.08	郑州煤电	0.45	神火股份	0.52
31	金瑞矿业	-	大有能源	-	大有能源	-	兰花科创	0.10	兰花科创	0.10
平均	4.93		3.82		2.90		4.34		5.43	

续表

序号	2008 年		2009 年		2010 年		2011 年		2012 年	
炼焦化工上市公司										
1	美锦能源	23.76	安泰集团	12.75	美锦能源	14.92	四川圣达	15.09	美锦能源	21.36
2	安泰集团	15.99	美锦能源	11.37	安泰集团	14.36	美锦能源	13.23	四川圣达	18.43
3	黑化股份	13.48	黑化股份	9.99	黑化股份	8.79	安泰集团	11.69	黑化股份	17.90
4	山西焦化	10.45	四川圣达	9.96	山西焦化	7.08	黑化股份	6.48	安泰集团	13.37
5	四川圣达	8.92	山西焦化	6.51	四川圣达	4.38	山西焦化	6.42	山西焦化	6.33
6	云维股份	1.64	云维股份	1.19	云维股份	1.58	云煤能源	2.66	云煤能源	3.64
7	宝泰隆	-	宝泰隆	-	宝泰隆	-	云维股份	1.51	云维股份	2.64
8	云煤能源	-	云煤能源	-	云煤能源	-	宝泰隆	1.15	宝泰隆	1.34
平均	12.37		8.63		8.52		7.28		10.63	
煤机制造上市公司										
1	天地科技	18.40	天地科技	17.50	天地科技	17.80	山东矿机	19.21	山东矿机	26.69
2	郑煤机	-	郑煤机	-	郑煤机	17.71	天地科技	18.82	郑煤机	23.82
3	山东矿机	-	山东矿机	-	山东矿机	-	郑煤机	16.26	天地科技	20.72
平均	18.40		17.50		17.76		18.10		23.74	

附表 20　无形资产占总资产的比例排序

%

序号	2008 年		2009 年		2010 年		2011 年		2012 年	
煤炭采选上市公司										
1	百花村	46.45	百花村	54.69	永泰能源	32.41	爱使股份	30.74	永泰能源	48.64
2	国投新集	31.41	永泰能源	32.58	贤成矿业	31.42	永泰能源	29.63	靖远煤电	35.30

续表

序号	2008年		2009年		2010年		2011年		2012年	
3	爱使股份	30.86	兖州煤业	31.06	爱使股份	28.67	兖州煤业	25.14	爱使股份	33.32
4	平庄能源	26.95	爱使股份	27.85	兖州煤业	27.62	昊华能源	24.15	兖州煤业	25.59
5	大同煤业	26.56	阳泉煤业	25.70	昊华能源	27.31	中煤能源	19.86	潞安环能	23.25
6	恒源煤电	23.20	大同煤业	21.51	阳泉煤业	19.28	潞安环能	16.58	昊华能源	22.61
7	靖远煤电	19.58	平庄能源	20.53	大同煤业	18.82	阳泉煤业	15.90	兰花科创	22.51
8	兰花科创	16.82	恒源煤电	18.76	中煤能源	17.56	平庄能源	14.82	恒源煤电	20.29
9	安源煤业	14.73	盘江股份	17.39	平庄能源	16.66	恒源煤电	14.54	中煤能源	19.65
10	潞安环能	11.58	山煤国际	16.85	恒源煤电	16.26	山煤国际	13.84	阳泉煤业	18.23
11	中煤能源	10.32	中煤能源	16.31	盘江股份	14.56	大同煤业	13.54	冀中能源	16.83
12	露天煤业	9.69	靖远煤电	16.10	靖远煤电	14.52	百花村	12.62	山煤国际	15.12
13	冀中能源	9.68	兰花科创	15.41	百花村	13.75	兰花科创	12.50	平庄能源	13.65
14	中国神华	8.65	安源煤业	13.93	兰花科创	13.36	冀中能源	12.27	神火股份	13.46
15	阳泉煤业	8.21	新大洲A	10.63	潞安环能	13.24	靖远煤电	11.86	百花村	12.54
16	新大洲A	7.62	露天煤业	10.51	安源煤业	11.62	盘江股份	11.58	大同煤业	12.25
17	贤成矿业	6.79	金瑞矿业	9.89	山煤国际	11.48	贤成矿业	11.46	煤气化	11.96
18	煤气化	6.51	潞安环能	8.54	新大洲A	10.47	大有能源	10.64	贤成矿业	11.66
19	神火股份	5.15	冀中能源	8.48	金瑞矿业	10.21	安源煤业	10.54	安源煤业	9.76
20	兖州煤业	4.70	中国神华	8.26	煤气化	9.87	煤气化	10.34	盘江股份	9.66
21	平煤股份	4.21	贤成矿业	6.93	露天煤业	9.49	金瑞矿业	9.25	大有能源	9.53
22	永泰能源	3.82	煤气化	6.43	冀中能源	8.72	新大洲A	8.68	郑州煤电	8.91
23	开滦股份	3.78	神火股份	5.58	中国神华	8.28	露天煤业	8.48	新大洲A	8.83

续表

序号	2008 年		2009 年		2010 年		2011 年		2012 年	
24	郑州煤电	3.46	国投新集	5.03	国投新集	7.05	郑州煤电	8.11	露天煤业	7.36
25	盘江股份	2.66	平煤股份	4.17	神火股份	6.68	中国神华	7.81	金瑞矿业	7.26
26	上海能源	1.19	开滦股份	3.74	上海能源	4.67	神火股份	6.39	中国神华	7.21
27	西山煤电	1.17	郑州煤电	2.52	平煤股份	3.70	国投新集	6.01	国投新集	6.07
28	山煤国际	–	上海能源	2.50	郑州煤电	3.37	西山煤电	5.21	西山煤电	4.72
29	昊华能源	–	西山煤电	0.80	开滦股份	3.01	上海能源	3.99	平煤股份	4.07
30	大有能源	–	昊华能源	–	西山煤电	0.98	平煤股份	3.58	上海能源	3.91
31	金瑞矿业	–	大有能源	–	大有能源	–	开滦股份	2.75	开滦股份	3.73
平均	12.81		14.58		13.83		12.67		15.09	
炼焦化工上市公司										
1	四川圣达	11.01	四川圣达	11.90	四川圣达	10.51	宝泰隆	10.52	宝泰隆	10.53
2	云维股份	2.66	云维股份	2.18	云维股份	3.21	四川圣达	9.71	四川圣达	9.01
3	安泰集团	0.88	山西焦化	0.77	山西焦化	1.33	云煤能源	8.21	云煤能源	8.03
4	山西焦化	0.85	安泰集团	0.68	安泰集团	0.72	云维股份	2.92	云维股份	2.83
5	宝泰隆	–	宝泰隆	–	宝泰隆	–	安泰集团	1.84	安泰集团	2.36
6	云煤能源	–	云煤能源	–	云煤能源	–	山西焦化	1.09	山西焦化	1.84
7	黑化股份	–	黑化股份	–	黑化股份	–	黑化股份	–	黑化股份	–
8	美锦能源	–	美锦能源	–	美锦能源	–	美锦能源	–	美锦能源	–
平均	3.85		3.88		3.94		5.72		5.77	
煤机制造上市公司										
1	天地科技	3.22	天地科技	3.57	天地科技	3.00	天地科技	4.54	天地科技	9.24

续表

序号	2008年		2009年		2010年		2011年		2012年	
2	郑煤机	-	郑煤机	-	郑煤机	2.50	郑煤机	2.51	山东矿机	4.96
3	山东矿机	-	山东矿机	-	山东矿机	-	山东矿机	2.42	郑煤机	2.54
平均	3.22		3.57		2.75		3.16		5.58	

免责申明

本研究报告旨在立足煤炭行业发展的角度，对于我国煤炭行业相关上市公司的年度经营和发展情况做出年度系统的回顾和总结，所述观点不构成相关证券市场中所涉及股票的买卖或交易的推荐或建议。

报告中关于上市公司的数据力求准确可靠，但并不对该数据的准确性和完整性做出任何承诺（如有疏漏之处均以企业年报数据为准）。报告中存在一些对于未来发展做出的预见性陈述，具有一定的不确定性。

参考文献

[1]王显政. 煤炭行业形势报告 国家煤炭工业网 www. coalchina. org. cn

[2]谢永珍,王维祝 .《上市公司竞争力评价与培育研究》[M]. 北京,经济科学出版社 2010.

[3]中国上市公司市值管理研究中心 .《2012 年中国 A 股市值年度报告》. 中国证券网 www. cnstock. com

[4] 上海证券交易所网站 . www. sse. com. cn

[5] 深圳证券交易所网站 . www. szse. cn

[6] 煤炭上市公司网站